Bodo Deletz alias Ella Kensington

Secret-Angel Mary

Aus Liebe zum Leben

GOLDMANN

Buch

Seit sechs Jahrtausenden stehen die Engel den Menschen schon hilfreich zur Seite. Doch nun sind sie mit ihrem Latein am Ende. Die Menschheit ist dabei, ihre eigene Lebensgrundlage zu zerstören, und die Engel haben keine Ahnung, wie sie acht Milliarden Menschen von diesem fatalen Kurs abbringen sollen. Die Engel vermuten, dass dieses selbstzerstörerische Verhalten der Menschen etwas mit einem ebenso rätselhaften wie mysteriösen Phänomen zu tun haben könnte, das die Menschen als »emotionale Probleme« bezeichnen. Um diesem Phänomen auf den Grund zu gehen und eine Lösung dafür zu finden, werden nun erstmals in der Geschichte der Menschheit neun Engel in menschlicher Gestalt auf die Erde geschickt.

Dringe zusammen mit Secret Angel Mary Soul in Erkenntnistiefen vor, die nie ein Mensch zuvor ergründet hat! Es erwarten dich spektakuläre, neue Erkenntnisse, die einen gangbaren und fundierten Weg zu einer glücklicheren, gesünderen und erfolgreicheren Lebensweise aufzeigen.

Autor

Bodo Deletz ist Bestseller-Autor der Ella-Kensington-Buchreihe und gehört mit einer Million verkaufter Bücher und über 40.000 Seminarteilnehmern seit fast 40 Jahren zu den erfolgreichsten Trainern Deutschlands. So wird er gemessen an seinen Leistungen für gewöhnlich vorgestellt. Er selbst bezeichnet sich jedoch in erster Linie als Forscher und Entwickler.

Homepage: bodo-deletz.de
YouTube: youtube.com/@bodo-deletz

Bodo Deletz
alias Ella Kensington

Secret-Angel Mary

Aus Liebe zum Leben

Band 1: Müssens

GOLDMANN

MIX
Papier | Fördert gute Waldnutzung
FSC® C014496
www.fsc.org

Penguin Random House Verlagsgruppe FSC® N001967

3. Auflage
Originalausgabe September 2024

Umschlag: Uno Werbeagentur, München
Satz: GGP Media GmbH, Pößneck
Druck und Bindung: GGP Media GmbH, Pößneck
Printed in Germany
LG · CB
ISBN 978-3-442-22416-6

www.goldmann-verlag.de

Vorwort

Die Handlung dieser Romanreihe ist frei erfunden. Nicht jedoch der geschilderte Weg zu einem glücklichen und erfüllten Leben und einer glücklichen Partnerbeziehung. Dieser Weg ist sowohl wissenschaftlich als auch spirituell fundiert und stellt das Endergebnis einer nunmehr vierzigjährigen Forschungsarbeit dar.

Ich wollte immer schon alles sehr viel genauer verstehen, als es in den Geisteswissenschaften üblich ist. Daher waren mir die Antworten, die ich im Bereich der Psychologie und der Spiritualität in Bezug auf eine glückliche und erfüllende Partnerbeziehung finden konnte, nie tiefgreifend genug. Deshalb begann ich bereits vor 40 Jahren mit meinen eigenen Forschungen. Meine ersten beiden Bücher zu diesem Thema (*Mary, die unbändige, göttliche Lebenslust* und *Die 7 Botschaften unserer Seele*) publizierte ich 1996 unter dem Autorenpseudonym *Ella Kensington.*

Was ich in diesen beiden Büchern veröffentlichte, waren die wertvollsten Erkenntnisse, die damals weltweit verfügbar waren. Beide Bücher wurden zu Spiegel Online-Bestsellern und verkauften sich über eine Million Mal. Seitdem sind jetzt 30 Jahre vergangen, in denen ich unablässig weiter mit meinem Team geforscht habe.

Die umfangreichen Informationen, die ich mit dieser Buchreihe der Öffentlichkeit zugänglich machen möchte, sind Weltneuheiten, die weit über das damalige Wissen hinausgehen. Damals gab es in meinen Büchern noch einige elementare Irrtümer, die ich auch heute noch überall in allen aktuellen Lebenshilferatgebern und Beziehungsratgebern anderer Autoren unverändert vorfinde.

Wenn du dich bereits eingehender mit der Frage befasst hast, wie es möglich ist, ein problemfreies und glückliches Leben und auch eine ebenso glückliche Partnerbeziehung zu führen, dann wirst du in dieser Romanreihe Antworten auf Fragen vorfinden, die bisher noch nie jemand stichhaltig beantworten konnte. Einige dieser Antworten werfen ein völlig neues Licht auf alles, was bisher über die Themen Glück und Erfüllung veröffentlicht wurde. Unsere Forschungsergebnisse sind jedoch nicht nur echte Neuheiten, sie sind auch gleichzeitig so präzise und praktisch anwendbar, dass du ihre Wirksamkeit und damit auch ihre Richtigkeit sofort selbst in der Praxis überprüfen kannst.

Ich lade dich daher mit der vorliegenden Romanreihe zu einer Entdeckungsreise in den innersten Kern deiner Persönlichkeit ein. Es ist eine Reise zu dir selbst, die dein gesamtes Leben und vor allem deine sozialen Beziehungen zum Positiven verändern kann. Du wirst dich selbst, deine Gefühle und alle wichtigen Beziehungsdynamiken in einer Tiefe verstehen lernen, die du dir jetzt noch gar nicht vorstellen kannst.

In diesem Sinne wünsche ich dir eine gute Reise.

Bodo Deletz alias Ella Kensington

Prolog

Abgesehen von mir hatten sich damals alle aus meiner Abschlussklasse für eine Laufbahn als Messenger-Angel entschieden. Für mich war das nicht das Richtige, denn als Messenger-Angel hatte man immer nur einen sehr kurzen Kontakt mit den Menschen. Man überbrachte seine Botschaft und wandte sich dem nächsten Auftrag zu. Das war mir einfach zu wenig, denn es gab in diesem Universum für mich nichts Interessanteres als Menschen. Insbesondere war ich fasziniert von ihren Emotionen, denn so etwas hatten wir Engel leider gar nicht. Was den Emotionen der Menschen bei uns noch am nächsten kam, waren unsere Geisteshaltungen wie beispielsweise Neugier, Interesse oder Aufregung. Doch das waren nur mentale Zustände und keine emotionalen. Und die Fülle unserer möglichen Geisteshaltungen war auch sehr begrenzt. Daher war ich überaus fasziniert von der schier unermesslichen Fülle an Emotionen, über welche die Menschen verfügen konnten.

Um die Menschen besser studieren zu können, wurde ich Guardian-Angel, was für einen so jungen Engel wie mich eher unüblich war. Als Guardian-Angel musste ich zwar ebenfalls meistens von Auftrag zu Auftrag eilen, doch es gab auch Tage, an denen nicht so viel los war und ich deshalb länger als nötig bei meinen Schützlingen verweilen konnte. Ich wollte ihre Verhaltensmuster und den Zusammenhang mit ihren Emotionen studieren, denn mein Ziel war es, so schnell wie möglich Love-Angel zu werden. Das war die wundervollste, aber auch gleichzeitig anspruchsvollste Aufgabe, die ein Engel im Paradies übernehmen konnte. Die meisten Engel brauchten mehrere Jahrhunderte, um die Menschen gut genug zu verstehen, damit sie dieser Aufgabe gerecht werden konnten. Doch den Guardian-Angels gelang das in der Regel deutlich schneller als den Messenger-Angels. Daher war mir meine Entscheidung nach der Schule leichtgefallen.

Seit wir gemeinsam die Schulbank gedrückt hatten, waren jetzt viele Jahre vergangen. Daher wunderten wir uns alle sehr darüber, warum wir wieder hierher zurück in die Schule gerufen wurden. Alle aus unserer damaligen Klasse waren gekommen: Lina, Malaika, Yensaya, Serafina, Lenyo, Bodo, Angelo und Nuno. Doch keiner von uns konnte sich einen Reim darauf machen, warum wir eigentlich hier waren. Endlich ergriff Ella, unsere Lehrerin von damals, das Wort und brachte Licht in die Angelegenheit.

»In den letzten 6.000 Jahren ist es uns stets gelungen, alle existenziellen und sozialen Herausforderungen zu bewältigen, welche das Überleben der menschlichen Spezies bedrohten. Doch seit ihrer industriellen Revolution konnten wir sie nicht mehr davon abhalten, systematisch die Natur des Paradieses und damit ihre eigene Lebensgrundlage zu zerstören. Wir haben alles versucht und standen bis vor Kurzem vor einem absoluten Rätsel. Nun sind neue Erkenntnisse aufgetaucht. Wir sind einem mysteriösen Phänomen auf die Spur gekommen, welches das selbstzerstörerische Verhalten der Menschen erklären könnte. Es geht dabei um ihre Emotionen.

Emotionen werden im menschlichen Gehirn durch neurochemische Botenstoffe erzeugt. Welche Botenstoffe dabei genau ausgeschüttet werden, hängt immer von den Beurteilungen ab, die ein Mensch über sich selbst und seine Außenwelt trifft. Doch aus einem für uns bislang nicht logisch nachvollziehbaren Grund machen sehr viele Menschen ihre Beurteilungen von ihren Gefühlen abhängig und führen damit das gesamte Prinzip ad absurdum – mit teilweise sehr fatalen Konsequenzen. Es ist uns ein völliges Rätsel, warum so viele Menschen etwas so Unsinniges tun. Und um genau das herauszufinden, werden wir jetzt euch neun als Secret-Angels in geheimer Mission ins Paradies entsenden.«

Ich konnte nicht fassen, was ich da hörte! Und die anderen acht wohl auch nicht, denn ein lautes Raunen zog durch den Saal. Das hatte es jetzt seit zweitausend Jahren nicht mehr gegeben, denn es bedeutete, dass wir einen physischen Körper bekommen und uns damit für alle frei sichtbar unter den Menschen bewegen würden. Das hätte sich keiner von uns auch nur in seinen kühnsten Fantasien ausmalen können. Vor allem auch nicht, weil in der gesamten Menschheitsgeschichte bisher nur eine Handvoll Love-Angels diese Aufgabe erhalten hatten – und die hatten zuvor jahrtausendelange Praxiserfahrungen vorzuweisen. Und jetzt sollten wir jungen Guardian-Angels und Messenger-Angels Secret-Angels werden? Das war einfach unfassbar!

»Und warum nehmt ihr für diese Mission keine erfahrenen Love-Angels?«, fragte ich verwundert.

»Wir Love-Angels haben bereits alles Erdenkliche versucht, um dieses Rätsel zu lösen und sind gescheitert, liebe Mary Soul«, antwortete mir Ella. »Wir befürchten, dass wir vielleicht zu vorschnell alles in bereits vorhandene Verständnisstrukturen eingeordnet haben, weil wir uns über die Jahrtausende ein sehr umfassendes Bild von den Menschen und ihren Emotionen gemacht haben. Doch offensichtlich müssen wir dabei etwas ganz Elementares übersehen haben. Deshalb möchten wir jetzt euch junge Engel ins Paradies schicken, da ihr unvoreingenommener hinschauen könnt und dabei möglicherweise Zusammenhänge erkennt, für die wir Love-Angels mittlerweile blind geworden sind. Und damit euch nicht das Gleiche passiert wie uns, werdet ihr als Secret-Angels einen vollständigen menschlichen Körper bekommen – inklusive menschlicher Emotionen.«

Man hätte in diesem Moment eine Stecknadel im Saal fallen hören können. Wir konnten nicht glauben, was wir gerade gehört hatten. Das hatte es tatsächlich noch nie zuvor in der Geschichte der Engel gegeben: Wir sollten echte menschliche Emotionen bekommen!

»Und wann beginnt unsere Mission?«, fragte ich begeistert.

»Ihr werdet gleich eure menschlichen Avatare bekommen«, kündigte Ella an. »Und dann geht es auch direkt schon los. Wir haben dafür gesorgt, dass euer Körper nicht gleich von Anfang an zu allen menschlichen Emotionen fähig ist, denn das würde eure Lernerfahrung unüberschaubar machen. Es wird daher ein paar Wochen dauern, bis ihr über das volle Spektrum menschlicher Emotionen verfügen könnt.

Eure Erfahrungen werden sich zunächst auf die Emotionen des sogenannten Reptiliengehirns beschränken. Das ist das evolutionär gesehen älteste Areal im menschlichen Gehirn. Dieses Gehirnareal ist auch beim modernen Menschen noch fast identisch mit dem von Reptilien.

Ein Reptil interessiert sich grundsätzlich nur für zwei Dinge: Überleben und Fortpflanzung. Alle instinktiven Verhaltensprogramme aus dem Reptiliengehirn dienen daher letztendlich einem von diesen beiden Zwecken. Zu jeder Emotion gehören dann immer drei emotionale Handlungsimpulse. Sie werden als *Vermeidungsgefühle*, *Lockgefühle* und *Belohnungsgefühle* bezeichnet.

Lockgefühle werden immer dann erzeugt, wenn eine Möglichkeit zur Überlebenssicherung oder zur Fortpflanzung als lohnend beurteilt wurde. Die Lockgefühle sollen euch also gewissermaßen in eine positive Zukunft locken. Belohnungsgefühle erzeugt euer Reptiliengehirn hingegen immer dann, wenn etwas positiv beurteilt wird, was gerade in eurer Gegenwart passiert. Euer Reptiliengehirn will euch damit mitteilen, dass das, was gerade passiert ist, sehr gut für euch ist. Und Vermeidungsgefühle werdet ihr spüren, wenn euer Reptiliengehirn der Meinung ist, dass etwas Schlechtes in der Zukunft vermieden oder in der Gegenwart abgestellt werden sollte. Vermeidungsgefühle werden also durch negative Beurteilungen erzeugt, wohingegen die Lockgefühle und die Belohnungsgefühle durch positive Beurteilungen ausgelöst werden.

Alle Emotionen, die der Mensch im Laufe der Jahrmillionen entwickelt hat, bauen auf einem einfachen Überlebensprinzip auf: *Suche das Gute und meide das Schlechte!* Macht euch bei eurer ersten Mission mit diesem Ur-Prinzip und den dazugehörigen emotionalen Handlungsimpulsen vertraut. Findet heraus, zu welcher Handlung euch welches Gefühl veranlassen soll. Es genügt, wenn ihr das bei eurer ersten Mission nur ganz grundsätzlich erkennt. Später werden wir dann im Verständnis der verschiedenen Emotionen und der dazugehörigen Handlungsimpulse weiter ins Detail gehen.«

Wenige Minuten später sollten wir dann auch schon unsere menschlichen Avatare bekommen. Um damit im Paradies möglichst wenig aufzufallen, hatte man ihr Aussehen dem Durchschnitt der Bevölkerung des Landes angepasst, in das wir für unsere Missionen entsandt werden sollten. Ich war sehr gespannt darauf, wie solch ein durchschnittlicher Körper für die Vereinigten Staaten von Amerika aussehen würde, denn genau dorthin sollte mich meine erste Mission führen.

Bodo, Nuno, Angelo und Lenyo bekamen einen männlichen Körper. Malaika, Yensaya, Serafina und ich würden menschliche Frauen im Alter zwischen 25 und 28 Jahren werden. Um unsere Avatare zu erschaffen, hatten sich Ella und ihr Team einer menschlichen Datenbank bedient, auf der unzählige Fotos von Männern und Frauen aus allen gewünschten ethnischen Gruppen und im gewünschten Alter zu finden waren.

Nachdem Ella uns unsere menschlichen Körper gezeigt hatte, brachte sie uns bei, wie unser Geist eins mit unserem Avatar werden konnte. Das war nicht ganz einfach, denn wir mussten uns voll und ganz auf die Vorstellung einlassen, dieser Mensch tatsächlich zu *sein*. Unsere wahre Identität als Engel sollte dabei in den Hintergrund treten – jedoch nicht so sehr, dass wir komplett vergaßen, wer wir in Wirklichkeit waren. Ella machte uns darauf aufmerksam, dass diese Gefahr tatsächlich bestand. Je länger wir in unserer Rolle als Mensch bleiben würden, desto mehr würden wir uns mit dem Menschsein identifizieren und nach und nach vergessen, wer wir in Wirklichkeit waren. Doch da wir ohnehin die Order hatten, spätestens alle zwei Tage hierher zurück in den Klassensaal zu kommen, um Bericht zu erstatten, bestand keine nennenswerte Gefahr für dieses Problem. Dennoch sollten wir immer ein Auge darauf haben, empfahl uns Ella.

Bei meinen ersten Versuchen schaffte ich es immer nur für wenige Sekunden, mich mit meinem Avatar zu identifizieren. Ich fiel immer wieder sofort in meine wahre Identität zurück. Doch nach und nach wurde ich besser. Je häufiger ich Mensch wurde, desto vertrauter wurde mir mein menschlicher Körper. Und mit der Vertrautheit kam die Verbundenheit, bis ich schließlich den Eindruck hatte, dieser menschliche Körper tatsächlich zu sein. Gleichzeitig wusste ich jedoch auch noch, wer ich in Wirklichkeit war. Ich fühlte mich wie eine Art Engel-Mensch-Hybrid. Ich war beides zugleich.

Unsere Avatare waren bereits mit einigen menschlichen Fähigkeiten ausgestattet. So konnte ich beispielsweise bereits mühelos laufen und sprechen, was Menschen normalerweise erst lernen müssen. Was mein Avatar noch alles konnte, wusste ich zu diesem Zeitpunkt noch nicht. Doch es war klar, dass Ella und ihr Team sicherlich an alle Fähigkeiten gedacht hatten, die wir bei unseren Missionen brauchen würden.

»So, meine lieben Secret-Angels«, ergriff Ella das Wort, nachdem wir es alle geschafft hatten, uns als Engel-Mensch-Hybriden zu manifestieren. »Das sind also eure neuen Identitäten, mit denen ihr auch gleich eure ersten emotionalen Erfahrungen im Paradies machen werdet.«

Ella zeigte uns noch kurz, wie wir die Energie- und Materieflüsse im Quantenvakuum manipulieren und kontrollieren konnten, um uns mit diesem Avatar im Paradies als Körper aus Fleisch und Blut zu materialisieren, und dann ging es auch schon direkt los.

Kapitel 1
Sollvorstellungen

Ella und ihr Team hatten mir für meine erste Mission einen Job im Weißen Haus besorgt. Dort arbeitete ein Mann namens Mister President, der als eine der Schlüsselfiguren in der globalen Klimaproblematik galt. Die Klimaerwärmung war eines der größten globalen Probleme, welche sich die Menschheit bislang manifestiert hatte, und die USA hatten den größten Anteil an diesem Problem. Die ganze Welt schaute deshalb sehr kritisch auf Mister President, der sich immer noch weigerte, die Verantwortung für den weltweiten Schaden in der Natur anzuerkennen, den seine Nation maßgeblich mitverursacht hatte. Ich war sehr gespannt darauf, ob ich bei meiner Mission eine Erklärung für diese Weigerung würde erkennen können.

Ella und ihr Team hatten einen Weg gefunden, der mich direkt mit Mister President in Kontakt bringen sollte. Ich musste dazu nur zu einem bestimmten Zeitpunkt an einem bestimmten Ort sein – und zwar im Büro von Misses Langton. Um Punkt 08:36 Uhr sollte ich mich dort einfinden, weshalb ich mich um 08:30 Uhr zunächst einmal in einer Toilette des Weißen Hauses materialisierte, wo mich niemand sehen konnte. Bis zum Büro von Misses Langton war es nicht weit. Ich würde nur wenige Minuten benötigen.

In den Fluren des Weißen Hauses begegnete ich vielen Menschen. Ich hatte den Eindruck, dass sie seltsam auf mich reagierten. Ich konnte mir jedoch nicht erklären, warum, denn mein Aussehen entsprach ja exakt dem errechneten Durchschnitt der amerikanischen Bevölkerung, und auch meine Kleidung war unauffällig. Ich sollte daher eigentlich nicht auffallen. Dennoch fühlte ich mich eindeutig unbehaglich, was mich überaus begeisterte. Ich war gerade einmal ein paar Minuten hier und empfand bereits Reptiliengehirn-Gefühle. Das war einfach fantastisch! Das hatte ich mir wahrlich schwieriger vorgestellt. Ich befand mich jetzt tatsächlich in einer Welt der Sterblichen. Was für ein Abenteuer!

Mein Reptiliengehirn gab mir bei jeder Begegnung mit einem Menschen den emotionalen Handlungsimpuls, schnellstmöglich einschätzen zu wollen, ob dieser Mensch mir freundlich oder feindlich gesinnt war. Ich vermutete, dass es ihm dabei um Gewaltvermeidung ging. Ich hatte daher jetzt echte Vermeidungsgefühle. Wahnsinn! Zu diesem instinktiven Gewaltvermeidungsprogramm gehörte es offenbar, den aktuellen emotionalen Zustand anderer Menschen anhand ihrer Körperhaltung und ihrer Gesichtszüge einschätzen zu wollen. Waren sie gerade aggressiv oder friedlich? Das war die Frage, die mein Reptiliengehirn als Allerersten zu interessieren schien. Als Nächstes wollte es das generelle Gefahrenpotential einschätzen, das mir von diesen Menschen theoretisch drohen könnte, würden diese plötzlich doch auf die Idee kommen, mir feindlich gesinnt zu sein. Diesbezüglich schien neben ihrer Körpergröße und Kraft vor allem ihr Geschlecht von großer Bedeutung zu sein. Das war alles sehr faszinierend!

Zur Geschlechtserkennung lenkte mein Reptiliengehirn den Fokus meiner Augen bei jeder Begegnung mit einem Menschen unwillkürlich immer erst einmal zwischen seine Beine, danach auf seine Brust und die Schultern und als Letztes auf sein Gesicht. Anscheinend war an diesen Merkmalen für mein Reptiliengehirn am besten erkennbar, welches Geschlecht mein Gegenüber hatte. Oft hatte es jedoch noch Schwierigkeiten mit dieser Aufgabe, denn die Menschen trugen Kleidung, welche ihre primären Geschlechtsmerkmale verdeckte. Damit war mein Reptiliengehirn offenbar ein wenig überfordert. Deshalb lenkte es den Fokus meiner Augen immer wieder erneut zwischen die Beine meiner Mitmenschen, um weitere Anhaltspunkte dafür zu suchen, welche Geschlechtsorgane dort wohl zu finden sein könnten.

Dieser emotionale Handlungsimpuls war faszinierend, doch ich beschloss, ihn trotzdem irgendwann zu ignorieren, denn ich musste ständig in den Fluren stehen bleiben, um mir die Genitalien der Menschen genauer anzuschauen, und das kostete mich momentan zu viel Zeit. Ich sollte pünktlich im Büro von Misses Langton ankommen.

»Ich bin Mary Soul«, stellte ich mich dann dort um Punkt 08:36 Uhr vor. »Ich freue mich, Ihre Bekanntschaft zu machen«, fügte ich freundlich lächelnd hinzu.

»Heilige Scheiße!«, antwortete Misses Langton mit einem seltsamen Gesichtsausdruck und starrte mich an. »Sie sind also die neue Praktikantin.«

Ich wusste zwar nicht, was eine Praktikantin ist, aber ich zeigte mich dennoch selbstsicher. »Ich versichere Ihnen, dass ich der Aufgabe einer Praktikantin gewachsen bin.«

»Schätzchen, da habe ich überhaupt keine Bedenken«, meinte Misses Langton mit einem mir weiterhin unverständlichen Gesichtsausdruck. »Sehen Sie nur zu, dass Sie weder der First Lady noch dem Präsidenten begegnen!«

»Aber deswegen bin ich doch hier«, erwiderte ich verwirrt. »Glauben Sie denn, dass Mister President mir feindlich gesinnt ist?«

Ich wunderte mich selbst über diese Frage, die mein Mund gerade wie ferngesteuert formuliert hatte. Offenbar war diese feindliche oder freundliche Frage das Einzige, was mein Reptiliengehirn zu interessieren schien. Die Aussage von Misses Langton hatte in mir das Gefühl der Unsicherheit ausgelöst. Wofür genau dieses Gefühl gut sein sollte, konnte ich auf den ersten Blick nicht erkennen. Vermutlich wollte mich mein Reptiliengehirn dazu bewegen, mehr auf meine Sicherheit zu achten oder mich um mehr Sicherheit zu bemühen. Vielleicht war es auch beides. So genau konnte ich das noch nicht unterscheiden. Doch ich empfand diese emotionale Erfahrung als überaus faszinierend. Erneut erlebte ich ein instinktives Verhaltensprogramm, das ganz offensichtlich etwas mit Sterblichkeit zu tun hatte. Ich war begeistert!

»Aber ganz im Gegenteil, meine Liebe!«, antwortete Misses Langton in einem seltsamen Tonfall. »Mister President wird mehr als entzückt sein, Ihre Bekanntschaft zu machen. Er könnte sogar so entzückt von Ihnen sein, dass er sehr dumme Dinge tut. Legen Sie es lieber nicht darauf an!«

Mein Reptiliengehirn schien die Warnung von Misses Langton als unmittelbare Bedrohung zu interpretieren, denn meine Unsicherheit wandelte sich nun in Angst. Wahnsinn! Meine Begeisterung kannte keine Grenzen. Denn Angst war das stärkste instinktive Gefahrenvermeidungsprogramm überhaupt. Diese Emotion hatte ich schon unzählige Male bei den Menschen beobachtet, die ich beschützen sollte. Doch dieses Verhaltensprogramm mit seinen dazugehörigen emotionalen Handlungsimpulsen nun selbst am eigenen Leib zu erfahren, war noch einmal etwas ganz anderes. Ich spürte, wie die chemischen Botenstoffe aus meinem Reptiliengehirn meinen Geist wachsam für jede erdenkliche Gefahr und meinen Körper kampf- und fluchtbereit machten, falls eines von beiden nötig werden sollte. Deshalb fragte ich sofort: »Glauben Sie, dass mir von Mister President eine Gefahr droht?«

»Kindchen, unser Präsident ist zwar schon alt, aber er

ist noch nicht tot!«, entgegnete Misses Langton und sah mich dabei eindringlich an. »Ihnen ist sicherlich bewusst, was für eine Erscheinung Sie sind. Und wie Sie sicherlich wissen, wären Sie nicht die erste Praktikantin im Weißen Haus, mit der ein Präsident Probleme bekommt. Tun Sie sich selbst und uns allen einen Gefallen und sorgen Sie dafür, dass der Präsident Sie nie zu Gesicht bekommt.«

Wenn die Menschen mich als Erscheinung wahrnahmen, erklärte das natürlich auch ihr seltsames Verhalten mir gegenüber in den Fluren, als ich stehen blieb, um mir ihre Genitalien genauer anzuschauen. Offenbar war mir bei der Manipulation der Energie- und Materieflüsse im Quantenvakuum ein Fehler unterlaufen. Ich hätte mich als Körper aus Fleisch und Blut materialisieren müssen und nicht als Erscheinung.

In diesem Moment kam eilig eine auffallend schlanke Frau ins Büro, die verzweifelt nach jemandem suchte, der Somali spricht.

»Von dieser Sprache habe ich noch nie etwas gehört«, antwortete Misses Langton, als wäre meine Erscheinung etwas völlig Nebensächliches. Auch diese Frau reagierte nicht sonderlich auffällig auf mich. Irgendetwas konnte hier nicht stimmen. Wir zeigten uns den Menschen so selten als Erscheinung, dass die beiden ganz anders auf mich hätten reagieren müssen. Vermutlich hatte ich hier irgendetwas missverstanden.

»Sie wird in Somalia gesprochen – einem kleinen Land in Ostafrika«, sagte ich deshalb zu Misses Langton, als wäre ich ein ganz normaler Mensch. Ich war gespannt, wie sie darauf reagieren würde.

»Sprechen Sie etwa Somali?«, fragte die Frau aufgeregt, die eben reingekommen war.

»Ja, ich spreche alle 6.000 Sprachen der Menschen, wobei ich gelegentlich noch Probleme mit der einen oder anderen Redewendung habe«, wollte ich zuerst korrekt antworten. Doch ich besann mich darauf, dass dies für Menschen wohl eher unüblich war. »Ja, ich spreche Somali«, antwortete ich daher nur kurz.

»Dann kommen Sie bitte mit! Wir benötigen dringend Ihre Unterstützung.«

Die Frau verließ mit eiligen Schritten das Büro. Ich folgte ihr in wenigen Metern Abstand.

»Kommen Sie!«, winkte sie mich heran. »Wir haben es eilig. Man wartet auf uns. Ich hoffe, Sie sprechen wirklich Somali«, bemerkte sie skeptisch.

»Ja, das tue ich«, bestätigte ich noch einmal, ohne zu ahnen, warum das so wichtig sein könnte.

»Es geht um die Republik Somaliland«, fuhr sie fort, während wir weiterhin durch die Flure eilten. »Dort wurden vor Kurzem größere Erdölvorkommen entdeckt, an denen die USA großes Interesse hat. Mister President hat in wenigen Minuten eine Besprechung mit dem Staatsoberhaupt dieser Republik. Die formal noch zu Somalia gehörende Region kämpft seit Jahren um ihre Anerkennung als autonomer Staat. Doch kein Land der Welt hat diese Republik bislang tatsächlich anerkannt. Sie erhoffen sich deshalb jetzt die Unterstützung der USA. Doch weder ihr Staatschef noch einer seiner Gefolgsleute sprechen Englisch. Was für ein Glück, dass ich Sie gefunden habe. Sie müssen ein Engel sein, den uns der Himmel geschickt hat!«

Mein Körper zuckte unwillkürlich zusammen, als sie das mit dem Engel erwähnte. Doch dann wurde mir klar, dass dies nur eine menschliche Redewendung gewesen sein konnte, wodurch sich meine aufgewühlten Vermeidungsgefühle leider sofort wieder beruhigten. Und sicherlich hatte auch Misses Langton nur eine Redewendung verwendet, als sie mich als Erscheinung bezeichnete. Kein Mensch konnte etwas von der Existenz der Secret-Angels wissen. Hier bestand in Wirklichkeit überhaupt keine Gefahr. Hätte diese Frau mich tatsächlich als Erscheinung wahrgenommen, dann hätte sie mich garantiert nicht so selbstverständlich zu Mister President gebracht. Das ergab einfach keinen Sinn. Viel wahrscheinlicher war es, dass das alles von Ella und ihrem Team vorhergesehen wurde und ich immer noch auf Erfolgskurs war. Und der sollte mich jetzt ohne Umwege direkt zu Mister President führen. Eine Erkenntnis, die mein Reptiliengehirn wohl dazu veranlasste, ein sehr angenehmes Belohnungsgefühl zu erzeugen. Ich fühlte mich sofort motiviert, genauso weiterzumachen wie bisher.

Ich war begeistert, wie gut Ella diese offensichtliche Fügung hingekriegt hatte. Ich wusste ja, dass sie vor ihrer Tätigkeit als Lehrerin ein Love-Angel gewesen war. Und die arbeiteten ja unentwegt mit Fügungen. Doch so genial, wie sie das jetzt alles eingefädelt hatte, hätte das vermutlich kein zweiter Engel hingekriegt. Sicherlich war das auch der Grund dafür gewesen, warum sie mit der Leitung unserer Mission betraut wurde. Wenn einer es schaffen konnte, dann Ella!

Wenige Minuten später war es dann so weit. Ich wurde ins Oval Office gebeten. Hier befanden sich ein riesiger Schreibtisch und zwei noble Sofas, die sich direkt gegenüberstanden. Der Staatschef von Somaliland hatte auf einem von ihnen Platz genommen. Mister President war noch nicht anwesend. Die Frau, die mich hierhergebracht hatte, wies mich an, mit ihr gemeinsam neben dem Schreibtisch des Oval Office zu warten.

Kurz darauf betrat Mister President in Begleitung von zwei anderen Männern den Raum. Das Staatsoberhaupt von Somaliland stand auf und reichte Mister President zur Begrüßung förmlich die Hand. Danach setzten sich beide – und zwar jeder auf ein anderes Sofa.

»Mister President«, sagte die Frau, die mich hierhergebracht hatte, in diesem Moment, »das ist Mary Soul. Sie ist Praktikantin im Weißen Haus und spricht fließend Somali. Sie wird für Sie übersetzen.«

»Setzen Sie sich hier neben mich!«, wies mich Mister President kurz an und zeigte auf den freien Platz neben sich auf dem Sofa. Zuerst tauschten die beiden Männer einige Höflichkeiten aus. Dann erzählte Mister President eine kleine Geschichte, die ich simultan für das Staatsoberhaupt von Somaliland übersetzte.

»Biologieunterricht in der Grundschule«, sagte er.

»Was ist das? Es macht huhu und kann sogar nachts gut sehen?«

»Eine Eule, Frau Lehrerin«, antwortete ein Kind.

»Richtig!«, bestätigte sie. »Es könnte aber auch ein Uhu sein. Und was ist das?«, wollte sie als Nächstes wissen. »Es hat vier Beine, einen Schwanz und lebt bei den Menschen im Haus.«

Mehrere Kinder antworteten: »Ein Hund.«

»Richtig!«, sagte die Lehrerin. »Es könnte aber auch eine Katze sein.«

Daraufhin meldete sich der kleine Johnny: »Darf ich auch eine Frage stellen, Frau Lehrerin?«

»Gerne«, antwortete sie erfreut. »Stell deine Frage.«

»Was ist das? Wenn Sie ihn in den Mund nehmen, ist er steif und trocken. Und wenn sie ihn dann später wieder herausnehmen, ist er weich und ganz versabbert.«

Die Lehrerin war so geschockt von dieser Frage, dass sie Johnny eine Ohrfeige gab. Der schaute sie nachdenklich an und meinte dann: »Richtig! Es könnte aber auch ein Kaugummi sein.«

Daraufhin fielen die beiden Männer vor Lachen fast vom Sofa. Ich verstand nicht, was sie zu dieser seltsamen Verhaltensweise veranlasst hatte, und schaute sie nur verwirrt an. Als Mister President das bemerkte, zeigte er mit dem Finger auf mich und lachte dabei noch lauter. Ich hatte keine Ahnung, was das genau bedeuten könnte, war aber begeistert von dem starken Vermeidungsgefühl, das seine Verhaltensweise bei mir auslöste. Zwar war mir noch nicht klar, wofür dieses seltsame Gefühl gut sein könnte, doch das würde ich ganz sicher noch herausfinden. Dieses Gefühl war ganz anders als die emotionalen Handlungsimpulse, die ich bisher gespürt hatte. Es war extrem unangenehm – fast schon schmerzhaft. Das war einfach grandios!

Und das sollte auch schon alles gewesen sein, worüber die beiden Männer sprechen würden. Über Erdöl oder was die USA damit letztendlich vorhatten, hatte keiner auch nur ein einziges Wort verloren. Die beiden standen nach der Geschichte einfach auf, gingen zum Schreibtisch und unterzeichneten die Verträge, die dort bereitlagen.

Nachdem das Treffen zu Ende war, forderte mich ein Mitarbeiter auf, das Oval Office zu verlassen, denn mein Job war offensichtlich beendet.

»Bleiben Sie noch einen Augenblick hier, Miss Soul!«, wies Mister President mich jedoch plötzlich unerwartet an, als ich gerade gehen wollte. Ich vermutete zuerst, dass er meine Dienste als Dolmetscherin doch noch brauchen würde, doch dem war nicht so. Ich sollte ihn stattdessen zu seinem nächsten Termin begleiten. Warum, hatte er nicht erklärt. Auch zum übernächsten Termin schleppte er mich mit. Und so ging das den ganzen Tag lang weiter. Ich stand eigentlich immer nur daneben, ohne ein Wort zu sagen. Da ich keinen logischen Grund dafür erkennen konnte, warum Mister President mich überall dabeihaben wollte, vermutete ich einen emotionalen Grund. Und den zu erforschen, war ja genau das, weshalb ich hierhergekommen war. Ich war also immer noch auf Erfolgskurs! Eine Erkenntnis, die mein Reptiliengehirn erneut zu einem angenehmen Belohnungsgefühl veranlasste.

Gegen Abend gingen wir dann in Begleitung mehrerer Männer des Secret Service nach draußen zum Hubschrauberlandeplatz südlich des Weißen Hauses. Der Motor der Marine One, dem Hubschrauber von Mister President, lief bereits und erzeugte dabei einen ohrenbetäubenden Lärm. Trotzdem hatten sich einige Reporter hier auf der Wiese versammelt, die Mister President sofort Fragen stellten, als wir ankamen.

»Haben Sie jemals mit Russland zusammengearbeitet?«, fragte eine Reporterin, die sich an die Spitze der Journalisten gekämpft hatte.

Mister President reagierte mit einem überaus empörten Dementi und wurde dabei sichtlich sauer. Daraufhin wandte er sich mir persönlich zu und sagte laut: »Es ist eine Zumutung, dass ich solch einer hässlichen Krähe überhaupt antworten soll!«

Er sagte das so laut, dass alle anwesenden Journalisten und natürlich auch die besagte Reporterin es hören konnten. Daraufhin prasselte ein Blitzlichtgewitter auf uns ein. Seltsamerweise stiegen wir danach gar nicht in den Hubschrauber, sondern gingen zurück ins Weiße Haus. Mister President wollte jetzt etwas essen. Entgegen meiner Erwartung sollte ich ihn dann auch zum Essen begleiten. Dort saß ich erneut einfach nur stumm daneben. Mister President unterhielt sich sehr aufgebracht mit einem seiner Berater. Er regte sich über die sogenannten Medien auf. Warum, konnte ich jedoch leider nicht verstehen.

»Was genau ist denn das Schlimme an diesen Medien?«, fragte ich deshalb, um seine Gefühle besser nachvollziehen zu können.

»Schätzchen, wenn ich Wert auf Ihre Ansichten legen würde, dann hätte ich Sie das ganz sicher bereits wissen lassen«, antwortete er auf eine Weise, die in mir ein sehr unangenehmes Vermeidungsgefühl entstehen ließ. »Tun Sie uns den Gefallen und halten Sie den Mund. Es genügt vollkommen, wenn Sie hübsch aussehen und ab und an nett lächeln. Mehr will ich nicht von Ihnen. Habe ich mich klar ausgedrückt?!«

»Ja, Mister President«, antwortete ich verwundert über seinen Wunsch.

Das war also der Grund, warum er mich von einem Termin zum nächsten mitgenommen hatte. Damit ich nett lächle. Diese Aufgabe war sicherlich einfach zu erfüllen, aber welchem Zweck sollte sie dienen? Vielleicht würde ja Ella eine Antwort darauf haben.

In der Zwischenzeit wandte ich mich meinen Gefühlen zu, denn diese waren gerade überaus interessant. Die Aussage von Mister President hatte erneut ein schmerzhaftes Vermeidungsgefühl in meiner Herzgegend entstehen lassen. Ähnlich wie die Körperempfindung, die ich hatte, als er mit dem Finger auf mich zeigte und dabei lachte. Das war wirklich faszinierend! Doch ich konnte mir beim besten Willen nicht vorstellen, was der genaue Sinn und Zweck dieses Gefühls sein könnte. Ich sollte etwas Negatives vermeiden, so viel war klar, denn das war ja der Sinn und Zweck eines jeden Vermeidungsgefühls. Doch wo war hier das Negative?

Tatsächlich fiel mir die Aufgabe, die mir Mister President gegeben hatte, dann doch schwerer, als ich gedacht hatte. Es gelang mir dann immer besser, indem ich mir bewusst machte, dass ich mich gerade tatsächlich in einer Welt der Sterblichkeit befand. Ein grandioses Abenteuer, von dem ich niemals gedacht hätte, dass ich es jemals würde erleben können. Und so gelang es mir dann doch noch, gelegentlich zu lächeln, wie Mister President es sich gewünscht hatte.

Nach dem Essen durfte ich dann nach Hause gehen, was in meinem Fall bedeutete, dass ich auf die Toilette ging, um mich zu entmaterialisieren. Ich manifestierte mich wieder im Klassensaal. Ella wartete dort bereits auf mich. Außer mir war gerade sonst keiner der Secret-Angels hier.

»Die Emotionen der Menschen sind wirklich faszinierend, aber auch sehr verwirrend«, sagte ich zu Ella und berichtete ihr von meinen Erfahrungen.

»Das ist seltsam«, meinte Ella, als ich ihr von meiner schmerzhaften Körperempfindung in der Herzgegend erzählte. »Was du da beschreibst, hört sich ganz eindeutig nach einem Vermeidungsgefühl aus dem sozialen Gehirn an. Solche Gefühle solltest du eigentlich noch gar nicht haben«, sagte sie nachdenklich.

»Was ist das *soziale Gehirn?*«, fragte ich neugierig.

Das soziale Gehirn ist ein Gehirnareal, das sich in der

Evolution erst sehr viel später entwickelte als das Reptiliengehirn. Reptilien sind keine sonderlich sozialen Wesen. Sie sorgen fast ausschließlich für ihr eigenes Wohl. Daher entwickelten sie im Laufe der Evolution auch nur Verhaltensprogramme, die für den Selbsterhalt nötig sind. Erst als die ersten Säugetiere in Erscheinung traten, wurden umfassendere soziale Fähigkeiten erforderlich. Säugetiere müssen beispielsweise ihre Nachkommen versorgen und behüten und ihnen darüber hinaus auch viele Dinge beibringen, die sie für das eigenständige Überleben brauchen. Dazu benötigen die Säugetiere eine sehr viel größere Vielfalt an instinktiven Verhaltensprogrammen als die Reptilien. Über einen Zeitraum von 100 Millionen Jahren entwickelte sich für diese sozialen Kompetenzen ein eigenes neuronales System, das soziales Gehirn genannt wird. Das Reptiliengehirn wurde jedoch auch bei den Säugetieren unverändert beibehalten, da sich seine Verhaltensprogramme bereits über 200 Millionen Jahre bestens bewährt hatten. Die Säugetiere bekamen daher einfach noch ein zweites Gehirn dazu. Später kam dann noch als drittes das sogenannte Großhirn dazu, da sich die Lebensbedingungen für viele Säugetiere so schnell veränderten, dass eine flexible Anpassung an die veränderten Umstände erforderlich wurde. Instinktive Verhaltensprogramme benötigen Jahrmillionen, um sich an Veränderungen anpassen zu können. Diese Zeit hatten viele Säugetiere aber nicht. Daher brauchten sie ein drittes Gehirn, das ihnen diese Flexibilität ermöglichte.

»Und du meinst, die schmerzhaften Empfindungen in meiner Herzgegend, die ich bei Mister President gespürt hatte, könnten zu einem Vermeidungsprogramm aus meinem sozialen Gehirn gehört haben?«

»Es sieht ganz danach aus, denn das Großhirn kann keine Gefühle erzeugen, und die Gefühle des Reptiliengehirns spüren die Menschen im Bauch. Nur die Gefühle des sozialen Gehirns empfinden sie im Brustkorb auf Herzhöhe. Deshalb reden viele Menschen auch von ihrem Bauchgefühl oder sagen, dass sie ihrem Herzen folgen wollen. Das sind Redewendungen, die sich auf die emotionalen Handlungsimpulse des Reptiliengehirns und des sozialen Gehirns beziehen. Was war denn das Erste, was du aufgrund deiner schmerzhaften Empfindung in der Herzgegend am liebsten getan hättest?«

»Ich wäre am liebsten sofort aufgestanden und weggegangen.«

»Das hört sich tatsächlich ganz eindeutig nach einem Handlungsimpuls aus dem sozialen Gehirn an«, meinte Ella irritiert. »Es ist wirklich erstaunlich, dass du diese Gefühle erlebt hast. Eigentlich sollte das gar nicht möglich sein, denn wir haben die instinktiven Verhaltensprogramme des sozialen Gehirns bei deinem Avatar noch gar nicht freigeschaltet.«

»Falls es diesbezüglich einen Fehler bei der Programmierung meines Avatars gegeben haben sollte, dann würde ich es sehr begrüßen, wenn ihr alles so belassen könntet, wie es jetzt ist. Ich glaube nicht, dass diese instinktiven Programme mich überfordern. Ich denke, ich komme damit gut zurecht.«

»Das können wir gerne tun«, antwortete Ella nachdenklich. »Doch ich glaube kaum, dass wir da einen Fehler gemacht haben. Das halte ich für nahezu ausgeschlossen. Es ist mir daher ein Rätsel, wie dein Avatar diese Programme aktivieren konnte.«

»Darf ich dich fragen, was der genaue Sinn und Zweck dieses Vermeidungsgefühls aus meinem sozialen Gehirn war?«, fragte ich.

»Dass du mit dem Präsidenten keine soziale Bindung eingehen sollst, denke ich. Menschen haben den instinktiven Drang, Bindungen miteinander einzugehen, denn gute soziale Bindungen können erhebliche Überlebensvorteile mit sich bringen. Jedoch können sie auch einen Überlebensnachteil darstellen. Als Love-Angel hatte ich sehr viel mit diesem Thema zu tun.«

»Kannst du mir das genauer erklären?«, bat ich.

»Ich kann es wirklich kaum glauben, dass du mit diesen Handlungsimpulsen konfrontiert wurdest«, sagte Ella noch einmal. »Aber nun denn ... In sozialen Bindungen müssen beide Seiten daran interessiert sein, dass es auch dem jeweils anderen gut geht. Wenn nur du alles für den anderen tust, für ihn da bist, wenn er krank ist, alles mit ihm teilst und so weiter, der andere aber nur an sich selbst denkt und nicht bereit ist, für dich da zu sein, wenn du mal Hilfe benötigst, dann ist diese Bindung für dich ein Überlebensnachteil. Du gibst und gibst, bekommst aber nie wirklich etwas zurück. Die Menschen bezeichnen solche Beziehungen als toxisch.«

»Es kann also sein, dass mein soziales Gehirn der Meinung war, dass eine Bindung mit Mister President für mich toxisch wäre«, sagte ich fasziniert.

»Falls dieser Impuls wirklich aus deinem sozialen Gehirn gekommen ist, dann könnte das sein«, meinte Ella skeptisch. »Die Aussage von Mister President dir gegenüber lässt stark vermuten, dass er dich nicht als gleichrangig respektiert. Und das verletzt eine wichtige Sollvorstellung des sozialen Gehirns.«

»Was genau ist eine *Sollvorstellung?*«, fragte ich.

»Sollvorstellungen sind Kriterien, an denen die drei Gehirne bewerten, ob etwas gut oder schlecht ist. Wenn etwas so ist, wie es sein sollte, dann wird das automatisch als gut bewertet. In diesem Fall erzeugen das Reptiliengehirn oder das soziale Gehirn Belohnungsgefühle, damit das Großhirn spürt, wie schön es sich anfühlt, wenn es die Sollvorstellungen der beiden anderen Gehirne erfüllt. Und dieses schöne Belohnungsgefühl gibt dem Großhirn dann die Motivation, sich auch zukünftig um die Erfüllung dieser Sollvorstellungen zu bemühen. Wenn der Status quo jedoch nicht die Sollvorstellungen erfüllt, wird das als schlecht beurteilt, und es werden Vermeidungsgefühle vom Reptiliengehirn oder dem sozialen Gehirn erzeugt. Diese geben dem Großhirn dann den Impuls, etwas unternehmen zu wollen, um diesen Missstand zu beseitigen. Sowohl im sozialen Gehirn als auch im Reptiliengehirn sind von Geburt an eine ganze

Reihe an instinktiven Sollvorstellungen fest einprogrammiert, die sich im Laufe der Jahrmillionen als überlebensrelevant herausgestellt haben.«

Ella erklärte mir noch ein paar weitere interessante Fakten zu diesem Thema, bis nach und nach die anderen Secret-Angels im Klassenzimmer eintrafen. Sie hatten alle viel zu erzählen. Doch keiner von ihnen hatte Vermeidungsgefühle aus dem sozialen Gehirn erlebt.

Am nächsten Tag materialisierte ich mich wieder in einer Toilette des Weißen Hauses und machte mich auf den Weg zu Misses Langton. Sie schickte mich sofort wieder ins Oval Office. Ich vermutete, dass ich Mister President erneut zu Terminen begleiten sollte. Er wirkte an diesem Tag auf mich wie ausgewechselt. Mein menschliches Gehirn beurteilte sein Verhalten mir gegenüber heute offenbar als sehr viel positiver, denn ich empfand ein angenehmes Belohnungsgefühl in meiner Herzgegend. Das irritierte mich erneut, da mein Avatar laut Ella diese Gefühle ja noch gar nicht empfinden können sollte. Doch was sollte diese Empfindung in der Herzgegend sonst sein? Ich fühlte mich ganz eindeutig von Mister President respektiert.

»Sie haben sicherlich mitbekommen, was gestern Abend in den Medien los war«, begann Mister President. »Ich benötige jetzt Ihre Unterstützung.«

»Was genau kann ich denn für Sie tun?«, fragte ich, denn ich hatte keine Ahnung, was es mit diesen Medien auf sich hatte.

»Ich möchte, dass Sie dementieren, was ich angeblich

gestern auf dem Hubschrauberlandeplatz zu Ihnen gesagt haben soll. Können Sie das für mich tun?«, hakte er freundlich nach.

»Natürlich, Mister President«, antwortete ich erfreut über seine Bitte und empfand dabei erneut ein Belohnungsgefühl in meiner Herzgegend. »Was genau soll ich denn für Sie dementieren?«

»Diese Reporterin behauptet steif und fest, ich hätte sie als hässliche Krähe bezeichnet.«

»Aber genau das haben Sie doch zu mir gesagt«, erwiderte ich verwundert.

»Es geht nicht darum, was ich gestern tatsächlich gesagt habe. Wen interessiert schon die Wahrheit?! In der Politik ist es entscheidend, was das dumme Volk letzten Endes glaubt. Und ich glaube, ich habe gestern eindeutig zu Ihnen gesagt, dass es eine Zumutung sei, dass ich auf so eine hässliche Frage überhaupt antworten soll. Und mehr habe ich nicht gesagt. Das können Sie doch sicherlich bestätigen?!«

»Wenn Sie das möchten, kann ich das gerne für Sie tun, Mister President«, antwortete ich schulterzuckend und verstand nicht, warum er das so unbedingt wollte.

»Sie werden natürlich vorher gebrieft«, sagte eine Mitarbeiterin namens Georgia, die die gesamte Zeit schon mit im Raum gewesen war. »Kommen Sie bitte mit!«

Sie führte mich aus dem Oval Office in ein kleines Büro.

»Wir haben einen kleinen Text für Sie vorbereitet,

den Sie auswendig lernen sollen«, begann sie mit ihrem Briefing. »Halten Sie sich dann einfach Wort für Wort an diesen Text, wenn Sie von einem Reporter angesprochen werden.«

Daraufhin drückte sie mir ein beschriebenes Blatt Papier in die Hand.

»Ist es normal, dass man von Mister President darum gebeten wird zu lügen?«, fragte ich verwundert, nachdem ich den Text gelesen hatte.

»Wenn der Präsident Sie um etwas bittet, dann tun Sie als Mitarbeiterin des Weißen Hauses ganz einfach, was er sagt«, erklärte mir Georgia. »Das gehört zu Ihrem Job.«

Nach diesem Gespräch bat sie mich, mit ihr gemeinsam das Weiße Haus zu verlassen. Wir würden einfach so tun, als wollten wir irgendwo hingehen. Vor dem Weißen Haus würden immer einige Journalisten herumlungern, meinte sie. Die würden mich sicherlich sofort erkennen, da gestern Abend überall Fotos von mir und Mister President in den Medien gezeigt wurden. Die Reporter würden von mir ein Statement zu der fraglichen Aussage haben wollen. Dann solle ich einfach meinen Spruch aufsagen und fertig. Das war schon die ganze Aufgabe.

Als wir das Weiße Haus durch den Vordereingang verließen, stürmten tatsächlich ein paar Journalisten und Paparazzi auf uns zu. »Heißen Sie es gut, dass ein Präsident der Vereinigten Staaten eine Frau öffentlich als hässliche Krähe beleidigt?«, rief ein Reporter.

»Ich verstehe die ganze Aufregung nicht«, antwortete ich, wie es auf dem Zettel stand. »Ich habe gestern den Ausdruck *hässliche Krähe* überhaupt nicht gehört. Ich habe nur gehört, dass Mister President zu mir sagte, es sei eine Zumutung, dass ihm solch eine *hässliche Frage* gestellt wird.«

»Warum lügen Sie?«, rief eine Reporterin daraufhin laut.

»Weil Mister President mich darum gebeten hat«, antwortete ich. »Das ist mein Job. Wenn man im Weißen Haus arbeitet, dann tut man genau das, was Mister President sagt. Und er sagte persönlich zu mir, dass es in der Politik nicht darauf ankommt, was tatsächlich wahr ist, sondern nur darauf, was das dumme Volk letztendlich glaubt. Deshalb ließ er mich diesen Text auswendig lernen, den ich eben aufgesagt habe.«

Kapitel 2

Konkurrenzverhalten

Kurz nach meiner Stellungnahme gegenüber den Reportern wurde ich seltsamerweise gefeuert. Dieses Ereignis hatte für ein gewisses Medieninteresse an meiner Person gesorgt, was Ella und ihr Team auf neue Ideen brachte. Sie gingen davon aus, dass wir einflussreiche Menschen brauchen würden, sobald wir eine Lösung für das Problem der Menschheit gefunden hätten. Deshalb wurde ich für meine nächste Mission in eine Reality-Show namens *Shameless in Paradise* eingeschleust. Zum einen könnte ich dort mehr über die Eigenheiten sozialer Emotionen erfahren – für den unwahrscheinlichen Fall, dass ich tatsächlich bereits über die Verhaltensprogramme des sozialen Gehirns verfügen konnte. Zum anderen könnte ich auch eine engere Bindung mit einigen dieser prominenten Menschen aufbauen, die uns vielleicht später als Unterstützung dienen könnten.

Bei dieser Show waren zwölf Promis 14 Tage lang isoliert von der Außenwelt zusammen in einer Luxusvilla auf Hawaii untergebracht. Die meisten von ihnen waren berühmte Musiker, Schauspieler oder Comedians. Diese mussten für die Show jederzeit bereit sein, sogenannte *Shameless-Missionen* zu absolvieren. Dabei handelte es sich im Grunde genommen um ein bekanntes Gesellschaftsspiel der Menschen namens *Wahrheit oder Pflicht*. Manche dieser Missionen waren öffentlich – in diesem Fall wurden alle Teilnehmer von der jeweiligen Mission unterrichtet –, und manche Missionen waren auch geheim. Dann wusste nur der jeweilige Promi davon.

Das Besondere an diesem Spiel war, dass die Teilnehmer an einen Lügendetektor angeschlossen wurden, wenn sie *Wahrheit* wählten. Und das wollten die meisten wohl unbedingt vermeiden, weshalb sie teilweise bereit waren, recht schamlose Aufgaben zu erfüllen, was der Show dann auch ihren Namen eingebracht hatte.

Shameless in Paradise lief nur einmal im Jahr und war seit vielen Jahren immer wieder aufs Neue ein echter Straßenfeger, da es den Machern gelungen war, namhafte Berühmtheiten für die Show zu gewinnen. Die aktuelle Staffel lief jetzt bereits seit zwei Tagen. Doch hatte gestern eine Teilnehmerin die Show vorzeitig verlassen, weshalb der Sender eine Nachrückerin suchte. Ella und ihr Team ergriffen kurzerhand die Chance. Sie beeinflussten die Verantwortlichen in ihrem Entscheidungsprozess mit ihren üblichen telepathischen Eingebungen, was diese schließlich glauben ließ, selbst auf die Idee gekommen zu sein, dieses Mal die Zuschauer mit einem No-Name zu überraschen. Gleichzeitig sollte es aber jemand sein, der gerade eine gewisse Prominenz in den Medien hatte. Ella und ihr Team sorgten dann dafür, dass die Wahl auf mich fiel.

Der Sender hatte daraufhin ein Flugticket an die irdische Adresse geschickt, die Ella und ihr Team angegeben hatten, und ein Hotelzimmer auf Hawaii für die erste Nacht gebucht. Das Flugticket benötigte ich nicht, denn ich materialisierte mich einfach direkt in diesem Hotelzimmer. Ella hatte mir gesagt, wann genau ich dort erscheinen sollte. Kurz darauf klopfte es dann auch schon an meiner Zimmertür. Draußen standen zwei Männer vom Sender, die mich auf die Show vorbereiten sollten. Der eine erklärte mir noch einmal die Regeln der Show, fragte, ob ich noch irgendetwas brauchen würde, und verließ daraufhin gleich wieder mein Hotelzimmer. Der andere hatte drei große Koffer dabei. Er hieß Romeo und war ein bekannter Designer, der mich für die Show ausstatten sollte.

»Oh mein Gott!«, sagte er völlig verzückt mit ungewöhnlich nasaler Stimme und zupfte sogleich begeistert in meinen Haaren herum. »Das gibt's doch nicht. Dein Gesicht sieht aus, als hätte man das Beste von allen schönen Frauen dieser Welt zu einem perfekten Ganzen zusammengefügt. Wo haben sie dich denn ausgegraben?! Du bist ja der Oberknaller! Ich glaub's ja nicht! Mit Sicherheit wird im Himmel gerade ein Engel vermisst. Mein Gott, du siehst wirklich aus wie ein Engel!«, schwärmte er weiter, was mein Reptiliengehirn dann doch ein wenig in Alarmbereitschaft versetzte. »Es ist mir eine Ehre, meine Sommerkollektion von dir in der

Show präsentieren zu lassen. Solche Schönheit!« Daraufhin begann er in einem seiner Koffer herumzustöbern und ein Kleidungsstück herauszuziehen. »Das hier solltest du unbedingt als Erstes anziehen, Darling. Das ist genau das Richtige für deinen ersten Eindruck in der Villa«, meinte er überzeugt. »Der erste Eindruck ist alles, wie du weißt. Wenn du das anziehst, werden dich die Zuschauer lieben, das garantiere ich dir. Komm, probiere das gleich mal an! Ich will sehen, wie du darin aussiehst.«

Ich zog also den Badeanzug und ein langes, durchsichtiges Strandkleid an, das er mir in die Hand gedrückt hatte.

»Oh, mein Gott«, schwärmte er, während er mir dabei zusah. »Du bist wirklich perfekt! Einfach nur perfekt! Entweder musst du den besten Schönheitschirurgen der Welt haben, oder der liebe Gott persönlich ist dein Vater. Nun sag schon! Was hast du machen lassen?«

Ich hatte keine Ahnung, worauf er mit seiner Frage hinauswollte, und schaute ihn nur schulterzuckend an.

»Du willst doch nicht etwa behaupten, dass das alles echt sein soll!«, ermahnte er mich und zeigte zuerst auf meine Brüste und dann auf meine Beine. »So perfekt ist kein Mensch von Natur aus. Null Cellulite, einen mehr als perfekten Teint und Haare – mein Gott hast du Haare! Und dieser Busen – wow! Zum ersten Mal in meinem Leben wünschte ich, ich wäre hetero.«

Ein düsteres Vermeidungsgefühl überflutete meinen Körper, als mir bewusst wurde, dass wir beim Erschaffen meines Körpers vermutlich einen kapitalen Fehler begangen hatten. Offensichtlich sah ich doch nicht durchschnittlich aus. Doch ich verstand nicht, wieso. Ich war 1,70 Meter groß, was genau dem Durchschnitt der amerikanischen Bevölkerung entsprach. Für meine Gesichtsproportionen wurde der exakte Durchschnitt aus mehreren Millionen Fotos errechnet, die Ella und ihr Team auf einem Internetportal namens Insta gefunden hatten. Um den genauen Durchschnitt der Bevölkerung in den USA abzubilden, hatten sie sich zu 60 Prozent an der weißen Bevölkerung orientiert. 18 Prozent meines Aussehens waren hispanisch, 14 Prozent afroamerikanisch, sechs Prozent asiatisch und zwei Prozent indianisch. Das entsprach genau dem Durchschnitt der Bevölkerung in den USA. Und meine Körpermaße für Brust-, Taille- und Hüftumfang entsprachen ebenfalls genau den üblichen 90–60–90, die alle Frauen in meinem Alter auf Insta hatten. Damit dürfte ich doch eigentlich überhaupt nicht auffallen. Ich war absoluter Durchschnitt! Was hatten wir falsch gemacht?

Plötzlich fiel mir auf, dass ich gerade wieder ein heftiges Vermeidungsgefühl erlebt hatte. Ich hatte es zunächst gar nicht richtig realisiert. Das war ja eine grandiose Entwicklung, wie ich fand. Ich begann offensichtlich, mich immer stärker mit dem Menschsein zu identifizieren. Leider beruhigten sich die Gefühle dann gleich wieder. Aber ich war zuversichtlich, dass so etwas jetzt immer häufiger passieren würde.

Romeo schwärmte unvermindert weiter von meinem

Aussehen, während ich die anderen Kleider anprobierte, die er mir bereitgelegt hatte. Einige der Kleidungsstücke sortierte er dann aus, weil sie nichts für mich tun würden.

Romeo ließ mir einen vollen Koffer mit Kleidung da, den ich dann am nächsten Tag mit in die Villa bringen sollte. Ich würde bereits sehr früh am Morgen von einer Limousine abgeholt werden. Dann würde ich erst einmal kurz in die Maske kommen, und dann ginge es auch schon los.

Nachdem Romeo das Zimmer verlassen hatte, entmaterialisierte ich mich und manifestierte mich wieder im Klassensaal, um Ella Bericht zu erstatten. Nach und nach trudelten dann auch die anderen Secret-Angels bei uns ein, was mich sehr freute. Wir tauschten uns bis zum Morgengrauen über unsere Erfahrungen aus.

Am nächsten Morgen materialisierte ich mich wieder in meinem Hotelzimmer auf Hawaii. Kurz darauf wurde ich von einem Chauffeur abgeholt und mitsamt meinem Koffer zur Villa von Shameless in Paradise gebracht. Und dann ging es erst einmal in die Maske, wie Romeo das gestern genannt hatte. Hier wurde mein Gesicht von einer netten Frau angemalt, die sich mir mit dem Namen Vanessa vorstellte. Warum sie mein Gesicht anmalen wollte, sagte sie nicht. Ich ließ sie einfach gewähren. Es schien eine Selbstverständlichkeit zu sein, daher fragte ich nicht.

Nach der Maske legte mir ein Redakteur des Senders dann eine Kette um den Hals. Diese Kette sei ein Mikrofon, das ich nur ausschalten sollte, wenn ich auf mein Zimmer ging. Ansonsten sollte ich es unbedingt überall tragen. Danach wurde ich zu einem großen Tor geführt, das in den Garten der Villa führen sollte. Dahinter erstreckte sich eine Poollandschaft mit Palmen und Blumen. Hinter dem Pool war zwischen den Palmen das nahe Meer zu sehen, das türkisblau in der Sonne funkelte. Dieser Anblick schien meinem menschlichen Gehirn sehr zu gefallen, denn es erzeugte sehr angenehme Belohnungsgefühle dabei. Beschwingt von diesen schönen Gefühlen ging ich fröhlich lächelnd zu den anderen Teilnehmern der Show. Sie saßen gerade alle gemeinsam an einer großen Tafel und frühstückten.

»Da kommt jemand Neues!«, rief einer der Männer, als er mich sah.

Daraufhin drehten sich alle Gesichter zu mir um. Für eine Sekunde herrschte totale Stille, in der mich alle intensiv von oben bis unten musterten. Ich bemühte mich, freundlich zu lächeln, denn ich wusste ja, dass dies das Erste war, was den menschlichen Instinkt interessierte. Ich signalisierte also, dass ich Freund und kein Feind war. Dennoch schien mein Reptiliengehirn der Meinung zu sein, dass ich hier nicht bei allen willkommen war. Das spürte ich ganz deutlich. Oder gehörte dieses Gefühl zu einem instinktiven Verhaltensprogramm aus dem sozialen Gehirn? Das konnte ich noch nicht unterscheiden. Seltsamerweise waren es aber nur die Frauen, bei denen ich diesen Eindruck hatte. Die Männer reagierten ausnahmslos alle sehr freundlich auf mich. Ich wusste nicht, ob das allgemeingültig bei den Menschen so war, aber zumindest hier in der Villa waren die Männer offensichtlich sehr viel freundlicher als die Frauen.

Der Mann, der mich angekündigt hatte, stand als Erstes auf und kam zu mir, um mich mit einem Luftküsschen links und rechts zu begrüßen.

»Hallo, ich bin Brian«, sagte er freundlich. »Ich freue mich darauf, dich kennenzulernen.«

Eigentlich hieß ich ja Mary Soul, doch die Medien hatten meinen Zweitnamen als Nachname verstanden, daher stellte ich mich auch hier nur mit meinem halben Namen vor. »Ich bin Mary«, sagte ich daher kurz. Daraufhin standen auch die anderen Teilnehmer auf und begrüßten mich einer nach dem anderen auf die gleiche Weise mit einem Luftküsschen links und rechts und sagten mir ihre Namen.

»Und woher kennt man dich?«, wollte Brian dann wissen.

»Ich war Praktikantin im Weißen Haus, wurde aber vor ein paar Tagen gefeuert«, erklärte ich. »Und seitdem haben die Medien einen Narren gegessen.«

»Sie haben also einen Narren an dir gefressen«, wiederholte er meine Aussage lächelnd. »Ich bin gespannt darauf, deine Geschichte zu hören. Aber setz dich doch erst einmal und frühstücke mit uns!«

Auch die Frauen lächelten mir jetzt freundlicher zu, als ich mich mit an den Tisch setzte. Und dennoch wirkten sie auf mich irgendwie noch immer ein wenig feindselig, was ich an meinem unangenehmen Vermeidungsgefühl deutlich ablesen konnte. Das Seltsame war, dass ich dieses Vermeidungsgefühl wieder im Brustkorb spürte, was ich ja eigentlich noch gar nicht können sollte. Andererseits hatte ich aber auch ein mulmiges Gefühl in meiner Magengegend, was ja für ein Gefühl aus dem Reptiliengehirn sprach. Die menschlichen Gefühle waren wirklich sehr verwirrend. Doch ich stand auch noch ganz am Anfang meiner emotionalen Erfahrungsreise, weshalb ich verständlicherweise noch Schwierigkeiten damit haben musste, meine emotionalen Handlungsimpulse richtig zu verstehen. Doch genau dafür war ich ja hier. Hier war ich umgeben von erwachsenen Menschen, die längst gelernt hatten, den Sinn und Zweck ihrer Gefühle zu verstehen. Ich freute mich daher sehr darauf, von diesen Profis zu lernen.

Plötzlich klingelte mein Smartphone, das mir die Redaktion für die Dauer der Show mitgegeben hatte. »Mission!«, riefen dann alle sichtlich erfreut und schauten mich neugierig an.

Ich schaute also auf mein Smartphone. »Lese diesen Text allen laut vor«, stand da. »Deine erste Mission besteht darin, jetzt und hier allen am Tisch deine peinlichste Sexgeschichte zu erzählen.«

Alle lachten sofort laut auf und schauten mich mit großen Augen gespannt an. Doch ich hatte ja noch nie Sex. Ich konnte daher nichts erzählen. »Dann muss ich wohl *Wahrheit* wählen«, erklärte ich daraufhin.

»Das solltest du dir noch einmal überlegen«, meinte Brian. »Du weißt schon, dass du dabei angeschlossen an den Lügendetektor drei Fragen beantworten musst. Und die sind alles andere als harmlos!«, betonte er eindringlich. »Ich würde da an deiner Stelle lieber eine kleine Geschichte erzählen«, empfahl er mir mit einem seltsamen Augenzucken.

»Da kann ich leider nichts erzählen«, antwortete ich, »denn ich hatte noch nie Sex.«

Aus irgendeinem Grund lachten alle über meine Aussage, was ich mir nicht so recht erklären konnte. Ich kam jedoch nicht mehr dazu, dieser Frage auf den Grund zu gehen, denn in diesem Moment klingelte mein Smartphone erneut. »Wie lautet deine Entscheidung?«, stand da. »Wahrheit oder Mission?«

Ich klickte also *Wahrheit* an, woraufhin die Smartphones aller anderen am Tisch plötzlich klingelten. Meines klingelte ebenfalls noch einmal.

»Du hast echt *Wahrheit* genommen?!«, fragte eine Frau namens Ava daraufhin fassungslos.

Ich zuckte auf ihre Frage freundlich lächelnd mit den Achseln und las die Nachricht, die jetzt neu auf meinem Smartphone stand. »Begib dich sofort und ohne Verzögerung zum Lügendetektor und nimm alle anderen Teilnehmer mit!«

Daraufhin standen alle auf und gingen mit mir in die Villa. Sie führten mich in den Raum, in dem der Lügendetektor stand. Ich setzte mich dort auf einen Stuhl und wurde an das Gerät angeschlossen. Danach zeigte ein Bildschirm banale Fragen, die ich beantworten sollte. Diese gehörten wohl noch nicht zur Prüfung, wie mir dann erklärt wurde. Sie waren nur nötig, um das Gerät auf mich zu kalibrieren. Sie wollten beispielsweise wissen, ob ich Mary Soul heiße, ob ich zwei Füße habe und ob ich weiblich bin. Dann sollte ich auch gezielt ein paar Mal lügen.

Nachdem diese Prozedur beendet war, waren alle sichtlich gespannt auf meine Fragen. Ich selbst konnte diese Aufregung gar nicht nachvollziehen. Was sollte das Problem daran sein, die Wahrheit zu sagen? Die Gefahr, dass sie mich nach meiner Identität als Secret-Angel fragen würden, hielt ich für ausgeschlossen. Von unserer Existenz wusste niemand.

Die erste Frage erschien auf dem Bildschirm: »Hattest du ein sexuelles Verhältnis mit dem Präsidenten der Vereinigten Staaten?«

»Nein«, antwortete ich. Zehn Sekunden später erschien auf dem Bildschirm in grüner Schrift das Feedback: *Wahrheit*

»Hat der Präsident tatsächlich von dir verlangt, dass du für ihn lügst?«, war die zweite Frage.

»Ja«, antwortete ich und erhielt wenig später das Feedback: *Wahrheit*

Ein Raunen ging durch den Raum.

»Hat der Präsident wirklich zu dir gesagt, es sei völlig egal, was tatsächlich wahr ist, es käme nur darauf an, was das dumme Volk letztendlich glaubt?«, war die dritte Frage.

»Ja«, war meine Antwort, und auf dem Bildschirm erschien erneut: *Wahrheit*

Plötzlich applaudierten die anderen Teilnehmer im Raum begeistert und jubelten laut los. Danach wollten sie dann unbedingt von mir wissen, was da genau mit Mister President gelaufen war. Als ich dann erzählte, was ich den Reportern vor dem Weißen Haus genau geantwortet hatte, schrien alle laut auf vor Lachen. Ich konnte in dem Stimmengewirr danach heraushören, dass Mister President wohl in seinem Wahlkampf hoch und heilig versprochen hatte, immer die Wahrheit und nichts als die reine Wahrheit zu sagen. Er wollte angeblich Schluss machen mit den Lügen in der Politik. Das war offenbar auch der Grund gewesen, warum er die Wahl überhaupt gewonnen hatte. Doch jetzt war er durch mich beim Lügen erwischt worden, was wohl für alle eine große Sache war.

»Mädchen, du hast echt Eier!«, meinte Brian dann anerkennend zu mir. »Jetzt ist mir auch klar, warum du hier bist und warum du *Wahrheit* gewählt hast.«

Auch die anderen Teilnehmer verhielten sich mir gegenüber jetzt plötzlich freundlicher. Ich konnte mich diesbezüglich natürlich täuschen, da mein Avatar ja angeblich noch gar nicht über die instinktiven Verhaltensprogramme des sozialen Gehirns verfügen sollte, doch ich empfand ganz eindeutig ein sehr schönes Belohnungsgefühl in meiner Herzgegend, das mir zu sagen schien, dass ich nun von allen sehr viel mehr gemocht wurde als zuvor. Sogar die Frauen schienen mich jetzt lieber zu mögen.

Danach gingen wir dann alle wieder zurück an den

Tisch, um das Frühstück fortzusetzen. Ich versuchte in den Gesprächen am Tisch ein wenig mehr über die anderen Teilnehmer herauszuhören. So konnte ich erfahren, dass Brian ein sogenannter *Hottie* war, der unter anderem in einer Vampirserie mitgespielt hatte. Was genau ein *Hottie* sein sollte, hatte ich jedoch nicht so ganz verstanden. Dann war da noch eine Frau namens *Evelyn*, die wohl früher Rettungsschwimmerin in Malibu gewesen war. Mein Gehirn erzeugte spontan Sympathie für sie. Vermutlich, weil wir im Grunde genommen artverwandte Berufe ausübten. Mir war sofort klar, dass Sympathie zu einem instinktiven Verhaltensprogramm aus dem sozialen Gehirn gehören musste. Reptilien empfanden keine Sympathie. Ella und ihr Team mussten also wirklich einen Fehler bei der Programmierung meines Avatars gemacht haben. Anders war nicht zu erklären, dass ich Sympathie empfinden konnte.

Der Nächste, über den ich ein wenig mehr erfahren konnte, war *Jim*. Er war ebenfalls Schauspieler, aber wohl eher das Gegenteil von einem Hottie, was auch immer das bedeuten mochte.

Über *Jerry* konnte ich kaum etwas erfahren. Er war Mitte Fünfzig, auffallend schlank und eher unauffällig. Ganz im Gegensatz zu einer jungen Frau, deren Namen ich bisher nicht erfahren hatte. Sie saß nicht mit am Tisch. Sie hatte sich etwas abseits der Gruppe an den Pool gelegt. Sie war Anfang zwanzig und lag dort in einer sichtlich unbequemen Haltung. Alle paar Sekunden veränderte sie diese dann, um eine andere unbequeme Körperhaltung einzunehmen und sich dann selbst mit ihrem Smartphone zu fotografieren. Ich versuchte eine logische Erklärung für dieses seltsame Verhalten zu finden.

»Na, schaust du dir deine Konkurrenz an?«, fragte mich Brian.

»Ich sehe sie nicht als Konkurrenz an«, antwortete ich verwundert von seiner Frage.

»Das würde ich an deiner Stelle ganz genauso so sehen!«, betonte er mit einem Lächeln. »Sie ist ganz sicher keine Konkurrenz für dich!«

In diesem Moment klingelten die Smartphones von mehreren Leuten an unserem Tisch gleichzeitig. Es zeigte sich, dass es drei Männer waren. Einer von ihnen las die Nachricht laut vor. Er hieß *Liam*, war 50 Jahre alt, fast zwei Meter groß, sehr muskulös und trug eine Glatze.

»Liam, Jerry und Jim, eure *Mission* ist es, heute Abend *Single Ladies* von Beyoncé zu performen.« Alle Anwesenden am Tisch jubelten sofort laut los. Ich hatte keine Ahnung, was sie so immens erheiterte, aber ich jubelte einfach einmal begeistert mit, um nicht aufzufallen. »Ihr habt fünf Minuten Zeit, um euch zu entscheiden«, las Liam weiter vor und schaute dann seine beiden Mitstreiter sichtlich geschockt an.

»Natürlich macht ihr das!«, riefen die Frauen begeistert.

Die drei gaben sich daraufhin lachend High five und tippten ihre Antwort in ihr Smartphone ein. Kurz drauf klingelten sie erneut. Liam las wieder vor: »Begebt euch jetzt und sofort in den Proberaum. Ihr erhaltet ein professionelles Tanztraining und das perfekte Outfit für diesen Auftritt.« Erneut jubelten die Leute laut los und trommelten begeistert mit ihren Fäusten auf den Tisch.

Kurz nachdem die drei gegangen waren, klingelte mein Smartphone erneut, genau wie das der anderen fünf Frauen. »Eure Mission besteht darin, euch abzuschminken und den Rest des Tages ohne Make-up zu bleiben. Ihr habt fünf Minuten Zeit, um euch zu entscheiden«, stand auf unserem Display.

Ich wollte schon losjubeln, weil das ja auch alle so gemacht hatten, als die Männer ihre Mission bekamen, doch zum Glück tat ich es nicht, denn dieses Mal jubelte keiner.

Brian kommentierte die Mission nur mit dem Ausdruck »Oha!« und stand daraufhin vom Tisch auf. Genau wie Al, der die ganze Zeit schon ein wenig griesgrämig dreingeschaut hatte. Al war Anfang sechzig, hatte schüttere graue Haare und war deutlich übergewichtig. »Dann räumen wir mal den Tisch ab«, sagte er dann beim Aufstehen.

Ich spürte, wie mein Reptiliengehirn diese Situation eindeutig als unheilvoll beurteilte, was sich dann auch schnell bestätigte. Ich wusste zwar noch immer nicht, was die Worte *abschminken* und *ohne Make-up bleiben* tatsächlich bedeuten sollten, aber es musste etwas ziemlich Schlimmes sein, denn einige der Mädels rasteten deswegen komplett aus. Insbesondere die junge Frau, die zuvor so unbequem am Pool gelegen hatte. Sie war zu uns rübergekommen und hatte ihr Smartphone sehr heftig auf unseren Tisch geknallt.

»Das können die vergessen!«, sagte sie dabei aufgebracht.

»Wir können doch einfach *Wahrheit* wählen, wenn das mit dem Abschminken so schlimm ist«, schlug ich vor.

»Ach, halt du doch die Klappe!«, fuhr sie mich eindeutig feindselig an. »Wie viele Follower hast du denn überhaupt?«, fügte sie in einem verächtlichen Tonfall hinzu.

Ich hatte keine Ahnung, was ihre Worte bedeuten sollten, daher sagte ich lieber einmal nichts, genoss aber das aufregende Vermeidungsgefühl, das ihr aggressiver Tonfall in meinem Körper ausgelöst hatte. Genau dafür war ich ja hier. Ich war begeistert! Doch leider konnte ich auch dieses Mal den genauen Sinn und Zweck dieses Gefühls nicht erkennen.

»Jetzt krieg dich wieder ein, Joleen!«, ermahnte sie Olivia. »Keine von uns hat Lust darauf, den ganzen Tag ungeschminkt vor den Kameras herumzutanzen. Tu es oder lass es! Es ist deine Entscheidung.«

Joleen drehte sich daraufhin auf dem Absatz um und ging wütend in Richtung Villa, ohne ein weiteres Wort zu sagen. In diesem Moment klingelten erneut unsere Smartphones. »Trefft jetzt eure Entscheidung!«, war die Nachricht, die dort stand.

Daraufhin klickten die anderen drei Frauen *Mission* an. Ich tat natürlich das Gleiche, und zwar mit einem deutlich mulmigen Vermeidungsgefühl, da ich die Gefahrensituation nicht einschätzen konnte. Ich freute mich sehr darüber, dass ich diesen Handlungsimpuls dieses Mal sofort verstanden hatte. Mein Reptiliengehirn forderte mich mit diesem Gefühl dazu auf, die Gefahrensituation korrekt einzuschätzen. Und da ich das nicht konnte, verschwand dieses mulmige Gefahrenvermeidungsgefühl auch nicht mehr, was ich super fand. Ich freute mich sehr auf dieses Abenteuer in der Welt der Sterblichkeit.

»Dann geht jetzt in die Maske und schminkt euch ab! Kommt danach sofort wieder hierher zurück an den Pool«, war die nächste Nachricht, die wir über unsere Smartphones empfingen.

Als wir dann in der Maske waren, setzten sich alle vor die Spiegel, die dort an einer Wand angebracht waren, und fingen an, mit feuchten Tüchern die Farbe aus ihren Gesichtern zu entfernen. Warum sie das taten, verstand ich nicht. Aber da es alle machten, tat ich natürlich das Gleiche.

Es stellte sich dann heraus, dass die Mission damit bereits erfüllt war, denn nachdem wir die Farbe entfernt hatten, gingen wir wieder zurück an den Pool. Die Gefahr, vor der mich mein Reptiliengehirn so eindrücklich hatte warnen wollen, existierte offenbar gar nicht tatsächlich. Ich fand das sehr seltsam. Am Pool angekommen, legten wir uns dann auf die Sonnenliegen, die dort herumstanden. Die restlichen drei Männer, die nicht im Proberaum waren, lagen bereits dort und jubelten uns zu, als hätten wir soeben eine gigantische Herausforderung gemeistert. Ich legte mich verwirrt auf die freie Liege neben Isabella und überlegte, wie ich unauffällig herausfinden könnte, was da eben tatsächlich passiert war.

»Joleen hat die Villa verlassen«, meinte dann Brian, der die Liege neben Isabella in Besitz genommen hatte.

»Sie war offensichtlich zu feige, ihren Followern zu zeigen, wie hässlich sie ohne ihre Schminke in Wirklichkeit ist«, antwortete Isabella.

»Und warum meinst du, war das für sie so ein Problem?«, hakte ich vorsichtig nach, denn ich wusste immer noch nicht, was so ein Follower überhaupt sein sollte und auch nicht, warum die Frauen so viel Wert auf die Farbe in ihrem Gesicht legten.

»Ich gehe davon aus, dass sie Angst um ihr Überleben als Influencerin hatte. Diese jungen Dinger können ja sonst nichts. Wenn sie als Infaulenzerinnen keinen Erfolg mehr haben, dann stehen sie vor dem Nichts.«

Nun verstand ich endlich, warum Joleen mit so starken Gefühlen reagiert hatte. Diese Gefühle gehörten offenbar zu einem instinktiven Verhaltensprogramm, das einen sehr gravierenden Überlebensnachteil vermeiden sollte. Deshalb waren ihre Vermeidungsmaßnahmen auch so heftig ausgefallen. Nur eine Sache verstand ich dabei noch nicht, daher fragte ich nach. »Aber warum hat sie denn nicht einfach *Wahrheit* statt *Mission* gewählt? Dann hätte doch keiner gemerkt, wie hässlich sie in Wirklichkeit ist.«

»Ich sehe, wir verstehen uns!«, meinte Isabella laut lachend und streckte mir die Gettofaust entgegen. Ich hatte diese Geste bei den Menschen schon oft gesehen, nur wusste ich nicht, was sie jetzt in dieser Situation bedeuten sollte. Ich erwiderte ihre Gettofaust und lachte ebenfalls, damit meine Unwissenheit nicht auffiel.

»Ihr wisst schon, dass hier überall Kameras sind?!«, meinte Brian dann kopfschüttelnd. »Themawechsel! Warum wolltest du eigentlich Praktikantin im Weißen Haus werden? Hatte das einen tieferen Sinn?«

»Ich wollte mehr über Mister President erfahren und verstehen, warum er sich immer noch weigert, die Verantwortung der USA in Bezug auf den Klimawandel anzuerkennen«, antwortete ich.

»Und? Hast du?«, hakte Brian lachend nach.

»Leider nicht. So ziemlich alles, was dieser Mann tat, kam mir äußerst unsinnig vor. Verantwortungsbewusstsein konnte ich nicht erkennen.«

»Er tut, was die Mehrheit der amerikanischen Bevölkerung von ihm erwartet.«

»Dann wollen die Menschen willentlich ihre eigene Lebensgrundlage zerstören?«, fragte ich irritiert.

»Du weißt schon, dass du bei mir mit solchen Fragen offene Türen einrennst, oder?«, meinte er erfreut.

»Mädel, ich glaube, du hast gerade in ein Wespennest gestochen«, sagte Isabella sichtlich genervt. »Brian hat eine eigene Umweltstiftung. Stell dich schon mal auf einen neeeervigen Vortrag ein. Ich gehe mir dann mal einen Kaffee holen. Das wird hier wohl eine Weile dauern.«

»Ich will, dass meine Kinder auch noch eine lebenswerte Zukunft haben«, rechtfertigte sich Brian.

»Vielleicht solltest du dir erst mal eine Frau suchen, bevor du ans Kinderkriegen denkst«, erwiderte Isabella.

»Dafür habe ich im Moment keine Zeit«, gab Brian grinsend zurück. »Aber sobald ich die Welt gerettet habe, können wir gerne darüber reden.«

»Du kannst gerne meine Liege haben«, meinte Isabella dann zu mir, als sie kopfschüttelnd aufstand und wegging, ohne ein weiteres Wort zu Brian zu sagen.

Ich folgte ihrer Empfehlung, um auch Brian mein Interesse zu signalisieren, und wechselte auf ihre Liege.

»Also«, sagte er, als ich mich auf die Liege setzte, und begann mit seiner Erklärung. »Die Menschen wollen natürlich nicht willentlich ihre eigene Lebensgrundlage zerstören. Doch sie wollen sich auch nicht in ihrem Lebensstandard einschränken lassen. Das ist der Konflikt, in dem die Menschheit gerade steckt. Der Lebensstandard, den wir aufrechterhalten wollen, überfordert schlicht und ergreifend die Ressourcen der Erde.«

»Ja, aber warum verhalten sich die Menschen denn dann nicht entsprechend? Es muss doch jedem klar sein, dass das nicht lange gut gehen kann.«

»Möchtest du die offizielle Antwort, die Wissenschaftler zu diesem Thema öffentlich vertreten, oder möchtest du wissen, was sie mir unter vier Augen sagen, wenn ich mit ihnen über dieses Thema im Rahmen meiner Stiftung spreche?«

»Es gibt eine inoffizielle Stellungnahme von Wissenschaftlern, die sie nicht öffentlich äußern?«, fragte ich verwundert.

»Ja, die gibt es tatsächlich. In Bezug auf den wahren Grund, warum wir auf eine Klimakatastrophe zusteuern, herrscht in den Wissenschaften weitestgehend Einigkeit.«

»Und was ist der wahre Grund?«, fragte ich wissbegierig.

»Bist du sicher, dass du wirklich bereit bist für diese Information?«, fragte er mit einem seltsamen Gesichtsausdruck, den ich nicht zu deuten wusste. »Sie ist nicht leicht zu verkraften.«

»Absolut!«, bestätigte ich aufgewühlt. »Bitte sag mir den wahren Grund!«

»Okay, aber geh nicht auf mich los, wenn dir diese Antwort nicht gefällt! Es ist die Meinung der fachkundigsten Wissenschaftler auf der ganzen Welt. Sie drücken das öffentlich nie so aus, aber wie sie es mir gegenüber formulieren, bringt es das voll auf den Punkt.«

»Ich werde ganz sicher nicht auf dich losgehen«, bestätigte ich ungeduldig. »Bitte sag mir den wahren Grund!«

»Okay, du hast es so gewollt. Also, die wahre Ursache der Klimakatastrophe ist … Trommelwirbel! Es gibt schlicht und ergreifend zu viele Arschlöcher in der Politik.«

»Zu viele Arschlöcher?!«, fragte ich ahnungslos. »Was meinen die Wissenschaftler damit genau?«

»Sie meinen die Populisten, die jede Gelegenheit nutzen, um die Klimakatastrophe runterzuspielen und den wirtschaftlichen Wohlstand ihres Landes in den Vordergrund zu stellen.«

»Und warum tun diese Populisten das?«, fragte ich verwundert.

»Weil sie vom Volk gewählt werden wollen. Sie tun alles, um an der Macht zu bleiben oder an die Macht zu kommen. Und dafür gibt es einen ganz einfachen Trick. Sie versprechen der Bevölkerung genau das, was die Mehrheit am meisten begehrt – wirtschaftlichen Wohlstand.«

»Dann nimmt die Mehrheit der Weltbevölkerung die Zerstörung ihrer eigenen Lebensgrundlage in Kauf, nur um ihren Wohlstand zu erhalten?«, fragte ich fassungslos.

»Die Mehrheit der Weltbevölkerung denkt gar nicht groß über den Klimawandel nach. Sie haben genug mit ihren alltäglichen Problemen zu tun. Grundsätzlich wollen viele Menschen unbequeme Wahrheiten auch nicht so gerne hören. Wenn ihnen dann ein Politiker etwas erzählt, was ihnen besser gefällt, dann wählen sie eben lieber den. Außerdem sehen die Menschen es natürlich auch nicht ein, dass es im eigenen Land Einschränkungen wegen dem Klimawandel geben soll, während andere Nationen weiterhin unvermindert ihre Treibhausgase in die Luft blasen. Das stellen Populisten auch gerne überspitzt so dar, als würden wir mit unseren Sparmaßnahmen den Wohlstand anderer Nationen subventionieren. Und die würden sich natürlich dann über unsere Dummheit kaputtlachen.«

»Ja, aber dann macht ja nie irgendjemand den Anfang, wenn niemand der Erste sein will«, erkannte ich.

»Genau das ist der Punkt. Es muss verbindliche weltweite Abkommen geben, wo sich alle Nationen zum Klimaschutz verpflichten. Und das muss auf politischer Ebene realisiert werden. Denn nur auf dieser Ebene können die erforderlichen Abkommen getroffen und die notwendigen Maßnahmen in der Weltbevölkerung durchgesetzt werden. Auf den Nachbarn zu schimpfen, weil der einen SUV fährt oder jeden Tag Fleisch isst, wird die Welt nicht retten. Wenn wir die Klimakatastrophe verhindern wollen, dann müssen wir sehr viel größer denken. Wir haben erstmals in der Geschichte der Menschheit ein Problem, das alle Menschen auf der Welt gleichermaßen betrifft. Denn der Klimawandel interessiert sich nicht für nationale Grenzen. Wir sitzen diesbezüglich alle im gleichen Boot. Und wenn wir nicht langsam anfangen, diesbezüglich am gleichen Strang zu ziehen, dann wird dieses Boot unweigerlich untergehen. Und das kann eben nur auf politischer Ebene passieren. Deshalb müssen die Menschen Druck auf die Politik ausüben und nicht auf ihren Nachbarn.«

»Die Menschen müssen also alle am gleichen Boot ziehen. Ja, das ergibt Sinn«, stimmte ich zu.

»Genau so ist es!«, sagte Brian und lachte dabei herzhaft, was ich angesichts der Ernsthaftigkeit der Lage als seltsam empfand. Doch vermutlich wollte er mit seinem Lachen zum Ausdruck bringen, dass er diese Entwicklung für äußerst unwahrscheinlich hielt.

»Und warum hältst du es für so unrealistisch, dass diese Klimaabkommen zustande kommen?«, fragte ich deshalb.

»Weil die Populisten viel zu leichtes Spiel haben, solange die Mehrheit der Menschheit die unbequeme Wahrheit nicht hören will. Alle Nationen dieser Erde müssten in Sachen Klimaschutz miteinander kooperieren, um die Kuh tatsächlich vom Eis zu kriegen. Anders geht es einfach nicht. Doch dank der vielen populistischen Politiker konkurrieren alle Nationen weiterhin um den höchsten Wohlstand ihres Landes, wie die Menschheit das seit jeher getan hat.«

»Und was könnte man tun, damit die Mehrheit der Menschheit dazu bereit wäre, die unbequeme Wahrheit zu akzeptieren?«, fragte ich ahnungslos.

»Aufklärungsarbeit«, antwortete er. »Die Menschen müssen überall davon hören, und sie müssen darüber reden. Und zwar so lange, bis die Mehrheit der Menschheit erkennt, dass wirklich etwas getan werden muss. Und zwar schnell! Letztendlich wird sich erst dann etwas ändern, wenn die Arschlöcher dieser Welt nicht mehr das Sagen haben.«

»Sie dürfen also nicht mehr gewählt werden«, stellte ich fest.

»Leider werden nicht alle Regierungen auf dieser Welt demokratisch gewählt. Es gibt auch viele totalitäre Systeme, wo ebenfalls Arschlöcher an der Macht sind. Da ist eine Veränderung auf politischer Ebene leider sehr viel schwieriger. Doch die demokratisch regierten Nationen könnten politischen und wirtschaftlichen Druck auf diese totalitären Staaten ausüben und so langfristig eine Veränderung bewirken. Aber das ist alles noch ein sehr weiter Weg. Doch es ist der einzige, den wir haben.«

»Vielen Dank, dass du mir das alles erklärt hast«, sagte ich.

»Es war mir ein Vergnügen. Nur schade, dass der Sender unser Gespräch nicht ausstrahlen wird.«

»Warum nicht?«, fragte ich verwundert. »Was du gesagt hast, war doch sicherlich sehr wertvoll für die Menschheit. Das sollte doch jeder wissen.«

»Vielen Dank, dass du das so siehst, aber für eine Unterhaltungsshow, bei der es eigentlich nur darum geht, dass sich hier ein paar Promis zum Affen machen, war unser Gespräch mit Sicherheit zu anspruchsvoll. Der Sender wird das nicht ausstrahlen.«

»Würde es denn helfen, wenn er es tun würde?«, hakte ich nach.

»Klar würde das helfen, aber wie gesagt, das werden sie nicht tun.«

Ich hatte mir nach diesem Gespräch eine Toilette gesucht, um mich zu entmaterialisieren. Ich manifestierte mich dann kurz darauf in meiner normalen Engels-

Gestalt im Klassensaal. Ich wollte kurz mit Ella über die Aussagen von Brian sprechen. Ich erzählte ihr alles, was mir Brian zuvor erklärt hatte.

»Konkurrenzverhalten ...«, sagte sie nachdenklich. »Das ist ein interessantes Thema, mit dem wir uns schon viel beschäftigt haben, denn es gehört eindeutig zu den Gründen, warum die Menschen so viele scheinbare Probleme haben.«

»Und was ist der Grund für dieses Verhalten?«, wollte ich wissen.

»Für sterbliche Wesen, die auf ihrem Planeten um begrenzte Ressourcen konkurrieren, ist Konkurrenzverhalten ein elementarer Bestandteil ihrer Evolution. Die meisten instinktiven Verhaltensprogramme im Reptiliengehirn bauen auf Konkurrenzverhalten auf. Das soziale Gehirn ist hingegen auf Kooperation programmiert. Hier geht es immer um das Wohl einer Gemeinschaft. Die Kooperation hat sich im Laufe der Evolution als das bessere Überlebenskonzept erwiesen, weshalb das soziale Gehirn auch die Macht besitzt, die egoistischen Impulse aus dem Reptiliengehirn sozialverträglich zu regulieren. Es versucht immer, ein gesundes Gleichgewicht zwischen egoistischen und altruistischen Verhaltensprogrammen zu finden. Doch seine Bemühungen zielen immer nur auf das Wohl der eigenen Gemeinschaft ab. Im Grunde genommen könnte man sagen, dass das soziale Gehirn immer noch egoistisch zum Wohl der eigenen Gemeinschaft handelt. Und das reicht nicht aus, um den Klimawandel zu verhindern. Hier müsste das Wohl aller Lebensformen auf dem Planeten angestrebt werden, denn die bilden alle gemeinsam die Überlebensgrundlage für den Menschen. Doch der Mensch verfügt auch über ein Großhirn – die dritte Evolutionsstufe des menschlichen Gehirns. Das Großhirn wäre theoretisch in der Lage, die Auswirkungen des eigenen Handelns auf die gesamte Natur zu berücksichtigen. Doch das passiert nicht in ausreichendem Maße, was nur bedeuten kann, dass das Großhirn der Menschen noch nicht die Führung übernommen hat. Offensichtlich bestimmen immer noch das Reptiliengehirn und das soziale Gehirn die Handlungen der Menschen. Was ich seltsam finde, denn eigentlich sollte das Großhirn die Führung haben, da die anderen beiden Gehirne die komplizierten Lebensumstände in der modernen Zivilisation ja gar nicht richtig verstehen können. Normalerweise bekommen die anderen beiden Gehirne immer nur dann die Führung, wenn eine existenzielle oder soziale Not abgewendet werden muss. Die Menschen müssen daher vor irgendetwas große Angst haben, sonst hätte ihr Großhirn die Führung.«

»Aber wovor könnten die Menschen denn so viel Angst haben?«

»Ich habe keine Ahnung, aber das ist die einzige Erklärung, wie das Reptiliengehirn und das soziale Gehirn über das Großhirn dominieren können. Das passiert nur im Falle einer existenziellen oder sozialen Bedrohung oder Not. Ich werde auch die anderen Secret-Angels auf diese Frage ansetzen. Ich glaube, wir sind hier auf einer sehr guten Spur.«

»Dann gehe ich jetzt wieder in die Villa. Und falls ihr etwas tun könntet, damit mein Gespräch mit Brian vom Sender ausgestrahlt wird, dann wäre das eine gute Sache.«

Kapitel 3

20 000 Entscheidungen

Ich materialisierte mich also wieder in der gleichen Toilette der Villa. Als ich in den Garten zurückkam, war Isabella wieder da. Sie hatte ihre Liege direkt neben Brian wieder in Besitz genommen, was mein menschliches Gehirn aus einem mir nicht erfindlichen Grund nicht gut fand. Ich konnte den Sinn und Zweck dieses Gefühls nicht genau verstehen, doch es war eindeutig ein Vermeidungsgefühl. Es wäre mir lieber gewesen, wenn ich weiterhin direkt neben Brian hätte liegen können. Vermutlich, weil ich hoffte, von ihm noch weitere wichtige Einsichten in das Thema Konkurrenzverhalten zu erlangen.

»Was bist du denn eigentlich für ein Sternzeichen«, fragte mich Isabella dann, als ich mich auf die Liege legte.

»Keine Ahnung«, antwortete ich, denn ich wusste nicht, was ein Sternzeichen sein sollte.

»Na, wann bist du denn geboren?«, fragte sie als Nächstes.

»Ich wurde nicht geboren«, wäre die korrekte Antwort gewesen, aber ich sagte natürlich etwas anderes. »Im Mai.«

»Und wann im Mai?«

»Am neunten«, schwindelte ich.

»Dann bist du also Stier. Das hatte ich mir schon fast gedacht«, erklärte sie.

Was war denn das für ein seltsames Gespräch?! Ich verstand kein Wort. »Warum hattest du dir das schon gedacht?«, fragte ich, denn ich hatte den Eindruck, dass sie irgendeine Reaktion von mir erwartete.

»Du scheinst sehr bodenständig und besonnen zu sein. Das ist typisch Stier.«

Ich wusste nicht, was ich dazu sagen sollte, denn ich hatte keine Ahnung, wovon sie redete. Daher sagte ich lieber einmal nichts.

»Du scheinst wohl nicht viel von Astrologie zu halten«, meinte sie dann in einem vorwurfsvollen Tonfall.

»Ich habe von Astrologie noch nie etwas gehört«, antwortete ich.

»Na sag mal! Wo kommst du denn her?«, sagte sie in einem Tonfall, der meinem sozialen Gehirn eindeutig ein Vermeidungsgefühl entlockte. »Astrologie ist eine uralte Wissenschaft, mit der man bereits vor Christus herausgefunden hat, wie die Sterne unser Schicksal beeinflussen. Wie kann es sein, dass du noch nie etwas davon gehört hast?«

»Ich bin sehr zurückgezogen aufgewachsen«, antwortete ich.

»Ich bin sicher, dass es mehr gibt zwischen Himmel

und Erde, als du dir das in deinem kleingeistigen Verstand vorstellen kannst«, sagte sie dann in einem eindeutig feindseligen Tonfall. »Glaub es oder lass es! Mir ist das schnuppe.«

»Ja, das ist sicherlich so«, stimmte ich verwirrt und gleichzeitig erfreut von ihrer Feindseligkeit zu. Ich hatte keine Ahnung, womit ich dieses aggressive, instinktive Verhaltensprogramm bei ihr gestartet haben könnte. Irgendwie musste ich ihr Angst gemacht haben. Aber womit, war mir schleierhaft. Doch ich war ja hier, um genau das herauszufinden. Das lief ja wieder einmal ganz fantastisch!

»Was glaubst du denn, was unser Schicksal bestimmt?«, hakte sie dann nach einer Weile nach.

»Ich denke, dass wir unser Schicksal mit den Entscheidungen bestimmen, die wir tagtäglich treffen. Die hängen natürlich von unseren Beurteilungen ab, die wiederum von unseren Sollvorstellungen bestimmt werden.«

»Bullshit! Du solltest damit aufhören, ständig alles und jeden beurteilen zu wollen. Ich beurteile überhaupt nicht mehr!«

»Aber wie kannst du denn dann richtig und falsch voneinander unterscheiden?!«, fragte ich verwundert.

»Vorsicht, junge Dame!«, ermahnte sie mich. »Du begibst dich hier auf sehr dünnes Eis!«

Ich verstand nicht so genau, was sie mir damit sagen wollte. Diese Redewendung kannte ich nicht. Aber es war eindeutig, dass sie meine Frage irgendwie unangemessen fand. Oder sie hatte sie vielleicht auch falsch verstanden. Daher formulierte ich sie genauer.

»Das menschliche Gehirn muss ja bekanntlich rund 20 000 Entscheidungen pro Tag treffen«, erklärte ich, wie ich es damals in der Schule gelernt hatte. »Und für jede einzelne dieser Entscheidungen müssen unzählige Fakten beurteilt werden, damit man das Richtige tun kann. Nur zehn bis zwölf dieser 20 000 Entscheidungen werden bewusst getroffen. Der Rest passiert völlig automatisch auf unbewusster Ebene. Könnte das vielleicht der Grund dafür sein, warum du glaubst, nichts mehr zu beurteilen?«, hakte ich interessiert nach. »Weil du bewusst gar nicht merkst, wie oft du unbewusst urteilst?«

»Das muss ich mir jetzt echt nicht geben!«, meinte sie plötzlich total aufgebracht. »Auf dieses Niveau werde ich mich ganz sicher nicht herablassen.« Daraufhin stand sie auf und ging, ohne ein weiteres Wort zu sagen, weg.

Ich war verwirrt. Offensichtlich hatte Isabella vor irgendetwas große Angst, weshalb sie ihrem Fluchtimpuls augenblicklich folgte. Doch was hatte ihr eine solch große Angst eingejagt? Ich hatte doch nur eine ganz normale Frage gestellt.

»Mach dir nichts draus!«, meinte Brian dann zu mir, der unser Gespräch mit angehört und meine Verwirrung sicherlich bemerkt hatte. »Die ist manchmal einfach so. Nimm das nicht persönlich!«

Da die Liege neben ihm jetzt wieder frei geworden

war, folgte ich dem emotionalen Impuls, den ich gerade sehr stark verspürte, und legte mich wieder neben ihn.

»Weißt du, wovor Isabella gerade so große Angst hatte?«, fragte ich ihn dann.

»Dazu möchte ich mich lieber nicht äußern«, antwortete er. »Lass uns lieber von etwas anderem reden. Was machst du denn eigentlich so beruflich?«

»Ich war Praktikantin im Weißen Haus.«

»Ja, aber was hast du davor gemacht?«

»Ich habe Menschen beschützt«, antwortete ich ehrlich, denn auf diese Frage war ich nicht vorbereitet gewesen. Ich wusste nicht, was ich sonst hätte sagen sollen.

»Polizei, Army, Personenschutz?«, hakte er nach.

»Personenschutz.«

»Das hätte ich dir gar nicht gegeben, so wie du aussiehst. Alle Achtung! Dann sollte man sich wohl besser nicht mit dir anlegen, was?!«, meinte er grinsend.

In diesem Moment klingelte Brians Smartphone. »Ich dachte schon, die hätten mich heute vergessen«, sagte er und las seine Nachricht. »Ich muss dann jetzt los«, erklärte er daraufhin, ohne zu sagen, worin seine Mission genau bestand, und stand auf.

Als er ging, stieg eine sehr ungewöhnliche Empfindung in meinem Körper auf. Sie war eher unangenehm und konnte daher nur ein Vermeidungsgefühl sein. Doch was sollte ich hier vermeiden? Zu welchem Verhalten sollte mich diese Körperempfindung genau veranlassen? Ich hatte nicht die leiseste Haut einer Ahnung. Es fühlte sich so an, als würde sich eine unangenehme

Leere in meinem Brustkorb ausbreiten. Solch eine seltsame Körperempfindung hatte ich bisher noch nie erlebt. Und wieder war es ein Gefühl, das ich eindeutig im Brustkorb spürte, was ja für einen emotionalen Handlungsimpuls aus dem sozialen Gehirn sprach.

»Na, so ganz allein hier?«, fragte plötzlich eine auffallend sonore, männliche Stimme neben mir. Ich hatte sein Kommen gar nicht bemerkt, da ich die Augen geschlossen hatte, um meinem emotionalen Handlungsimpuls ohne visuelle Ablenkung besser nachspüren zu können. Es war ein muskulöser afroamerikanischer Mann, den ich auf 30 schätzte.

»Ich bin Dylan. Ich hatte wohl noch geschlafen, als du heute Morgen hier angekommen bist. Und du bist Mary, ehemalige Praktikantin im Weißen Haus, stimmt's?«

»Ja, richtig. Es freut mich, deine Bekanntschaft zu machen«, sagte ich und gab ihm zur Begrüßung die Hand.

»Und was treibst du so, wenn du nicht gerade Praktikantin bist?«, wollte er wissen.

»Ich bin im Personenschutz«, antwortete ich. »Und was machst du so?«

»Du weißt nicht, wer ich bin?«, fragte er sichtlich irritiert. »Ich bin ein weltweit erfolgreicher Sänger und Songwriter. Ich mache R&B- und Pop-Musik. Wie kommt es, dass du mich nicht kennst?«

»In der Musik-Szene kenne ich mich nicht aus«, erklärte ich.

»Okay, das ist mal was anderes«, meinte er. »Ich wäre

übrigens nie im Leben darauf gekommen, dass du Bodyguard bist.«

»Was hättest du denn gedacht?«, fragte ich, denn ich dachte, dass ich diese Info vielleicht später irgendwann bei einer zukünftigen Mission hätte verwenden können.

»Deinem Aussehen nach zu urteilen Model, Schauspielerin oder Tänzerin. Du siehst unnormal geil aus – und das auch ganz ohne Schminke!«, sagte er mit einem seltsam lächelnden Gesichtsausdruck, den ich nicht einordnen konnte. »Sorry, falls ich da was Falsches gesagt haben sollte«, meinte er dann plötzlich. »Das sollte kein dummer Anmachspruch gewesen sein!«, betonte er.

Ich hatte keine Ahnung, was er damit meinen könnte, und wusste nicht, was ich dazu sagen sollte. Daher versuchte ich es einfach einmal mit den Worten: »Kein Problem!« Ella hatte uns beigebracht, dass diese Worte so gut wie immer passen würden, wenn Menschen sich für irgendetwas entschuldigten. »Du bist auch nicht auf dünnes Eis gegangen«, fügte ich noch hinzu.

»Hast du vielleicht Lust, etwas mit mir zu trinken?«, fragte er daraufhin lächelnd. »Wir könnten zur Bar gehen und uns einen Cocktail holen. Was meinst du?«

Mir wurde bewusst, dass dieser menschliche Körper Nahrung benötigte. Und bisher hatte ich weder etwas gegessen noch getrunken, seit ich hier war. Das könnte vielleicht auch die Erklärung für diese seltsame Leere sein, die ich in meinem Brustkorb empfunden hatte, als Brian gegangen war. Möglicherweise war das ja ein Impuls, der mich dazu bringen sollte, Nahrung zu mir zu nehmen. Ich willigte daher ein und ging mit Dylan zur Bar.

Als wir dort ankamen, sah ich Isabella an der Bar sitzen. Sie warf mir einen feindseligen Blick zu, stand auf und ging weg.

»Was hat die denn gegen dich?«, fragte Dylan verwundert, als sie gegangen war.

»Das weiß ich leider nicht. Wir haben vorhin bei den Sonnenliegen miteinander gesprochen, als sie sich urplötzlich total feindselig mir gegenüber verhalten hat.«

»Vergiss sie!«, meinte Dylan kopfschüttelnd. »Die war schon immer eine Diva – seit ich denken kann. Ich denke, dass sie sich von deiner natürlichen Schönheit bedroht fühlt. Ich hoffe, ich darf das so offen sagen?«

Ich wurde sehr hellhörig! Offensichtlich hatte Dylan ein umfassendes Verständnis davon, weshalb Isabella so aggressiv reagiert hatte.

»Aber warum fühlt sie sich denn von meiner Schönheit bedroht?«, hakte ich nach.

»Weil sie meint, mit Frauen mithalten zu müssen, die nur halb so alt sind wie sie. Sie hat einfach nicht kapiert, dass jedes Alter seine eigene Schönheit hat, daher will sie immer noch so aussehen wie vor zwanzig Jahren. Und deshalb sieht sie junge Frauen wie dich als Konkurrentinnen an.«

Das mit der Schönheit war für mich noch immer ein Mysterium. Aber offensichtlich konnte man diesbezüglich miteinander konkurrieren. Ich musste versuchen, mehr darüber herauszufinden.

»Was möchtest du trinken?«, fragte mich Dylan und riss mich aus meinen Gedanken.

»Ich habe keine Ahnung. Was trinkst du denn?«

»Ich nehme einen Mojito.«

»Dann probiere ich das auch.«

Dylan bestellte uns daraufhin zwei Mojitos.

»Darf ich dir noch eine Frage zu Isabella stellen«, bat ich. »Ich verstehe das mit der Konkurrenz noch nicht. Schönheit ist doch eigentlich gar keine Ressource, um die man konkurrieren könnte. Jeder sieht doch einfach so aus, wie er nun mal aussieht. Da kann doch gar keiner dem anderen etwas wegnehmen.«

»Häh?«, fragte er sichtlich irritiert von meiner Frage.

»Ich dachte, bei der Konkurrenz ging es um einen Überlebensvorteil«, antwortete ich. »Aber den kann ich hier nicht erkennen.«

»Kann es sein, dass du mich hier gerade verarschen willst?«, fragte er grinsend, was mich zu der Erkenntnis brachte, dass ich offensichtlich eine unpassende Frage gestellt haben musste.

In diesem Moment kamen glücklicherweise unsere Cocktails, sodass ich damit versuchte, von meiner Frage abzulenken. »Na, jetzt bin ich ja mal gespannt, wie dieses Getränk schmeckt«, sagte ich daher.

Dylan stieß mit mir an, und ich nippte an meinem Cocktail. Ich fand ihn unfassbar scheußlich und verzog sofort das Gesicht. Wie konnte man so etwas trinken?!

»Scheint dir ja nicht ganz so gut zu schmecken!«, lachte Dylan laut auf, als er meinen Gesichtsausdruck sah. »Bestell dir lieber etwas anderes! Vielleicht etwas ohne Alkohol.«

»Wenn das ohne Alkohol weniger schlimm schmeckt, dann wäre mir das tatsächlich lieber«, stimmte ich beeindruckt zu, denn ich war fassungslos darüber, welch starke Vermeidungsgefühle mein Gehirn bei diesem ekelhaften Geschmack erzeugt hatte. Ich nahm noch einen weiteren Schluck, um dieses extreme Vermeidungsgefühl noch ein zweites Mal zu erleben. Erneut schüttelte ich fassungslos den Kopf darüber, wie man so etwas freiwillig trinken konnte.

Dylan reagierte irgendwie seltsam darauf, dass ich noch einen zweiten Schluck genommen hatte, daher hörte ich damit auf, obwohl ich sehr gerne noch einmal diese krasse Fassungslosigkeit erlebt hätte. Jedenfalls hatte dieses Ereignis sehr gut von meiner unpassenden Frage abgelenkt. Ich wollte nicht noch mehr auffallen, deshalb entschuldigte ich mich kurz und ging auf die Toilette, die sich im Foyer der Villa befand. Ich verschloss die Tür, hängte meine Mikrofonkette an den Kleiderhaken, der an der Tür befestigt war, und entmaterialisierte mich. Kurz darauf manifestierte ich mich wieder in unserem Klassensaal.

»Kannst du mir vielleicht schnell erklären, wieso den Menschen ihr Aussehen so wichtig ist, dass sie sogar darum miteinander in Konkurrenz treten?«, bat ich Ella, die wie immer im Klassensaal war. »Wo ist hier der Überlebensvorteil?«

»Es geht nicht immer nur ums Überleben eines einzelnen Individuums in der Evolution des Menschen«, begann Ella zu erklären. »Es geht um die sogenannte *natürliche Selektion*, die dafür verantwortlich ist, welche Gene sich weitervererben. Die natürliche Selektion hat zwei elementare Komponenten. Das ist auf der einen Seite der Überlebensvorteil und auf der anderen Seite der Fortpflanzungsvorteil.«

»Und das Aussehen bestimmt diesen Fortpflanzungsvorteil?«, wollte ich wissen.

»Das Aussehen und noch einige weitere Sollvorstellungen, die im sozialen Gehirn eines Menschen abgespeichert sind. Erfüllt ein Mensch diese Sollvorstellungen, wird er als attraktiv angesehen. Attraktive Menschen sind begehrter als unattraktive, weshalb sie dann auch sehr bemüht sind, alle Sollvorstellungen in Bezug auf ihr Aussehen zu erfüllen.«

Als ich nach diesem kurzen Besuch bei Ella wieder zurück zu Dylan kam, hatte er mir ein anderes Getränk bestellt. Das schmeckte dann sehr viel besser. Es hieß *Fruchtcocktail*. Jetzt, nachdem ich wusste, was es mit dem Thema Schönheit auf sich hatte, verstand ich auch, warum Dylan auf meine Frage so seltsam reagiert hatte. Natürlich war Schönheit nichts, das man sich gegenseitig wegnehmen konnte. Es war ja kein Ding, sondern eine Eigenschaft. Und die konnte man sich gegenseitig natürlich nicht streitig machen. Aber darum konkurrieren, wer die Schönere war, das konnte man trotzdem. Und offensichtlich konnte man sich diesbezüglich auch von anderen bedroht fühlen, was dann dazu führte, dass entsprechende instinktive Verhaltensprogramme aktiviert wurden. Das war alles sehr interessant. Ich fühlte mich mit diesem Wissen jetzt dem Gespräch mit Dylan besser gewachsen.

»Wie sieht es denn bei dir aus?«, fragte ich ihn deshalb. »Bist du eigentlich auch schön?«

Dylan hätte fast seinen Cocktail ausgespuckt, an dem er gerade genippt hatte. Er prustete laut lachend los. »Nein, ich bin pottenhässlich!«, antwortete er grinsend.

Offenbar war es sehr lustig, hässlich zu sein, was ich rein logisch betrachtet nicht so ganz nachvollziehen konnte. Aber ich lachte natürlich mit, um nicht aufzufallen.

In diesem Moment kam Brian zu uns an die Bar, was Dylan erneut dazu brachte, laut loszulachen. Möglicherweise weil Brian etwas sonderbar gekleidet war. Er trug eine übergroße Babywindel und hatte einen riesigen Schnuller um den Hals hängen. Ich war jedoch nicht ganz sicher, ob dies der Grund für Dylans Gelächter war, denn Brian selbst verhielt sich eigentlich recht normal. Er nahm sich einen Barhocker und setzte sich zu uns. Daraufhin gab er dem Barkeeper ein Zeichen mit der Hand, dass er etwas trinken wollte.

»Ich brauche einen Whiskey«, sagte er zu ihm.

»Einen Doppelten?!«, fragte der Barkeeper.

»Ja, on the rocks! Aber lass das Eis weg und mach dafür noch mehr Whiskey rein!«

Der Barkeeper nahm daraufhin ein Glas und goss es bis oben hin voll.

»Danke«, meinte dann Brian, als der Barkeeper ihm das Glas hingestellt hatte, und nahm einen sehr großen Schluck, ohne zuvor mit uns anzustoßen, wie das bei Menschen normalerweise so üblich war.

Und erneut lachte sich Dylan kaputt darüber. Da Brian selbst nicht lachte, wusste ich nicht so recht, wem ich mich jetzt anschließen sollte. Sollte ich nun lachen oder nicht?

»Was?!«, fragte Brian dann an Dylan gerichtet. »Was ist so lustig? Hab ich was verpasst?«

»Nö, alles senkrecht, Alter«, erwiderte dieser. »Ich musste nur gerade an etwas Lustiges denken.«

Ich war froh, dass ich nicht mit Dylan gemeinsam gelacht hatte, denn es wäre sehr unwahrscheinlich gewesen, dass ich exakt im gleichen Augenblick ebenfalls spontan an etwas Lustiges hatte denken müssen. Es wäre mir schwergefallen, mein Lachen zu erklären.

»Und was treibt ihr so?«, fragte Brian daraufhin.

»Wir reden gerade über das Thema Schönheit«, antwortete Dylan grinsend. »Mary findet, dass ich pottenhässlich bin.«

»Na, da muss ich ihr recht geben«, meinte Brian und hielt mir lachend sein Glas zum Anstoßen hin. Offenbar war das Anstoßen wohl doch nicht so genau genormt, wie ich gedacht hatte. Man musste also nicht zwingend direkt am Anfang anstoßen, wenn man ein Getränk bekam. Das war gut zu wissen. Und auch, dass ich mich beim Thema Hässlichkeit nicht getäuscht hatte. Es war wohl wirklich für die Menschen etwas sehr Lustiges.

»Apropos Schönheit«, sagte Brian dann. »Wo sind eigentlich unsere Frauen hin?«

»Die verstecken sich bestimmt, bis sie sich wieder schminken dürfen«, meinte Dylan. »Nein, Spaß! Isabella war gerade eben noch hier. Die anderen hab ich schon ne ganze Weile nicht gesehen.«

»Ist generell ganz schön ruhig hier gerade«, erkannte Brian dann. »Ich würde ja zu gerne einen Blick in den Proberaum werfen, um zu sehen, wie Liam, Jerry und Jim herumstolpern«, fügte er hinzu.

»Na das würde ich mir auch gerne mal ansehen«, meinte Dylan.

»Und warum machen wir das nicht?«, wollte ich wissen.

Doch anstatt mir auf diese Frage zu antworten, meinte Brian grinsend: »Du hast recht! Lasst uns einfach mal die Probe crashen! Was soll schon passieren?!«

Dylan zeigte sich sofort begeistert von der Idee, weshalb wir gleich aufbrachen. Der Proberaum befand sich im hinteren Teil der Villa. Wir müssten sehr leise sein, hatte Dylan gesagt.

Als wir den Flur erreicht hatten, der zum Proberaum führte, kamen uns die drei Frauen lachend entgegen, die wir zuvor vermisst hatten. Jetzt wussten wir, wo sie sich herumgetrieben hatten.

»Psst!«, sagte Evelyn zu uns, als wir uns im Flur begegneten, und hielt dabei den Zeigefinger vor die Lippen. Daraufhin liefen die Mädels leise lachend weiter.

Wir schlichen durch den Flur zu einer schweren Glastür. Dort lugten wir mit einem Auge vorsichtig durch die Tür, damit sie uns drinnen nicht sehen konnten. Es befanden sich neben Liam, Jim und Jerry noch drei Frauen mit im Raum. Wir konnten von außen hören, was drinnen gesprochen wurde.

»Wir zeigen euch jetzt noch einmal die gesamte Performance am Stück«, sagte eine der Frauen. »Danach fügen wir dann die Module zusammen, die ihr bis jetzt gelernt habt.«

Daraufhin schaltete sie die Musik ein, und die drei Frauen fingen an zu tanzen. Nachdem das Lied fertig war, platzierten die drei Frauen die Männer in der Mitte des Raumes und stellten sich selbst direkt vor die Männer. Danach schalteten sie erneut die Musik an und begannen mit ihrem Tanz. Offensichtlich sollten die Männer jeweils immer genau das mittanzen, was die Frauen direkt vor ihnen vortanzten. Doch das gelang keinem der drei auch nur halbwegs elegant, was mich sehr wunderte. War das Tanzen etwas so Schwieriges?

Dylan und Brian lachten sich beim Zuschauen kaputt. Erst ganz leise, dann hielten sie sich den Mund zu, um nicht zu laut zu werden, doch schließlich konnten sie sich nicht mehr halten und prusteten lautstark los. Sie kugelten sich vor Lachen auf dem Boden, was die Leute im Proberaum bemerkten.

»Verschwindet, ihr Spanner!«, rief dann Liam, als er die Tür aufriss, woraufhin Brian und Dylan sofort lachend wegliefen. Ich rannte hinterher, ohne jedoch so genau zu kapieren, warum wir eigentlich flüchteten. Als wir draußen waren, lachten wir noch einmal herzhaft und gingen wieder an die Bar, wo noch immer unsere Getränke standen.

In diesem Moment klingelten unsere Smartphones. »Oha!«, meinte Brian, »da kommt wohl unsere Strafe.«

»Mary, Dylan und Brian. Begebt euch in die Maske. Ihr erhaltet ein neues Outfit, das ihr bis auf Weiteres tragen werdet. Ihr könnt diese *Mission* natürlich wie immer ablehnen und stattdessen *Wahrheit* wählen. Entscheidet euch jetzt!«

»Kein Ding«, meinte Brian sofort. »Schlimmer als mein jetziges Outfit kann es ja nicht mehr werden.«

»Scheiß die Wand an«, sagte Dylan lachend. »Ich bin ja eh pottenhässlich. Hab daher nichts zu verlieren.«

Die beiden tippten auf *Mission,* und ich folgte ihrem Beispiel. »Begebt euch jetzt und sofort in die Maske!«, stand danach auf unseren Smartphones.

Zum dritten Mal an diesem Tag befand ich mich also in der Maske. Dort drückte Vanessa, die heute Morgen auch schon mein Gesicht angemalt hatte, jedem von uns ein knappes schwarzes Lederkostüm in die Hand, das eigentlich sehr ähnlich aussah wie mein Badeanzug – eben nur aus Leder. Sie fragte dann noch nach unserer Schuhgröße und drückte jedem von uns High Heels in die Hand. Die beiden Jungs stöhnten laut auf, als sie versuchten, mit diesen Schuhen zu laufen. Mir passten sie eigentlich ganz gut.

Nacheinander malte Vanessa dann unsere Gesichter an, wie sie es auch am Morgen bei mir getan hatte. Das dauerte echt lange. Wir saßen über eine Stunde auf ihrem Stuhl, bis wir dann alle drei fertig angemalt waren. Dieses Mal hatte Vanessa sehr viel mehr Farbe verwendet als beim letzten Mal. Die beiden Männer meinten zu meiner Gesichtsbemalung dann, dass die anderen Frauen sich ganz sicher total freuen würden, mich so zu sehen. Sie sagten das in einem seltsamen Tonfall, der mir verriet, dass ich wieder einmal etwas nicht richtig verstand, daher sagte ich lieber nichts dazu.

Dann half Vanessa den beiden Männern, eine sehr voluminöse Perücke anzuziehen. Mir sagte sie, dass ich keine brauchen würde. Am Schluss erhielt ich als Einzige dann noch einen engen Blazer, der komplett mit goldenen Pailletten besetzt war.

»Na, dann wünsche ich viel Spaß«, meinte Vanessa, als wir fertig waren.

Am Pool wurden wir dann von der gesamten Mannschaft mit lautem Gejubel begrüßt. Es waren alle vollzählig anwesend. Das Seltsame war, dass Liam, Jerry und Jim genauso bemalt waren wie wir und auch die gleichen Kostüme trugen. Aber warum waren wir denn genauso gekleidet wie diese drei Männer? Das hatte doch sicherlich etwas zu bedeuten.

»Oh, oh!«, meinte Dylan, als er das sah. »Mir schwant Fürchterliches!«

»Mir ebenfalls«, stimmte Brian zu.

»Ladys and Gentlemen«, erklang eine unerwartet laute Stimme aus den Lautsprechern, die überall im Garten der Villa verteilt an den Palmen befestigt waren.

»Begrüßen Sie mit uns auf unserer Showbühne Liam, Jerry und Jim mit *Single Ladys*.«

Alle jubelten wieder laut los, und die drei gingen auf die Bühne, die direkt neben dem Pool aufgebaut war. Sie war groß genug, um ihren einstudierten Tanz aufzuführen. Sie stellten sich in Position und bekamen von einer Mitarbeiterin des Senders drei Stabmikrofone in die Hand gedrückt. Daraufhin startete die Musik.

Die drei begannen ihren Tanz und sangen in ihre Mikros. Doch man hörte nur drei Frauenstimmen. Offensichtlich taten sie nur so, als würden sie singen. Warum, verstand ich wieder einmal nicht. Der Tanz der drei sah nicht elegant aus. Und scheinbar fanden genau das alle sehr lustig, denn je uneleganter die drei in ihren High Heels über die Bühne stakten, desto lauter lachten die Zuschauer. Und auch die Mitarbeiter des Senders, die sich normalerweise total unauffällig verhielten, lachten jetzt lauthals mit.

Als die drei dann mit ihrem Lied fertig waren, applaudierten alle noch einmal so laut sie konnten und jubelten, was die Stimmbänder hergaben. Daraufhin ertönte eine neue Durchsage durch die Lautsprecher.

»Ladys and Gentlemen. Und nun unsere Zweitbesetzung. Ich bitte Mary, Brian und Dylan auf unsere Showbühne!«

»Da müssen wir jetzt wohl durch!«, meinte Brian.

»Contenance bewahren, Alter!«, sagte Dylan. »Das kriegen wir hin.«

Wir gingen also gemeinsam auf die Bühne. Dort kam

eine der drei Tänzerinnen zu uns, die zuvor Liam, Jerry und Jim trainiert hatten, und stellte uns auf. »Du bist jetzt Beyoncé«, sagte sie dann zu mir. »Du stehst in der Mitte.«

Dann gab man uns noch unsere Mikros. Wir standen also da, wie Liam, Jerry und Jim das vor uns auch getan hatten. Daraufhin startete die Musik. Wir tanzten also los. Aus den Lautsprechern erklangen wie auch bei der ersten Gruppe fremde Stimmen. Mir fiel dann auch auf, dass die beiden Jungs sowieso nicht mitgesungen hatten. Und auch die Choreografie tanzten sie nicht. Das irritierte mich, denn ich wusste nicht, ob ich jetzt tanzen und singen oder herumhampeln sollte wie die Männer.

Dann wurde ganz plötzlich die Musik wieder abgeschaltet. »Ladys and Gentlemen«, erklang es erneut aus den Lautsprechern. »Sie hören jetzt die Originalstimmen unserer Zweitbesetzung. Wir wünschen gute Unterhaltung.«

Daraufhin erscholl erneut ein lautstarkes Gejubel und Gelächter der Zuschauer im Garten der Villa.

Erneut kam die Tänzerin, die uns zuvor schon in Position aufgestellt hatte, auf die Bühne und tat noch einmal das Gleiche. Die Musik erklang, und wir starteten unseren Tanz. Dieses Mal hörte man auch unsere eigenen Stimmen aus den Lautsprechern. Es hörte sich jedoch ziemlich unangenehm an, denn Brian sang völlig schief, was einen unerwarteten Schmerz in meinem Körper auslöste. Daraufhin stoppte die Musik noch einmal.

Jetzt kamen alle drei Tänzerinnen auf die Bühne, die Liam, Jerry und Jim trainiert hatten. Eine von ihnen führte Brian und Dylan von der Bühne, die anderen beiden Tänzerinnen stellten sich an die Positionen, an denen die beiden Jungs zuvor gestanden hatten. Dann startete die Musik wieder.

Die beiden Mädels tanzten jetzt mit mir zusammen. Diese Aufgabe empfand ich als sehr viel einfacher als zuvor mit den Jungs. Die standen ständig da, wo ich hätte laut dieser Choreografie eigentlich hätte sein müssen. Die beiden Mädels waren hingegen immer genau dort, wo sie sein sollten. Das war wirklich sehr viel einfacher und löste sofort richtig schöne Belohnungsgefühle in mir aus. Im Gegensatz zu mir sangen die beiden Frauen jedoch nicht mit. Warum, hatte ich nicht verstanden, aber es schien in Ordnung zu sein. Trotzdem reagierten die Zuschauer auf unsere Show komisch. Statt herzhaft zu lachen, applaudierten sie jetzt alle extrem begeistert. Und der Applaus wurde dann noch einmal lauter, als das Lied zu Ende war.

Sichtlich begeistert stürmten Brian und Dylan plötzlich auf die Bühne und sprangen mich regelrecht an. »Du warst einfach der Hammer!«, meinte Dylan und umarmte mich.

»So, so, Personenschützerin!«, sagte dann Brian lachend zu mir, als Dylan mich wieder losgelassen hatte, umarmte mich ebenfalls und hob mich in die Luft.

Kurz darauf standen plötzlich alle mit uns auf der Bühne und gratulierten mir überschwänglich. Sogar die drei Tänzerinnen, die zuvor die Jungs trainiert hatten, kamen dazu. Ich hatte keinen blassen Schlauch, was passiert war. Aber es fühlte sich richtig schön an, so viel Lob zu bekommen. Und dieses Mal erkannte ich sofort den Sinn dieses schönen Belohnungsgefühls. Ich sollte mich auch zukünftig um das Lob der anderen bemühen, was logisch betrachtet nur ein Impuls aus meinem sozialen Gehirn sein konnte, denn Reptilien bemühten sich nicht um das Lob anderer. In mir wuchs die Gewissheit, dass ich offensichtlich in der Lage sein musste, die instinktiven Verhaltensprogramme aus dem sozialen Gehirn zu nutzen – auch wenn Ella sich das nicht so recht erklären konnte.

Plötzlich hoben Dylan und Brian mich hoch auf ihre Schultern und trugen mich so zur Bar. Der Rest der Meute folgte uns. Der Barkeeper hatte bereits ein Tablett mit Champagnergläsern gefüllt und verteilte diese sofort an alle Gäste. Danach ließen die Leute mich mit einer Art Trinkspruch hochleben. Aus den Lautsprechern erklang laute Musik, und alle fingen an zu tanzen. Ständig kam jemand anderes zu mir und wollte mir noch einmal gratulieren, als wäre gerade ein Wunder geschehen. Nur Isabella konnte ich nirgendwo sehen. Sie hatte wohl keine Lust auf Tanzen.

Ich empfand das Verhalten der anderen zwar als seltsam, doch es schien offenbar wichtige Sollvorstellungen in meinem sozialen Gehirn zu erfüllen, denn das erzeugte die mit Abstand stärksten Belohnungsgefühle in meinem Brustkorb, die ich seit Beginn meiner Mission bisher erlebt hatte. Das war einfach nur schön. Ich genoss diese Körperempfindungen in vollen Zügen und beschloss, Ella noch einmal auf diese Empfindungen anzusprechen.

Wir tanzten noch eine halbe Stunde und alberten dabei herum, bis dann langsam wieder Ruhe einkehrte. Uns allen war in der prallen Nachmittagssonne beim Tanzen sehr warm geworden. Einige wollten deshalb in den Pool zum Abkühlen.

»Kommst du mit in den Pool?«, fragte mich Dylan.

»Gerne«, antwortete ich und war sehr neugierig, wie sich dieses Abkühlen in meinem menschlichen Körper anfühlen würde. Diese Neugier schien ein Lockgefühl zu sein. Es war angenehm, aber auf eine ganz andere Weise als die Belohnungsgefühle. Irgendwie viel aufregender. Der Sinn und Zweck dieses Lockgefühls war leicht zu erkennen. Es sollte mich motivieren, diese neue Erfahrung zu machen. Und das tat dieses Gefühl auch. Ich konnte es kaum erwarten, endlich ins Wasser zu kommen.

»Lass uns vorher andere Klamotten anziehen«, schlug Dylan vor. »Die Kostüme sind garantiert nicht fürs Wasser gemacht. Treffen wir uns dann einfach direkt im Pool?«

»Klar«, antwortete ich. »Ich weiß nur noch nicht, wo mein Zimmer ist. Man hat mir gesagt, dass ich in der Villa ein eigenes Zimmer habe. Meinen Koffer hat man bereits dorthin gebracht, mir aber nicht gesagt, wo ich das Zimmer genau finde.«

»Das kriegen wir hin«, meinte Dylan. »Es ist bestimmt das Zimmer, das Tom davor hatte. Komm, wir schauen zusammen nach. Dein Name müsste mittlerweile an der Tür stehen.«

Wir gingen also in die Villa, und Dylan zeigte mir mein Zimmer. Es stand tatsächlich mein Name an der Tür.

»Dann sehen wir uns gleich am Pool?«, vergewisserte sich Dylan noch einmal zögerlich. »Oder soll ich noch mit reinkommen und dir helfen?«

»Das schaffe ich schon«, antwortete ich verwundert von seinem Hilfsangebot, denn so schwierig war es ja nicht, Badekleidung anzulegen.

Kurz darauf war ich wieder unten am Pool und stand vor dem Wasser. Es würde das erste Mal sein, dass ich mit meinem menschlichen Körper im Wasser wäre. Ich freute mich sehr auf diese Erfahrung und hatte den Impuls, sofort ins Wasser zu gehen. Das Problem war nur, dass ich nicht schwimmen konnte, denn das mussten Menschen erst einmal lernen. Mit dieser Fähigkeit wurde man nicht geboren, daher beherrschte mein Körper das Schwimmen nicht von Natur aus. Und gezeigt hatte es mir bislang noch niemand. Mir war klar, dass ich ein ernsthaftes Problem mit meiner Sterblichkeit bekommen könnte, wenn ich im Wasser unterging. Daher empfand ich nun gleichzeitig zu meinem Lockgefühl auch ein Vermeidungsgefühl, was es mir sehr schwer machte, eine Entscheidung zu treffen.

»Na komm rein!«, sagte plötzlich Brian, der bereits im

Wasser war und gerade auf mich zukam. »Das Wasser ist herrlich.«

»Ich kann aber nicht schwimmen«, erklärte ich ihm ein wenig ängstlich.

»Das Wasser ist nicht so tief. Du kannst überall stehen. Und wenn du magst, kannst du dich auch gerne jederzeit an mir festhalten«, bot er mir an.

Daraufhin ging ich langsam die Treppe des Pools hinunter ins Wasser. Es fühlte sich extrem seltsam an auf meiner Haut. Es war unangenehm kalt, aber dennoch irgendwie gut. Im Wasser spürte ich dann plötzlich starke Angst, was mich sehr freute. Ich machte ganz offensichtlich große Fortschritte. Das Gefühl der Angst gab mir den Impuls, mich an Brian festzuhalten, um die Gefahr zu vermeiden, im Wasser unterzugehen. Dieser Impuls war sehr stark. Ich umklammerte Brian regelrecht vor Panik und ließ ihn nicht mehr los. So stark hatte ich bisher noch nie einen emotionalen Handlungsimpuls gespürt. Einfach großartig!

Brian ging mit mir im Pool umher und sagte dann: »Siehst du, es ist nirgendwo zu tief. Du kannst überall ganz bequem stehen.«

Ich wollte loslassen, aber mein Körper weigerte sich vehement, wenn ich es versuchte, was Brian offensichtlich sehr lustig fand. Er lachte amüsiert und trug mich weiter durch den Pool. So fühlte es sich also an, wenn mein Reptiliengehirn dominierte. Mein Großhirn und mein soziales Gehirn wurden dabei so stark heruntergefahren, dass sie kaum noch einen Einfluss auf meine

Handlungen hatten. Diese Erfahrung war grandios und überwältigend.

Kurz darauf kam auch Dylan in den Pool. Er steuerte sofort auf uns zu, als er uns sah.

»Mary sagt, sie kann nicht schwimmen«, meinte Brian lächelnd zu ihm. »Süß, wie sie sich an mir festklammert.«

»Ja, wirklich sehr süß«, erwiderte Dylan lächelnd, wobei ich sein Lächeln irgendwie nicht so richtig deuten konnte. Sein Mund lächelte zwar, aber seine Augen irgendwie nicht. Das sah komisch aus. »Du kannst dich auch gerne an mir festhalten, wenn Brian müde wird«, bot Dylan mir an.

»Danke für das Angebot, aber im Moment schaffe ich es noch«, erwiderte Brian dankbar.

»Ja, danke«, sagte ich ebenfalls, während sich meine panischen Gefühle zunehmend beruhigten und ich spürte, wie mein soziales Gehirn und mein Großhirn langsam wieder online kamen.

Dylan verließ dann den Pool kurz darauf wieder und legte sich auf eine Liege in die Sonne. Brian und ich blieben noch eine ganze Weile im Wasser. Es war sehr schön, von ihm durch das Wasser getragen zu werden. Mittlerweile hatten sich meine Gefühle komplett verändert. Ich fühlte mich sehr wohl in Brians Armen. Er hatte mich gebeten, mich ganz flach auf den Rücken zu legen und die Augen zu schließen. Er hielt mich dabei und ließ mich durch das Wasser schweben. Das löste ein unglaublich schönes Belohnungsgefühl in meiner Herzgegend aus. Irgendwann wurde mir dann aber zu kalt, was meinen Körper dazu veranlasste, ein unangenehmes Vermeidungsgefühl zu erzeugen. Daraufhin bat ich Brian, mich wieder auf sicheren Boden zu bringen. Ich traute mich zwar jetzt endlich, auf eigenen Füßen im Pool zu stehen, aber es war mir lieber, mich wenigstens noch an seinem Arm festzuhalten.

»Gehen wir zu Dylan«, schlug ich vor. »In der Sonne zu liegen, wird jetzt bestimmt richtig guttun.«

Daraufhin nahm ich mir ein frisches Badetuch von dem Stapel, der auf einem Tisch neben dem Pool lag, und legte mich damit neben Dylan auf eine freie Liege. Brian nahm die Liege neben mir, die ebenfalls noch frei war.

»Na, hat's Spaß gemacht?«, fragte Dylan, als wir uns auf unsere Liegen legten.

»Und wie!«, bestätigte ich. »Es war echt unfassbar schön im Wasser.«

»Falls du mal wieder einen starken Arm brauchst, der dich hält, dann sag jederzeit Bescheid«, meinte Dylan.

»Das Gleiche gilt für mich«, meinte Brian und lächelte erst mich und dann Dylan ganz besonders freundlich an.

»Und jetzt erzähl! Wo hast du so geil tanzen und singen gelernt?«, wollte Dylan dann wissen. »Das war unnormal geil! Und wieso konntest du die komplette Choreografie von Beyoncé so präzise nachtanzen? Ich dachte manchmal echt, da tanzt und singt wirklich die echte Beyoncé.«

Ich wusste nicht, was ich darauf antworten sollte. Wir hatten doch alle drei das Lied im Proberaum gehört und auch die Choreografie gesehen. Wieso sollte ich denn das nicht nachmachen können?

»So perfekt tanzt und singt nur jemand, wenn er damit als kleines Kind schon angefangen hat, stimmt's?!«, meinte Brian zu mir mit einem Augenzwinkern. »Auf jeden Fall warst du ganz sicher nicht im Personenschutz«, meinte er lachend. »Das hätte mich auch sehr gewundert, so wie du aussiehst. Jetzt so im Nachhinein wundere ich mich über mich selbst, dass ich dir damit so auf den Leim gekrochen bin. Für diese Verarschung hast du einen Oscar verdient.«

»Mir wollte sie auch weismachen, sie sei Bodyguard gewesen«, meinte Dylan. »Aber das habe ich ihr nicht wirklich abgekauft.«

»Du bist halt schlauer als ich«, meinte Brian anerkennend zu ihm.

»Wo kommst du denn eigentlich genau her?«, wollte Dylan dann von mir wissen. »Man hört dir ja keinen Akzent an, aber irgendwie redest du trotzdem anders. Du bist nicht hier in den USA geboren, oder?«

»Nein, ich stamme ursprünglich aus Europa«, antwortete ich. »Manchmal habe ich deshalb noch Schwierigkeiten mit den amerikanischen Redewendungen. Die ergeben für mich nicht immer direkt einen Sinn. Vielleicht ist es das, was dir aufgefallen ist.«

»Das ist mir tatsächlich schon aufgefallen!«, meinte Brian grinsend.

»Mir auch!«, stimmte Dylan grinsend zu.

»Deshalb müssen wir in Sachen Klimawandel auch alle *am gleichen Boot ziehen*«, sagte Brian mit einem Augenzwinkern.

»Was hat denn der Klimawandel mit den amerikanischen Redewendungen zu tun?«, fragte ich verwirrt.

»Und ich bin vorhin nicht *auf dünnes Eis gegangen* bei dir«, meinte Dylan anstatt auf meine Frage zu antworten. Woraufhin sich er und Brian lachend High five gaben.

Ich war total verwirrt, wollte aber sicherheitshalber nicht weiter nachfragen, um nicht aufzufallen. Also lachte ich einfach mit.

Nach diesem Gespräch lagen wir drei noch eine ganze Weile zusammen in der Sonne und redeten. Die beiden hatten noch viele Fragen an mich. Sie wollten wissen, wo genau in Europa ich aufgewachsen war und was ich dort bisher so gemacht hätte. Das Grandiose bei diesen Fragen war, dass ich mir selbst kaum Antworten ausdenken musste, denn irgendwie beantworteten die beiden Männer sich ihre Fragen immer gegenseitig. So hatten sie gemeinsam herausgefunden, dass ich eine aufstrebende Künstlerin war, die sehr behütet und geliebt in Europa auf dem Land aufgewachsen war und die gar nicht wusste, wie talentiert und hübsch sie eigentlich war.

Nun hatte ich eine vollständige Tarnidentität, die sich für Menschen glaubhaft anhörte. Das war toll. Diese beiden Menschen waren eine echte Bereicherung für meine Mission. Es war generell sehr schön, Zeit mit ihnen zu verbringen. Ich genoss die schönen Gefühle sehr, welche die beiden in mir auslösten. Doch irgendwann spürte ich eine seltsame Empfindung in der Magengegend. Kurz darauf machte mein Magen plötzlich sehr ungewöhnliche Geräusche.

»Madam hat wohl Hunger«, meinte Brian, als er das hörte.

»Geht mir genauso«, sagte Dylan.

So fühlte sich also Hunger an, wurde mir klar. So wirklich angenehm war dieser Handlungsimpuls ja nicht. Ich hätte das sogar als Vermeidungsgefühl eingeschätzt. »Und was kann ich jetzt machen?«, fragte ich deshalb.

»Eigentlich müsste es jetzt gleich Abendessen geben«, antwortete Brian. »Wollen wir mal reinschauen, ob das Buffet vielleicht schon offen ist?«, fragte er mich.

»Logo, gehen wir rein!«, antworte Dylan wieder einmal an meiner Stelle. Das war sehr lustig.

Wir gingen also zum Essen. Das Buffet war tatsächlich bereits aufgebaut. Materie zu sich zu nehmen, war für einen Engel mehr als ungewöhnlich, aber es tat tatsächlich sehr gut. Und im Gegensatz zum Schwimmen musste mein Körper weder das Essen noch das Trinken erlernen. Er konnte es von Natur aus. Ich musste mich nur kurz mit dem Werkzeug vertraut machen, das man zum Essen verwendete, was mir aber spontan recht gut gelang.

Beim Essen hatten Brian und Dylan ihr seltsames

Spiel die ganze Zeit weitergespielt. Jeder antwortete irgendwie noch immer auf die Fragen, die der andere an mich gerichtet hatte. Es war zwar amüsant, aber ich merkte, dass mein Körper langsam müde wurde. Und ich verstand auch sofort, was diese Empfindung mir sagen wollte. Ich sollte meinem Körper Ruhe gönnen und mich hinlegen. Daher verabschiedete ich mich von den beiden und ging auf mein Zimmer. Dort angekommen legte ich mich auf mein Bett und schlief wohl direkt ein. Denn als ich die Augen wieder öffnete, ging gerade die Sonne auf.

Kapitel 4

Fragen ans Großhirn

Ich spürte ein unangenehmes Druckgefühl in meinem Bauch, wusste aber nicht, wie ich das wieder loswerden sollte. Mein Körper hatte offensichtlich irgendein Problem. Daher entmaterialisierte ich mich wieder, um mich gleich darauf wieder neu zu materialisieren. Damit war dann auch die Gesichtsbemalung von Vanessa weg, die ich jetzt bestimmt sowieso nicht mehr tragen musste. Danach ging ich nach draußen in den Garten und legte mich in die Morgensonne. Mein Körper genoss die Wärme ungemein, welche die Sonne spendete. Das war wirklich sehr angenehm und gab mir den Impuls, die Sonne weiterhin zu genießen.

»Guten Morgen«, hörte ich plötzlich die Stimme von Brian. Er setzte sich gerade auf die Liege neben mir. »Du warst gestern so plötzlich verschwunden?!«, meinte er in einem fragenden Tonfall.

»Ja, ich war ganz plötzlich sehr müde.«

»Du hast aber auch mächtig reingehauen beim Abendessen. Da hat dich wohl das anschließende Verdauungs-Koma weggerafft, was?! Sag mal, was du da gestern Isabella gesagt hast über die 20 000 Entscheidungen pro Tag, das hat sich sehr interessant angehört«, meinte er dann. »Trifft unser Gehirn tatsächlich so viele Entscheidungen?«

»Ja, das tut es tatsächlich«, bestätigte ich.

»Und nur zehn bis zwölf dieser 20 000 Entscheidungen sind mir bewusst? Wie kann das sein?«, hakte Brian interessiert nach.

»Das hat mit dem Aufbau des menschlichen Gehirns zu tun. Das besteht in Wirklichkeit nämlich eigentlich aus drei Gehirnen, die in unterschiedlichen evolutionären Stufen entstanden sind. Als Erstes entwickelte sich vor rund 300 Millionen Jahren das sogenannte *Reptiliengehirn,* das aus dem Stammhirn und dem Kleinhirn besteht. Als dann 200 Millionen Jahre später die ersten Säugetiere auf der Bildfläche erschienen, reichte das Reptiliengehirn allein nicht mehr aus, um alle sozialen Anforderungen zu erfüllen, die an ein Säugetier gestellt werden. Säugetiere müssen sich im Gegensatz zu Reptilien um ihre Nachkommen kümmern – sie füttern, behüten, erziehen und lieben. Reptilien können das nicht in ausreichendem Maße. Außerdem leben viele Säugetiere in Herden oder Rudeln, wofür sie über die Fähigkeiten der Wertschätzung, des Respekts, der Gerechtigkeit, der Loyalität, des Altruismus und viele weitere soziale Kompetenzen und Eigenschaften verfügen müssen, die im Reptiliengehirn einfach nicht angelegt sind. Deshalb wurde eine Erweiterung des Reptiliengehirns erforderlich. Doch da sich das Reptiliengehirn 200 Millionen Jahre lang bestens bewährt hatte, wurde es so belassen, wie es war. Anstatt es also zu verändern, bekamen die Säugetiere einfach noch ein weiteres Gehirnareal dazu – das sogenannte *Säugetiergehirn*. Diesem Gehirnareal verdanken die Menschen ihre sozialen Fähigkeiten, weshalb es auch als *soziales Gehirn* bezeichnet wird. Dennoch haben Menschen auch ein Reptiliengehirn. Und sie haben ein Großhirn, das in der dritten Evolutionsstufe entstanden ist. Erneut wurden dabei das Reptiliengehirn und das soziale Gehirn unverändert übernommen. Das Großhirn kam als drittes Gehirn also einfach wieder dazu.«

»Und was genau ist die Aufgabe des Großhirns?«, wollte Brian wissen.

»Es soll den anderen beiden Gehirnen dabei helfen, die Realität korrekt zu beurteilen. Das Reptiliengehirn und das soziale Gehirn haben sich in der Urzeit entwickelt. Alles, was in seiner Komplexität über die damaligen Lebensbedingungen hinausgeht, können sie ohne Hilfe des Großhirns nicht mehr richtig einschätzen. Sie würden beispielsweise Autos, Flugzeuge oder Züge als mögliche Bedrohung ansehen. Sie hätten vor allem Angst, was sie nicht kennen.«

»Kleine Kinder haben auch noch Angst vor allen diesen Dingen«, meinte Brian. »Sie müssen erst lernen, dass das alles keine Bedrohungen sind.«

»Das Großhirn eines Kindes muss sehr viel lernen, bevor es sich in der modernen Welt ohne seine Eltern zurechtfindet. Das dauert in der Regel über 20 Jahre. Und nur das Großhirn kann dann irgendwann abschätzen, ob sich eine Handlung langfristig positiv oder negativ auf die eigenen Lebensumstände auswirken wird. Das Reptiliengehirn und das soziale Gehirn können nur im Hier und Jetzt reagieren. Grundsätzlich ist ihre Auffassungsgabe von komplexen Sachverhalten stark begrenzt. Sie wissen daher oft nicht, ob ein Ereignis letztendlich in Wirklichkeit gut oder schlecht ist. Sie fragen deshalb beim Großhirn nach.«

»Sie fragen nach?«

»Sie fragen natürlich nicht mit Worten. Ihre Sprache sind die Gefühle. Wenn das Reptiliengehirn oder das soziale Gehirn beispielsweise jemanden oder etwas als mögliche Bedrohung ansehen, dann wollen sie vom Großhirn wissen, ob es tatsächlich eine Gefahr gibt. Deshalb erzeugen sie dann ein Angst- oder Unsicherheitsgefühl. Das Großhirn nimmt dieses Gefühl dann wahr und schaut sich die Sachlage genauer an. Gibt es hier wirklich keine Gefahr, und ist in Wirklichkeit alles in Ordnung? Die beiden anderen Gehirne reagieren dann auf die Beurteilung des Großhirns. Wenn das keine Gefahr sieht, dann beruhigen sie sich wieder.«

»Studierst du Psychologie oder Neurowissenschaften?«, fragte Brian.

»Nein, wieso?«

»Weil du dich mit dem Gehirn so gut auskennst. Wo hast du das denn alles her?«, wollte er wissen.

»Aus der Schule.«

»Was hattet ihr in Europa denn für Lehrer?!«, fragte

er sichtlich beeindruckt. »Solch einen Lehrer hätte ich auch gerne gehabt. Da hätte man wirklich mal etwas über das Leben lernen können anstatt dem ganzen unwichtigen Zeug.«

»Ja, unsere Lehrerin ist wirklich die Beste«, stimmte ich zu.

Nach diesem Gespräch lagen wir noch eine ganze Weile nebeneinander gemütlich in der Sonne. Es war noch so herrlich ruhig im Garten der Villa. Außer uns beiden schliefen wohl noch alle. Ich hörte den Wind in den Palmen, lauschte dem Rauschen der Wellen am Strand, die Vögel sangen ihre Melodien, die Sonne wärmte meine Haut ... Ach, das Leben als Mensch konnte sogar noch schöner sein als erwartet. So lagen wir da und genossen den Morgen. Die Angestellten der Villa hatten bereits damit begonnen, den Frühstückstisch zu decken. Nach und nach erschienen dann auch immer mehr der Teilnehmer und setzten sich an den Tisch.

»Wollen wir auch frühstücken?«, fragte ich schließlich Brian.

»Sehr gerne«, meinte er und stand mit mir auf.

Es waren offensichtlich noch nicht alle Teilnehmer aufgestanden. Dylan war ebenfalls noch nicht da, wie ich bemerkte. Dafür saß Isabella bereits am Tisch und funkelte mich sofort wieder feindselig an, als wir kamen.

»Einfach nicht beachten!«, flüsterte mir Brian ins Ohr.

Ich wunderte mich sehr über seine Empfehlung, Isabellas Feindseligkeit keine Beachtung zu schenken.

Mein Reptiliengehirn wollte sie aus Sicherheitsgründen viel lieber im Auge behalten. Offenbar musste es hier einen Sachverhalt geben, den mein Großhirn noch nicht richtig verstand. Ich entschied daher, mich an Brians Rat zu halten. Isabella ignorierte mich ebenfalls, was die Aufgabe für mich noch einfacher machte. Alle anderen am Tisch unterhielten sich ganz zwanglos mit mir, als würde ich jetzt wirklich dazugehören. Von Feindseligkeit spürte ich bei sonst keinem mehr etwas.

So nach und nach trudelten dann alle Teilnehmer am Frühstückstisch ein. Nur Dylan fehlte noch, wie mir auffiel. Offenbar benötigte er mehr Schlaf als die anderen.

Plötzlich klingelten die Smartphones von Brian und mir. »Mission!«, riefen wieder alle erfreut am Tisch und lachten amüsiert.

»Brian, deine *Mission* ist es, Champagner aus dem Nabel von Mary zu trinken«, las er vor.

Die Meute am Tisch jubelte auf eine mir zuvor unbekannte Art und Weise amüsiert auf. Sie machten seltsame Geräusche dabei wie *uuh* und *yeah*. Ich hatte keine Ahnung, was das nun wieder zu bedeuten hatte. Nur Isabella verzog das Gesicht, und ich erkannte sogar, was dieser Gesichtsausdruck für eine Bedeutung hatte. Sie sah nämlich genauso aus wie ich, als ich diesen scheußlichen Mojito probiert hatte.

Aber ich sollte sie ja eigentlich nicht beachten, fiel mir dann wieder ein. Also schaute ich auf mein Smartphone und las ebenfalls vor, was da stand: »Mary, deine

Mission ist es, Brian Champagner aus deinem Nabel trinken zu lassen.«

Ohne lange zu überlegen, bestätigte ich *Mission* und legte mein Smartphone zur Seite. Sekunden später klingelte es erneut.

»Mary, leg dich jetzt und hier mit dem Rücken auf den Tisch.«

Wieder johlte die Meute, und sie begann sofort, den Tisch freizuräumen, damit ich mich hinlegen konnte. Offenbar erwarteten sich alle eine große Show von dieser einfachen Aufgabe. Und wieder einmal verstand ich nicht, warum die Menschen darauf so seltsam reagierten. Aber so langsam hatte ich mich an diesen Umstand ja bereits gewöhnt.

Ich legte mich mit meinem Bikini bekleidet auf den Tisch. Unterdessen hatte ein Mitarbeiter des Senders Brian eine offene Flasche Champagner in die Hand gedrückt. Der beugte sich mit der Flasche ganz nahe zu meinem Bauch runter und begann ganz vorsichtig etwas Champagner in meinen Nabel zu gießen. Der war unfassbar kalt und lief rechts und links an meinem Bauch herunter, sodass ich vor Schreck aufschrie. Die Meute tobte begeistert und rief dann im Chor immer wieder: »Trink! Trink! Trink!«

Als ich dann Brians Lippen an meinem Bauchnabel spürte, fühlten die sich im ersten Moment total heiß an. Und dann geschah etwas, womit ich niemals gerechnet hätte. Eine unfassbar intensive Empfindung zog durch meinen Körper, während ich seine Lippen an meinem

Bauch spürte. Es fühlte sich an wie ein kalter Schauer, der über meine Haut hinwegzog, und gleichzeitig wurde mir auch innerlich unglaublich heiß. Ich verlor für einen Moment völlig die Orientierung und wusste nicht mehr, wo oben und unten war. Ich war überwältigt von der Sturmflut an Empfindungen, die dann über mich hereinbrach und mein Bewusstsein außer Gefecht setzte. Erst als Brian fertig getrunken hatte, beruhigten sich meine Gefühle ganz allmählich wieder. Dennoch fühlte ich mich noch immer total benommen. Ich realisierte erst jetzt, dass ich die anderen Teilnehmer und ihr lautes Gejohle für diesen grandiosen Moment überhaupt nicht mehr wahrgenommen hatte.

Was auch immer da gerade passiert war, es schien auf jeden Fall alle am Tisch über alle Maßen amüsiert zu haben. Nur Brian lachte nicht so richtig mit. Er lächelte zwar, aber irgendwie sah er eher betroffen aus.

Und wieder einmal hatte ich keine Ahnung, was das alles zu bedeuten hatte. Doch dieses Mal hätte ich es wirklich sehr gerne gewusst. Denn die Emotionen, die ich gerade erlebt hatte, waren die mit großem Abstand unfassbarste Erfahrung gewesen, die ich jemals in meinem ganzen Leben gemacht hatte. So etwas hatte sicherlich noch kein Engel vor mir erlebt. Zu gerne hätte ich ihnen allen davon berichtet, doch ich wusste beim besten Willen nicht, wie ich diese Gefühle hätte beschreiben sollen, damit ein Engel sie auch nur annähernd nachvollziehen könnte. Wir hatten nichts, was dem auch nur im Entferntesten ähnelte.

»Ich muss mal kurz auf mein Zimmer gehen«, sagte ich dann, während ich noch auf dem Tisch lag, was seltsamerweise schon wieder ein lautes Gejohle und Gelächter bei den anderen Teilnehmern auslöste.

Brian und Liam halfen mir beim Aufstehen, wonach ich dann sofort auf mein Zimmer ging. Dort entmaterialisierte ich mich und nahm im Klassensaal meine normale Gestalt an.

Zufällig waren noch zwei der anderen Secret-Angels gerade bei Ella. Es waren Nuno und Serafina, bei deren Mission sich wohl ebenfalls Fragen aufgetan hatten, die sie jetzt gerne mit Ella klären wollten. Nachdem ich sie alle begrüßt hatte, brannte ich darauf, ihnen von meinem überwältigenden emotionalen Erlebnis zu erzählen. Und glücklicherweise wollten sie es auch sofort wissen, da meine Aufregung sie neugierig gemacht hatte. Doch so richtig konnte ich es dann leider wie bereits befürchtet doch nicht erklären. Die drei wendeten sich daher nach kurzer Zeit wieder ihren eigenen Fragen zu. Ich merkte dabei ziemlich schnell, dass ich ihrem Gespräch nicht richtig folgen konnte. Viel zu sehr beschäftigte mich noch immer meine eigene emotionale Erfahrung. Und zwar so sehr, dass meine eigentliche Mission davon regelrecht in den Hintergrund gedrängt wurde. Und das sollte natürlich nicht passieren. Ich beschloss deshalb, die Klärung dieses grandiosen emotionalen Phänomens auf einen späteren Zeitpunkt zu vertagen und dem Gespräch der drei eine höhere Relevanz einzuräumen. Doch es fiel mir echt schwer. Ich verabschiedete mich deshalb auch recht schnell und materialisierte mich wieder in meinem Zimmer in der Villa.

Sofort spürte ich, wie mein menschliches Gehirn die ganze Zeit immerzu nur darüber nachdenken wollte, wie ich diese überwältigende emotionale Erfahrung wiederholen könnte. Ich empfand ein so starkes Verlangen danach, dass es mir fast den Verstand raubte. Ich musste dieses Verlangen jetzt irgendwie wieder abstellen, um mich um meine Mission kümmern zu können. Mit Willenskraft kam ich jedoch dagegen nicht an. Daher versuchte ich den Bereich in meinem Gehirn zu lokalisieren, wo dieses instinktive Verlangen erzeugt wurde. Ich kreiste es ein, indem ich mich immer wieder entmaterialisierte, um mich gleich darauf wieder neu zu materialisieren. Und jedes Mal dämpfte ich die neuronale Aktivität eines anderen Bereichs in meinem Gehirn, bis ich spürte, dass ich den richtigen Ort gefunden hatte. Es war ein Areal in meinem Reptiliengehirn, das dieses extreme Verlangen erzeugte. Wofür dieses Areal genau gut war, konnte ich nicht erkennen. Aber ich spürte bis auf eine leichte Benommenheit, die von selbst wieder schwächer wurde, keine nennenswerte Beeinträchtigung, weshalb ich diesen Bereich meines Reptiliengehirns erst einmal deaktiviert ließ. Kurz drauf klopfte es an meiner Zimmertür. Noch etwas benommen stand ich auf und öffnete die Tür.

»Ist alles in Ordnung bei dir?«, fragte Brian, der draußen vor meiner Tür stand.

»Ja, wieso?«, fragte ich verwundert von seiner Sorge.

»Weil du nicht mehr zurückgekommen bist. Gibt es da vielleicht etwas, über das wir reden sollten?«, wollte er wissen.

Ich verstand nicht, worauf sich seine Frage beziehen sollte, und zuckte nur mit den Achseln. Aber für solche Situationen hatte ich ja meine Standardantwort: »Kein Problem«, sagte ich daher.

»Dann ist ja alles gut. Ich wollte nur mal nach dir sehen. Ich geh dann jetzt mal wieder«, meinte er dann leicht zögerlich.

»Alles klar«, antwortete ich, hatte aber das Gefühl, dass er sich gerade irgendwie sonderbar verhielt. Da mein Großhirn die Situation jedoch auch nicht besser einschätzen konnte als mein soziales Gehirn, stellte ich lieber keine Fragen zu seinem Verhalten.

»Ach ja«, meinte er dann. »Wir haben eine Nachrückerin für Joleen bekommen. Sie heißt Mia und hat eine eigene Serie auf Comedy Central. Vielleicht kennst du sie ja. Und falls nicht, solltest du sie unbedingt kennenlernen, denn sie ist echt lustig.«

»Ich würde sie sehr gerne kennenlernen«, bestätigte ich.

In diesem Moment klingelten unsere Smartphones. Dort stand, dass sich alle Teilnehmer der Show im Garten zu einer Mission namens *Engel oder Teufel* versammeln sollten. Wir gingen also runter in den Garten. Dort standen drei Blackjack-Tische, an denen jeweils ein Croupier in feinem Anzug stand. Zwei der drei Tische waren schon komplett mit jeweils vier Teilnehmern besetzt. Bei dem dritten waren noch zwei Plätze frei für Brian und mich. Und wie es der Zufall so wollte, war Isabella eine der Personen an unserem Tisch. Sie schüttelte sofort den Kopf, als sie mich kommen sah und verzog das Gesicht. Ich hielt mich an den Vorschlag von Brian beim Frühstück und beachtete sie nicht weiter. Die vierte Person an unserem Tisch war Al.

Daraufhin erklärten die Croupiers uns das Spiel. »Jeder von euch bekommt für den Anfang fünf Chips. Ihr werdet immer nur einen Chip pro Spiel setzen. Weiterhin bekommt ihr zwei Karten – einen Engel und einen Teufel. Alle Spieler legen dann verdeckt eine der beiden Karten auf den Tisch. Dann werden die Karten aufgedeckt. Wenn alle am Tisch die Engelskarte ausgespielt haben, dann wird der Einsatz für jeden von euch verdoppelt. Setzt aber einer von euch den Teufel, dann verlieren alle Engel ihren Einsatz, und der Teufel bekommt alles. Werden jedoch zwei oder mehr Teufelskarten ausgespielt, dann verlieren alle am Tisch ihren Einsatz. Wer am Ende als Letztes übrig bleibt oder am meisten Chips hat, gewinnt das Spiel und damit Immunität für eine zukünftige Mission seiner Wahl. Habt ihr diese Regeln verstanden?«

Wir bejahten diese Frage, woraufhin die Croupiers fragten, ob wir die Mission annehmen würden. Wir bejahten auch diese Frage. Daraufhin startete das Spiel.

»Macht jetzt euren Einsatz!«, sagte unser Croupier.

Jeder von uns warf einen Chip in die Mitte und wählte eine der beiden Karten aus, die wir verdeckt auf den Tisch legten. Daraufhin deckte der Croupier eine Karte nach der nächsten auf. Alle hatten den Engel gewählt, was mich sehr freute. Damit gewann jeder von uns einen zusätzlichen Chip. Dann wurde die Prozedur wiederholt. Und erneut hatten alle den Engel gespielt. Jeder von uns wurde also erneut mit einem zusätzlichen Chip belohnt. In der dritten Runde lief es dann genauso. Alle legten den Engel. Doch dann beim vierten Durchgang spielte Isabella den Teufel aus und sackte dabei lachend alle unsere Chips ein, was alle am Tisch ziemlich fies fanden. Dennoch setzten wir drei auch im nächsten Spiel wieder den Engel. Isabella hatte erneut den Teufel ausgespielt und kassierte so wieder alle unsere Chips ein. Mir wurde in diesem Moment bewusst, dass sich der Egoismus bei den Menschen in vielen Lebensbereichen auf die gleiche Art und Weise auszahlen musste.

In mir verstärkte sich der emotionale Impuls, im nächsten Spiel ebenfalls den Teufel auszuspielen. Ich entschied mich jedoch dann dagegen, denn mit dieser Handlung würde ich natürlich auch nichts gewinnen. Ich legte also trotzdem den Engel. Ich war jedoch die Einzige am Tisch, die sich so entschieden hatte. Alle anderen hatten den Teufel gespielt. Ich konnte Brian ansehen, dass er das nur getan hatte, damit Isabella nicht weiter unsere Chips einsackte, was aber auch am Ergebnis dieses Spiels nichts ändern würde. Wir verloren also erneut alle unsere Chips. Und obwohl es auf diese Weise unmöglich war, das Spiel gegen Isabella zu gewinnen, setzten im nächsten Durchgang wieder alle außer mir den Teufel. Und wieder verloren alle ihren Einsatz.

Mir fiel dabei auf, dass an den beiden anderen Tischen genau das Gleiche passierte. An allen Tischen wurde mittlerweile von allen Spielern nur noch die Teufelskarte ausgespielt, obwohl das offensichtlich eine völlig sinnlose Handlungsweise war. Das ging so lange so weiter, bis an unserem Tisch alle außer Isabella nur noch einen einzigen Chip hatten. Sie würde dieses Spiel also gewinnen.

In diesem Moment klingelten unsere Smartphones. »Die Regeln des Spiels werden jetzt geändert«, stand dort bei jedem von uns. »Steht bitte alle auf und findet euch in neuen Gruppen zusammen, mit denen ihr dann das Spiel fortsetzen möchtet. Es können vier oder mehr Spieler sein. Ihr könnt frei entscheiden, wen ihr in eurer Gruppe dabeihaben möchtet und wen nicht. Sollten am Ende mehrere Spieler in keiner Gruppe willkommen sein, dann bilden diese Spieler automatisch eine eigene Gruppe.

Sofort kam Dylan zu uns rüber und fragte, ob er mit uns in einer Gruppe sein dürfte. Isabella hatte sich sofort aus unserer Gruppe entfernt, als wir aufstanden. Al war geblieben, sodass wir jetzt mit Dylan wieder zu viert waren.

Die anderen Teilnehmer formierten sich ebenfalls recht schnell zu neuen Gruppen. Neben uns hatte sich eine Fünfergruppe gebildet, die alle miteinander spielen wollten. Übrig blieben nur Isabella, Jim und Mia. Ich vermutete, dass diese drei wohl die Teufel von jedem Tisch sein mussten, die jetzt keiner mehr in seiner Gruppe haben wollte.

Wir setzten uns also in unseren neuen Gruppen wieder an die Tische, woraufhin das Spiel erneut startete. Und wie schon beim ersten Mal hatten auch jetzt ausnahmslos alle zwölf Spieler die Engelskarte ausgespielt. Also gewann jeder von uns einen zusätzlichen Chip. Beim nächsten Spiel setzten erneut alle an unserem Tisch den Engel. Am Nachbartisch sah es genauso aus. Nur am Tisch der Teufel hatten gleich zwei der Spieler wieder die Teufelskarte ausgespielt. Alle verloren damit ihren Einsatz. Beim nächsten Spiel passierte das Gleiche, genau wie beim übernächsten und bei allen danach. Die Teufel verloren ein Spiel nach dem nächsten. Und an den anderen beiden Tischen gewannen wir jedes Mal einen Chip dazu, da wir immer alle nur noch den Engel ausspielten. Das ging noch einige Runden so weiter, bis das Spiel dann nach einigen Minuten beendet war.

Isabella, Mia und Jim waren die Verlierer dieses Spiels. Sie hatten alle so lange die Teufelskarte ausgespielt, bis sie ihre Chips verloren hatten. Gewonnen hatten Liam, Jerry und Olivia. Sie hatten einen Chip mehr als wir anderen, weil in ihrer ersten Gruppe der Teufel erst einen Durchgang später ausgespielt wurde als bei uns. Die drei hatten also jetzt Immunität für eine Mission ihrer Wahl.

Isabella war nach diesem Spiel unfassbar aufgebracht. Sie schimpfte lautstark direkt in eine der Kameras, die hier überall an den Palmen befestigt waren. Sie rastete regelrecht aus dabei. Ich konnte die Intensität ihrer Gefühle nicht nachvollziehen. Das war doch nur ein Spiel! Doch sie verhielt sich so, als habe man ihr etwas richtig Schlimmes angetan. Ich war sehr verwundert von dieser heftigen Reaktion und wusste sofort, dass dies aus irgendeinem Grund wichtig war für meine Mission. Ich wusste nur noch nicht, warum.

»Leute, das war ein krankes Spiel, oder?«, sagte Dylan plötzlich und riss mich damit aus meinen Gedanken. »Und ich muss zugeben, dass Isabella mir kein bisschen leidtut. Das hat sie sich jetzt echt selbst zuzuschreiben«, meinte er dann zufrieden grinsend.

»Na ja«, widersprach Brian skeptisch. »So öffentlich bloßgestellt zu werden, hat meiner Meinung nach eigentlich keiner hier verdient. Ich fand das schon ein bisschen heftig.«

Ich hatte also recht gehabt. Dieses Ereignis war tatsächlich wichtig. Offenbar ging es hier gar nicht um ein verlorenes Spiel. *Bloßgestellt* fühlte sich Isabella also. Dahinter musste ein instinktives Verhaltensprogramm stecken. Und das musste eine extrem wichtige Bedeutung bei den Menschen haben, wie es aussah. Aber was genau war das für ein Verhaltensprogramm? Und wofür war es gut? Für die beiden Männer war das offenbar so selbstverständlich, dass ich sie lieber nicht nach dem Sinn von Isabellas Verhalten fragen wollte. Ich beschloss daher, Ella aufzusuchen und ihr von den Ereignissen zu erzählen. »Entschuldigt mich bitte«, sagte ich deshalb zu den beiden Jungs, »ich muss mal kurz auf die Toilette.«

Ella war wie immer im Klassensaal, als ich dort eintraf. Ich berichtete ihr von meinen Erfahrungen.

»Bloßgestellt zu werden, ist für die Menschen tatsächlich etwas Schlimmes«, bestätigte sie mir.

»Und was ist daran so schlimm?«

»Isabella hat mit ihrem egoistischen Verhalten elementare soziale Sollvorstellungen verletzt. Dies kann dazu führen, dass viele Menschen jetzt nichts mehr mit ihr zu tun haben wollen. Ihr Egoismus hatte ihr im Spiel zwar erst einmal Vorteile verschafft, aber letztendlich waren die Nachteile dieser Handlungsweise dann doch schädlich. Das ist auch der Grund, warum das soziale Gehirn die egoistischen Impulse aus dem Reptiliengehirn sofort sozialverträglich reguliert. Der langfristige soziale Schaden ist einfach um ein Vielfaches größer als der kurzfristige Nutzen. Das soziale Gehirn eines jeden Menschen erzeugt starke Vermeidungsgefühle, wenn jemand zu egoistisch ist oder andere wichtige soziale Sollvorstellungen missachtet. So wie bei Mister President, als er dich nicht als gleichrangig respektiert hat. Die Menschen versuchen es deshalb immer mit aller Macht zu verbergen, wenn sie soziale Sollvorstellungen nicht erfüllen, denn sie wollen nicht abgelehnt oder ausgegrenzt werden.«

»Sie täuschen also nur vor, sie würden die Sollvorstellungen erfüllen?«

»Ganz genau. Und diese Täuschung wird von den anderen Menschen dann verurteilt, denn die Menschen werden nicht gerne getäuscht.«

»Ehrlichkeit ist also auch eine der Sollvorstellungen im sozialen Gehirn?«

»Ja, so ist es. Ehrlichkeit gehört neben Respekt, Vertrauen, Akzeptanz, Wertschätzung, Gerechtigkeit und Loyalität zu den wichtigsten Sollvorstellungen sozialer Bindungen. Wer diese sozialen Sollvorstellungen nicht erfüllt, der wird als nicht gut genug oder sogar als böse angesehen und damit gemieden.«

»Und warum war Isabella dann so extrem wütend, nachdem sie festgestellt hatte, dass sie bloßgestellt wurde? Diese Wut brachte doch ganz offensichtlich einen weiteren sozialen Schaden mit sich. Das habe ja sogar ich direkt erkannt. Ihr soziales Gehirn hätte ihre Wut doch regulieren müssen, um diesen Schaden zu verhindern.«

»Theoretisch schon, aber das soziale Gehirn kann das nur tun, wenn es auch die Führung hat. Doch sobald etwas als wirklich schlimm beurteilt wird, geht das Reptiliengehirn davon aus, dass eine Notsituation eingetreten ist oder eine mögliche Not abgewendet werden muss. Und wann immer das geschieht, schalten die drei Gehirne in einen instinktiven Not-Modus. Das Reptiliengehirn übernimmt die Führung und entscheidet über Kampf oder Flucht. Isabella hat sich ganz offensichtlich für den Kampf entschieden, wie ihre aggressive Verhaltensweise deutlich gemacht hat. Das soziale Gehirn und das Großhirn gingen dann mehr oder weniger offline, denn zum Kämpfen braucht man die beiden nicht.«

»Genau das habe ich ebenfalls erlebt, als ich das erste Mal im Pool war. Ich hatte so große Angst, dass ich nicht mehr klar denken konnte. Ich hatte also keinen Zugriff mehr auf mein Großhirn. Es war tatsächlich offline.«

»Ja, das ist normal, wenn das Reptiliengehirn die Führung komplett an sich reißt. Vielen Menschen passiert das, wenn sie in einer Prüfungssituation sind. Sie erleben dann einen kompletten Blackout. Ihr Großhirn hat keinen Zugriff mehr auf ihr erlerntes Wissen, und ihr soziales Gehirn kann die Reptiliengehirnimpulse nicht mehr sozialverträglich regulieren. Manche Menschen würden dann am liebsten sofort weglaufen, andere zeigen sich aggressiv gegenüber ihren Prüfern – je nachdem, ob ihr Reptiliengehirn sich in dieser Situation zum Kampf oder zur Flucht entscheidet.«

»Und das passiert immer, wenn ein Mensch etwas als schlimm ansieht?«, hakte ich nach.

»Im Grunde genommen schon«, bestätigte Ella. »Und das kann in sozialen Beziehungen sehr schädliche Folgen haben. Als Love-Angel hatte ich sehr viel mit dieser Thematik zu tun. Die Liebenden können in diesem Not-Modus weder Liebe noch Wertschätzung oder Respekt für ihren Partner empfinden, da die Verhaltensprogramme des sozialen Gehirns ja offline sind. Auch können sie sich aus dem gleichen Grund nicht geliebt, gewertschätzt oder respektiert fühlen, solange sie in diesem Modus sind. Sie merken also gar nicht richtig, wenn ihr Partner ihnen Liebe entgegenbringt.«

»Und was ist daran so schädlich?«, hakte ich nach.

»Die Menschen sagen im Kampfmodus oft Dinge zu ihrem Partner, die elementare soziale Sollvorstellungen verletzen. Sie sehen das dann immer als emotionale Verletzung an. Sie fühlen sich dann nicht mehr gewertschätzt. Wenn das nur gelegentlich mal passiert, dann schaffen sie es in der Regel, sich danach wieder zu versöhnen. Anders sieht es aus, wenn einer der beiden Partner über einen längeren Zeitraum im Not-Modus ist, weil er meint, ein schwerwiegendes Problem bewältigen oder vermeiden zu müssen. Im Not-Modus ist ein Mensch nicht mehr in der Lage, sich gegenüber seinem Partner liebevoll, verständnisvoll, einfühlsam, wertschätzend und respektvoll zu verhalten. Er kann die sozialen Sollvorstellungen eben nicht erfüllen, solange sein soziales Gehirn offline ist. Das führt mit der Zeit dazu, dass der Partner anfängt, an der Bindung zu zweifeln, denn er fühlt sich nicht mehr richtig geliebt, gewertschätzt und respektiert. Die Liebe ist zwar in Wirklichkeit nach wie vor vorhanden, doch das soziale Gehirn des Partners kann sie nicht mehr fühlen, denn es schaut immer nur auf das Verhalten und die Gefühle des anderen. Und wenn dort keine Liebe erkennbar ist, weil dessen soziales Gehirn offline ist, dann kommen sehr schnell Zweifel an seiner Liebe auf. Das ist dann oft das Ende einer Beziehung. Denn wenn man sich nicht mehr geliebt fühlt, beurteilt das eigene soziale Gehirn eine Beziehung als einseitig.«

»Das soziale Gehirn schaut also immer nur darauf, wie sich der Partner verhält und was er empfindet. Warum er keine Liebe empfindet, versteht es vermutlich dann gar nicht richtig, oder?«, hakte ich nach.

»Genau so ist es«, bestätigte Ella meine Vermutung. »Das müsste das Großhirn dem sozialen Gehirn dann mitteilen. Es müsste ihm sagen, dass es die Liebe des Partners nur dann beurteilen darf, wenn dessen soziales Gehirn auch online ist. Tut das Großhirn das nicht, dann wird das soziale Gehirn mit der Zeit immer mehr verzweifeln. Denn manchmal sieht es so aus, als würde man geliebt und dann auch wiederum nicht – je nachdem, ob das soziale Gehirn des Partners gerade online oder offline ist.«

Als ich nach diesem Gespräch wieder zurück in den Garten kam, waren Brian und Dylan nirgends zu sehen. Irgendwie waren alle Männer weg, fiel mir dann auf. Vermutlich hatten sie eine Mission bekommen. Einige der Frauen lagen am Pool und sonnten sich. Da Isabella dort ebenfalls dabei war, ging ich lieber zu Ava und Mia an die Bar. Sie saßen dort zusammen und unterhielten sich.

»Hallo Mia«, begrüßte ich sie mit einem Luftküsschen links und rechts, denn ich hatte zuvor noch gar nicht die Gelegenheit gehabt, sie kennenzulernen.

»Du bist also Mary«, sagte sie dann zu mir. »Wie kommt es, dass ich von dir noch nie zuvor etwas gehört habe?«

»Ich bin kein Star wie ihr alle«, antwortete ich. »Ich gehöre eigentlich gar nicht in diese Show und hatte nur Glück, dass ich hier dabei sein darf.«

»Natürlich gehörst du in diese Show!«, widersprach Ava energisch. »Du hast verdammt was drauf, was bei deinem Auftritt gestern jeder sehen konnte.«

»Schade, dass ich das nicht gesehen habe«, meinte Mia. »Ich schaue mir die Sendung normalerweise jeden Tag an. Ich habe auch dein Gespräch mit Brian über den Klimawandel gesehen, was ich übrigens sehr gut fand. Aber gestern bin ich leider nicht dazu gekommen wegen Anreise und so. Da habe ich wohl echt was verpasst.«

Dann hatten es Ella und ihr Team geschafft. Unser Gespräch wurde ausgestrahlt. Brian würde sich sehr freuen. Und ich freute mich darauf, ihm diese frohe Botschaft zu überbringen.

»Marys Auftritt war legendär!«, schwärmte Ava, bevor ich selbst etwas zu Mia sagen konnte. »Ich war ohne Ende beeindruckt, wie locker und souverän du da oben auf der Bühne gestanden hast«, meinte sie dann direkt an mich gerichtet. »Man hat dir null Lampenfieber angemerkt. Du hast ausgesehen, als ob du das schon dein gesamtes Leben lang machen würdest. Als sei es das Normalste auf der Welt, dass dir 100 Millionen Zuschauer vor ihren Fernsehgeräten zuschauen.«

»Was ist Lampenfieber?«, fragte ich nach.

»Du bist sooo cool!«, erwiderte Ava darauf anerkennend und gleichzeitig amüsiert, ohne auf meine Frage zu antworten. »Ich stehe jetzt seit über zwanzig Jahren vor der Kamera. Aber ich habe immer noch jedes Mal Lampenfieber. Und bei Live-Auftritten ist es ganz schlimm!«, betonte sie.

»Lampenfieber ist ja normal«, meinte Mia. »Ich kenne keinen einzigen Künstler, der das gar nicht mehr hat. Entscheidend ist doch, ob man Energie daraus ziehen kann, oder ob einem das Fieber die Lichter auf der Bühne ausschießt.«

»Ich bin ziemlich sicher, dass ich jedem Künstler ansehe, wenn er Lampenfieber hat«, meinte Ava weiter zu mir. »Und wirklich jeder ist aufgeregt, wenn man genau hinschaut. Doch bei dir habe ich davon überhaupt nichts erkennen können. Solch eine Natürlichkeit habe ich auf der Bühne echt noch nie gesehen. Kannst du das so gut verstecken, oder ist es dir wirklich völlig egal, wie viele Leute dir da draußen an ihren Fernsehgeräten zuschauen?«

Ich wusste zwar immer noch nicht, was dieses Lampenfieber sein sollte, aber Avas Frage konnte ich glücklicherweise trotzdem beantworten. »Es ist mir egal, wie viele Menschen mir zuschauen.«

»Und wie machst du das?«, wollte sie wissen.

»Ich denke gar nicht darüber nach«, antwortete ich ehrlich. »Wofür ist es denn überhaupt relevant, wie viele Leute mir zuschauen?«

»Den Trick muss ich auch mal ausprobieren«, meinte sie amüsiert, so als hätte ich einen Scherz gemacht. »Jetzt mal im Ernst! Wie kriegst du es hin, so ruhig und souverän zu bleiben? Wie funktioniert dein Trick?«

»Ich habe keinen Trick. Ich halte es einfach nicht für relevant, wie viele Menschen mir zuschauen.«

»Weil ja sowieso immer nur ein, zwei Leute vor jedem Fernseher sitzen«, spekulierte Mia. »Du stellst dir also einfach vor, du würdest immer nur zu diesen ein, zwei Leuten sprechen. Das macht Sinn!«

»Eigentlich stelle ich mir gar nichts vor«, erwiderte ich, ohne die Spekulation von Mia genau verstanden zu haben. »Ich denke gar nicht an die Leute, die zuschauen. Sie sind für mich wie gesagt nicht relevant.«

»Das kannst du nicht ernst meinen«, meinte Ava kopfschüttelnd. »So abgebrüht kann doch keiner sein!«

So langsam wurde mir klar, dass ich hier wohl etwas sehr Wichtiges übersehen haben musste. Ich wusste daher nicht, was ich auf Avas Frage antworten sollte, und zuckte nur ratlos mit den Achseln.

»Nun sag schon!«, ermahnte mich Ava. »Lass uns hier nicht dumm sterben! Lampenfieber ist in unserer Branche ein echtes Problem. Wenn du einen Weg weißt, wie ich meine Gefühle auf der Bühne besser in den Griff kriegen kann, dann würde mir das wirklich sehr helfen.«

Nun war ich endgültig verwirrt. Es ging um Gefühle? Die beiden suchten einen Trick, um ihre Gefühle in den Griff zu kriegen? Was sollte das bedeuten? »Warum willst du deine Gefühle denn in den Griff bekommen?«, fragte ich deshalb irritiert.

»Du hast recht, das macht eigentlich alles nur noch schlimmer«, antwortete sie verwirrenderweise. »Aber wie kriege ich das weg?«

»Was willst du denn genau wegkriegen?«

»Die Unsicherheit«, antwortete sie.

Nun war ich komplett verwirrt. Das Gefühl der Unsicherheit gehörte doch eindeutig zu den Fragen ans Großhirn. Diese Frage konnte man doch nicht wegkriegen! Welchen Sinn sollte das auch haben? Sowohl das Reptiliengehirn als auch das soziale Gehirn waren darauf angewiesen, dass das Großhirn ihnen antwortete. Ich brauchte weitere Informationen, denn das ergab für mich alles einfach überhaupt keinen Sinn. »Und warum willst du deine Unsicherheit wegkriegen?«, fragte ich deshalb.

»Weil ich komplett versage, wenn ich zu unsicher bin. Ich habe manchmal einen totalen Blackout deswegen und kriege die einfachsten Dinge nicht mehr geregelt. Und wenn das passiert, ist es sehr schwer, da wieder rauszukommen. Das ist wie ein Strudel, der mich gefangen hält. Daher habe ich oft schon von Anfang an Angst, dass ich wieder in diesen Strudel reingerate. Das ist mittlerweile zu einem echten Problem geworden.«

»Du hast Angst vor deinen eigenen Gefühlen?«, hakte ich irritiert nach. »Aber was ergibt das für einen Sinn? Wenn du Angst vor deiner Angst hast, dann erzeugst du damit doch nur noch mehr Angst.«

»Das ist genau das, was passiert«, antwortete Ava, als hätte sie gerade eine grandiose Erkenntnis gehabt. »Ich habe Angst vor meiner Angst. Und dann wird das immer schlimmer.«

»Es ist also kein Problem an sich, auf der Bühne zu stehen. Das Problem ist einzig und allein deine ängstlichen Gefühle?«, hakte ich noch einmal sicherheitshalber nach.

»Logo«, bestätigte sie.

»Es gibt also weder überlebensrelevante existenzielle noch überlebensrelevante soziale Probleme, wenn du auf der Bühne stehst?«, fragte ich noch einmal, um ganz sicherzugehen.

Ava kam leider nicht mehr dazu, auf meine Frage zu antworten, denn plötzlich hörten wir lautes Gegrunze auf uns zukommen. Es waren unsere Männer, die alle mit Fellen bekleidet waren und sich wie Primaten bewegten, während sie in grobmotorischen Schritten durch den Garten auf uns zuliefen. Sie waren alle ganz schmutzig im Gesicht, hatten extrem buschige Augenbrauen, total struppige lange Haare und eine Stirnwulst. Ich vermutete, dass sie wohl Urmenschen darstellen sollten.

Brian, Dylan und Liam kamen zu uns an die Bar, und jeder von ihnen schnappte eine von uns Frauen. Sie hoben uns hoch und legten uns über ihre Schulter. Dann trugen sie uns in Richtung Bühne, wobei sie sich auch dabei weiterhin wie Primaten bewegten. An der Bühne angekommen erkannten wir, dass die restlichen drei Männer das Gleiche mit den Frauen am Pool getan hatten. Nur Isabella hatte sich geweigert, sich über die Schulter legen zu lassen. Sie ging aber mit zu den Stühlen, welche vor der Bühne aufgestellt waren. Dort hatten die Männer uns abgesetzt. Danach gaben sie uns mit Grunzlauten und Gesten zu verstehen, dass wir dort sitzen bleiben sollten. Dann gingen sie auf die Bühne. Dort angekommen stellten sie sich in Formation auf.

Kurz darauf startete ein Country-Song. Die Jungs tanzten los und bewegten sich dabei weiterhin genauso grobmotorisch, wie sie zuvor durch den Garten gelaufen waren.

»Ein Urmensch-Line-Dance!«, sagte dann Ava lachend zu mir. »Wie cool!«

Wir Frauen applaudierten wie gewohnt bei solchen Auftritten mit lautem Gejohle, wobei ich immer noch nicht so recht verstanden hatte, wozu dieses Gejohle eigentlich gut war. Als das Lied zu Ende war, startete ein weiterer Song, in dem sich der Satz *You can leave your head on* ständig wiederholte. Die Urmenschen stürmten von der Bühne zu uns runter und teilten sich auf. Jeder von ihnen stand jetzt vor einer von uns Frauen. Vor mir hatte sich Dylan aufgebaut und schaute mir wild funkelnd in die Augen. Daraufhin begannen die Männer zu tanzen und sich ganz langsam dabei auszuziehen.

»Der beste Lapdance, den ich je hatte«, meinte Ava zu mir und lachte über Brian, der sich eher ungeschickt vor ihr auszog.

Dylan setzte sich fast auf meinen Schoß und vollführte dabei seltsame rhythmische Bewegungen. Brian tat daraufhin das Gleiche bei Ava. Alle Frauen lachten sich bei diesem Tanz kaputt. Und auch Isabella lachte dieses Mal mit, was mich sehr freute. Als die Musik zu Ende war, hatten die Männer nur noch ihre Badehose an. Sie griffen sich daraufhin ihre Felle, die sie zuvor ausgezogen hatten, und liefen in Richtung Maske, wo sie vermutlich am Anfang auch hergekommen waren, als wir ihre Grunzlaute zum ersten Mal gehört hatten.

Ich hätte zu gerne gewusst, was genau das Lustige an dieser Aufführung gewesen war. Mir war jedoch klar, dass ich danach nicht einfach fragen durfte, denn es war für alle ganz offensichtlich völlig selbstverständlich gewesen, dass dies lustig war.

Die Frauen verteilten sich nach der Show wieder im Garten der Villa. Ich nutzte die Gelegenheit und ging kurz auf mein Zimmer, um mich zu entmaterialisieren. Ich musste unbedingt Ella von meiner neuesten Entdeckung berichten.

»Ja, das ist ganz normal«, meinte sie, als ich ihr von Avas Lampenfieber erzählte. »Das Reptiliengehirn und das soziale Gehirn können ja wie du weißt die komplexen Sachverhalte im Leben eines Zivilisationsmenschen nicht immer korrekt beurteilen. Deshalb muss das Großhirn den anderen beiden Gehirnen auch helfen, die Welt von heute richtig zu verstehen.«

»Ich hatte nicht den Eindruck, dass Avas Großhirn das vorhatte«, sagte ich. »Es sah für mich eher so aus, als wolle sie ihre Angstgefühle einfach abstellen. Was aus meiner Sicht aber keinen Sinn ergibt.«

»Das ist eigentlich ganz normal bei den Menschen«, meinte Ella. »Die Menschen nennen das *Gefühlskontrolle*.«

»Und welchen Sinn hat diese Gefühlskontrolle?«, hakte ich verwundert nach. »Das Großhirn müsste doch mit den anderen beiden Gehirnen zusammenarbeiten, indem es ihre Fragen beantwortet. Doch hier sieht es eher so aus, als würde es die beiden anderen Gehirne bekämpfen.«

»Ja, das passiert recht häufig«, meinte Ella. »Die Gefühlskontrolle ist auch nur eine Notlösung für den Fall, dass die Zusammenarbeit der drei Gehirne nicht richtig funktioniert. Wenn die Menschen beispielsweise von ihren Wutgefühlen oder ihren Ängsten völlig überwältigt werden, dann müssen sie diesen Gefühlen Einhalt gebieten. Doch diese Notlösung sollte nur in Notsituationen angewendet werden, da sie oftmals die unpassenden Gefühle sogar noch intensiviert.«

»Ich glaube nicht, dass es Avas Großhirn tatsächlich bewusst ist, dass die Gefühlskontrolle nur eine Notlösung ist«, sagte ich. »Sie kommt bei ihrem Lampenfieber gar nicht auf die Idee, den anderen beiden Gehirnen mitzuteilen, dass es in Wirklichkeit gar keine Bedrohung gibt. Sie will ihre Angstgefühle einfach nur wegmachen.«

»Die Menschen versuchen tatsächlich sehr häufig, unangenehme Gefühle einfach abzustellen«, meinte Ella nachdenklich. »Angstgefühle sind da nur ein Beispiel von vielen. Sie wollen auch keine Einsamkeitsgefühle, Schuldgefühle, Enttäuschungsgefühle, Ohnmachtsgefühle, Wut, Sorgen oder Kummer empfinden. Grundsätzlich versuchen sie eigentlich, alle Vermeidungsgefühle zu vermeiden, wenn es irgendwie möglich ist.«

»Ja, aber das ergibt doch überhaupt keinen Sinn!«, sagte ich irritiert. »Wenn die Menschen Vermeidungsgefühle vermeiden wollen, dann aktivieren sie damit automatisch instinktive Vermeidungsprogramme. Sie erzeugen mit anderen Worten Vermeidungsgefühle, weil sie Vermeidungsgefühle haben!«

»So habe ich das bisher noch nie betrachtet«, sagte Ella nachdenklich. »Das kann tatsächlich nicht sinnvoll sein.«

Kapitel 5

Schlimme Gefühle

Als ich nach diesem Gespräch zurück in den Garten kam, waren einige der Männer im Pool. Vermutlich war ihnen beim Tanzen sehr warm geworden in ihren Fellkostümen. Brian war ebenfalls im Pool. Er hing mit den Armen über dem Beckenrand und schien über etwas nachzudenken. Ich setzte mich neben ihn und ließ meine Beine voller Freude im Wasser baumeln, denn ich hatte eine frohe Botschaft für ihn, die ihn sicherlich sehr freuen würde.

»Unser Gespräch über den Klimawandel wurde tatsächlich ausgestrahlt, wie du es dir gewünscht hast«, berichtete ich begeistert.

»Im Ernst?«, fragte er ungläubig. »Woher weißt du das?«

»Mia hat es mir vorhin erzählt. Sie hat unser Gespräch selbst im Fernsehen gesehen.«

»Unfassbar! Das grenzt an ein Wunder. Wie ist das möglich?«

»Keine Ahnung«, schwindelte ich. »Aber es ist doch ein Grund zur Freude, oder?!«

»Es ist ein Grund zum Feiern!«, rief Brian laut lachend und zog mich plötzlich am Arm ins Wasser.

Mein Kopf tauchte dabei unter Wasser, worauf mein Körper mit totaler Panik reagierte. Ich versuchte an den Beckenrand zu kommen und schlug panisch um mich, als ich Sekunden später Brians Hände spürte, die mich an den Rand zogen, wo ich mich festhalten konnte.

»Heilige Scheiße, du kannst ja tatsächlich nicht schwimmen!«, sagte er sichtlich geschockt zu mir. »Es tut mir unendlich leid!«

»Kein Problem«, antwortete ich, nach Luft ringend, wie ich es gewohnt war, wenn sich Menschen bei mir entschuldigten und ich den Grund nicht verstehen konnte.

»Ich dachte, du hättest Scherze gemacht, als du sagtest, du könntest nicht schwimmen. Es tut mir wirklich so unendlich leid!«

»Kein Problem«, erklärte ich noch einmal, während die Panik aus meinem Reptiliengehirn sich langsam wieder legte.

»Soll ich dich zur Treppe bringen?«, bot er an. »Oder willst du gleich hier rausklettern? Ich könnte dich auch einfach hochheben und an den Rand setzen, wenn dir das lieber ist.«

»Nein, eigentlich finde ich es jetzt ganz angenehm im Wasser – zumindest, solange ich mich am Rand festhalten kann und nicht mit dem Kopf unter Wasser gerate.«

»Du kannst dich auch gerne wieder an mir festhalten, wenn dir das mehr Sicherheit gibt.«

»Das passt schon. Die Panik ist wieder weg. Ich bin eben nur erschrocken, weil ich noch nie mit dem Kopf unter Wasser war. Das hat mein Reptiliengehirn offensichtlich erst einmal fälschlicherweise als Überlebensgefahr beurteilt und ein panisches Verhaltensprogramm aktiviert. Aber mein Großhirn hat meinem Reptiliengehirn offenbar bereits gesagt, dass es in Wirklichkeit gar keine nennenswerte Gefahr gibt, denn ich kann ja hier überall stehen. Dadurch ist das Panik-Programm jetzt wieder abgeschaltet.«

»Es tut mir unendlich leid«, wiederholte er noch einmal. »Wenn ich irgendetwas tun kann, um das wiedergutzumachen, dann sag mir bitte Bescheid – egal, was es ist!«

»Dürfte ich dir vielleicht zum Thema Gefühle eine Frage stellen«, bat ich daraufhin.

»Du kannst mich alles fragen, was du willst.«

»Versuchst du deine Gefühle zu kontrollieren?«, wollte ich wissen.

»Du willst jetzt echt hier im Pool mit mir darüber sprechen?!«, fragte er sichtlich geschockt. »Du weißt schon, dass wir Mikrofone tragen, die alles aufnehmen, was wir sagen?!«

Das wusste ich natürlich, aber ich verstand nicht, warum das relevant sein sollte. Doch er schien tatsächlich ein Problem damit zu haben, worauf ich mir erst einmal keinen Reim machen konnte, denn ein existenzielles oder soziales Problem konnte ich nirgends ausmachen. »Gibt es da ein Problem, von dem ich nichts weiß?«, fragte ich deshalb.

»Bei mir nicht. Ich bin Single, wie du weißt.«

Was war denn das für eine seltsame Antwort? Ich wusste nicht, was ich darauf antworten sollte, daher schaute ich ihn nur fragend an.

»Du wohl nicht«, meinte er dann plötzlich. »Wenn es nur das ist, worüber du mit mir sprechen wolltest, dann betrachte es hiermit als erledigt.«

In diesem Moment klingelte mein Smartphone, das ich an den Beckenrand gelegt hatte.

»Schau dir ruhig deine Mission an«, meinte er dann. »Ich denke, wir haben eh alles geklärt. Alles cool.«

Ich nahm also mein Smartphone und las die neue Nachricht. »Mary, dies ist eine geheime Mission. Erzähle daher niemandem davon. Dir steht ein Sumo-Ringkampf mit Isabella bevor. Wenn du diese *Mission* annimmst, dann begib dich jetzt und sofort in die Maske. Dort erhältst du dann weitere Anweisungen.«

Ich klickte also *Mission* an und verabschiedete mich von Brian. Er brachte mich noch an die Treppe des Pools und wünschte mir viel Spaß.

Als ich in der Maske ankam, erklärte man mir, Isabella hätte die Show verlassen. Sie wollte die Mission nicht annehmen und war auch nicht bereit, sich dem Lügendetektortest zu unterziehen. Deshalb musste sie dann die Show verlassen, denn so wären die Regeln. Mein Ringkampf war also abgesagt.

Ich ging daher wieder zurück an den Pool, um mein Gespräch mit Brian fortzusetzen, doch er war nicht mehr da. Ich sah ihn auch nicht an der Bar oder auf einer der Sonnenliegen. Möglicherweise war er ja im Fitnessareal, wo einige der Teilnehmer zwischendurch Sport machten. Ich ging also dorthin, doch da war er auch nicht. Dylan lag stattdessen hier auf einer Bank und stemmte schwere Gewichte. Ich setzte mich neben ihn auf ein freies Fitnessgerät und schaute ihm zu. Vielleicht würde ich ja von ihm mehr darüber erfahren können, warum die Menschen so häufig versuchten, ihre Gefühle zu kontrollieren, anstatt ihrem Reptiliengehirn und ihrem sozialen Gehirn auf ihre Fragen zu antworten.

»Na, willst du auch noch etwas für deinen Body tun?«, fragte er mich, als er sein Gewicht abgelegt hatte.

»Mein Körper funktioniert eigentlich gerade innerhalb der vorgesehenen Parameter«, antwortete ich.

»Du wolltest also nur meine stählernen Muskeln bewundern, stimmt's?!«

»Eigentlich nicht«, antwortete ich. »Ich wollte dich fragen, ob du auch manchmal deine Gefühle kontrollierst.«

»Natürlich«, meinte er dann und legte sich wieder auf die Bank für seinen nächsten Trainingssatz. »Das tue ich ständig. Jetzt zum Beispiel kämpfe ich gegen meinen inneren Schweinehund an. Und ich gewinne!«, sagte er sichtlich stolz und begann erneut, seine Hantel zu stemmen.

»Was ist der innere Schweinehund?«, fragte ich, während er seine Hantel drückte. Doch er stöhnte nur laut vor Anstrengung, anstatt zu antworten.

»Was hast du gesagt?«, fragte er dann, als er das Gewicht wieder abgelegt hatte.

»Der innere Schweinehund – was ist das?«

»Du weißt nicht, was der innere Schweinehund ist?«, fragte er skeptisch. »Kann es sein, dass du mich vielleicht wieder auf den Arm nehmen willst?«

»Nein, ich will dich nicht auf den Arm nehmen, ich weiß es wirklich nicht. Diesen Begriff habe ich noch nie gehört.«

»Es ist ein Gefühl, das dir sagen möchte, dass diese Hantel viel zu schwer ist und dass sich die ganze Anstrengung überhaupt nicht lohnt. Aber schau dir meinen stählernen Körper an und sage mir ins Gesicht, dass sich das nicht lohnen soll«, antwortete er lachend.

Ich wusste jetzt nicht so genau, ob er das tatsächlich wollte, denn er hatte so komisch gelacht, als er mich darum gebeten hatte. »Willst du damit jetzt sagen, dass es sich lohnt, oder dass es sich nicht lohnt?«, fragte ich deshalb nach.

Daraufhin stand er auf und vollführte seltsame Übungen, bei denen er ungewöhnliche Körperhaltungen annahm und dabei seine Muskeln anspannte. »Na, ist das Antwort genug?«, meinte er zu mir.

»Ja, jetzt verstehe ich, was du meinst«, antwortete ich, ohne auch nur die Haut einer Ahnung zu haben, was er mir damit sagen wollte.

»Warum fragst du eigentlich, ob ich meine Gefühle kontrolliere?«, wollte er dann wissen. »Geht es dabei um Brian?«

»Kontrolliert er denn seine Gefühle?«, fragte ich interessiert.

»Das musst du ihn schon selbst fragen.«

»Ich hatte ihn eben bereits gefragt, aber ich habe seine Antwort nicht verstanden.«

»Da halt ich mich lieber raus«, meinte Dylan und legte sich erneut auf seine Bank für den nächsten Durchgang. »Das solltest du mit ihm selbst klären.«

Ich verstand nun überhaupt nichts mehr. Außer, dass ich mir einen anderen Weg suchen musste, um zu meinen Antworten zu kommen. Ich verabschiedete mich daher wieder von Dylan und ging zurück an den Pool. Brian war aber immer noch nicht da. Der Pool war leer. Einige andere Teilnehmer standen an der Bar, daher ging ich dorthin.

»Hast du schon gehört, dass Isabella die Show verlassen hat?«, fragte mich Ava sichtlich ergriffen, als ich dort ankam.

»Ja, wir hatten beide die Mission bekommen, einen Sumo-Ringkampf miteinander auszutragen. Das wollte sie nicht, und Wahrheit wollte sie aber auch nicht wählen. Deshalb musste sie gehen.«

»Ausgerechnet mit dir! Mit jemand anderes hätte sie es vielleicht noch gemacht. Mann, das tut mir echt leid für sie«, meinte sie mitfühlend.

»Mir ebenfalls«, stimmte ich zu. »Ich hätte gerne mit ihr am gleichen Boot gezogen, wusste aber nicht, wie ich das in der Praxis bewerkstelligen sollte.«

»Jetzt tut doch nicht so scheinheilig!«, ermahnte

uns Al. Er hatte direkt neben uns gestanden und offensichtlich unser Gespräch mit angehört. »Keiner von uns wird sie hier auch nur für eine Sekunde vermissen.«

»Das ist richtig«, erwiderte Ava, »ich werde sie nicht vermissen. Aber das habe ich auch nicht behauptet. Ich sagte nur, dass sie mir leidtut.«

Al winkte daraufhin nur mit der Hand ab, schüttelte den Kopf und drehte sich wieder um zur Bar, um sich seinem Drink zu widmen.

»Wollen wir woanders hingehen?«, fragte mich Ava daraufhin.

»Klar, wo möchtest du denn hin?«

»Egal, nur weg von hier!«

Das war eine seltsame Antwort. Offensichtlich hatte sie gerade ein instinktives Vermeidungsprogramm aktiviert. Ich verstand jedoch nicht, was sie so unbedingt vermeiden wollte. Da Ava keine Richtung angegeben hatte, ging ich einfach einmal hinter ihr her. Sie führte mich zu einer Chillout-Lounge, die am Strand vor dem Garten der Villa stand. Hier war ich noch gar nicht gewesen. Diese Lounge bestand aus einer großen weißen Polsterauflage, auf der sehr viele weiße Kissen lagen, und einem Dach aus weißen Tüchern. Das sah sehr gemütlich aus.

»Sorry, dass ich so plötzlich wegwollte, aber ich kann mit so negativen Menschen einfach nicht«, meinte sie, als wir uns dort hinlegten.

»Kein Problem«, antwortete ich mit meiner Standardantwort, denn ich verstand diese Entschuldigung wieder einmal nicht.

»Macht es dir denn nichts aus, wenn Menschen dich so negativ angehen?«

»Eigentlich nicht. Sollte es das denn?«

»Du bist echt klasse!«, lachte sie anerkennend. »Lass mich raten: Es ist für dich einfach nicht relevant.«

»Solange die Menschen mich nicht körperlich bedrohen oder einen gravierenden sozialen oder existenziellen Schaden bei mir verursachen, sollte es doch auch nicht relevant sein, oder?«, fragte ich, um mich zu vergewissern.

»Das macht dir echt keine schlechten Gefühle, wenn dich jemand so negativ anmacht?«

»Was meinst du mit *schlechten* Gefühlen?«, hakte ich irritiert nach. »Meines Wissens gibt es keine schlechten Gefühle.«

»Also ich finde an schmerzlichen oder quälenden Gefühlen nicht wirklich etwas Gutes«, meinte Ava lachend. »Darauf kann ich gut und gerne verzichten.«

»Ja, aber Vermeidungsgefühle sind doch alle mehr oder weniger schmerzhaft oder quälend«, wendete ich ein. »Und wenn du die Vermeidungsgefühle deshalb alle als etwas Schlechtes ansiehst, dann startest du mit dieser Sichtweise doch ständig instinktive Vermeidungsprogramme in deinem Reptiliengehirn und deinem sozialen Gehirn. Jedes Lebewesen versucht doch instinktiv, Gutes anzustreben und Schlechtes zu vermeiden.«

»Natürlich will ich schlechte Gefühle vermeiden«, versicherte sie mir mit einem verwunderten Gesichtsausdruck.

Ich schaute sie nur fragend an, denn ich wusste nicht, was ich dazu sagen sollte. Sie konnte doch nicht ernsthaft ihre Gefühle als etwas Gutes oder Schlechtes ansehen, nur weil diese angenehm oder unangenehm waren.

»Ich muss mal auf die Toilette«, sagte ich zu ihr und ging eiligen Schrittes auf mein Zimmer. Ella war wie immer im Klassensaal. Außer uns beiden war sonst niemand da.

»Ava bezeichnet unangenehme Gefühle als *schlechte* Gefühle und angenehme als *gute*«, begann ich meinen Bericht. »Und sie behauptete, dass das alle Menschen tun würden.«

»Ja, das ist wohl so«, stimmte Ella zu. »Das ist eigentlich ganz normal bei den Menschen.«

»Ja, aber wenn die Menschen unangenehme Gefühle als etwas Schlechtes und angenehme als etwas Gutes ansehen, dann funktioniert doch die Zusammenarbeit ihrer drei Gehirne gar nicht mehr richtig«, wendete ich ein. »Stell dir einmal eine Mutter vor, die mit ihren beiden kleinen Kindern in einem U-Bahnhof steht. Die Kinder sind noch klein und haben noch nie eine U-Bahn gesehen. Plötzlich fährt der Zug mit lautem Getöse und einem kräftigen Windstoß ein. Die Kinder werden instinktiv einen sofortigen Fluchtimpuls bekommen, wenn solch ein gigantisches Ungetüm fauchend aus seiner Höhle kommt.«

»Ja, das ist klar. Wenn die Kinder noch nie eine U-Bahn gesehen haben, werden sie diese instinktiv als mögliche Bedrohung ansehen, vor der man weglaufen sollte.«

»Doch die U-Bahn ist natürlich in Wirklichkeit keine Bedrohung und Weglaufen damit unsinnig. Das können die Kinder jedoch nicht eigenständig einschätzen. Deshalb brauchen sie die Beurteilung der Mama. Wenn die gelassen und ruhig reagiert, dann scheint die Flucht nicht notwendig zu sein. Und wenn die Mama ihre Kinder dann gezielt beruhigt und ihnen sagt, dass sie vor der U-Bahn keine Angst haben müssen, dann wird der Fluchtimpuls der Kinder sicherlich ganz schnell wieder abgestellt. Doch wenn die Mama die Angstgefühle ihrer Kinder als etwas Schlechtes ansieht, dann wird sie ihre Kinder instinktiv davor bewahren wollen. Die Kinder werden die Sorge ihrer Mama wahrnehmen und sie entweder als Bestätigung dafür ansehen, dass die U-Bahn tatsächlich eine Bedrohung darstellt, oder als Aussage darüber, dass Angstgefühle etwas Schlimmes sind. Beides würde das Reptiliengehirn und das soziale Gehirn total verwirren.«

»Ich glaube, ich verstehe, was du mir sagen willst. Weder das Reptiliengehirn noch das soziale Gehirn könnten die Gefahrensituation mit der U-Bahn ohne Hilfe des Großhirns korrekt einschätzen. So gesehen ist das Großhirn in deiner Metapher die Mutter und das soziale Gehirn und das Reptiliengehirn sind ihre beiden Kinder. Die Kinder erzeugen aufgrund ihrer Unwissenheit über den Alltag eines Zivilisationsmenschen häufig unangemessene Gefühle. Und dann brauchen sie ihre Mutter, die ihnen sagt, wie die aktuelle Sachlage tatsächlich zu beurteilen ist.«

»Ganz genau. Doch die korrekte Beurteilung bekommen sie gar nicht vom Großhirn, wenn das die Gefühle als etwas Schlechtes ansieht. *Suche das Gute und meide das Schlechte!* Das ist das Ur-Prinzip, auf das alle instinktiven Verhaltensprogramme aufbauen, hast du uns erklärt. Wenn daher bestimmte Gefühle als etwas Gutes und andere als etwas Schlechtes angesehen werden, dann werden die Menschen automatisch die guten Gefühle anstreben und die schlechten meiden wollen.«

»Ja, das ist sicherlich so«, stimmte Ella zu. »Auch das ist ganz normal bei den Menschen.«

»Das bedeutet aber doch, dass das Großhirn automatisch alles als gut ansieht, was angenehme Gefühle erzeugt und alles als schlecht, was unangenehme Gefühle auslöst. Die Gefühle werden damit für das Großhirn zum Beurteilungskriterium für gut und schlecht.«

»Ja, auch das ist sicherlich der Fall«, meinte Ella nachdenklich.

»Wenn aber das Reptiliengehirn oder das soziale Gehirn aktuelle Ereignisse fälschlicherweise als negativ ansehen, dann erzeugen sie doch auch automatisch die entsprechenden negativen Gefühle. Das Großhirn müsste dann auf diese Gefühle antworten und den anderen beiden sagen, dass alles gut ist und es in Wirklichkeit gar nichts Negatives gibt.«

»Doch genau das tut es nicht, weil es ja die unangenehmen Gefühle selbst als etwas Schlechtes ansieht«, erkannte Ella jetzt. »Es stimmt den anderen beiden Gehirnen ja sogar noch zu!«

»Ganz genau. Das Großhirn müsste alles unabhängig von den Gefühlen in einem größeren Kontext beurteilen. Nur so könnten die falschen Beurteilungen der beiden anderen Gehirne korrigiert werden. Wenn das Großhirn jedoch alles gut findet, was angenehme Gefühle erzeugt und alles schlecht, was unangenehme Gefühle mit sich bringt, dann stimmt das Großhirn allen falschen Beurteilungen einfach immer nur zu, anstatt sie zu korrigieren. Solange die Menschen daher angenehme Gefühle als etwas Gutes und unangenehme als etwas Schlechtes ansehen, ist doch klar, wieso sie ihre Beurteilungen von ihren Gefühlen abhängig machen. Und damit ist auch klar, wieso sie ihre eigene Lebensgrundlage immer mehr zerstören und wieso wir sie nicht mehr davon abhalten können. Sie handeln ständig nach den instinktiven Prinzipien aus ihrem Reptiliengehirn und ihrem sozialen Gehirn, ohne die Weisheit ihres Großhirns zu nutzen. Der moderne Mensch sollte aber Homo sapiens sein, was ja so viel wie *weiser* Mensch bedeutet und nicht Homo principius. Der Homo principius hat auf Dauer sicherlich keine Überlebenschance, wenn er sich nicht sehr bald zum echten Homo sapiens entwickelt.«

»Du hast recht«, erkannte Ella nachdenklich. »Ich kann die Konsequenzen dieses Phänomens zwar nicht spontan in vollem Umfang erfassen, aber mit hoher

Wahrscheinlichkeit bist du hier auf die Ursache des Phänomens gestoßen, nach der wir so lange gesucht haben. Das könnte wirklich der Grund sein, warum die Menschheit das Paradies zerstört. Wir sollten daher unbedingt herausfinden, wie die Menschen auf die Idee kommen, dass angenehme Gefühle etwas Gutes und unangenehme etwas Schlechtes sind.«

»Was genau kann ich jetzt tun?«, fragte ich motiviert.

»Geh zurück in die Villa und versuch als Erstes herauszufinden, wie viel Relevanz die Teilnehmer ihren guten und schlechten Gefühlen grundsätzlich geben. Ich werde jetzt alle Secret-Angels zu mir rufen lassen und sie über diesen Sachverhalt unterrichten. Das hat jetzt oberste Priorität.«

Ich materialisierte mich wieder in meinem Zimmer. Draußen war es bereits dunkel geworden. Ich hörte Geschirrgeklapper aus der unteren Etage. Offenbar hatte das Abendessen bereits begonnen. Damit würde ich vermutlich alle zusammen am Tisch vorfinden. Das war schon einmal gut. Nur hatte ich noch keine Idee, wie ich meine Antworten erhalten könnte.

Als ich zum Buffet kam, stand Brian gerade dort und holte sich etwas zu essen. Dylan saß bereits am Tisch. Genau wie die meisten anderen Promis. Ich nahm mir schnell einen Teller, obwohl ich eigentlich keinen Hunger verspürte, und ging damit zu Brian. Ich wollte möglichst unauffällig ein Gesprächsthema finden, das es mir ermöglichte, ihn danach zu fragen, wie wichtig ihm seine Gefühle tatsächlich waren.

»Was gibt es denn heute Schönes auf dem Buffet?«, fragte ich deshalb erst einmal, um ins Gespräch zu kommen.

»Dies und das«, antwortete er kurz.

»Und was isst du?«

»Schau auf meinen Teller, dann siehst du es!«, antwortete er in einem seltsamen Tonfall, den ich nicht richtig einordnen konnte. Dann nahm er sich noch etwas Salat vom Buffet und setzte sich zu den anderen.

Ich nahm mir ebenfalls Salat und ging dann zum Tisch. Leider war neben Brian und Dylan kein Platz mehr, weshalb ich mich zwischen Evelyn und Mia ans andere Tischende setzte. Aus irgendeinem Grund erzeugte mein soziales Gehirn jedes Mal ein schweres und einengendes Gefühl in meiner Herzgegend, wenn ich zu Brian rüberschaute. Ich kam aber nicht darauf, was mich mein soziales Gehirn mit diesem Gefühl fragen wollte.

Nach dem Essen klingelten plötzlich alle Smartphones der derzeit elf Show-Gäste gleichzeitig. »Die Zuschauer kennen euch jetzt von eurer strahlenden Seite. Nun ist es an der Zeit, auch eure verwundbare Seite zu offenbaren. Begebt euch dazu nach draußen in den Garten! Dort ist ein Lagerfeuer aufgebaut. Setzt euch um das Lagerfeuer herum! Ihr werdet dann weitere Anweisungen erhalten.«

Daraufhin standen wir auf und gingen nach draußen. Ich wollte mich am Feuer zu Brian setzen, doch irgendwie klappte das nicht. Liam und Dylan nahmen die

Plätze neben ihm ein, sodass ich mich nur neben Dylan setzen konnte. Mich beschlich der Eindruck, dass Brian sich irgendwie sonderbar verhielt. Er wirkte auf mich, als hätte er irgendein Problem.

Nachdem wir uns gesetzt hatten, klingelte das Smartphone von Dylan. Er las seine Mission laut vor. »Dylan, nur wenige Menschen wissen, dass du als Kind stark übergewichtig warst. Erzähle uns davon, wie du persönlich diese Zeit damals empfunden hast. Du kannst diese *Mission* natürlich wie immer ablehnen und stattdessen *Wahrheit* wählen.«

Ich konnte erkennen, dass Dylan *Mission* anklickte. Danach legte er sein Smartphone zur Seite.

»War ja klar, dass dieser Tag kommen musste«, sagte er zu uns allen. »Das machen sie ja in jeder Staffel. Hätte nur nicht gedacht, dass der Sender ausgerechnet diese Sache über mich ausgräbt. Nun denn, jetzt ist es so. Also, es stimmt. Ich war tatsächlich stark übergewichtig auf der High School. Und es war überhaupt nicht cool, wie ihr euch denken könnt. Genauer gesagt war es die härteste Zeit meines Lebens. Ich wurde übelst gemobbt. Die Jungs beschimpften mich als *fette Sau* und *Loser*, und kein Mädel wollte mit mir auch nur ein Wort wechseln. In der Kantine saß ich allein am Tisch, weil niemand mit mir zusammen an einem Tisch gesehen werden wollte. Meinen Frust baute ich damals mit Essen ab, was natürlich alles immer schlimmer machte. Mit 15 habe ich dann keinen Ausweg mehr gesehen und einen Selbstmordversuch unternommen. Ich konnte einfach nicht mehr.«

Während Dylan seine Geschichte erzählte, spürte ich eine Welle der Betroffenheit bei allen Zuhörern, die mich ebenfalls sehr intensiv erfasste. Vor allem, als ich sah, wie Ava sofort die Tränen die Wangen herunterliefen. Augenblicklich spürte ich, wie sich in meinem Brustkorb und in meinem Hals alles eng zusammenzog. Das war regelrecht schmerzhaft. Auch füllten sich meine Augen mit Wasser. Dieser Schmerz war eine sehr heftige emotionale Erfahrung, die ich bisher in dieser Form nicht kannte. Dieses Gefühl konnte nur aus dem sozialen Gehirn stammen. Was es damit bezwecken wollte, verstand ich jedoch leider wieder nicht.

»Meine Eltern fielen damals aus allen Wolken, denn sie hatten nichts geahnt«, erzählte Dylan weiter. »Ich schämte mich für das Mobbing in der Schule und fühlte mich wie der letzte Loser. Deshalb tat ich zu Hause so, als sei in der Schule alles bestens. Nach meinem Selbstmordversuch kam ich dann auf ein Internat für stark Übergewichtige. Dort war ich unter meinesgleichen und fühlte mich das erst Mal im Leben akzeptiert. Die ersten Monate in diesem Internat waren trotzdem die Hölle. Ich war das erste Mal weg von zu Hause und hatte Heimweh ohne Ende. Doch zum Glück wurde ich nicht deswegen von den anderen ausgelacht. Mit der Zeit entwickelten sich erste Freundschaften, die mir die Zeit im Internat leichter machten.

Mein jetziges Leben verdanke ich meinem Klassenlehrer. Wir hatten dort zwar auch einen Schulpsychologen, mit dem ich einmal wöchentlich quatschen konnte, doch es war Mister Parson, der mein Leben in eine neue Richtung lenkte. Er motivierte mich zum Sport und machte mir klar, dass ich meinen Frust nicht in mich reinfressen darf, sondern Kraft aus meiner Wut ziehen kann, um es all den Arschlöchern da draußen zu zeigen, die zuvor auf mich gespuckt hatten.

Mein Körper reagierte unnormal gut auf das Training, was meinen Ehrgeiz immer mehr anstachelte. Auch erkannte man im Internat dann schnell mein musikalisches Talent. Ja, und von da an ging es dann immer nur noch aufwärts.

Mein Ehrgeiz hat mich seitdem nie mehr verlassen, denn ich will es den Idioten von damals noch immer zeigen. Vor ein paar Monaten hatten wir unser erstes High School Klassentreffen. Ich bin dort mit meinem neuesten Song aufgetreten, was als Sensation gefeiert wurde. Und die ganzen blöden Penner von damals ließ ich dabei mal so richtig schön auflaufen. Ich kann euch gar nicht sagen, wie gut mir das getan hat.«

Die Gruppe applaudierte Dylan lautstark und beglückwünschte ihn, dass er es geschafft hatte, von ganz unten nach ganz oben zu kommen. Ava stand auf und umarmte ihn herzlich. Daraufhin standen alle auf und taten das Gleiche. Ich merkte, dass es genau dieser Akt des Mitgefühls und des Verständnisses war, den mein soziales Gehirn zuvor mit seinem emotionalen Handlungsimpuls beabsichtigt hatte. Ich stand also ebenfalls auf und umarmte Dylan, was ein sehr schönes, warmes Gefühl in meiner Herzgegend auslöste.

Kurz darauf klingelte das Smartphone von Mia. Sie las die Nachricht vor: »Mia, aufgrund deiner persönlichen Geschichte möchten wir dir die Wahl lassen, ob du etwas über dein Elternhaus erzählen möchtest oder nicht. Du kannst diese *Mission* also ausnahmsweise ablehnen – und zwar ohne dafür *Wahrheit* wählen zu müssen! Möchtest du diese *Mission* trotzdem annehmen?«

»Ja, ich werde diese *Mission* annehmen«, bestätigte Mia verbal. »Also ... Wie ihr sicherlich wisst, engagiere ich mich dafür, unsere Kinder besser zu schützen. Und wie ihr euch vermutlich denken könnt, gibt es dafür auch einen Grund. Ich wuchs in einem sehr liebevollen Elternhaus auf. Vor allem mein Stiefvater war extrem liebevoll – wenn ihr versteht, was ich meine! Ich hab versucht, mit meiner Mutter darüber zu sprechen, doch sie beschimpfte mich sofort als Lügnerin und gab mir Hausarrest oder andere Strafen.

Als ich dann 14 war, hielt ich es nicht mehr aus und ging kurzerhand zur Polizei, um meinen Stiefvater anzuzeigen. Doch dort hat man mir einfach nicht geglaubt, denn mein Stiefvater war Pastor. Sie ermittelten zwar oberflächlich und befragten meine Eltern und unsere Nachbarn, die aber behaupteten alle, meine Anschuldigungen seien ganz sicher nur Rachefeldzüge einer pubertierenden Jugendlichen, weil mein Stiefvater ein gottesfürchtiger Mann und dementsprechend streng sei. Aber an meinen Anschuldigungen sei ganz sicher überhaupt nichts dran. Danach hatte ich zu Hause die Hölle auf Erden. Ich erhielt Hausarrest. Und der sollte so lange andauern, bis ich bei der Polizei die angebliche Wahrheit sagen würde.

Kurz darauf erkannte ich dann, dass meine Mutter von Anfang an von dem Missbrauch gewusst haben musste. Entweder hatte sie Angst vor meinem Stiefvater gehabt oder Angst, was die Gemeinde sagen würde zu ihrem feinen Herrn Pastor oder was auch immer. Jedenfalls tat sie einfach so, als sei ich die Lügnerin und ließ mich im Stich.

Ich weinte den ganzen Tag nur noch und konnte nicht mehr zur Schule gehen. Ich überlegte mir das Leben zu nehmen, entschied mich aber dann, von zu Hause wegzulaufen. Ich lebte zwei Jahre lang auf der Straße, bettelte und ging klauen, um durchzukommen. Es war eine sehr harte Zeit, die mich aber auch stark gemacht hat. Seitdem habe ich nie wieder geweint.

Als ich dann 16 war, wurde der liebe Herr Pastor zu einer mehrjährigen Haftstrafe verurteilt, weil er sich an einigen Mädchen aus der Kirchengemeinde vergangen hatte. Danach glaubte man auch mir, aber ich wollte nicht mehr nach Hause zurück. Daher gab ich beim Jugendamt zu Protokoll, dass meine Mutter von dem Missbrauch gewusst hätte. Man konnte ihr das zwar nicht nachweisen, aber ich musste wenigstens nicht mehr nach Hause in ihre Obhut. Ich kam in ein Heim, ging wieder zur Schule und machte schließlich meinen Abschluss. Der Rest ist Geschichte.«

Nach Dylan und Mia erzählten dann noch einige andere ihre schmerzhaftesten Erfahrungen. Mir wurde dabei bewusst, dass auch mein eigenes menschliches Gehirn diesen emotionalen Schmerz tatsächlich als etwas Schlimmes ansah. Wie schlimm es diesen Schmerz genau fand, konnte ich nicht sagen, denn ich kannte ihn ja nur vom Mitfühlen. Aber die Geschichten der anderen verrieten mir, dass sie ihn ganz offensichtlich schlimmer fanden als den Tod, da sie sogar bereit waren, ihrem Leben ein freiwilliges Ende zu setzen, nur damit dieser emotionale Schmerz endlich aufhörte. Sicherlich hatten die Menschen auch Angst vor dem Tod, doch die Angst vor diesem Schmerz schien noch größer zu sein. Mir war sofort klar, dass dieser Umstand etwas mit dem Phänomen zu tun haben musste, dass die Menschen so häufig etwas als Problem ansahen.

Irgendwann klingelte dann auch mein Smartphone, womit ich schon gerechnet hatte, denn offensichtlich sollte jeder in der Runde seine Geschichte erzählen. Doch ich hatte im Gegensatz zu den anderen nichts zu erzählen. In meinem Leben gab es nichts Schlimmes. Auch konnte ich ihnen nicht von meiner Vergangenheit als Engel berichten. Daher blieb mir nur eine Wahl. Ich wählte *Wahrheit*.

Wie beim ersten Mal blickte ich auch jetzt in fassungslose Gesichter, als ich das getan hatte, denn augenblicklich klingelten wieder alle Smartphones gleichzeitig, woraufhin wir alle in den Raum mit dem Lügendetektor beordert wurden.

»Wieso hast du das getan?!«, fragte Ava kopfschüttelnd, als wir dorthin unterwegs waren. Und auch Dylan stellte mir die gleiche Frage. Nur Brian hielt sich weiterhin im Hintergrund, was ich so langsam echt komisch fand. Irgendetwas war mit ihm los heute. Er verhielt sich den ganzen Abend schon so seltsam. Fast so, als hätte er mir gegenüber irgendwelche Vermeidungsgefühle. Ich konnte mir jedoch nicht vorstellen, wieso das der Fall sein könnte.

Ich wurde erneut an den Lügendetektor angeschlossen. Dann erschienen meine Fragen auf dem Monitor. »Bist du in einer Liebesbeziehung?«, war die erste Frage, die dort stand. Ich antwortete mit »*Nein*«, worauf wenig später die Antwort *Wahrheit* auf dem Monitor erschien.

»Empfindest du etwas für Brian?«, war die zweite Frage, worauf ich natürlich mit »*Ja*« antwortete. Wenig später erschien auf dem Monitor das Feedback *Wahrheit.*

»Empfindest du auch etwas für Dylan?«, war die dritte Frage, die ich beantworten sollte. Ich antwortete natürlich ebenfalls mit »*Ja*«, was dann wenig später auch vom Monitor als *Wahrheit* bestätigt wurde.

Danach wurde ich von den Kabeln befreit. Ava kam sofort zu mir und umarmte mich, als bräuchte ich Trost. Das war wirklich seltsam. Und auch Dylan und Brian schauten mich völlig verwirrt an. Sie schienen nicht zu wissen, was sie jetzt tun sollten. Schließlich kam Brian auf mich zu, umarmte mich und sagte: »Es tut mir leid!«

Und wieder einmal hatte ich keinen Schlauch, was das nun wieder bedeuten sollte. Zum Glück hatte ich dafür wenigstens meine Standardantwort. »Kein Problem«, antwortete ich also und ließ mir meine Ahnungslosigkeit nicht anmerken.

Dylan umarmte mich danach ebenfalls herzlich und meinte, er hätte ja keine Ahnung gehabt. Welcher Geier war hier los?! Ich verstand nun überhaupt nichts mehr.

Danach klingelten unsere Smartphones erneut, wodurch wir wieder zurück zum Lagerfeuer gebeten wurden. Dieses Mal konnte ich wie gewohnt zwischen Dylan und Brian sitzen, was mich sehr freute. Die beiden waren mir in den letzten Tagen genau wie Ava sehr ans Herz gewachsen. Mein soziales Gehirn erzeugte jedes Mal superschöne Belohnungsgefühle, wenn ich bei ihnen war. Ich musste dazu noch nicht einmal eine besondere Beurteilung treffen. Das passierte ganz von allein.

Brian war dann der Nächste, der seine Geschichte erzählen sollte. Ich war sehr neugierig darauf.

»Ich war im ersten Collegejahr, wo ich auch meine damalige Freundin kennenlernte. Sie wurde dann ungewollt schwanger. Wir waren uns sofort einig, dass wir das Kind behalten wollten – egal, was auch immer passieren mochte. Abtreibung kam für uns nicht in Frage. Das war absolut tabu. Daraufhin schmiss ich das Studium gegen alle Widerstände meiner Eltern und suchte mir einen Job. Ich wollte Vater werden und das Geld für meine kleine Familie verdienen. Wir würden nicht reich sein, aber irgendwie würden wir es schaffen, wenn wir nur fest genug zusammenhielten. Doch dann ging sie, ohne mich darüber zu informieren, in eine Abtreibungsklinik und ließ das Kind wegmachen. Sie sei einfach noch nicht so weit, hatte sie mir daraufhin erklärt. Das ganze Leben würde noch vor uns liegen, und das wolle sie jetzt nicht wegen einer Unachtsamkeit wegwerfen. Für mich brach eine Welt zusammen. Es war nicht so, dass ich unbedingt hätte Vater werden wollen. Für mich war das Schlimme, dass sie mich mit ihrem Alleingang so hintergangen hatte. Das hat mir das Herz gebrochen. Seitdem konnte ich nie wieder einer Partnerin uneingeschränkt vertrauen, woran vermutlich auch alle meine bisherigen Beziehungen letztendlich zerbrochen sind. Ich würde mich sehr gerne wieder auf eine Frau einlassen, aber ich habe es nie geschafft, diese Blockade zu überwinden.«

Brian sah nicht wirklich schmerzergriffen aus, als er seine Geschichte erzählt hatte. Zumindest nicht im Vergleich zu den anderen, die davor dran waren. Er wirkte eher neutral. Vermutlich gab er seinen Gefühlen also deutlich weniger Relevanz als die anderen, weshalb es ihm nicht so viel ausmachte.

Da es hier so üblich war, umarmte ich ihn natürlich trotzdem, nachdem er fertig erzählt hatte. Und da ich direkt neben ihm saß, war ich die Erste. Nach der Umarmung spürte ich, dass meine Wange ein wenig feucht war, was ich mir nicht so recht erklären konnte, denn meine Augen hatten ganz sicher nicht geweint. Und Brian lachte, während die anderen ihn umarmten, und meinte, im Vergleich zu ihren Geschichten wäre seine natürlich nur Kindergarten. Aber sein Leben sei halt nicht so schlimm gewesen, erklärte er allen. Aus irgendeinem Grund erschien mir diese Aussage nicht aufrichtig zu sein. Aber ich war natürlich noch ein Frischling im Erkennen menschlicher Gefühle. Ich konnte mich diesbezüglich auch täuschen.

Als Letzte der Runde war dann schließlich Ava an der Reihe, ihre Geschichte zu erzählen.

»In meinem Leben gab es eigentlich gar keine solchen schlimmen Ereignisse, wie ihr sie berichtet habt«, meinte sie. »Was mein Leben etwas problematisch macht, ist der Umstand, dass ich ständig Angst davor habe, etwas Schlimmes könnte passieren.«

»Und warum hast du ständig diese Angst?«, hakte ich interessiert nach.

»Keine Ahnung. Das ist einfach so ein Familiending. Meine Mutter hatte auch immer vor allem Angst. Irgendwie habe ich diese Angst wohl von ihr bereits als Kind übernommen. Eine andere Erklärung habe ich dafür nicht. Jedenfalls habe ich, solange ich denken kann, permanent Angst, dass irgendetwas Schlimmes passieren könnte. Bei jedem Brief, den ich öffne, bei jedem Job, der mir angeboten wird. Natürlich habe ich auch Angst, dass mir keine Jobs mehr angeboten werden könnten. Ich habe Angst, dass ich selbst oder jemand, den ich liebe, krank werden oder sterben könnte. Ich habe Angst, dass meine Ehe kaputtgehen könnte. Ich habe Angst vor so ziemlich allem. Leider kann ich sonst keine konkrete Geschichte erzählen, denn so richtig was Schlimmes ist in meinem Leben eigentlich nie passiert. Und jetzt habe ich gerade Angst, dass dies nicht genügen könnte, um meine Mission zu erfüllen«, meinte Ava lachend.

Unsere Smartphones klingelten noch ein letztes Mal für diesen Abend, wobei es nur darum ging, dass der Sender uns für unsere Offenheit dankte. Damit hatte dann auch Ava ihre Antwort, dass ihre Mission vom Sender als erfüllt angesehen wurde.

Avas Bericht hatte mich als Einzige in der Runde fasziniert. Obwohl sie noch nie etwas wirklich Schlimmes erlebt hatte, schien die Angst vor etwas Schlimmem ihren gesamten Lebensalltag zu bestimmen. Und das ohne triftigen Grund. Einfach faszinierend!

Nachdem diese Mission beendet war, verließen einige Teilnehmer das Lagerfeuer und gingen in die Villa. Da Brian, Dylan und Ava noch dablieben, blieb ich ebenfalls. Plötzlich fragte mich Brian, ob ich kurz Zeit für ihn hätte.

»Natürlich«, antwortete ich. »Worum geht es?«

»Können wir irgendwo hingehen, wo wir allein quatschen können?«, bat er.

»Ich fand es bei der Chillout-Lounge ganz schön«, antwortete ich, ohne zu verstehen, warum er mit mir allein reden wollte. Wir gingen also dorthin und legten uns nebeneinander auf die Polsterauflage.

»Du kannst dir sicherlich vorstellen, warum ich mit dir reden möchte«, begann Brian. Er sagte das mit solch einer Selbstverständlichkeit, dass ich nicht wusste, ob ich dem widersprechen sollte. Deshalb nickte ich einfach nur, ohne zu kapieren, worum es eigentlich ging, und wartete auf weitere Informationen. »Mir ist klar, dass es dir gerade auch nicht so gut geht mit der ganzen Situation.« Erneut hielt er nach dieser Aussage inne und schaute mich fragend an. Ich nickte daher noch einmal, da mir diese Reaktion am unverfänglichsten vorkam. »Ich hätte auch niemals damit gerechnet, dass mir in einer Fernseh-Show so etwas passieren könnte. Doch jetzt ist es passiert und nun sollten wir einen Weg finden, wie erwachsene Menschen mit der Situation umzugehen.« Ich nickte erneut, als Brian mich nach diesem Satz wieder fragend anschaute, denn ich hatte immer noch keinen blassen Schlauch, wovon er da redete. »Wie du heute Abend erfahren hast, habe ich Schwierigkeiten damit zu vertrauen. Und solange ich dieses Problem habe, möchte ich keine neue Partnerbeziehung eingehen. Ich hoffe, du kannst das verstehen.«

Endlich kapierte ich, worum es Brian die ganze Zeit ging. Er hatte ein Problem und wollte mit mir darüber sprechen. Das war ja großartig! Und möglicherweise war es ja sogar ein *emotionales* Problem. Ich war total aufgeregt und stellte ihm eine Frage, um meine Theorie zu überprüfen. »Wäre diese Situation denn auch dann noch ein Problem für dich, wenn sie gar keine schmerzhaften Gefühle auslösen würde?«, fragte ich deshalb.

»Ich wäre sehr froh, wenn das so wäre, denn das Letzte, was ich will, ist, dir wehzutun.«

Ich war verwirrt. Hieß das etwa, dass die Menschen sogar vermeiden wollten, bei anderen Menschen ein schmerzhaftes Gefühl auszulösen? Dann wäre dieses Phänomen der emotionalen Probleme ja noch mysteriöser, als ich gedacht hatte. Die eigenen schmerzhaften Gefühle vermeiden zu wollen, war ja bereits überaus unlogisch, doch das sogar noch bei anderen Menschen zu versuchen, entbehrte tatsächlich jeglicher Vernunft. Konnte das wirklich sein? Ich beschloss, diese Theorie zu überprüfen. »Ich will dir ebenfalls nicht wehtun«, sagte ich deshalb.

»Lass dich drücken!«, bat er daraufhin und umarmte mich. »Ich bin froh, dass wir das geklärt haben«, sagte er dann und stand auf, um mit mir wieder zurück zu den anderen ans Lagerfeuer zu gehen.

Ich war verwirrt!

»Wollen wir auch gerade mal reden?«, fragte mich Dylan, als wir dort ankamen, noch bevor ich mich wieder gesetzt hatte.

»Klar«, antwortete ich und ging mit ihm zur Chillout-Lounge.

»Die Situation ist sicherlich sehr verwirrend für dich«, meinte er.

»Ja, das ist sie tatsächlich«, stimmte ich zu, denn er hatte meine Verwirrung ja ohnehin schon bemerkt.

»Ich möchte dir nur sagen, dass ich ebenfalls etwas für dich empfinde.«

»Das freut mich«, antwortete ich, ohne zu wissen, warum er mir das jetzt sagen wollte.

»Natürlich ist die Situation kompliziert, aber ich will, dass du weißt, dass ich trotzdem bereit bin zu schauen, wo uns das Ganze hinführt.«

»Okay«, antwortete ich weiterhin verwirrt. »Schauen

wir, wo das Ganze uns hinführt«, bestätigte ich deshalb einfach seine Worte.

Danach umarmte er mich, wie zuvor Brian das schon getan hatte, und wir gingen wieder zurück zum Lagerfeuer.

»Du siehst sehr verwirrt aus«, meinte Ava zu mir, als wir zurückkamen. »Möchtest du reden?«, fragte sie mich und stand auf.

»Gerne«, antwortete ich und ging mit ihr zur Chill-out-Lounge. Wir legten uns auf die Polsterauflage. Doch im Gegensatz zu den beiden Jungs sagte Ava gar nichts, als wir dort lagen. Sie schien darauf zu warten, dass ich das Gespräch begann.

»Es ist doch kein echtes Problem, wenn man schmerzhafte Gefühle nicht vermeiden kann, oder?«, fragte ich Ava direkt.

»Ich würde mir wirklich Zeit lassen, um herauszufinden, was ich wirklich will«, antwortete Ava verwirrenderweise auf meine Frage. »Meistens klären sich die Gefühle dann ganz von selbst. Wichtig ist nur, da nicht zu sehr mit dem Kopf dran zu gehen. Wenn du zwischen den Stühlen sitzt, dann hilft dir dein Kopf nicht weiter. Du musst auf dein Herz hören! Alles andere hat keinen Sinn. Und wenn dein Herz noch nicht entschieden hat, dann gib ihm die Zeit, die es dazu braucht. Ich weiß, das ist jetzt sehr schwer, aber es ist der einzige Weg. Glaub mir!«

Ich wusste nicht, was ich darauf antworten sollte, denn ich verstand nicht im Entferntesten, worüber sie da überhaupt redete. Ich fühlte mich massiv überfordert und schaute Ava nur ratlos an, anstatt zu antworten.

»Komm, lass uns wieder zurück zu den anderen gehen!«, sagte sie dann. »Du wirst schon sehen, es wird sich alles von selbst fügen mit der Zeit. Am Ende wird alles gut sein. Und solange es noch nicht gut ist, ist es noch nicht das Ende.«

Und erneut hatte ich keinen blassen Schlauch, wovon sie da überhaupt redete. Ich stimmte ihrem Vorschlag deshalb erst einmal mit einem Nicken zu und stand mit ihr auf. Wir gingen also zurück zu den anderen. Als wir näher kamen, hörten wir Musik.

»Das ist Dylan«, meinte Ava begeistert. »Ist schon krass, am Lagerfeuer mit einem Weltstar zu sitzen und ein Privatkonzert zu genießen«, schwärmte sie.

Leider kannte ich keines seiner Lieder, sodass ich nicht mitsingen konnte. Den anderen am Feuer ging es wohl genauso, denn es sang sonst keiner. So saßen wir noch bestimmt eine Stunde am Feuer und genossen die Musik. Dann spürte ich, wie mein Körper nach Schlaf verlangte, daher verabschiedete ich mich aus der Runde und ging auf mein Zimmer.

Als ich aufwachte, ging gerade die Sonne auf. Ich entmaterialisierte mich noch einmal, um mich gleich danach wieder neu zu materialisieren. Auf diese Weise wurde ich das unangenehme Druckgefühl in meinem Bauch am einfachsten los, das sich über Nacht in meinem Körper immer einstellte. Ich nahm mir neue Kleidung aus meinem Koffer und ging nach draußen, um die ersten Sonnenstrahlen auf meiner Haut und die herrliche Ruhe im Garten der Villa zu genießen.

Brian lag dort bereits auf einer Sonnenliege. Offenbar war er ein früher Wurm, denn er war auch gestern schon der Einzige der Teilnehmer gewesen, der genau wie ich schon bei Sonnenaufgang hier im Garten war. Mein soziales Gehirn erzeugte sehr schöne Empfindungen bei dem Gedanken, dass wir wieder ein wenig Zeit zu zweit verbringen könnten. Mir war auch sofort klar, warum mein soziales Gehirn das tat. Es schätzte die Lage so ein, dass Brian sehr nützlich für meine Mission war. Und deshalb erzeugte es jedes Mal Belohnungsgefühle, wenn wir Zeit miteinander verbrachten, damit ich weiterhin Brians Nähe suchte. So langsam bekam ich immer mehr Verständnis für meine instinktiven Verhaltensprogramme und die darin enthaltenen Handlungsimpulse, was mich sehr freute. So schwer war das eigentlich gar nicht.

»Guten Morgen, lieber Brian«, begrüßte ich ihn erfreut. Er stand sofort von seiner Liege auf und umarmte mich zur Begrüßung herzlich, was zusätzlich noch einmal ein sehr schönes warmes Gefühl in meiner Herzgegend erzeugte. »Wir sind wohl die einzigen Würmer, die um diese Zeit immer schon munter sind«, sagte ich. »Aber das passt super. Ich wollte nämlich mit dir noch einmal an das Gespräch anknüpfen, das wir gestern hatten.«

»Oha!«, sagte Brian erschrocken, nachdem er erst einmal freundlich gelächelt hatte. »Dann schieß mal los!«

Ich verstand seine wechselhafte emotionale Reaktion zwar wieder einmal nicht, aber so langsam war ich an diesen Umstand ja schon gewöhnt. Ich ignorierte seine Gefühlsschwankung daher einfach.

»Wie du weißt, geht es ja dem Reptiliengehirn um gute existenzielle Lebensumstände und dem sozialen Gehirn um gute soziale Umstände. Und das Großhirn wurde geschaffen, um die anderen beiden Gehirne bei diesen Aufgaben zu unterstützen. Das wäre der eigentliche Job des Großhirns.«

»Ach, darüber möchtest du sprechen«, sagte Brian verwundert und sah irgendwie erleichtert aus. Ich beschloss, auch diese Gefühlsregung zu ignorieren, denn es ging jetzt um etwas Wichtigeres.

»Ja, genau«, antwortete ich daher nur kurz und kam wieder auf mein Thema zurück. »Das Reptiliengehirn und das soziale Gehirn können die komplexen Zusammenhänge im Leben eines modernen Zivilisationsmenschen nicht mehr ohne Hilfe des Großhirns korrekt beurteilen. Die beiden Gehirne allein wären ohne das Großhirn also nicht in der Lage, dafür zu sorgen, dass es uns gut geht. Sie brauchen das Großhirn. Doch das sorgt sich oftmals mehr um die Gefühle als um die Lebensumstände. Ich frage mich, warum es das tut.«

»Kannst du vielleicht einmal ein Beispiel dazu nennen?«

»Nehmen wir die Geschichte, die du uns beim Lagerfeuer erzählt hast. Für dich war es sehr schlimm, als dich deine damalige Partnerin mit ihrem Alleingang hintergangen hat. Du hattest das Gefühl, dass sie dir damit das Herz gebrochen hat. Wenn ich dich richtig verstanden habe, dann war dieses Gefühl so schlimm für dich, dass du es zukünftig unbedingt vermeiden willst.«

»Ja, das ist leider so«, bestätigte er. »Solch einen Schmerz will ich nie wieder erleben. Und genau das ist das Problem. Darüber bin ich mir vollkommen im Klaren. Ich müsste darauf vertrauen können, dass mir eine Frau niemals das Herz bricht. Und genau das schaffe ich einfach nicht mehr seit damals.«

»Und was bedeutet es genau, wenn du sagst, dass du darauf vertrauen können müsstest, dass dir eine Frau niemals das Herz bricht?«, fragte ich.

»Ich müsste ihr hundertprozentig vertrauen können. Und genau das ist das Problem. Ich kann seit damals einfach keiner Frau mehr vertrauen. Deshalb drehe ich mich sofort auf dem Absatz um und renne so schnell ich kann davon, wenn ich merke, dass sich bei mir Gefühle für eine Frau entwickeln.«

»Und willst du bis zu deinem Lebensende ohne Liebe leben, um dieses schmerzhafte Gefühl zu vermeiden?«

»Ach du Scheiße!«, sagte er sichtlich betroffen. »Wenn ich dieses schmerzhafte Gefühl ganz sicher vermeiden will, dann muss ich bis zu meinem Lebensende allein bleiben. Das war mir nicht bewusst. Ich muss darüber nachdenken«, meinte er sichtlich aufgewühlt und stand auf, um sein Handtuch zusammenzufalten. »Ich hoffe, du hast dafür Verständnis«, sagte er noch zu mir und ging weg in Richtung Villa.

Mit diesem Verlauf des Gesprächs hatte ich nicht gerechnet. Ich war verwirrt. Nachdem Brian gegangen war, hörte ich das Geräusch von Eisenhanteln. Vermutlich war ja Dylan wieder am Pumpen, weshalb ich gleich mal rüber zum Fitnessbereich ging. Doch im Fitnessareal war nur Al, den ich bis jetzt kaum kennengelernt hatte. Ich wusste nur, dass er seit über 40 Jahren unter Depressionen litt, denn das hatte er gestern am Lagerfeuer erzählt. Ob diese Erkrankung etwas mit dem Vermeiden von schmerzhaften Gefühlen zu tun hatte, wusste ich nicht. Aber ich hielt es für möglich, denn bei diesen Depressionen schien es ja eindeutig um Gefühle zu gehen. Al hatte gestern sehr abweisend auf Ava und mich reagiert. Doch vielleicht würde er ja trotzdem mit mir reden. Einen Versuch war es auf jeden Fall wert. Ich ging daher einfach einmal zu ihm und setzte mich neben ihn auf ein freies Fitnessgerät.

»Guten Morgen«, sagte er etwas mufflig zu mir, als er mit seiner Übung fertig war.

»Guten Morgen, lieber Al«, antwortete ich freundlich. »Darf ich dich vielleicht einmal etwas fragen zu deiner Depression, von der du uns gestern erzählt hast?«

»Das kommt darauf an, was du wissen willst.«

»Ich habe mich aus gegebenem Anlass intensiv mit schlimmen Gefühlen beschäftigt«, begann ich zu erklären. »Dabei sind einige Fragezeichen bei mir aufgetaucht. Wäre es okay für dich, wenn wir uns kurz darüber unterhalten?«

»Wenn ich helfen kann, helfe ich gerne«, antwortete er.

»Welche schlimmen Gefühle hat man denn eigentlich so bei einer Depression?«

»Vor allem Niedergeschlagenheit, Verzweiflung und Hoffnungslosigkeit. Jeder Mensch hat ja mal Phasen in seinem Leben, in denen er deprimiert ist und sich über nichts freuen kann, ihm alles grau in grau und sinnlos erscheint. Aber diese depressiven Verstimmungen gehen normalerweise schnell wieder vorbei. Wenn sie jedoch über viele Wochen oder sogar Monate andauern und man da einfach nicht mehr rauskommt, dann hat man eine Depression. Dazu kommen dann noch alle möglichen psychosomatischen Probleme, die durch den emotionalen Stress ausgelöst werden. Vielen Menschen helfen Medikamente oder Psychotherapie. Aber bei mir hat das leider alles nichts gebracht. Sport hilft ein wenig und das Licht der Morgensonne, weshalb ich auch hier sitze.«

»Hast du permanent schlimme Gefühle durch deine Depression?«

»Zum Glück nicht, sonst hätte ich mir schon längst die Kugel gegeben. Meine Depression kommt immer in Schüben. Momentan geht es mir relativ gut. Aber das kann sich leider von heute auf morgen ändern.«

»Und was löst diese plötzlichen Schübe aus?«

»Wenn ich das mal wüsste. Beim ersten Mal war ich Mitte zwanzig und dachte noch, dass es eine einmalige Sache war. Daher habe ich mir wegen irgendwelchen schlechten Gefühlen nicht gleich ins Hemd gemacht. Damals musste schon viel passieren, bis ich meinen Gefühlszustand als Problem beurteilt habe. Mittlerweile kann mir das auch wegen irgendwelchen Kleinigkeiten passieren, vor allem wenn ich sowieso gerade nicht so gut drauf bin.«

»Du beurteilst deinen Gefühlszustand als echtes Problem?!«, fragte ich erstaunt.

»Wenn ich mal kurz wegen irgendetwas gefrustet oder traurig bin und das schlechte Gefühl dann gleich wieder verschwindet, dann ist mir das natürlich egal. Aber wenn ich den ganzen Tag scheiße drauf bin und mich über gar nichts mehr freuen kann, dann fange ich schon an, mir Sorgen zu machen, dass dieser emotionale Zustand der Anfang eines neuen Schubes ist.«

»Ist dir denn bewusst, dass du unweigerlich ein Problemgefühl erzeugst, wenn du deinen Gefühlszustand als Problem ansiehst?«, fragte ich fasziniert. »Wenn du das tust, dann gerätst du ja sofort in einen emotionalen Teufelskreis. Deine Problembeurteilung erzeugt ein Problemgefühl, das du dann wieder als Problem beurteilst. Du hast dann wirklich Problemgefühle, weil du Problemgefühle hast«, sagte ich fassungslos. »Deshalb verschwindet das schlechte Gefühl dann auch nicht mehr so schnell.«

»Ich habe Problemgefühle, weil ich Problemgefühle habe?«, hakte er irritiert nach.

»Ja, genau«, bestätigte ich fasziniert. »Und durch diesen Teufelskreis kann es dann auch schnell passieren, dass du den ganzen Tag scheiße drauf bist und dich über nichts mehr freuen kannst. Das ist ganz normal.«

»Wieso ist das normal?«, fragte er verwundert.

»Problemgefühle gehören zu einem instinktiven Verhaltensprogramm, das für das Lösen von Problemen geschaffen wurde«, antwortete ich und fragte mich gleichzeitig, woher ich das eigentlich so genau wusste, denn darüber hatte ich mit Ella nie gesprochen. »Zu diesem Programm gehört es, dass du dich voll und ganz auf die Lösung deines Problems konzentrierst. Wenn du ein wirklich ernsthaftes Problem hast, dann ist einfach nicht die Zeit für Vergnügungen. Deshalb unterdrückt dein instinktives Problemlösungsprogramm automatisch jegliche Freude. Und zwar so lange, bis du dein Problem gelöst hast.«

»Heißt das etwa, ich *kann* gar keine Freude empfinden, solange ich etwas als Problem ansehe?«, hakte Al verwundert nach.

»Bei kleineren Problemen ist dieser Effekt sicherlich nicht so stark. Da kann man zwischendurch auch mal Pause machen. Aber wenn es ein wirklich dringliches Problem zu lösen gibt, dann sieht dein Gehirn es nicht als förderlich an, das Problem links liegen zu lassen und deinem Vergnügen nachzugehen. Deshalb ist dieses instinktive Verhaltensprogramm über die Jahrmillionen im menschlichen Gehirn entstanden. Es bietet einen klaren Überlebensvorteil.«

»Dann empfinde ich bei meinen Schüben deshalb alles als freudlos, weil mein eigenes Gehirn gar keine Freude zulassen *will*!«, sagte Al und schüttelte fassungslos den Kopf. »Es ist genau diese Machtlosigkeit gegenüber meiner Freudlosigkeit, die meine Depression so schlimm gemacht hat. Ich habe einfach nie verstanden, wieso ich nichts mehr schön finden kann. Doch so wie du mir das erklärt hast, leuchtet mir das ja total ein. Solange ich glaube, ein schlimmes Problem zu haben, will mein Gehirn ja gar keine Freude zulassen. Das ist ja völlig logisch! Ich soll mich auf die Lösung meines Problems konzentrieren und auf nichts anderes. Ich aber habe genau diese Freudlosigkeit als schlimmes Problem angesehen. Damit löste die Freudlosigkeit mein Problemgefühl aus, und mein Problemgefühl sorgte für die Freudlosigkeit. Wie bescheuert ist das denn?!«

»Ja, das erscheint mir tatsächlich sehr bescheuert zu sein«, stimmte ich Al nachdenklich zu.

»Ach du Scheiße!«, sagte er aufgewühlt. »Ich danke dir von ganzem Herzen für dieses Gespräch!« Daraufhin stand er auf und ging weg in Richtung Villa.

Und erneut war ich verwirrt vom Ausgang dieses Gesprächs. »*Ach du Scheiße*«, hatte Al gesagt. Genau wie zuvor Brian, als er weggegangen war. Diese Worte mussten bei den Menschen eine sehr wichtige Bedeutung haben.

Kapitel 6
Emotionale Sollvorstellungen

Als ich wieder bei den Sonnenliegen war, hörte ich, dass das Frühstück bereits in vollem Gange war. Ich gesellte mich daher gleich dazu, nahm mir etwas zu essen vom Buffet und setzte mich zu den anderen an den Tisch. Brian war wieder da, doch neben ihm war kein Platz mehr. Neben Dylan ebenfalls nicht. Daher setzte ich mich zwischen Ava und Olivia, die mich beide sehr herzlich willkommen hießen.

Während ich mich setzte, fiel mir gleich auf, dass ein Neuer gekommen war. Offenbar der Nachrücker für Isabella. Er hieß William, war 1,80 m groß, schlank und etwa Mitte sechzig. Ich konnte nicht heraushören, ob er Sänger, Schauspieler oder Comedian war. Aber offensichtlich kannte man ihn aus dem Fernsehen. Als dann sein Smartphone klingelte und er seine erste Shameless-Mission bekam, begann ich zu verstehen, warum er hier war.

»William«, las er selbst vor, »du hast 1989 zusammen mit David Hasselhoff die Berliner Mauer niedergesungen. Deine *Mission* besteht darin, das hier und jetzt noch einmal zu demonstrieren.«

Alle am Tisch lachten herzhaft. Ich lachte natürlich mit, um nicht aufzufallen, doch in Wirklichkeit war ich überaus verblüfft, dass zwei Männer eine Mauer mit einem Lied zum Einsturz gebracht haben sollten. So etwas konnten Menschen doch eigentlich gar nicht!

Zwei Mitarbeiter des Senders trugen eine Wand aus Plastik herbei und stellten sie auf der Wiese vor unserem Frühstückstisch auf. William stand daraufhin auf, stellte sich ein paar Meter vor der Mauer auf und fing an zu singen: »I've been looking for freedom ...«, doch nichts passierte. Die Mauer machte keine Anstalten, wegen diesem Lied einzustürzen, was mich auch sehr gewundert hätte.

»Du musst lauter singen, William!«, rief jemand vom Tisch, woraufhin er sein Lied mit voller Inbrunst schmetterte. Plötzlich wackelte tatsächlich die Mauer. Ich konnte es zunächst kaum glauben. Und dann stürzte sie wirklich um! Doch dahinter kamen die beiden Männer zum Vorschein, welche die Mauer zuvor aufgestellt hatten. Sie hatten sicherlich die ganze Zeit dort gestanden. Und ganz sicher waren sie es gewesen, die die Mauer umgeworfen hatten. Sie taten so, als hätten sie damit überhaupt nichts zu tun gehabt, aber das konnte ich nicht glauben.

Während William mit einem tosenden Applaus gefeiert wurde, hoben die Männer die Mauer auf und trugen sie wieder weg. Mir wurde klar, dass dies nur ein Scherz gewesen sein konnte. Den Sinn dieses Scherzes verstand ich wieder einmal nicht, aber ich lachte trotzdem mit, um nicht aufzufallen.

Kurz darauf klingelten alle unsere Smartphones gleichzeitig. »Heute ist Partytime«, lautete unsere Nachricht. »Eure Mission besteht darin, an einem Tanzwettbewerb teilzunehmen, den wir auf dieser Party veranstalten. Wenn ihr diese Mission annehmen wollt, dann begebt euch jetzt sofort in die Maske.«

In der Maske wurden wir in Dreiergruppen auf mehrere Räume aufgeteilt und erst einmal neu eingekleidet. Brian und Dylan waren zusammen mit mir bei Vanessa. Mir drückte sie einige knallig bunte Kleidungsstücke in die Hand. Darunter eine neonpinkfarbene, enge Leggins, ein knapp sitzender neongrüner Body darüber, ein rotes Stirnband und weiße Turnschuhe. »Du wirst unsere Aerobic-Queen«, meinte sie dabei zu mir. »Den Body ziehst du dann übrigens über die Hose und nicht drunter«, sagte sie dann noch grinsend zu mir.

Brian bekam eine extrem weite Schlaghose, ein Hemd mit Rüschen, eine hawaiianische Blumenkette, einen Schlapphut und eine riesige Sonnenbrille. »Das Hemd knöpfst du dann bitte nur bis zum Nabel zu«, sagte Vanessa sichtlich amüsiert. »Um deine Haare werden wir uns dann später kümmern. Die sind viel zu gut gestylt für einen Hippie wie dich.«

»Und du wirst unser peinlicher Urlauber«, sagte Vanessa an Dylan gerichtet, während sie seine Kleidung aussuchte. »Du bekommst eine hübsche kurze Hose mit Seepferdchen drauf, ein weites Achselshirt aus Feinripp, eine superfette Goldkette und eine obercoole goldene Sonnenbrille mit herzförmigen Gläsern. Das kann nicht jeder tragen, aber dir wird es stehen«, meinte Vanessa grinsend. »Nachher kriegst du noch ganz fett Sonnencreme auf deine Nase, und dann bist du auch schon fertig. Ach ja, und hier, diese Flip-Flops sollst du tragen.«

»Das mit den Flip-Flops könnte bei mir ein Problem werden«, meinte Dylan mit ernster Miene. »Ich habe nämlich zwei linke Füße und bräuchte daher Flip-Flips. Hast du die?«

Vanessa, Brian und Dylan schmissen sich weg vor Lachen. Ich lachte natürlich sofort mit, um nicht aufzufallen. Worüber wir da genau lachten, blieb mir jedoch wieder einmal verborgen.

Brian, Dylan und ich verschwanden kurz hinter einem Paravent und legten unsere neue Kleidung an.

»Dir kann man echt anziehen, was man will«, meinte Vanessa sichtlich beeindruckt an mich gerichtet, als wir wieder hinter unserem Paravent hervorkamen. »Du siehst einfach in jedem Outfit Bombe aus. Aber zum Glück hast du ja deine beiden Männer an deiner Seite«, meinte sie und lenkte ihren Blick grinsend auf Dylan und Brian. »Die machen das, was dir selbst in Sachen Peinlichkeit fehlt, vollständig wieder wett.«

Bevor wir wieder zurück in den Garten der Villa durften, malte Vanessa mein Gesicht noch kurz an. Dylan bekam eine weiße Creme auf die Nase, und Brian verwuselte sie wild die Haare und fixierte sie dann mit ganz viel Haarspray.

»So, liebe Freunde des schlechten Geschmacks«, meinte Vanessa zum Abschluss, »das war's auch schon. Ich wünsche euch eine tolle Bad-Taste-Party. Und möge der Schlechtere gewinnen«, fügte sie noch hinzu.

Ich hatte keine Ahnung, worauf sich der letzte Satz bezogen haben könnte, aber es war klar, dass wir offensichtlich hier fertig waren und wieder zurück in die Villa durften.

Als wir die Maske verließen, begegneten wir im Flur Liam und William, die wohl auch gerade fertig waren. William trug eine seltsame schwarze Perücke, Cowboystiefel, einen weißen Anzug mit weit ausgestellten Hosen und einem aufgeknöpften Jackett mit Stehkragen.

»Und Elvis lebt tatsächlich noch«, meinte Brian lachend zu William, der daraufhin eine ungewöhnliche Pose einnahm und seltsame Hüftbewegungen vollzog. Ich hatte keine Ahnung, was er damit ausdrücken wollte, aber es hatte offensichtlich etwas mit seiner neuen Kleidung zu tun.

»Und du bist wohl Gammel-Fan«, meinte Dylan zu Liam, anerkennend nickend. Liam trug eine knallrote Jogginghose und einen orangenen Stickpulli, dazu Badelatschen und eine blaue Zipfelmütze mit einem Eisbären drauf.

»Ihr seht alle wirklich toll aus«, meinte Liam dazu lächelnd.

Kurz darauf gesellte sich dann noch Ava zu uns, die eine Hochsteckfrisur trug, darunter ein knielanges Kleid und halbhohe Pumps. Sie sah genauso aus wie eine amerikanische Hausfrau aus den fünfziger Jahren des letzten Jahrhunderts. Echt toll.

Als wir an den Pool kamen, hörten wir Charleston Tanzmusik. Sie kam von der Bühne neben dem Pool. Dort saßen die anderen Teilnehmer bereits an einer prunkvoll gedeckten Tafel, über der ein gigantischer Kronleuchter hing, an dem Christbaumkugeln und bunte Ostereier befestigt waren. Auf dem Tisch standen goldene Kerzenhalter, Pappbecher für unsere Getränke und Blumen in bunten Plastikvasen. Und überall zierten Girlanden aus Toilettenpapier die Tafel. Das sah alles sehr schön aus.

Al, Jim und Jerry waren elegant gekleidet. Al und Jim trugen jeweils einen Frack mit bunter Schleife. Jerry war hingegen mit einem Smoking ausgestattet worden. Dazu trug er eine sehr breite sonnengelbe Krawatte, auf der in großen roten Buchstaben das Wort *Love* stand. Darunter trugen die drei kurze Turnhosen mit Bügelfalte und an den Füßen Badelatschen.

Evelyn hatte einen roten Badeanzug und High Heels an und sah eigentlich nicht viel anders aus als sonst auch. Außer dass sie eine rote Plastikboje in der Hand hielt. Olivia trug ein eng anliegendes blaues Oberteil, auf dem vorne auf der Brust ein großes dreieckiges Symbol aufgebracht war, das einem S ähnelte, dazu einen roten Minirock, einen breiten gelben Gürtel und rote hohe Stiefel. Darüber trug sie noch einen langen roten Umhang. Mia trug dagegen eher konventionelle Kleidung. Nur dass alles, was sie anhatte, vermutlich fünf Nummern zu groß war.

Als wir uns schließlich gegenseitig ansahen, fingen wir alle laut und unkontrolliert an zu lachen. Mir war klar, dass dies irgendetwas mit unserer Kleidung zu tun haben musste. Was genau, verstand ich zwar nicht, aber ich lachte natürlich mit.

Plötzlich klingelten wieder unsere Smartphones, die vor uns auf dem Tisch lagen. Wir lasen unsere Nachricht: »Herzlich willkommen zu unserer Bad-Taste-Party. Wie ihr euch sicherlich denken könnt, ist eure Kleidung nur ein Teil der bevorstehenden Mission. Der zweite Teil besteht aus einem Ugly-Dance-Wettbewerb. Der Gewinner erhält Immunität für eine zukünftige Mission seiner Wahl. Auf die beiden Verlierer hingegen wartet eine tierische Überraschung. Seid ihr bereit, diese Mission anzunehmen?«

Ich konnte sehen, dass alle etwas in ihrem Smartphone anklickten und klickte dann selbst das Wort *Mission* an.

»Nun denn«, lautete die nächste Nachricht in unseren Smartphones. »Dann zeigt uns einmal, was an schlechtem Geschmack wirklich so in euch steckt! Es steht viel auf dem Spiel. Den Anfang macht William. Die Bühne gehört dir. Du hast 20 Sekunden Zeit, uns von deinen Tanzkünsten zu überzeugen.«

Daraufhin erklang laute Musik auf der Bühne. In dem Lied ging es um einen gewissen Mister Bombastic. William stürmte sogleich auf die Tanzfläche und fing an zu tanzen. Die anderen feuerten ihn an und klatschten den Takt mit.

Als die angekündigten 20 Sekunden vorbei waren, wurde die Musik ausgeschaltet. Auf unseren Smartphones erschien erneut eine Nachricht: »Offensichtlich hat mindestens einer von euch die Aufgabe nicht richtig verstanden. Wir möchten sie deshalb noch einmal ganz unmissverständlich erklären. Im Ugly-Dance geht es – wie die Bezeichnung schon verrät – nicht darum, gut auszusehen. Im Gegenteil! Je hässlicher ihr tanzt, desto mehr Punkte werdet ihr bekommen. Also legt euch ins Zeug, denn für die beiden schlechtesten Ugly-Dancer wird alles noch viel schlimmer werden!«

Als Nächstes war Brian an der Reihe, der ganz offensichtlich auch nicht so recht wusste, wie man möglichst hässlich tanzen sollte. Er bemühte sich, sich komplett außerhalb des Taktes zu bewegen, aber so richtig hässlich sah das eigentlich trotzdem nicht aus.

Liam, der als Nächster dran war, hatte da offensichtlich schon bessere Ideen, nach den Reaktionen der anderen zu urteilen. Sie lachten viel mehr als bei Brian und William und johlten auch viel lauter. Liam hatte mit seinem Tanz dann wohl auch der Gruppe eine klarere Vorstellung davon gegeben, wie Ugly-Dance aussehen sollte. Denn jeder, der danach drankam, bewegte sich ähnlich wie Liam, und die anderen schmissen sich als Zuschauer bei jedem Tanz genauso weg wie bei Liam. Als ich an der Reihe war, tat ich einfach das Gleiche. Das war keine schwierige Aufgabe.

Als wir alle getanzt hatten, klingelten erneut unsere Smartphones: »Wir danken euch für eure künstlerischen Darbietungen. Damit habt ihr die Mission mit Erfolg erfüllt. Gewinner unseres Wettbewerbes ist eindeutig Liam, dessen unglaubliches Talent für den Ugly-Dance vermutlich einfach angeboren ist. Die beiden Verlierer unseres Wettbewerbes sind William und Brian. Auf euch beide wartet wie angekündigt eine tierische Überraschung. Begebt euch daher jetzt und sofort in die Maske, um eure Überraschung in Empfang zu nehmen! Die anderen bitten wir zum Lunch in die Villa. Behaltet eure Kleidung bitte weiterhin an, bis wir euch mitteilen, dass ihr euch wieder umziehen dürft.«

Im Foyer der Villa waren fünf prunkvoll geschmückte Tische für jeweils zwei Personen aufgebaut. Neben jedem Tisch stand ein vornehm gekleideter Butler, der uns wohl beim Lunch bedienen sollte. Ein Streichquartett spielte klassische Musik und verlieh dem Ganzen einen noch vornehmeren Anstrich.

Der Butler rückte uns den Stuhl zurecht, als wir uns setzten, legte dann eine Serviette auf unseren Schoß und goss uns als Erstes einen weißen Wein ein. Nachdem wir angestoßen hatten, wurde uns schließlich die Vorspeise serviert. Es war jedoch nicht zu erkennen, woraus sie genau bestand, denn man hatte alles durch den Mixer gejagt, um uns das Kauen zu ersparen. Dylan vermutete das jedenfalls, während er den Brei versuchte und ihn dann als Carpaccio aus Melone, Schinken und Parmesan betitelte. Da ich keine Ahnung von menschlichen Speisen hatte, wusste ich nicht, was diese Bezeichnungen alle bedeuteten, daher nickte ich nur, als sei ich der gleichen Meinung.

Nachdem wir unsere Vorspeise gelöffelt hatten, wurde der Tisch abgeräumt. Danach kamen die Streicher direkt an unseren Tisch und spielten eine altmodische, romantische Melodie. Dylan nahm das zum Anlass, ein Spiel anzukündigen.

»Holde Maid, ich möchte hiermit offiziell bekannt geben, dass ich gedenke, um Euch zu werben. Mir ist bewusst, dass ich in der momentanen Situation mit dem Feuer spiele und dieses Spiel auch übel für mich ausgehen kann. Dennoch möchte ich Euch fragen, ob ich mich um Eure Gunst bewerben darf?«

»Ihr dürft!«, antwortete ich amüsiert und war gespannt darauf, wie dieses Spiel mit dem Feuer funktionieren sollte.

Doch bevor Dylan damit beginnen konnte, wurde bereits der Hauptgang aufgetischt. Und auch bei dem war nicht erkennbar, woraus der Brei, den man uns serviert hatte, tatsächlich bestand. Dylan hatte sehr viel Spaß am Erraten der Zutaten und fand das alles sehr lustig. Ich konnte dazu wieder nichts sagen, daher stimmte ich ihm erneut einfach zu.

Der Brei schmeckte jedoch nicht so toll, weshalb wir dann auch nur einen Löffel davon aßen. Da wir nicht weiteressen wollten, räumte unser Butler die Hauptspeise wieder ab. Kurz darauf stellte er uns das Dessert auf den Tisch. Es war ebenfalls ein Brei, aber dieses Mal konnte sogar ich erraten, was es war, denn den Geschmack kannte ich bereits von unserem Buffet am Abend. Es war Vanille-Eis mit Himbeeren.

Plötzlich klingelten unsere Smartphones. »Mary, deine Mission besteht darin, Dylans Eis aus deinem Nabel essen zu lassen, so wie Brian gestern Champagner aus deinem Nabel getrunken hat. Euer Buttler wird jetzt gleich euren Tisch abräumen, sofern du bereit bist, diese *Mission* anzunehmen.«

Ich klickte auf *Mission* und sah, wie Dylan ebenfalls etwas auf seinem Smartphone anklickte. Daraufhin begann unser Butler unseren Tisch abzuräumen. Als Brian Champagner aus meinem Nabel getrunken hatte, hatte ich große Mühe, dieses unbändige Verlangen in den Griff zu bekommen, dieses Gefühl unbedingt wieder erleben zu wollen. Jedoch hatte ich die neuronale Aktivität des Gehirnareals stark gedämpft, das dieses Verlangen so übermächtig stark hatte werden lassen. Deshalb sollte es mit diesem Verlangen jetzt eigentlich keine Probleme mehr geben. Ich freute mich daher darauf, diese grandiose emotionale Erfahrung noch ein zweites Mal machen zu können.

Nachdem der Tisch abgeräumt war, klingelte mein Smartphone noch einmal. »Dann leg dich jetzt bitte mit dem Rücken auf den Tisch!«, lautete die Nachricht.

Ich legte mich also auf den Tisch. Die anderen Gäste im Foyer standen auf und kamen zu uns rüber. Sie begannen wie üblich zu jubeln und zu applaudieren.

»Soll ich wirklich?«, fragte mich Dylan, während ich auf dem Tisch lag.

»Auf jeden Fall!«, antwortete ich und schloss die Augen, um die Empfindungen, die gleich über mich hereinbrechen würden, so richtig auszukosten.

Dann zerriss Dylan plötzlich den Body, den ich über meinen Leggins trug mit einem Ruck, was die Zuschauer erneut zum Jubilieren brachte. Danach spürte ich das kalte Eis in meinem Nabel – kurz darauf dann die im Vergleich dazu heißen Lippen von Dylan. Ich war bereit für den emotionalen Schauer, der durch meinen Körper jagen sollte, doch nichts geschah! Das Eis war einfach nur kalt, und Dylans Lippen fühlten sich vergleichsweise heiß an. Mehr passierte nicht. Keine überwältigenden Gefühle, kein Schauer, kein gar nichts. Ich war total irritiert. Die anderen Teilnehmer applaudierten und johlten wie üblich und sahen sehr amüsiert aus. Doch bei mir passierte rein gar nichts. Nie hätte ich gedacht, dass es einen solch erheblichen Unterschied machen kann, ob kalter Champagner aus meinem Nabel getrunken oder Eis daraus gegessen wird.

In diesem Moment spürte ich ein schmerzhaftes Gefühl, das ich bisher noch nie empfunden hatte. Ich vermutete, dass es Enttäuschung war, weil ich mich zuvor so sehr auf das schöne Gefühl gefreut hatte. Ich war aber nicht ganz sicher, weil ich ja zuvor noch nie Enttäuschung empfunden hatte. Auf jeden Fall war es ein Vermeidungsgefühl.

Als Dylan fertig war, setzten wir uns wieder an unseren Tisch. Ich vermutete, dass Dylan jetzt das Spiel mit dem Feuer beginnen wollte, doch das würde ich jetzt sicherlich nicht genießen können, denn mein Vermeidungsgefühl würde jedes Vergnügungsgefühl im Keim ersticken. Zum Glück klingelten dann jedoch unsere Smartphones. Es wurde bekannt gegeben, dass unsere Mission damit beendet sei. Wir durften uns wieder umziehen und unsere eigene Kleidung anlegen.

Mir war meine Kleidung zwar egal, doch ich war dennoch froh, mich auf mein Zimmer zurückziehen zu dürfen, denn dieses schmerzhafte Vermeidungsgefühl in meinem Brustkorb war überaus unangenehm. Ich brauchte jetzt Zeit für mich, um dieses faszinierende Gefühl ganz ausführlich zu erforschen. Denn solch eine grandiose Chance bot sich mir sicherlich nicht alle Tage. Ich ging also auf mein Zimmer, verschloss die Tür hinter mir und legte mich auf mein Bett, um meinen Gefühlen ohne Ablenkung nachzuspüren. Ich hatte jetzt die Möglichkeit, einen richtig quälenden emotionalen Handlungsimpuls in meinem eigenen Gehirn zu erforschen. Und wenn ich Glück hatte, dann würde ich jetzt herausfinden, wieso die Menschen solche Gefühle als etwas Schlechtes ansahen. So langsam kam ich der Lösung dieses Rätsels immer mehr auf die Spur, das spürte ich.

Ich lag bestimmt eine halbe Stunde da und versuchte vergeblich zu verstehen, warum dieses Gefühl etwas Schlechtes sein sollte. Doch ich wusste gar nicht so genau, was das überhaupt für ein Gefühl war und welchem Zweck es dienen sollte. Ich beschloss daher, mit Ella darüber zu sprechen. Ich entmaterialisierte mich und traf sie wie immer in unserem Klassenzimmer.

»Dylan hat eben Eis aus meinem Nabel gegessen«, begann ich mit meinem Bericht. »Ich hatte erwartet, dass dabei die gleichen Gefühle in mir ausgelöst werden wie bei Brian, als er Champagner aus meinem Nabel getrunken hatte, doch das passierte nicht. Danach entstand ein sehr quälendes Körpergefühl in meiner Herzgegend. Ich vermute, dass mein soziales Gehirn mein Großhirn mit diesem quälenden Gefühl dazu bewegen wollte, von der Zielsetzung loszulassen, dieses grandiose Gefühl noch ein weiteres Mal erleben zu wollen. Ich vermute daher, dass es sich bei dem quälenden Gefühl um ein Enttäuschungsgefühl handelt. Doch eines irritiert mich dabei. Ich weiß, dass Enttäuschung mit einem sehr intensiven Gefühl beginnt, das dann aber schnell wieder abklingt und mit der Zeit ganz von selbst verschwindet. Doch das war nicht der Fall. Im Gegenteil. Das Vermeidungsgefühl, das mich überwältigt hatte, nahm immer mehr Besitz von meinem gesamten Körper. Es wurde immer stärker statt schwächer. Es fühlte sich auch immer schmerzhafter in meiner Herzgegend an. Dieser Verlauf passt eigentlich nicht zum instinktiven Enttäuschungsprogramm. Doch ich frage mich, woher ich das eigentlich so genau weiß. Wir haben nie über dieses instinktive Enttäuschungsprogramm gesprochen. Wie kann ich da so genau wissen, wie es funktioniert? Das Gleiche ist mir auch im Gespräch mit Al passiert. Da wusste ich plötzlich, dass Problemgefühle automatisch alle Belohnungs- und Lockgefühle blockieren. Aber auch darüber haben wir nie gesprochen. Wie kann das sein?«

»Das ist mir ebenfalls ein Rätsel«, antwortete Ella verwundert. »Genauso wie der Umstand, dass du soziale Gefühle empfinden kannst. Das ist wirklich alles sehr seltsam. Ich denke, wir sollten einen gründlichen Check-up deines Avatars vornehmen, bevor du dich wieder im Paradies materialisierst. Vielleicht finden wir dabei eine Erklärung.«

»Ja, das wäre sicherlich sinnvoll«, stimmte ich zu.

»Aber kommen wir noch einmal zu deinem quälenden Gefühl zurück. Ich glaube nicht, dass es einen so gravierenden Unterschied macht, ob man nun kalten Champagner aus deinem Nabel trinkt oder kaltes Eis daraus isst. Ich glaube eher, dass dein soziales Gehirn einen Unterschied dahingehend macht, *wer* das tut. Als Love-Angel habe ich sehr häufig miterlebt, dass die Menschen ähnliche Gefühle hatten. Das soziale Gehirn scheint einen großen Unterschied dahingehend zu machen, *wer* einem körperlich oder seelisch nahe kommt. Möglicherweise kann daher Brian dieses schöne Gefühl bei dir auslösen, Dylan aber nicht.«

»Und was genau soll mir dieses Gefühl jetzt sagen? Zu welcher Handlung soll es mich veranlassen? Dass ich von meinem Ziel loslasse, oder?«

»Das weiß ich leider auch nicht so genau«, antwortete Ella. »Möglicherweise geht es auch um etwas ganz anderes, was dein soziales Gehirn mit diesem Impuls vermeiden will.«

»Und was könnte das sein?«, hakte ich nach.

»Keine Ahnung. Doch ich denke, dass es um etwas gehen muss, was nur Brian betrifft, Dylan aber nicht.«

»Okay, dann werde ich Brian bitten, ebenfalls Eis aus meinem Nabel zu essen. Dann habe ich den direkten Vergleich und komme vielleicht einen Schritt weiter.«

»Das hört sich nach einer guten Idee an«, meinte Ella.

»Meinst du, es kann sein, dass die Sollvorstellung, die mein quälendes Gefühl auslöst, vielleicht gar nicht aus meinem sozialen Gehirn stammt?«, fragte ich, einer plötzlichen Eingebung folgend. »Ich denke nämlich gerade an Al. Er hatte die Sollvorstellung angenommen, dass er in einem hohen Ausmaß Lebensfreude empfinden sollte. Diese Sollvorstellung muss aus seinem Großhirn stammen, denn weder das soziale Gehirn noch das Reptiliengehirn würden irgendwelche Gefühle als Soll ansehen. Das ergäbe aus der Sicht dieser beiden Gehirne ja gar keinen Sinn, denn sie erzeugen alle Gefühle selbst. Wollten sie bestimmte Gefühle empfinden, könnten sie diese ja einfach erzeugen, so oft und so intensiv sie wollen. Doch das ist natürlich nicht ihr Ziel. Daher kann die Sollvorstellung, die Al in Bezug auf die Lebensfreude angenommen hat, nur aus dem Großhirn stammen. Ich glaube kaum, dass das von der Natur so beabsichtigt ist, denn evolutionär ergibt das keinen Sinn. Es funktioniert ja auch überhaupt nicht. Al hatte deswegen sogar eine Krankheit entwickelt. Denn jedes Mal, wenn sein Lebensfreude-Soll nicht in ausreichendem Maße erfüllt war, wurde diese Nichterfüllung, wie bei jeder anderen Sollvorstellung auch, automatisch als Problem beurteilt. Und aus dieser Problembeurteilung kam er dann kaum noch heraus, weil diese Beurteilung ein Problemgefühl erzeugt, das er dann ja erneut als Problem beurteilt.

Und mein Großhirn hat womöglich genau den gleichen Fehler begangen und dieses schöne Champagnergefühl zum Soll erklärt. Deshalb kann ich jetzt nichts mehr schön finden. Genau wie das bei Al der Fall war. Und das würde bedeuten, dass ich jetzt tatsächlich selbst ein echtes emotionales Problem habe!«, sagte ich begeistert. »Das ist ja phantastisch!«

»Das Großhirn sollte auf jeden Fall in der Lage sein, eigene Sollvorstellungen anzunehmen«, meinte Ella nachdenklich. »Die anderen beiden Gehirne sind ja im Alltag eines modernen Zivilisationsmenschen oft überfordert. Sie können gar nicht mehr ermessen, was in dieser komplizierten Welt tatsächlich alles gebraucht wird und getan werden muss, um elementare existenzielle oder soziale Sollvorstellungen zu erfüllen. Daher muss das Großhirn grundsätzlich die Fähigkeit besitzen, eigene Sollvorstellungen anzunehmen. Und es ist naheliegend, dass es dann auch auf die Idee kommen kann, bestimmte Gefühle als Sollvorstellungen anzusehen. Doch das ist sicherlich alles andere als eine gute Idee, wie wir an Als Depression unzweifelhaft erkennen können.«

»Ich glaube, mein menschliches Gehirn hat das Erlangen dieses schönen Champagnergefühls tatsächlich als ein Muss definiert«, sagte ich dann. »Ich bin mir da fast sicher. Doch wie ist das möglich? Ein Gefühl zu empfinden, kann doch unmöglich als eine Überlebensnotwendigkeit angesehen werden.«

»Sicherlich nicht«, stimmte mir Ella zu. »Doch wenn Menschen etwas *unbedingt* wollen, dann passiert es schnell, dass sie das instinktive Verhaltensprogramm aktivieren, dieses Etwas bekommen zu *müssen*. Wie genau das funktioniert, weiß ich nicht, aber ich habe das schon unzählige Male bei den Menschen beobachtet.«

»Dann geh ich jetzt noch schnell zum Check-up meines Avatars und materialisiere mich dann gleich wieder als Mensch in der Villa, um das herauszufinden«, sagte ich begeistert. »Das ist wirklich alles überaus faszinierend!«

»Ich bin sehr gespannt, was dabei herauskommt. Halt mich auf dem Laufenden!«

»Das werde ich gerne tun. Eine letzte Frage hätte ich jedoch noch, bevor ich gehe. Weißt du, wofür die Menschen die Redewendung *Ach du Scheiße!* verwenden? Diese Worte scheinen eine sehr große Bedeutung zu haben.«

»Ja, das sagen viele, wenn sie gerade eine besonders wertvolle Erkenntnis haben, die wie ein Geistesblitz durch ihr Großhirn jagt«, klärte mich Ella auf.

Der Check-up meines Avatars wurde von einem Spezialisten aus Ellas Team durchgeführt. Gleich danach materialisierte ich mich in meinem Zimmer und versuchte mein quälendes Problemgefühl zu reaktivieren. Doch ich konnte es nur sehr schwach spüren. Warum es plötzlich so schwach war, konnte ich nicht erkennen. Ich strengte mich richtig an, aber es funktionierte nicht. Das Problemgefühl wurde immer schwächer. Ich beschloss daher, damit aufzuhören und wieder nach draußen in den Garten zu gehen, um mit Hilfe der anderen Teilnehmer mehr über die emotionalen Müssens herauszufinden. Ich wollte schauen, ob ich Dylan irgendwo finde. Die Gespräche mit Brian und Al hatten mich ein gutes Stück vorangebracht. Ich hoffte, dass es mit Dylan ähnlich gut laufen würde.

Ich fand ihn dann schließlich im Pool. Ich ging kurzerhand ebenfalls ins Wasser, wobei ich mich sicherheitshalber mit einer Hand am Beckenrand festhielt. Da ich es als überlebensrelevant beurteilte, nicht schwimmen zu können, fragte ich Dylan als Erstes, ob er mir nicht vielleicht kurz das Schwimmen beibringen könnte, damit ich mir über diesen Punkt keine Gedanken mehr machen müsste.

»Ich bin ein exzellenter Schwimmlehrer«, meinte Dylan sofort grinsend.

»Kannst du mir vielleicht erst einmal den einfachsten Schwimmstil zeigen«, bat ich.

»Ich kann dir auch gerne alle Schwimmstile zeigen«, meinte er amüsiert. »Ich war im Internat in der Schwimmmannschaft. Und ich gehörte gegen Ende zu den Besten!«, sagte er stolz.

»Ja, ich würde sehr gerne alle Schwimmstile lernen«, bestätigte ich. »Kannst du sie mir bitte einmal nacheinander zeigen?«

Dylan zeigte mir als Erstes das sogenannte *Brustschwimmen*. Das war eine sehr einfache Bewegungskoordination, die ich hinbekommen sollte. Etwas schwieriger war dann der nächste Schwimmstil, da ich nicht so genau erkennen konnte, was er mit seinen Armen unter Wasser tat. Dylan nannte diesen Schwimmstil *Kraulen*. Er zeigte mir dann, dass man diesen Stil auch auf dem Rücken liegend rückwärts schwimmen kann, wodurch ich besser nachvollziehen konnte, was er mit seinen Armen zuvor unter Wasser getan hatte. Das Kraulen war damit ebenfalls geklärt. Dann zeigte mir Dylan den Delfin-Schwimmstil. Der war ein bisschen komplizierter, aber auch das sollte ich hinbekommen.

»Vielen Dank für den Schwimmunterricht«, sagte ich daher zu Dylan, nachdem er mir alles gezeigt hatte.

»Wir können das jetzt so machen, dass ich dich an den Hüften oben halte, damit du nicht untergehen kannst. Dann kannst du die Bewegungskoordination des Brustschwimmens gefahrlos üben«, schlug er vor. »Vielleicht fangen wir dabei einfach einmal mit den Beinen an. Und wenn das klappt, nehmen wir die Arme mit hinzu.«

Ich verstand nicht, wieso er das so kompliziert machen wollte. Ich wusste doch jetzt, wie es geht. Aber ich folgte natürlich seiner Empfehlung, da ich vielleicht doch irgendetwas übersehen haben könnte.

Dylan hielt mich an den Hüften und half mir, mich

flach aufs Wasser zu legen. Danach sollte ich mit der Beinbewegung beim Brustschwimmen beginnen. Ich strampelte also einmal mit den Beinen, wie er es mir gezeigt hatte, und wartete auf weitere Anweisungen.

»Weitermachen«, sagte er dann. »Immer weitermachen.« Also wiederholte ich die Beinbewegung des Brustschwimmens immer wieder. »Das machst du super«, lobte er mich. »Dann versuch jetzt mal, die Arme mit dazuzunehmen!« Ich nahm die Arme mit dazu, doch richtig schwimmen konnte ich nicht, da er mich ja die ganze Zeit an Ort und Stelle festhielt. »Das sieht ja unnormal gut aus«, meinte er dann. »Ich gehe jetzt mal mit dir durch den Pool und halte dich weiter oben. Und du tust einfach einmal so, als würde ich dich nicht festhalten.«

»Ich glaube, es wäre einfacher, wenn du mich nicht festhalten würdest«, sagte ich.

»Sehr mutig, unser Mädchen. Klar, du kannst es auch gerne allein versuchen. Ich bin da, wenn du mich brauchst.«

Ich schwamm also eine Bahn durch den Pool, wie er es mir zu Anfang beim Brustschwimmen gezeigt hatte. Dann wollte ich die anderen Schwimmstile auch einmal ausprobieren. Daher kraulte ich bis zum anderen Beckenrand. Und zurück ging es dann im Delfin-Stil. Jetzt, nachdem ich schwimmen konnte, fühlte ich mich im Wasser sicher.

»Vielen herzlichen Dank, dass du mir das beigebracht hast«, sagte ich zu Dylan, der sich aus irgendeinem

Grund vor Lachen die ganze Zeit ausschüttete. Damit hatte er schon begonnen, als ich die ersten Züge geschwommen war. Ich fand es ungewöhnlich, seine Freude auf diese Weise auszudrücken, aber ich wusste ja, dass ich die sozialen Verhaltensprogramme der Menschen noch immer nicht so ganz verstehen konnte.

»Es war mir ein Vergnügen, dir das Schwimmen beizubringen«, sagte er breit grinsend. »Wie du siehst, ist das ja alles gar nicht so schwierig. Das kann jedes Kind auf Anhieb, wenn es so einen guten Lehrer wie mich hat.«

»Ja, du machst das wirklich gut«, lobte ich ihn, worauf er noch breiter grinste.

»Du aber auch!«, betonte er. »Und du willst wirklich nicht Schauspielerin werden?«, fragte er mit einem verwunderten Gesichtsausdruck.

Ich hatte keine Ahnung, wie er plötzlich darauf kam. Das war ein krasser Themenwechsel. Aber die Menschen waren für mich noch immer sehr häufig ein Rätsel mit sieben Siegeln. »Mir gefällt Singen und Tanzen mehr«, antwortete ich.

»Das glaube ich sofort«, sagte er lachend. »Als Schauspielerin hast du auch überhaupt kein Talent.«

Ich verstand nun kein Wort mehr. Eben fragte er noch, ob ich nicht doch Schauspielerin werden wollte, um mir dann zu sagen, dass ich dafür kein Talent hätte.

»Und habe ich fürs Singen und Tanzen Talent?«, wollte ich wissen.

»Vielleicht ein wenig«, antwortete er weiterhin grinsend. »Es wäre auf jeden Fall ausbaufähig.«

Das war gut zu wissen, denn ich wusste ja noch nicht, wo meine Mission als Secret-Angel mich noch hinführen würde. Ella hatte angedeutet, dass es eventuell sinnvoll sein könnte, eine gewisse Prominenz zu erlangen, um möglichst viele Menschen mit meinen Aussagen erreichen zu können. Und wenn ich ein wenig Talent fürs Singen und Tanzen mitbrachte, dann wäre das vielleicht die einfachste Möglichkeit dazu.

»Auf jeden Fall hast du eindeutig Talent fürs Schwimmen«, meinte er dann immer noch grinsend.

»Kann man damit genauso prominent werden wie durchs Singen und Tanzen?«, hakte ich nach.

»Hm, du vielleicht. Aber sonst vermutlich niemand«, antwortete er weiterhin grinsend.

Irgendwie beschlich mich der Eindruck, dass Dylan gar nicht ernst meinte, was er sagte. Wieso sonst grinste er die ganze Zeit so komisch? Da ich das nicht verstand, entschied ich mich, einen Themenwechsel zu versuchen. Ich hatte ihn ja gesucht, um mehr darüber herauszufinden, wie Menschen es anstellten, das Erreichen oder Vermeiden von bestimmten Gefühlen als Muss anzusehen und dann ein Problem daraus zu machen, wenn sie dieses Muss nicht erfüllen können. Ich wusste jedoch nicht, wie ich dieses Thema zur Sprache bringen sollte.

»Hast du eigentlich auch manchmal emotionale Probleme?«, fragte ich ihn, um einen Ansatz zu finden.

»Selten. Ich bin ein lebensfroher Mensch. Das Leben ist viel zu kurz, um sich ständig nur um Probleme zu kümmern. Das ist es mir einfach nicht wert.«

»Und wie sieht es mit schönen Gefühlen aus? Sind schöne Gefühle für dich ein Muss, oder siehst du das eher locker?«

»Ich mache mir über meine Gefühle eigentlich keine Gedanken«, meinte er. »Ich nehm's so, wie's kommt.«

Ich wunderte mich über Dylans Aussagen, da er am Lagerfeuer einen ganz anderen Eindruck vermittelt hatte. Möglicherweise wollte er auch hier im Pool nicht mit mir über seine Gefühle sprechen. Brian hatte das ja ebenfalls abgelehnt. Scheinbar redete man im Pool nicht über solche Themen. Daher beschloss ich, den Pool wieder zu verlassen, zumal meinem Körper mittlerweile sowieso schon ziemlich kalt geworden war. Ich verabschiedete mich von ihm, verließ das Wasser und nahm mir ein Handtuch vom Tisch neben dem Pool. Ich wollte mir eine Liege in der Sonne suchen, um mich aufzuwärmen. Da sah ich Ava, die bereits in der Sonne lag. Ich nahm die Liege neben ihr und begrüßte sie freundlich.

»Wie ich sehe, hast du mit Dylan schon geredet, das finde ich großartig«, meinte sie zu mir.

»Ja, aber im Pool wollte er nicht über seine Gefühle sprechen«, erwiderte ich. »Ich werde es einfach zu einem späteren Zeitpunkt noch einmal versuchen.«

»Es wird sich schon alles finden«, meinte Ava wohlwollend. »Mach dir keine Sorgen. Darf ich dich fragen, wie der Stand mit Brian gerade ist? Hast du heute schon mit ihm gesprochen?«

»Ja, wir haben heute Morgen bei Sonnenaufgang ausführlich miteinander geredet, als noch alle geschlafen haben.«

»Und?!«, hakte sie nach.

»Wir hatten ein sehr gutes Gespräch. Er hat sich heute Morgen erst einmal zurückgezogen, um über alles nachzudenken.«

»Und hat er schon gesagt, zu welchem Ergebnis er gekommen ist?«

»Noch nicht. Ich denke, die Ugly-Dance-Mission kam dazwischen. Und jetzt ist er in der Maske mit William. Da hat er sicherlich auch keine Zeit, sich über alles ausführlich Gedanken zu machen.«

»Das wird schon alles werden«, meinte sie dann. »Das Wichtigste ist jetzt, dass du erst einmal ganz bei dir bleibst und dein eigenes Gefühlschaos in Ordnung bringst.«

In diesem Moment kamen Liam und Al auf uns zu. Sie hatten zwei Menschen in Hundekostümen an der Leine, die auf allen vieren gingen, und sich auch sonst wie Hunde benahmen. Sie schnüffelten am Boden herum, hoben das Bein an einer Palme und bissen in die Leine, um sie dann zu schütteln. Liam ließ seinen Hund kurz von der Leine und warf ein Stöckchen, das sein Hund sofort apportierte.

»Heilige Scheiße!«, sagte Ava amüsiert. »Das sind bestimmt Brian und William.«

Man konnte die beiden in ihren aufwändigen Hundekostümen zwar nicht erkennen, da sie komplett maskiert waren, aber es würde natürlich zu der Ankündigung passen, die man uns am Ende der Bad-Taste-Party gegeben hatte. Eine *tierische* Überraschung würde auf sie warten, hatte das Smartphone angekündigt.

Von ihren Gesichtern konnte man überhaupt nichts erkennen. Und auch der gesamte Körper war mit einem Kostüm aus Fell bedeckt. Die beiden hatten in ihrem Anzug sogar eine Rute, mit der sie wie echte Hunde wedeln konnten. Vermutlich war da ein Elektromotor eingebaut. Nur aufgrund ihrer Art, sich zu bewegen konnte man darauf schließen, wer Brian und wer William war. Al und Liam kamen mit ihren Hunden direkt auf uns zu.

»Kannst du den mal kurz halten?!«, bat Al dann Ava und gab ihr die Leine seines Hundes in die Hand. »Aber halt ihn gut fest, er ist ganz schön wild!« Daraufhin begann William sofort und vehement ihr Bein zu begatten. »Der tut nichts«, meinte Al dazu. »Der will nur spielen!«

Ava lachte sich kaputt und sagte gleich »Sitz!« zu William. Der setzte sich daraufhin brav direkt neben sie und hechelte sie mit rausgestreckter Zunge an.

Danach gingen Al und Liam noch eine Runde um den Pool mit ihren beiden Hunden, damit jeder sie bewundern konnte, und verschwanden dann wieder in Richtung Maske. Nach fünf Minuten waren sie dann alle wieder da. Sie verhielten sich so, als sei überhaupt nichts gewesen.

»Na, wie ist das Hundeleben so?«, wollte Ava amüsiert von Brian wissen.

»Keine Ahnung«, antwortete der. »Ich habe keinen Hund.«

»Und du vermutlich auch nicht, oder?«, fragte sie William grinsend.

»Nein, ich auch nicht«, antwortete er. »Aber ich brauche jetzt erst einmal etwas zu trinken.«

»Ich komme mit zur Bar«, meinte Ava sofort.

Brian nahm die Liege von Ava, als sie gegangen war. »Und was habt ihr nach der Party so gemacht?«, wollte er wissen.

»Wir waren beim Lunch. Ich saß zusammen mit Dylan an einem Tisch. Dann wurde uns ein Drei-Gänge-Menü serviert. Die einzelnen Gänge waren jedoch immer zu einem Brei vermixt, sodass man nicht genau erkennen konnte, was wir da eigentlich aßen. Dylan hatte viel Spaß daran, die Zutaten des jeweiligen Breis zu erraten. Beim letzten Gang kam ich sogar selbst darauf, was es war. Es war Vanille-Eis mit Himbeeren. Und den sollte dann Dylan aus meinem Nabel essen, so wie du Champagner aus meinem Nabel getrunken hast.«

»Oha!«, sagte Brian.

»Ja, aber es war gar nicht so toll. Ganz anders, als du Champagner aus meinem Nabel getrunken hast. Da fühlte ich mich, als ob mich eine emotionale Straßenwalze überrollt hätte. Bei Dylan tat sich nichts. Daher wollte ich dich fragen, ob du das mit dem Eis vielleicht auch einmal bei mir machen könntest, damit ich das vergleichen kann und weiß, dass es nicht nur am Champagner gelegen hat.«

Brian schaute mich nach dieser Frage sehr seltsam an. Er sah aus, als wüsste er im ersten Moment nicht, was er antworten sollte. Erst wollte er lachen, entschied sich jedoch wieder dagegen. Dann schaute er nach unten, um mich im nächsten Moment wieder anzuschauen. Er setzte an, etwas zu sagen, sagte aber dann doch nichts. Dann schaute er wieder weg. Ich verstand nicht, was dieses Verhalten bedeuten sollte. Ich hatte ihm doch eine ganz einfache Frage gestellt.

»Ich hoffe, ich habe nichts Falsches gesagt«, sagte ich deshalb zu ihm, denn die Situation kam mir komisch vor. »Ich wollte nur Gewissheit haben. Es ist auch völlig okay, wenn du das nicht tun möchtest.«

»Es tut mir sehr leid, wenn bei unserem letzten Gespräch ein falscher Eindruck entstanden ist«, meinte er dann. »Ich bin längst noch nicht so weit, wie das vermutlich für dich ausgesehen hat. Klar, es hat sich heute Morgen irgendetwas bei mir gelöst, aber es ist noch viel zu früh, um zu sagen, wo das letztendlich hinführen wird. Versteh mich nicht falsch. Du bist eine überaus tolle Frau, und ich weiß nicht, ob ich jemals wieder eine Frau wie dich kennenlernen werde, aber ich denke, es ist trotzdem noch zu früh für mich. Es ist vielleicht besser, wenn wir erst einmal nicht mehr so viel Zeit miteinander verbringen. Ich würde es nicht verkraften, wenn ich dir wehtun müsste.«

Daraufhin stand er von seiner Liege auf und ging weg. Ich verstand nun gar nichts mehr. Was war denn da gerade passiert? Wieso meinte er, mir wehtun zu müssen, wenn wir weiterhin Zeit miteinander verbrächten? Ich konnte mir keinen Reim auf sein Verhalten machen, aber eines war klar geworden. Das schmerzhafte Gefühl in meiner Herzgegend war unglaublich stark geworden, als er ging. Das konnte nur bedeuten, dass mein Gehirn jetzt gerade irgendetwas als ein Muss ansah, aber was? Das Körpergefühl war sogar noch schmerzhafter geworden als beim letzten Mal. Es fühlte sich an, als würde es mir schier das Herz zerreißen. Ich war begeistert und beschloss, sofort Ella aufzusuchen, um ihr von dieser faszinierenden Erfahrung zu berichten.

Kapitel 7

Emotionale Müssens

»Dann sieht dein menschliches Großhirn also wirklich ein Gefühl als echtes Muss an. Das ist faszinierend«, meinte Ella zu meinem Bericht.

»Ja, das finde ich auch. Es zerreißt mir fast das Herz, wenn ich in meiner menschlichen Gestalt daran denke, dass Brian nie Eis aus meinem Nabel essen wird.«

»Diese emotionalen Müssens sind wirklich unglaublich«, meinte Ella fasziniert.

»Bislang gibt es bei mir selbst nur diese eine emotionale Sollvorstellung, die mein Großhirn zu einem Muss erklärt hat. Und in der Villa weiß ich nur von Al, der Lebensfreude als ein Muss ansieht. Mehr konnte ich in Bezug auf das Erreichen von angenehmen Gefühlen noch nicht herausfinden. Aber das Vermeiden von schmerzhaften oder quälenden Gefühlen, das sehen offensichtlich ganz viele als ein Muss an.«

»Ja, das kann ich bestätigen«, meinte Ella. »Nach dem momentanen Kenntnisstand scheint dieses Muss eindeutig das Stärkere zu sein.«

»Das Erstaunliche dabei ist, dass die Menschen sich

mit ihren emotionalen Müssens jedes Mal sofort in emotionalen Teufelskreisen verfangen, aus denen sie dann kaum noch herauskommen. Doch das scheinen sie nicht zu erkennen. Ich denke, dass sie einfach nicht wissen, was sie sich da mit ihren emotionalen Müssens tatsächlich selbst antun.«

Als ich mich nach diesem Gespräch wieder in der Villa materialisiert hatte, war mein quälendes Gefühl sofort wieder da. Wenn ich an Brian dachte, zerriss es mir augenblicklich vor Schmerz das Herz. Dann versuchte ich mir wieder bewusst zu machen, dass dieses schöne Champagner-Gefühl in Wirklichkeit kein Muss sein konnte. Es war keine Überlebensnotwendigkeit, und nur das wäre ein echtes Muss gewesen. Doch nichts geschah. Ich konnte mir das so oft bewusst machen, wie ich wollte, das schmerzhafte Gefühl blieb. Das Einzige, was es ein wenig in den Hintergrund treten ließ, war, nicht an Brian zu denken. Da ich mit der Lösung dieses emotionalen Teufelskreises jetzt nicht weiterkam, verließ ich mein Zimmer, um zu den anderen zurückzugehen. Während ich die Treppe runterging, sah ich ein Kamerateam im Foyer der Villa. Gleichzeitig klingelte mein Smartphone. »Kommt bitte alle an den Pool!«, lautete die Nachricht.

Als ich dort ankam, bekamen wir die nächste Info. »In der Villa wartet ein Kamerateam auf euch. Zeigt ihnen eure Zimmer. Die Zuschauer möchten wissen, wie es dort gerade aussieht. Bis dahin darf keiner von euch sein Zimmer betreten. Alles muss genau so bleiben, wie es jetzt ist. Deshalb gehen alle bei der Führung geschlossen von Zimmer zu Zimmer. Ihr könnt diese *Mission* wie immer ablehnen und stattdessen *Wahrheit* wählen. Ihr habt fünf Minuten Zeit, euch zu entscheiden.«

Ich verstand diese Mission wieder einmal nicht. Wo war da die Herausforderung? Doch dann sah ich die panischen Gesichter einiger Teilnehmer. Insbesondere Ava sah total geschockt aus.

»Was ist los?«, fragte ich sie.

»Das kann ich nicht machen!«, flüsterte sie aufgewühlt. »Ich muss *Wahrheit* wählen oder die Show verlassen.«

»Aber was ist denn so schlimm daran, den Zuschauern dein Zimmer zu zeigen?«, flüsterte ich verwundert zurück.

»Das kann ich jetzt nicht sagen«, erklärte sie und deutete mit der Hand auf ihre Mikrofonkette. Daraufhin kam sie ganz nah zu mir, hielt mit der einen Hand ihr eigenes Mikro und mit der anderen meines zu und flüsterte mir etwas ins Ohr. »Ich habe auf dem Bett etwas liegen lassen. Du weißt, was ich meine!«

Ich verstand nichts. »Und was ist so schlimm daran?«, flüsterte ich ebenfalls.

»Was so schlimm daran sein soll?!«, fragte sie empört, aber immer noch flüsternd. »Na hör mal!«

»Sorry, ich hatte es nicht gleich verstanden«, sagte ich schnell, ohne auch nur die Haut eines blassen Schlauches zu haben, was da Schlimmes auf ihrem Bett liegen könnte.

»Und was mache ich jetzt?«, fragte sie weiterhin flüsternd.

»Keine Ahnung! Was macht man in solch einer Situation?«

»Ich muss *Wahrheit* wählen. Oder soll ich doch lieber die Show verlassen? Sag mir, was ich machen soll!«, bat sie verzweifelt.

»Du würdest mir sehr fehlen, wenn du gehen würdest«, antwortete ich. »Ich fand ja an *Wahrheit* bisher nichts Schlimmes. Hast du wirklich so große Angst vor den drei Fragen?«

»Natürlich habe ich die!«, antwortete sie energisch. »Niemand außer dir wählt *Wahrheit.*«

»Aber warum denn nicht?«, hakte ich ahnungslos nach. »Was ist so schlimm daran?«

»Sag mal, tickst du noch richtig?!«, entgegnete sie erzürnt. »Ich wähle doch nicht Wahrheit. Da kann ich mich ja gleich von der nächsten Klippe stürzen.«

»Meinst du, wir könnten einfach behaupten, wir hätten die Zimmer zuvor getauscht?«, schlug ich weiterhin flüsternd vor. »Bei mir liegt nämlich nichts auf dem Bett. Und mir würde es auch nichts ausmachen, wenn etwas auf meinem Bett liegen würde und die Leute das sehen könnten. Das ist mir völlig egal. Ich könnte auch einfach *Wahrheit* wählen, das wäre mir egal. Wollen wir daher einfach sagen, mein Zimmer sei in Wirklichkeit dein Zimmer?«

»Das durchschauen die doch sofort! Ich kapier auch nicht, wie dir das so überhaupt nichts ausmachen kann.

So abgebrüht kann doch keiner sein!«, sagte sie verständnislos.

Offensichtlich hatte ich erneut einen Fehler begangen und etwas getan, was Menschen nicht tun. Aber ich wusste nicht, wie ich das wieder hinbiegen sollte, denn ich wusste ja immer noch nicht, worum es überhaupt ging. Was war bloß so schlimm daran, wenn etwas auf dem Bett lag und die Zuschauer das sehen konnten? Diese menschliche Sichtweise war mir völlig unbegreiflich.

»Und wenn ich unbemerkt in dein Zimmer komme könnte und das, was da auf deinem Bett liegt, entferne? Würde dir das helfen?«, flüsterte ich ihr ins Ohr.

»Ja, natürlich. Aber wie willst du das denn anstellen?«, flüsterte sie zurück.

»Das kriege ich schon hin. Ich müsste dazu nur mal kurz auf die Toilette.«

»Aber da werden sie aufpassen wie die Schießhunde. Die lassen dich ganz sicher nicht in die Nähe meines Zimmers.«

»Mach dir keine Sorgen. Ich mache das schon. Ich verspreche es dir!«

Ich ging schnellen Schrittes in die Villa. Dort wurde ich von dem Kamerateam sofort abgefangen. Sie sagten mir, dass ich jetzt nicht auf mein Zimmer dürfte. Ich erklärte, dass ich das auch gar nicht vorhätte, sondern nur schnell auf die Toilette müsste. Es gab nämlich auch eine Gäste-Toilette unten im Foyer der Villa. Die Zimmer waren alle oben im ersten Stock. Das Kamerateam bewachte deshalb die Treppe.

Ich ging also schnell zur Toilette, schloss die Tür hinter mir, hängte meine Mikrofonkette an den Kleiderhaken und entmaterialisierte mich, um mich gleich darauf in Avas Zimmer wieder zu materialisieren. Auf dem Bett lag ein kleiner Delfin aus Plastik. Sonst war da nichts. Keine Ahnung, warum sie deshalb so einen Stress hatte. Ich nahm schnell den Delfin und verstaute ihn in ihrem Koffer. Danach materialisierte ich mich wieder in der Toilette im Foyer und ging sofort wieder schnellen Schrittes nach draußen an den Pool zu Ava, bevor die fünf Minuten Bedenkzeit um wären.

»Ich habe deinen Delfin weggeräumt«, flüsterte ich ihr ganz leise ins Ohr und hielt dabei unsere beiden Mikrofone zu.

»Wie hast du das gemacht?!«, fragte sie fassungslos.

Ich zuckte mit den Achseln und meinte: »Jeder hat so seine Talente.«

Glücklicherweise fragte sie nicht weiter nach. Stattdessen sagte sie zu mir: »Dir ist klar, dass wir ab heute beste Freundinnen sind!?« Dann drückte sie mich sehr emotional und lange an sich. »Du hast was gut bei mir. Egal, was es ist. Ich werde für dich da sein. Das verspreche ich dir. Und ich halte immer meine Versprechen!«

Kurz darauf wurden wir aufgefordert, unsere Antwort in unsere Smartphones einzugeben. Ava und ich klickten natürlich auf *Mission*. Genau wie alle anderen Teilnehmer, von denen die meisten diese Mission jedoch als die schlimmste überhaupt bezeichneten. Ich hatte keine Ahnung, wie sie zu dieser Beurteilung kamen. Möglicherweise hatten sie alle solche kleinen Delfine auf dem Bett liegen. Nur verstand ich nicht, was an kleinen Plastik-Delfinen so schlimm sein sollte. Die Menschen waren manchmal einfach komisch.

Wir wurden aufgefordert, alle gemeinsam im Pulk in die Villa zu kommen und dort zusammen zu warten. Wir würden dann gemeinsam in alle Zimmer gehen und uns dort umschauen, teilte man uns über unsere Smartphones mit.

Wir gingen also von Zimmer zu Zimmer. Doch nirgendwo lagen kleine Plastik-Delfine auf dem Bett. Dennoch benahmen sich einige so, als sei es für sie total schlimm, den Zuschauern ihr Zimmer zu zeigen. Ich verstand nicht, wie sie zu dieser Beurteilung kamen. Irgendwo musste es hier eine Sollvorstellung geben, wie ein Zimmer auszusehen hat oder irgendetwas in der Art. Aber was war so schlimm daran, wenn das Zimmer nicht so aussah, wie es aussehen sollte? Wo war hier das Muss?

Dylan empfand dann eine für mich noch seltsamere Schlimmheit, als wir sein Zimmer besichtigten. Er hatte es aus Angst vor Einbrechern total verwüstet, wie er uns erklärte. Die Einbrecher sollten denken, es seien bereits andere Einbrecher vor ihnen da gewesen, weshalb jetzt nichts mehr zu holen sei. Diese starke Angst vor Einbrechern war ihm dann wohl peinlich. Warum das so war, konnte ich jedoch nicht verstehen. Vermutlich hatte er die Sollvorstellung, dass er keine Angst vor Einbrechern haben durfte.

Als wir dann vor Avas Zimmertür standen, fasste sie mich ganz fest an der Hand – so als hätte sie Angst, dass da doch noch ein kleiner Delfin auf ihrem Bett liegen könnte – was natürlich nicht der Fall war. Das Kamerateam schaute dann noch kurz in ihr Badezimmer und ging dann gleich zum nächsten Zimmer. Ava fiel ganz offensichtlich ein großer Stein vom Herzen.

Brian hatte keine erkennbaren Probleme, sein Zimmer zu zeigen, was mir gleich auffiel. Allerdings verhielt er sich mir gegenüber sehr distanziert, was mein schmerzhaftes Gefühl wieder aufflammen ließ. Ich dachte also noch einmal daran, dass dieses schöne Champagnergefühl unmöglich ein Muss sein konnte, doch auch dieses Mal zeigte diese Erkenntnis keinen Einfluss auf mein schmerzhaftes Gefühl. Daher wendete ich mich wieder anderen Teilnehmern zu und versuchte herauszufinden, wieso sie es so schlimm fanden, ihr Zimmer zu zeigen. Hier fehlte mir ganz offensichtlich ein wesentlicher Punkt, um menschliches Verhalten zu verstehen.

Nach dem Rundgang durch unsere Zimmer gingen wir wieder nach draußen in den Garten. Ava hatte, seitdem wir ihr Zimmer besichtigt hatten, die ganze Zeit meine Hand gehalten. Offenbar taten beste Freundinnen das bei den Menschen so, was ich sehr schön fand. Sie schlug vor, an die Bar zu gehen, um etwas zu trinken.

Als wir unsere Getränke hatten, stellte sie mir eine Frage, die sie wohl die ganze Zeit schon beschäftigt hatte.

»Sag mal, wie kann es sein, dass es dir so komplett egal ist, was die Leute von dir denken? So etwas habe ich ja noch nie erlebt.«

Ich wusste nicht, was ich darauf antworten sollte. Daher sagte ich die Wahrheit. »Ich bin ein wenig anders als normale Menschen.«

»Das ist mir in der Tat schon aufgefallen. Du hast auf der einen Seite unfassbare Talente, aber auf der anderen Seite verhältst du dich manchmal aber auch sehr seltsam.«

»Ich habe oft Schwierigkeiten, Gefühle richtig zu verstehen«, sagte ich ehrlich und hoffte, dass Ava diese Erklärung genügen würde.

Plötzlich neigte sie sich nach vorne, hielt erneut sowohl ihr Mikrofon als auch meines mit der Hand zu und flüsterte in mein Ohr. »Heißt das etwa, dass du so ein Savant bist?«, fragte sie sichtlich begeistert. »Natürlich, das erklärt einfach alles!«

Ich hatte zwar keine Ahnung, was ein Savant sein sollte, aber wenn das für Ava eine Erklärung für mein ungewöhnliches Verhalten darstellte, dann war das sicherlich eine gute Annahme. »Ja, ich bin ein Savant«, flüsterte ich ihr deshalb ins Ohr.

»Wollen wir vielleicht zur Chillout-Lounge gehen?«, fragte sie wieder in normaler Lautstärke. »Dort ist es ruhiger.«

Wir gingen also dorthin und legten uns mit unseren Cocktails auf die weiche Auflage.

»Ich wollte immer schon einmal jemanden wie dich kennenlernen«, meinte Ava begeistert. »Das ist einfach nur faszinierend. Offensichtlich hat deine Begabung mit Singen und Tanzen zu tun, wenn ich so an deinen Auftritt als Beyoncé denke. Hattest du die Choreografie zuvor tatsächlich nicht einstudiert?«

»Nein, aber ich habe sie ja im Proberaum gesehen.«

»Heißt das etwa, dass es dir genügt, ein einziges Mal eine Choreografie zu sehen, damit du sie danach perfekt nachtanzen kannst?«

»Ja, das ist für mich völlig normal.«

»Unfassbar!«, sagte sie fasziniert. »Und wie oft musst du ein Lied hören, damit du es nachsingen kannst?«

»Da genügt ebenfalls ein einziges Mal – was ja für Savants normal ist!«, fügte ich hinzu, ohne genau zu wissen, warum das so sein sollte. Aber ich wollte mich diesbezüglich einfach nochmals vergewissern.

»Dir macht es also auch nichts aus, dass die Leute da draußen jetzt alle wissen, dass du ein Savant bist?«

»Nein, sollte es das denn?«

»Nein, du hast vollkommen recht. Damit musst du dich ganz sicher nicht verstecken. Im Gegenteil! Es ist einfach der Hammer, was du kannst. Und wenn du beim Verstehen von Gefühlen Hilfe brauchst, dann ist das ganz sicher auch keine Schande. Und übrigens bin ich da genau die Richtige für dich.«

Was auch immer dieses Savant-Ding sein mochte, es

schien die perfekte Tarn-Identität für meine Mission zu sein. Jetzt würde ich es viel leichter haben, Fragen zu den menschlichen Gefühlen zu stellen, die normale Menschen nicht stellen durften. Und wenn ich einmal etwas tat, was normale Menschen nicht konnten, dann war mein Savant-Ding einfach dafür verantwortlich. Das war genial. Das musste ich den anderen Secret-Angels unbedingt erzählen. Sicherlich würde es ihnen auch bei ihren Missionen helfen.

»Vielen herzlichen Dank für das Angebot, mir mit den Gefühlen zu helfen«, erwiderte ich. »Normale Menschen haben oft emotionale Probleme, bei denen ich die Relevanz dahinter einfach nicht erkennen kann. Da könnte ich tatsächlich etwas Unterstützung gebrauchen.«

»Ja, das ist mir schon aufgefallen. Aber wenn es um emotionale Probleme geht, da bin ich die Expertin schlechthin«, lachte Ava laut auf. »Mein Mann sagt immer, das Leben mit mir sei wie ein Spaziergang zwischen Tretminen. Ein falscher Schritt und ich ginge hoch wie eine Bombe.«

»Und was sind das für falsche Schritte, die dich so explodieren lassen?«, fragte ich interessiert nach.

»Hauptsächlich miserable Komplimente«, antwortete sie lachend. »Mein Mann hat ein unnachahmliches Talent für echt schlechte Komplimente. Es ist der Hammer, was der manchmal raushaut.«

»Und was genau ist dabei das Problem, wenn er dir so ein schlechtes Kompliment macht?«

»Na, dass er meine Gefühle verletzt, wenn er so einen Scheiß sagt.«

»Er verletzt deine Gefühle?!«, hakte ich irritiert nach, denn Gefühle waren doch bloß Körperempfindungen, die von chemischen Botenstoffen erzeugt wurden. Wann immer ein instinktives Verhaltensprogramm aktiviert wurde, schütteten das Reptiliengehirn und das soziale Gehirn bestimmte chemische Botenstoffe aus. Die sollten den Körper und den Geist in einen Funktionsmodus bringen, der zum Bewältigen einer anliegenden Aufgabe am besten geeignet war. Dieser Vorgang war Bestandteil von allen instinktiven Verhaltensprogrammen. Wie sollte man diese Körperempfindungen denn verletzen können? Das ergab doch überhaupt keinen Sinn.

»Er gibt mir das Gefühl, dass er mich unmöglich lieben kann, wenn er solche blöden Sachen sagt und dann auch noch meint, dass er mir damit etwas Gutes tut.«

»Du zweifelst an seiner Liebe?«, fragte ich verwundert. »Aber er hat dich doch geheiratet und dich damit unter allen Frauen auf der Welt als seine Lebenspartnerin ausgewählt. Das hätte er doch nicht getan, wenn er dich nicht lieben würde. Oder verstehe ich das falsch?«

»Ja, schon, aber mir genügt es nicht, das nur zu wissen. Eine Frau möchte sich auch geliebt fühlen. Und das kann ich nicht, wenn er ständig solche dummen Sachen sagt oder tut. Er ist da wirklich sehr ungeschickt.«

»Du machst deinen Mann für deine Gefühle verantwortlich?«, fragte ich weiterhin irritiert.

»Natürlich!«,antwortete sie kopfschüttelnd über meine aus ihrer Sicht wohl unangemessene Frage. »Ich bin es ja nicht, die solche dämlichen Sachen sagt.«

»Machen alle Menschen die Aussagen und Taten anderer Menschen für ihre eigenen Gefühle verantwortlich?«

»Was ist denn das für eine Frage?!«, antwortete sie erneut mit Unverständnis. »Jeder Mensch trägt die Verantwortung für das, was er sagt oder tut und was er damit in anderen Menschen auslöst.«

Ava machte also ihren Mann tatsächlich für ihre Gefühle verantwortlich, wenn er mit seinen Aussagen und Taten ihre emotionalen Sollvorstellungen nicht erfüllte. »Und was genau müsste dein Mann sagen oder tun, damit er das Gefühl der Liebe in dir aktiviert?«, fragte ich daher, um ihre Sichtweise noch besser zu verstehen.

»Er müsste mir wie gesagt Bestätigung geben. Bestätigung, dass er mich über alles liebt, wertschätzt und respektiert. Ein Mann sollte seiner Frau wenigstens einmal am Tag auf eine schöne Art und Weise zu verstehen geben, dass sie seine Nummer 1 ist.«

»Können Frauen sich das denn nicht merken?«, fragte ich verwundert.

»Natürlich kann ich mir das merken. Ich bin doch nicht bescheuert!«, erwiderte sie aufgebracht. »Aber es genügt eben nicht, nur zu wissen, dass mein Mann mich liebt. Ich möchte mich auch wenigstens einmal am Tag von ihm so richtig geliebt und begehrt fühlen.«

»Dein Problem besteht also darin, dass du es nicht fühlen kannst, und nicht, dass es nicht so ist?«, hakte ich noch einmal verwundert nach.

»Natürlich«, bestätigte sie. »Ich weiß, dass mein Mann mich über alles liebt.«

»Aber offenbar bestimmt diese Tatsache nicht deine Gefühle«, stellte ich fest. »Das ist sehr interessant.«

»Aber wieso fühle ich mich denn nicht geliebt, obwohl ich doch genau weiß, dass mein Mann mich liebt?«, fragte Ava jetzt selbst irritiert.

»Das kann eigentlich nur mit deiner emotionalen Sollvorstellung zu tun haben«, antwortete ich.

»Mit was für einer Sollvorstellung?«

»Die Vorstellung, dass ein Mann bei seiner Frau wenigstens einmal am Tag das Gefühl auslösen sollte, dass er sie liebt und begehrt. Unsere Sollvorstellungen bestimmen, ob von unserem Gehirn etwas als gut oder als schlecht beurteilt wird. Ist alles so, wie es sein soll, dann wird das als gut angesehen. Ist es nicht so, wie es sein soll, dann wird dies als schlecht bewertet. Das ist ein ganz einfaches Prinzip. Wenn daher dein Mann mit seinen Komplimenten deine Sollvorstellungen nicht erfüllt, dann beurteilt dein Gehirn dies automatisch als schlecht und erzeugt auch sofort die entsprechenden Mangelgefühle oder Problemgefühle. Du kannst dich daher gar nicht geliebt fühlen, solange deine Sollvorstellung nicht erfüllt ist. Deine Gefühle hängen von deinen

Beurteilungen ab und deine Beurteilungen von deinen Sollvorstellungen. Falls du daher einen regulativen Einfluss auf deine Gefühle nehmen wolltest, dann könntest du an deinen Sollvorstellungen ansetzen.«

»Heißt das etwa, dass ich selbst daran schuld bin, wenn ich mich von ihm nicht richtig geliebt fühle?«, hakte Ava skeptisch nach.

»Ich weiß zwar nicht, ob das Schuld-Konzept hier einen Sinn ergibt, aber vom Prinzip her würde ich deiner Frage zustimmen«, antwortete ich. »Deine Sollvorstellungen bestimmen, ob du dich geliebt fühlst oder nicht. Hättest du nicht die Sollvorstellung, dass dein Mann dir dieses Gefühl geben soll, sondern nur die Vorstellung, dass er dich aufrichtig lieben soll, dann wäre dein Soll ja bestens erfüllt. Infolgedessen würde dieser Sachverhalt von deinem Gehirn positiv beurteilt und dein soziales Gehirn würde das entsprechende Belohnungsgefühl dazu erzeugen. Du würdest dich mit anderen Worten geliebt fühlen.«

»Ist es denn so falsch, dass man sich von seinem Mann geliebt fühlen möchte?!«, hakte Ava skeptisch nach.

»Ich glaube es wäre sinnvoller, wenn du von deinem Mann tatsächlich geliebt *sein* möchtest«, antwortete ich. »Denn welche Gefühle von deinem sozialen Gehirn erzeugt werden, hängt ausschließlich von deinen eigenen Beurteilungen ab. Wenn du die Beurteilung triffst, dass er dich liebt, dann wirst du das auch fühlen. Ganz egal, ob seine Komplimente gut oder schlecht sind.«

»Dann bin ich also deiner Meinung nach an unseren Problemen schuld?«, fragte sie skeptisch.

»Ich weiß wie gesagt nicht, ob Schuld hierfür ein sinnvolles instinktives Programm ist, aber wenn du möchtest, dass deine Gefühle den tatsächlichen Gegebenheiten in deiner Beziehung entsprechen, dann müsstest du einfach nur deine Sollvorstellung korrigieren. Dein Mann liebt dich ja ganz eindeutig, wie du sagst. Und das würdest du auch so fühlen, wenn du die richtigen Sollvorstellungen annehmen würdest.«

»Und wie korrigiert man solch eine Sollvorstellung?«

»Du müsstest dich eigentlich nur entscheiden, was dir wichtiger ist. Willst du dich von deinem Mann geliebt *fühlen*, oder möchtest du lieber tatsächlich von ihm geliebt *sein*?«

»Ich möchte natürlich tatsächlich geliebt sein«, antwortete sie sofort. »Sag mal, kann es sein, dass sich das so schnell ändert?«, fragte sie mit einem erstaunten Gesichtsausdruck. »Wenn ich jetzt an meinen Mann und seine Komplimente denke, dann fühlt sich das ganz anders an. Ich weiß ja, dass er mich über alles liebt. Und allein die Tatsache, dass er versucht, mir Komplimente zu machen, ist ja schon ein Liebesbekenntnis. Das ist ja unglaublich!«

»Das ist eigentlich ganz normal, wenn du eine Sollvorstellung änderst«, erwiderte ich. »Dein Gehirn beurteilt wie gesagt alles in deinem Leben anhand deiner Sollvorstellungen. Änderst du also eine Sollvorstellung, ändern sich auch automatisch deine Beurteilungen und damit auch sofort deine Gefühle.«

»Wie kann es sein, dass du solche Dinge weißt, dann aber selbst mit deinen Gefühlen nicht zurechtkommst?«, fragte Ava fassungslos.

»Das ist so ein Savant-Ding«, antwortete ich und hoffte, dass dies genügen würde.

»Verstehe! Du gleichst deine emotionalen Defizite mit Intelligenz und Wissen aus. Das ist nachvollziehbar. Jedenfalls bist du für mich eine unfassbare Bereicherung. Ich kann zwar alles fühlen, weiß aber oft gar nicht, warum ich so oder so fühle. Doch jetzt im Moment fühle ich mich richtig gut, wenn ich an meinen Mann denke. Es fühlt sich an, als hätte sich da ein Schalter umgelegt. Es ist ja wirklich wahr, dass er mich über alles liebt. Daran gibt es für mich überhaupt keinen Zweifel. Es ist unfassbar, was für einen Unterschied das macht!«

»Heißt das vielleicht auch, dass du jetzt für deinen Mann kein Minenfeld mehr bist?«, fragte ich neugierig.

»Ich glaube echt, das bin ich jetzt tatsächlich nicht mehr!«, antwortete sie begeistert. »Ich kann das kaum glauben, aber vom Gefühl her ist jetzt irgendwie einfach alles anders.«

»Vielen herzlichen Dank, dass ich dich das alles fragen durfte. Du kannst dir nicht vorstellen, wie wertvoll das für mich war.«

»Also, wenn hier einer dem anderen danken muss, dann bin das ganz sicher ich!«, betonte Ava. »Ich glaube, du hast soeben tatsächlich meine Ehe gerettet. Und dafür werde ich dir auf ewig dankbar sein. Ich finde es einfach unfassbar, was in deinem Savant-Kopf so vorgeht. Und zwar unfassbar faszinierend und wertvoll. Lass dich drücken! Ich hab dich echt lieb!«

Ava umarmte mich ganz herzlich, was sehr schöne Gefühle in meiner Herzgegend und meinem Hals auslöste. Ja, das Leben als Mensch konnte wirklich schön sein – wäre da nicht dieser quälende Schmerz gewesen, der sich sofort nach unserem Gespräch wieder ohne ersichtlichen Grund zurückgemeldet hatte.

Kapitel 8

Die große Täuschung

Die Smartphones aller Teilnehmer hatten an diesem Abend noch ein weiteres Mal geklingelt. Dieses Mal wurden wir zu einem Intelligenztest verpflichtet und sollten dazu alle ins Foyer der Villa kommen. Dort waren zwölf Tische aufgebaut, auf denen jeweils ein Tablet lag. In diese Tablets sollten wir dann unsere Antworten eingeben zu den Fragen, die uns von einem Mann namens *James* gestellt wurden. Die anderen Teilnehmer kannten ihn alle, denn sie begrüßten ihn wie einen Freund. Ich erfuhr, dass er ein sehr bekannter Moderator einer Late-Night-Show war.

James stellte uns insgesamt 30 Fragen an diesem Abend und veralberte jeden, der falsche Antworten gegeben hatte. Die anderen fanden seine Stellungnahmen immer total lustig. Ich lachte dann immer mit, um nicht aufzufallen, aber leider verstand ich wieder einmal keinen einzigen seiner Witze.

Der Test dauerte dann etwas mehr als zwei Stunden. Da die Fragen sehr einfach gewesen waren, hatte ich sie alle richtig beantwortet. Zu meiner Verwunderung war ich jedoch die Einzige, die alles richtig hatte. Ich vermutete, dass viele die Fragen extra falsch beantwortet hatten, um die Interaktion mit James lustiger zu gestalten, denn er machte ja aus so ziemlich jeder falschen Antwort einen Witz.

»Kommen wir nun zur Auswertung«, sagte James am Ende des Tests. »Einstein soll ja mal gesagt haben, es gäbe zwei Dinge, die unendlich sind: das Universum und die menschliche Dummheit – wobei er sich beim Universum nicht so ganz sicher sei. Ihr habt heute Abend bewiesen, dass es wider Erwarten doch intelligentes Leben auf diesem Planeten gibt. Zwar nicht so viel, als dass es sich für Außerirdische lohnen könnte hierherzukommen, aber es gibt sie auch auf unserem Planeten – die Intelligenz.

Spitzenreiterin heute Abend mit 30 von 30 richtig beantworteten Fragen ist Mary. Wie hoch dein IQ damit genau ist, lässt sich nicht exakt bestimmen, denn für eine Intelligenzbestie wie dich hätten die Fragen vermutlich schwieriger sein müssen. Auf jeden Fall kannst du davon ausgehen, dass dein IQ über 160 liegen muss, was ich so beeindruckend finde, dass mir dazu noch nicht einmal ein passender Scherz einfällt!

Bei dir, Mia, tue ich mir da schon leichter«, sagte er dann mit einem breiten Grinsen im Gesicht. »Ich will damit natürlich nicht sagen, dass du dumm bist – obwohl …«, sagte er und bewegte seinen Kopf abwägend hin und her. »Nein, Spaß beiseite! Dein Testergebnis zeigt deutlich, dass du alles andere als dumm bist. Man könnte deine Intelligenz sogar durchaus als überaus *durchschnittlich* bezeichnen.«

Ich hatte den Eindruck, dass im ersten Moment keiner so recht wusste, ob er wirklich lachen durfte. Alle schauten erst einmal auf Mia. Doch als sie sich vor Lachen über die Aussage von James ausschüttete, lachten alle anderen sofort mit.

»Dein IQ beträgt 101 Punkte, was wie gesagt fast genau dem Durchschnitt der Bevölkerung entspricht.«

Abschließend wurden die IQ-Werte aller Teilnehmer auf einer großen Übersichts-Tafel angezeigt. Ich stand ganz oben auf dieser Liste mit 160+. Auf Platz 2 kam dann Dylan mit 133 Punkten, knapp gefolgt von Al mit 131 Punkten. Die anderen lagen alle zwischen 110 und 120 Punkten relativ nahe beisammen.

Nachdem wir dieses Ergebnis bekommen hatten, verabschiedete sich James, und wir gingen zum Abendessen. Doch an diesem Abend war irgendetwas anders als sonst. Die Teilnehmer verhielten sich beim Essen sehr seltsam. Vor allem mir gegenüber. Ständig erzählte mir jemand von seinen tollen beruflichen Erfolgen, welche Preise er gewonnen hatte oder auch davon, wie teuer sein Haus oder seine Yacht gewesen war. Und das so lautstark, dass alle am Tisch mithören konnten. Und sobald dann einer fertig war, fing auch schon ein anderer an, von seinen tollen Errungenschaften zu erzählen.

Ich vermutete, dass alle außer ich eine geheime Mission bekommen hatten. Ich spielte dieses Spiel natürlich mit und zeigte mich sehr amüsiert von ihren tollen Errungenschaften, ohne jedoch genau zu kapieren, warum ich das eigentlich tat. Ich dachte zunächst auch, dass dieser Scherz irgendwann im Laufe des Abendessens aufgeklärt würde, doch dem war nicht so. Es ging einfach unentwegt so weiter, wobei die anderen Teilnehmer jetzt auch immer stärker untereinander wetteiferten mit ihren Erfolgen. Dabei ließen sie keine Gelegenheit aus, sich gegenseitig auf den Arsch zu nehmen, so wie James das zuvor auch getan hatte.

Da sich das Spiel irgendwann festgefahren hatte und nichts Neues mehr passierte, stand ich einfach auf, um zu sehen, was die anderen dann tun würden. Ich ging nach draußen an den Strand zur Chillout-Lounge. Es dauerte nicht lange, bis Dylan sich zu mir gesellte.

»Na, du Intelligenz-Bestie«, begrüßte er mich, als er sich zu mir legte. »Da hast du uns heute Abend alle ganz schön alt aussehen lassen. Meine Glückwünsche nochmal.«

Ich antwortete einfach einmal nicht, um ihm die aufgetragene Mission nicht so einfach zu machen, und lächelte nur.

»Hast du überhaupt gewusst, dass du so schlau bist?«, wollte er wissen. »Ich wollte dich auf jeden Fall wissen lassen, dass es mir egal ist, wie schlau du bist«, sagte er dann, ohne auf eine Antwort auf die zuvor gestellte Frage zu warten. »Wenn es dir egal ist, dass du schlauer bist als ich, dann ist es mir auch schnuppe.«

Ich überlegte, auf welche Verarschung er mit dieser Aussage hinauswollen könnte, fand aber keine Idee dazu.

»Ja, mir ist es vollkommen egal«, antwortete ich daher erst einmal und wartete auf seinen nächsten Zug.

»Find ich super. Frauen wollen nämlich angeblich immer einen Mann, der schlauer ist als sie selbst, hab ich mal gelesen. Deshalb find ich es unnormal geil, dass du da eine Ausnahme bist. Da würde die Luft bei deinem IQ aber auch ganz schön dünn werden, wenn nur Männer für dich in Frage kämen, die noch schlauer sind als du.«

»Das ist kein Problem. Ich will ja keinen Mann«, sagte ich.

»Mal Spaß beiseite. Dir macht es also nichts aus, dass ich weniger intelligent bin als du?«, hakte er nochmals nach.

»Nein, wieso sollte es?«

»Hast du vielleicht Lust, dich in meinen Arm zu legen?«, fragte er plötzlich, ohne auf meine Frage einzugehen.

Ich überlegte, was er damit bezwecken könnte, kam aber beim besten Willen nicht darauf. Vermutlich wollte er mich wieder irgendwie auf den Arsch nehmen. Aber diesen Schachzug konnte ich ihm ja schon einmal von vornherein vereiteln. »Nein, hast du denn Lust, dich in meinen Arm zu legen?«, fragte ich deshalb.

»Auf jeden!«, antwortete er grinsend und kam zu mir rübergekrochen. Er hob meinen Arm hoch, legte ihn um seine Taille und legte seinen Kopf auf meine Schulter.

Ich wartete auf seinen nächsten Zug, aber er sagte nichts mehr. Stattdessen begann er meine Hand und meinen Arm zu streicheln. Ich hatte keine Ahnung, wie daraus eine Verarschung entstehen sollte. Daher wartete ich einfach einmal ab.

»Stört es dich, wenn ich das tue?«, fragte er dann.

»Sollte es das denn?«, fragte ich zurück, denn ich hatte immer noch keinen blassen Schlauch, was er vorhatte.

Daraufhin richtete er sich auf und schaute mich ernst an. »Weißt du, ich bin in meinem Leben schon sehr oft verletzt worden. Ich weiß natürlich, dass ich dieses Risiko eingehen muss, aber ins offene Messer rennen will ich auch nicht gerade. Ehrlich gesagt kann ich überhaupt nicht erkennen, wie viel dir tatsächlich an mir liegt. Du hast beim Lügendetektor-Test gesagt, dass du etwas für mich empfindest. Aber mehr als Freundschaft kann ich da deinerseits echt nicht erkennen. Und wenn da tatsächlich nicht mehr ist, dann wäre es mir wirklich lieber, wenn du es mir gleich sagst.«

Ich war verwirrt. Wollte Dylan mich jetzt auf den Arsch nehmen, oder war seine Frage ernst gemeint? In seinem Gesicht konnte ich keinerlei Hinweis auf einen Scherz erkennen.

In diesem Moment kam Ava zu uns. »Darf ich mich zu euch setzen, oder passt es gerade nicht?«

»Natürlich darfst du dich zu uns setzen«, antwortete ich verwundert von ihrer Frage.

»Das war ja wieder einmal der Hammer heute Abend«, sagte sie. »Ich würde zu gerne wissen, wie schlau du tatsächlich bist.«

»Für einen Savant waren die Fragen alle ganz einfach«,

erwiderte ich. Ich wusste zwar immer noch nicht, was so ein Savant eigentlich sein sollte, aber für Ava war das ja die Erklärung für alles Ungewöhnliche an mir.

»Was ist denn ein Savant?«, fragte mich Dylan daraufhin.

»Ich glaube, das kann Ava besser beantworten«, antwortete ich ausweichend.

»Savants sind Menschen mit unfassbaren Inselbegabungen«, begann Ava zu erklären. »Ich habe mal eine Doku darüber gesehen. Manche können schneller rechnen als jeder Computer, andere komponieren aus dem Stegreif heraus die wundervollste Musik, wieder andere können sich an jede Kleinigkeit aus ihrem Leben in allen Details erinnern oder lernen die kompliziertesten Sprachen innerhalb von einer Woche. Was die Savants können, überschreitet bei Weitem die Vorstellung dessen, was die meisten Menschen für möglich halten. Andererseits haben die Savants auch immer irgendwo ihre Defizite. Ihr Gehirn ist eben anders verdrahtet. Das hat Vor- und Nachteile. Wissenschaftler vermuten, dass das Savant-Syndrom oftmals durch einen Unfall ausgelöst wird, bei dem Teile im Gehirn beschädigt werden. Und wenn so etwas passiert, dann kann es sein, dass ein anderes Areal im Gehirn die Aufgaben des zerstörten Teiles übernimmt, was bedeuten kann, dass dieses neue Areal sehr viel leistungsfähiger sein kann als das ursprüngliche Areal. Daher haben die Savants Begabungen, bei denen normale Menschen überhaupt nicht mithalten können. Aber natürlich gehen diese Fähigkeiten auf Kosten von anderen Fähigkeiten. Kleinere oder größere Defizite sind damit unvermeidlich.«

Ich war sehr dankbar für diese Erklärung, denn nun konnte ich darauf noch viel besser meine Tarn-Identität aufbauen.

»Und hast du auch solche Defizite?«, wollte Dylan dann von mir wissen.

»Ja, ich habe Schwierigkeiten mit Gefühlen«, antwortete ich, wie ich es von Ava gelernt hatte.

»Sie kann Gefühle nicht so empfinden wie wir«, fügte Ava hinzu. »Sie kann sie weder bei sich selbst richtig erkennen, noch nachempfinden, was andere fühlen. Sie gleicht das dann mit Wissen und Intelligenz aus, sodass man im Alltag kaum etwas davon merkt.«

»Ja, genau so ist es!«, bestätigte ich, begeistert über diese grandiose Tarn-Identität. »Mein Einfühlungsvermögen ist vergleichbar mit dem einer Abrissbirne.«

»Und was bedeutet es dann, wenn du sagst, dass du etwas für eine bestimmte Person empfindest?«, wollte Dylan wissen.

»Keine Ahnung. Das kommt auf die Person an«, antwortete ich.

»Wie sieht es beispielsweise mit mir aus?«

»Ich finde dich wirklich sehr nett«, antwortete ich. »Ich mag dich sehr.«

»So wie man einen Freund mag?«, hakte er nach.

»Ja, genau. So wie man einen Freund mag«, bestätigte ich und strahlte ihn erfreut an.

»Kannst du denn mehr für einen Mann empfinden als Freundschaft?«, wollte er wissen.

»Was denn genau?«

»Na, partnerschaftliche Gefühle«, meinte er.

»Ich glaube nicht«, antwortete ich. »Es kann sein, dass sich diese Fähigkeit irgendwann noch bei mir entwickeln wird, aber momentan kann ich sicherlich noch nicht genug für einen Mann empfinden, damit es für eine Partnerschaft ausreichen würde.«

»Das tut zwar jetzt ganz schön weh, aber ich bin froh, dass du mir das gesagt hast«, meinte Dylan dann.

Er sah irgendwie traurig aus. Hatte er etwa gedacht, ich wolle mit ihm eine Partnerbeziehung eingehen? Klar, er konnte natürlich nicht wissen, dass ich ein Engel war und Engel keine Partnerbeziehungen pflegten. Vermutlich hatte er daher meine Aussage am Lügendetektor falsch verstanden. »Es tut mir sehr leid, falls ich schmerzhafte Gefühle bei dir ausgelöst haben sollte«, sagte ich deshalb zu ihm. »Das wollte ich wirklich nicht.«

»Ja, das ist mir klar. Es tut mir auch leid. Aber besser ein Ende mit Schrecken als ein Schrecken ohne Ende.«

»Ach, du Armer«, meinte Ava dann. »Komm mal her!« Daraufhin umarmte sie ihn tröstend. Ich tat danach das Gleiche. Direkt anschließend verabschiedete sich Dylan von uns und ging zurück zur Villa.

»Du solltest es Brian ebenfalls sagen«, meinte Ava dann zu mir.

»Das mit dem Savant-Syndrom?«

»Ja, und dass für dich eine Partnerbeziehung nicht in Frage kommt.«

»Hat Brian denn ebenfalls Interesse an einer Partnerschaft mit mir?«, fragte ich verwundert.

»Das will ich wohl meinen!«, bestätigte Ava.

Mir ging plötzlich das seltsame Verhalten von Brian wieder durch den Kopf, als ich ihn fragte, ob er Eis von meinem Nabel essen würde. Ich hatte seine Antwort nicht verstanden, doch jetzt ergab alles plötzlich einen Sinn. Er wollte nicht mehr so viel Zeit mit mir verbringen, weil er mir nicht wehtun wollte, hatte er gesagt. Offenbar musste er ebenfalls davon ausgegangen sein, dass ich eine Partnerbeziehung mit ihm eingehen wollte, wofür er sich ja noch immer nicht sicher genug fühlte. Und deshalb wollte er mir nicht wehtun. Stattdessen hatte ich jetzt Dylan auf die gleiche Weise wehgetan, was mir überaus leidtat.

»Ich danke dir von Herzen, dass du mir das gesagt hast. Das macht vieles klarer. Ich werde sofort mit Brian darüber sprechen.«

Offenbar reduzierte dieser Gedanke mein quälendes Gefühl sehr deutlich. Ich wusste zwar nicht, ob Brian jetzt dann doch Eis von meinem Nabel essen oder alternativ noch einmal Champagner daraus trinken würde, aber ich hielt es durchaus für möglich. Jetzt stand ja kein Missverständnis mehr zwischen uns. Er wollte keine Partnerbeziehung mit mir eingehen und ich auch nicht mit ihm. Wir wollten also das Gleiche. Und das zu wissen, fühlte sich richtig toll an.

Ava ging mit mir zurück in die Villa, um nach Brian zu suchen. Doch er war nirgendwo zu finden. Vermutlich war er bereits zu Bett gegangen, denn er gehörte ja zu den frühen Würmern. Wahrscheinlich würde ich ihn morgen früh dann im Garten auf einer Sonnenliege finden. Ich ging daher ebenfalls auf mein Zimmer und entmaterialisierte mich.

»Ich finde es überaus erstaunlich, welche Sollvorstellungen Menschen in Bezug auf ihre eigenen Gefühle annehmen können«, begann ich mit meinem Bericht an Ella. »Ava hatte die Vorstellung, dass ihr Mann ihr jeden Tag das Gefühl *geben* soll, dass er sie über alles liebt und begehrt. Und wenn er dieses Soll nicht erfüllte, dann ging sie hoch wie eine Bombe und machte ihm Vorwürfe. Sie haben wohl viel gestritten deswegen, und ihre Bindung wäre daran fast zerbrochen.«

»Ja, das ist bei den Menschen tatsächlich keine Seltenheit«, meinte Ella. »In meiner Zeit als Love-Angel habe ich dieses Phänomen ständig erlebt. Ich hatte es bis jetzt nur nie richtig verstanden. Die meisten Menschen haben offensichtlich unzählige emotionale Sollvorstellungen gegenüber ihrem Partner. Sie erwarten von ihm, dass er sich so verhält und in seinen persönlichen Eigenschaften so ist, wie es in ihnen selbst angenehme Gefühle auslöst und unangenehme vermeidet.«

»Ja, aber das ist doch gar nicht möglich«, erwiderte ich verwundert. »Ava hat mit dieser Erwartung ein unlösbares Problem erzeugt, an dem ihre Beziehung fast zerbrochen wäre.«

»Ja, auch das ist keine Seltenheit bei den Menschen«, sagte Ella. »Ihre emotionalen Sollvorstellungen gegenüber ihrem Partner sind sicherlich sehr häufig der Grund für eine Trennung. Sie erzeugen damit, wie du richtig erkannt hast, unweigerlich unlösbare Probleme, da die Erfüllung ihrer emotionalen Sollvorstellungen ja in Wirklichkeit gar nicht möglich ist.«

»Ja, aber wieso tun die Menschen das denn?«, fragte ich verwundert.

»Ich denke, dass sie gar nicht so genau wissen, was ihre emotionalen Sollvorstellungen in ihrem Leben tatsächlich bewirken. Sonst würden sie sicherlich sehr viel sorgsamer damit umgehen.«

»Ja, das ergibt Sinn. Bei Ava hat es jedenfalls genügt, die Folgen ihrer schädlichen Sollvorstellung zu verstehen, um sofort davon loszulassen.«

»Hast du den Eindruck, dass die emotionalen Sollvorstellungen der einzige Grund sind, warum die Menschen ständig denken, Probleme zu haben?«

»Der einzige vermutlich nicht. Die Menschen scheinen eine ganze Menge an seltsamen Sollvorstellungen zu haben, die einen ähnlichen Effekt haben. Heute Abend wurde beispielsweise ein Intelligenztest veranstaltet. Danach haben sich die Teilnehmer dann äußerst seltsam verhalten. Vor allem auch mir gegenüber, weil ich bei diesem Test die höchste Punktzahl hatte. Alle erzählten mir danach unentwegt, was sie alles Tolles in ihrem Leben bisher erreicht haben, wie wohlhabend sie sind, welche tollen Fähigkeiten und Talente sie haben und ähnliche Dinge. Ich dachte zunächst, sie hätten alle die Mission bekommen, mich mit diesem Verhalten zu verarschen, aber dem war nicht so. Irgendwie muss dieser Intelligenztest Sollvorstellungen bei den Teilnehmern aktiviert haben, die allesamt als Müssens angesehen wurden. Jeder schien nach dem Test den starken Impuls bekommen zu haben, der Intelligenteste, Beste, Tollste, Schönste, Talentierteste, Erfolgreichste, Wertvollste, Netteste, Beliebteste und Reichste sein zu müssen. Auch wurde sehr schnell klar, dass jeder einzelne dieser Müssens einen Rattenschwanz an weiteren Müssens nach sich zieht.

Eine Sollvorstellung scheint aus meiner Sicht dabei im Zentrum der ganzen Müssens zu stehen, denn sie zog sich heute Abend in der Villa wie ein roter Faden durch alle Gespräche hindurch. Jeder der Teilnehmer bemühte sich sehr stark darum, dass die anderen ihn toll finden. Um dieses Soll zu erfüllen, muss man offensichtlich für kreativ und geistreich gehalten werden, gute soziale Kompetenzen vorweisen, eine gute emotionale Stabilität haben, Charisma, Humor und Leichtigkeit sind ebenfalls wichtig, genauso wie Durchhaltevermögen. Außerdem muss man motiviert, neugierig, empathisch, ehrlich, loyal und gerecht sein, gleichzeitig gut aussehen, sportlich und gesund sein und vieles mehr. Man könnte da sicherlich 100 Müssens aufzählen. Und das alles nur, damit die anderen einen toll finden. Und jeder einzelne dieser 100 Müssens zieht dann noch einmal 100 weitere Müssens nach sich. Das scheint bis ins kleinste Detail zu gehen. Der heutige Abend hat mir gezeigt, dass es schier endlos viele Sollvorstellungen gibt, welche die Menschen zu einem Muss erklärt haben, um von den anderen positiv gesehen zu werden. Doch ich habe nicht verstanden, warum. Was zwingt die Menschen dazu, sich das Leben mit einer derartigen Fülle an erfundenen Müssens selbst so schwer zu machen?«

»Das liegt vermutlich an einem Sachverhalt, den wir Love-Angels als *große Täuschung* bezeichnen«, meinte Ella. »Die Menschen haben wegen dieser Täuschung tatsächlich für jede Kleinigkeit ganz genaue Sollvorstellungen angenommen. Wie Augenbrauen geformt sein sollen, wie lang Wimpern sein sollen, wo am Körper Haare wachsen sollen und wo nicht, wie lang Beine sein sollen, wie groß die Füße, wie voll die Lippen, wie viel man wiegen soll, wie die Frisur aussehen soll, wie die Haut beschaffen ist, welche Farbe sie hat … Man könnte da sicherlich Tausende von Sollvorstellungen aufzählen. Wirklich jedes Detail im äußeren Erscheinungsbild eines Menschen ist mit einer Sollvorstellung definiert. Genauso sieht es dann auch mit den inneren Werten wie zum Beispiel den Charaktereigenschaften und den Fähigkeiten und Talenten aus. Die große Täuschung gibt auch hier unzählige Details vor. Die charakterlichen Eigenschaften, die du eben aufgezählt hast, sind da nur die Spitze eines sehr großen Eisberges. Und offensichtlich gibt es dann auch genauso detaillierte Sollvorstellungen darüber, welche Gefühle man haben soll und welche nicht. Weiterhin ist vorgeschrieben, wie erfolgreich man in seinem Beruf sein soll, wie viel Geld man haben soll, wie viele Freunde man haben soll, wie groß eine Wohnung sein soll, wie viel Ordnung man halten soll, wie gesund man sein soll, wie intelligent man sein soll und so weiter und so fort. Das geht wie gesagt bis ins kleinste Detail. Grob geschätzt bringt die große Täuschung bei den Menschen sicherlich über 10 000 solcher vom Großhirn ausgedachter Sollvorstellungen hervor. Und viele davon werden als Müssens angesehen und wirken sich sowohl gesundheitlich als auch sozial und existenziell schädlich aus.«

Ella erklärte mir noch einige sehr interessante Fakten zur großen Täuschung, als nach und nach immer mehr der anderen Secret-Angels bei uns im Klassensaal eintrudelten. Die meisten kamen wohl jede Nacht hierher, wie sich herausstellte, denn es war die effektivste Maßnahme, um unsere wahre Identität als Engel nicht zu vergessen. Es war sehr schön, sie alle wieder zu sehen und ihre Geschichten zu hören.

Ich materialisierte mich dann erst kurz nach Sonnenaufgang wieder in meinem Zimmer auf Hawaii. Ich wollte an diesem Morgen die Gelegenheit nutzen, um mit Brian über mein Savant-Syndrom zu sprechen. Wie erhofft war er draußen im Garten. Ich setzte mich zu ihm und klärte das Missverständnis auf, das zwischen uns stand. Ich erzählte ihm von meinem Savant-Syndrom und davon, dass ich keine Partnerbeziehung wollte und auch gar nicht eingehen konnte. Weder mit ihm noch mit irgendeinem anderen Mann.

»Dann hattest du noch nie eine Partnerbeziehung?«, fragte er, als ich fertig erklärt hatte.

»Nein, noch nie. Und ich möchte auch keine. Mit meinen emotionalen Defiziten könnte ich damit ja auch gar nicht richtig umgehen.«

»Alles klar«, meinte er nachdenklich. »Das ändert natürlich alles. Es tut mir leid, dass ich da so blöd reagiert habe, aber das wusste ich natürlich alles nicht.«

»Das muss dir nicht leidtun. Du hast ja nichts falsch gemacht. Ich hätte dieses Missverständnis auch gleich aufgeklärt, wenn ich es vorher erkannt hätte. Mir tut es daher leid.«

»Dir muss es ebenfalls nicht leidtun«, meinte er. »Du kannst ja auch nichts dafür, dass du dieses Savant-Syndrom hast.«

»Können wir jetzt wieder Freunde sein?«, fragte ich.

»Freunde!«, antwortete er und reichte mir die Hand zum Einschlagen.

»Und können wir jetzt dann wieder Zeit miteinander verbringen?«

»Ja, das können wir«, bestätigte er. »Sehr, sehr gerne sogar!«

Ich spürte, wie mein quälendes Gefühl plötzlich komplett verschwand, das ich unterschwellig die ganze Zeit über gespürt hatte, und wie ich mich total erleichtert fühlte. Und das irritierte mich sehr! Brian hatte doch in keiner Weise zugestimmt, wieder Champagner aus meinem Nabel zu trinken, und dennoch verschwand das quälende Gefühl. Das ergab doch überhaupt keinen Sinn!

»Und wenn du möchtest, darfst du mich auch gerne alles über Gefühle fragen. Du hast zwar schon Ava dafür, aber manchmal braucht es ja vielleicht auch mal eine männliche Perspektive. Wenn du also Fragen hast, dann bin ich gerne für dich da.«

»Das ist sehr lieb von dir. Vielen herzlichen Dank. Das macht für mich sicherlich vieles noch einmal leichter. Ich hätte da auch tatsächlich eine Frage, die ich dir gerne stellen möchte. Es geht um gestern Abend.«

»Schieß los!«

»Mir ist aufgefallen, dass nach unserem IQ-Test alle sehr darum bemüht waren, von den anderen besonders positiv gesehen zu werden. Jeder glaubte deutlich machen zu müssen, wie toll, schön, interessant, erfolgreich, witzig und wohlhabend er ist. Ist das bei dir auch so? Hast du auch diese ganzen Müssens?«

»*Müssens*?!«, hakte Brian sichtlich amüsiert nach.

»Sagt man das denn nicht so? Wie bezeichnet man denn sonst die Mehrzahl von *einem Muss*?«

»Keine Ahnung. Aber ich finde *Müssens* süß. Und so wie du es aussprichst, ist es noch süßer!«, meinte er lächelnd, was ein ungewöhnlich warmes Gefühl in meiner Herzgegend auslöste, das mich erneut sehr irritierte.

»Und wie ist das bei dir mit diesen Müssens?«, fragte ich, um auf unser Thema zurückzukommen.

»Keine Ahnung. Ich denke schon, dass ich ebenfalls daran interessiert bin, bei anderen Menschen gut anzukommen. Aber ich glaube nicht, dass ich das als Muss ansehe.«

»Bist du dir da sicher?«, hakte ich skeptisch nach.

»Sicher bin ich mir natürlich nicht. Warum fragst du?«

»Es geht um einen Sachverhalt, der als *große Täuschung* bezeichnet wird«, begann ich zu erläutern, wie Ella ihn mir erklärt hatte. »Ich habe gelernt, dass diese große Täuschung bei allen Menschen dazu führt, dass sie es auf einer sehr tiefen, unbewussten Ebene als absolutes Muss ansehen, von anderen Menschen positiv und nicht negativ gesehen zu werden. Den meisten Menschen soll diese Sollvorstellung jedoch angeblich gar nicht bewusst sein. Und dennoch handeln sie ständig danach. Und sie beurteilen auch alle Ereignisse und Umstände in ihrem Leben anhand dieser Sollvorstellung. Was dazu beiträgt, von anderen als gut oder toll angesehen zu werden, wird vom unbewussten System des menschlichen Gehirns automatisch als gut bewertet. Und was dem eigenen Ansehen schadet, wird als schlecht angesehen. Das ist ein automatischer Beurteilungsprozess, der bei fast allen der täglichen 20 000 Entscheidungen mitberücksichtigt wird. Die große Täuschung beeinflusst damit so ziemlich alle Entscheidungen, die unser unbewusstes System tagtäglich trifft. Doch den meisten Menschen ist das angeblich überhaupt nicht bewusst.«

»Was ist das genau für eine Täuschung?«, wollte Brian wissen.

»Die große Täuschung entsteht in frühester Kindheit. Eltern haben gegenüber ihren Kindern einen sogenannten Erziehungsauftrag. Der besteht unter anderem darin, den Kindern beizubringen, was gut und was schlecht, was richtig und was falsch ist. Insbesondere müssen die Eltern ihre Kinder natürlich vor Schaden bewahren. Sie zum Beispiel davon abhalten, auf eine heiße Herdplatte zu fassen, etwas Giftiges zu essen oder eine Treppe herunterzufallen. Solange die Kinder noch ganz klein sind, gelingt dies jedoch nicht, indem die Eltern ihnen das logisch erklären. Daher greifen sie zu anderen Maßnahmen. Sie konditionieren ihre Kinder mit Hilfe von Vermeidungsgefühlen und Belohnungsgefühlen.«

»Sie konditionieren ihre Kinder?!«, hakte Brian irritiert nach.

»Ja, sie verwenden einen ganz einfachen Mechanismus. Immer wenn ein Kind etwas tut, was es nicht tun soll, tun die Eltern so, als würden sie das Kind deswegen weniger lieben. Sie zeigen dann Abneigung in ihrer Mimik und Gestik. Und immer wenn das Kind etwas tut, was die Eltern gut finden, dann zeigen sie ihrem Kind mehr Zuneigung. Abneigung löst im sozialen Gehirn des Kindes automatisch Vermeidungsgefühle und Zuneigung Belohnungsgefühle aus. So wird im Gehirn eines Kleinkindes alles, was die Eltern gut finden, mit Belohnungsgefühlen gekoppelt und alles, was sie schlecht finden, mit Vermeidungsgefühlen. Auf diese Weise geben die Eltern ihre Sollvorstellungen über das Leben an ihre Kinder weiter. Wenn ein Kind dann nur daran denkt, etwas zu tun oder zu sein, was die Eltern schlecht oder falsch finden, dann werden in seinem Gehirn sofort die gekoppelten Vermeidungsimpulse erzeugt, und das Kind lässt es sein. Auf der anderen Seite wird das Kind immer bemüht sein, erneut Zuneigung bei seinen Eltern auszulösen, indem es deren Sollvorstellungen erfüllt.«

»Also auf die gleiche Weise, wie man auch einen Hund erzieht«, stellte Brian fest. »Aber was hat das genau mit dieser großen Täuschung zu tun?«

»Die Täuschung besteht darin, dass die Eltern gegenüber ihren Kindern ja nur ein Mehr an Liebe vortäuschen, wenn diese ihre Sollvorstellungen erfüllen. Auch täuschen sie den Liebesentzug nur vor. Eltern empfinden zwar tatsächlich Zuneigung oder Abneigung, wenn ihre Kinder ihre Sollvorstellungen erfüllen oder nicht erfüllen, aber eben nicht, weil sie ihre Kinder tatsächlich mehr oder weniger lieben, sondern nur, weil sie selbst von ihren Eltern bereits auf diese Weise konditioniert wurden. Das sind also alles nur vorgetäuschte Gefühle, die mit echter Liebe überhaupt nichts zu tun haben.«

»Für die Kinder sieht es aber so aus, als sei die Liebe ihrer Eltern tatsächlich von diesen Sollvorstellungen abhängig«, meinte Brian nachdenklich.

»Ganz genau. Die Kinder sind einfach noch zu klein, um diesen Schwindel zu durchschauen. Ohne dass es von den Eltern beabsichtigt ist, entwickelt sich auf diese Weise in den Kindern ein falsches Bild der Welt. Sie glauben die Sollvorstellungen anderer Menschen erfüllen zu müssen, wenn sie von denen geliebt oder gemocht werden wollen. Und da ein Kind auf die Liebe, den Schutz und die Fürsorge seiner Eltern angewiesen ist, wird die Erfüllung dieser Sollvorstellungen vom Instinkt des Kindes als überlebensrelevant angesehen. Die

Sollvorstellungen werden damit automatisch zu Müssens. Und diese vielen Müssens ziehen dann im Laufe des Erwachsenenlebens einen ganzen Rattenschwanz an weiteren Müssens nach sich. Es ist schier unendlich, was erwachsene Menschen alles glauben, sein, haben, schaffen, erreichen oder vermeiden zu müssen, damit andere sie gut finden. Über 10 000 Sollvorstellungen entwickeln sich durch die große Täuschung bei einem erwachsenen Menschen im Laufe seines Lebens. Und zwar ohne, dass ihm das überhaupt bewusst ist.«

»Das ist echt heftig!«, meinte Brian sichtlich beeindruckt.

»Noch beeindruckender finde ich, dass diese ganzen Müssens immens viele emotionale, gesundheitliche, soziale und existenzielle Probleme erzeugen, das aber scheinbar kein Mensch erkennt.«

»Kann man das denn dann als Erwachsener überhaupt noch in Ordnung bringen, wenn diese große Täuschung so tief in uns verwurzelt ist?«, fragte Brian besorgt.

»Ja, das sollte eigentlich kein Problem sein. Die Vorstellung, dass wir von anderen nur dann gewollt werden, wenn wir deren Sollvorstellungen entsprechen, ist ja nicht angeboren. Es ist einfach nur eine falsche Annahme, die so früh in der Kindheit getroffen wurde, dass man nie wieder darüber nachgedacht hat. Es schien selbstverständlich zu sein. Aber es ist eben nur eine Annahme, die man auch jederzeit wieder ändern kann, wenn einem klar wird, dass sie nicht wahr sein kann.«

»Und was wäre dann die richtige Annahme?«

»Richtig ist, dass das Gehirn aller Menschen darauf konditioniert wurde, Zuneigungsgefühle zu erzeugen, wenn man ihre Sollvorstellungen erfüllt, und Abneigungsgefühle, wenn man sie nicht erfüllt. Doch das sind nur sehr oberflächliche Gefühle, die kaum eine Auswirkung darauf haben, ob man von anderen Menschen tatsächlich geliebt oder gemocht wird. Denn echte Liebe oder Freundschaft entsteht, weil die Sollvorstellungen des sozialen Gehirns für eine Partnerschaft oder Freundschaft erfüllt sind. Das Großhirn kann keine emotionale Bindung entstehen lassen. Das ist allein die Aufgabe des sozialen Gehirns. Deshalb ist es für die Liebe gar nicht wichtig, ob diese ganzen erfundenen Sollvorstellungen des Großhirns erfüllt sind oder nicht.«

»Das ist also der Grund, warum man Liebe nicht erzwingen kann«, stellte Brian fest. »Es ist sehr interessant, das mal zu verstehen.«

»Die Erfüllung der Großhirn-Sollvorstellungen erzeugt immer nur konditionierte Belohnungsgefühle. Die haben mit echter Liebe tatsächlich nichts zu tun.«

»Dann hat es also in Wirklichkeit überhaupt keinen Sinn, die Sollvorstellungen anderer Menschen erfüllen zu wollen, um von ihnen geliebt zu werden.«

»Richtig. Doch wenn man das nicht weiß, dann wird man zeit seines Lebens trotzdem stets bemüht sein, alle davon zu überzeugen, dass man der Tollste der Tollen ist.«

»Was der Liebe vermutlich eher schadet, als dass es ihr nutzt«, vermutete Brian.

»Ja, das denke ich auch. Vor allem, weil man auf diese Weise den Prozess stört, der für die Liebe tatsächlich verantwortlich ist.«

»Und der wäre?«, hakte Brian interessiert nach.

»Das soziale Gehirn muss erkennen, dass die soziale Bindung eine Bereicherung darstellt. Es beurteilt dies anhand seiner eigenen Sollvorstellungen, die sich im Laufe der Jahrmillionen als Überlebensvorteil herausgestellt haben.«

»Und was sind das genau für Sollvorstellungen im sozialen Gehirn?«

»Das weiß ich leider noch nicht so genau. Ein Kriterium ist auf jeden Fall, dass die Liebe oder Freundschaft auf Gegenseitigkeit beruhen soll. Beide sollen also daran interessiert sein, mit dem jeweils anderen eine Bindung einzugehen. Weiterhin erwartet das soziale Gehirn, dass der Bindungspartner einen als geichwertig ansieht, einen so akzeptiert, wie man tatsächlich ist, und einem Wertschätzung und Respekt entgegenbringt. Vermutlich gibt es da noch einige weitere Sollvorstellungen, die ich noch nicht kenne. Von der Liebe habe ich leider nicht viel Ahnung. Ich werde versuchen, mich diesbezüglich schlau zu machen.«

Plötzlich klingelten unsere Smartphones. »Kommt bitte jetzt alle an den Frühstückstisch«, war die Nachricht, die wir bekommen hatten.

Nachdem sich alle am Frühstückstisch versammelt hatten, klingelten unsere Smartphones erneut. »Es ist Halbzeit im Paradies. Heute ist der siebte Tag. Aus diesem Grund möchten wir euch einen Zwischenstand geben, wo ihr im Ranking der Zuschauer gerade steht. Doch bevor ihr das offizielle Ergebnis von uns erfahrt, haben wir noch eine kleine Aufgabe für euch. Eure *Mission* besteht darin, gemeinsam zu erraten, wie die Zuschauer für euch abgestimmt haben. Wer ist der Beliebteste von euch allen und wer der Unbeliebteste? Und wo genau stehen die anderen? Arbeitet also jetzt eine eigene Ranking-Liste aus! Ihr könnt diese *Mission* natürlich wie immer ablehnen und stattdessen *Wahrheit* wählen. Trefft eure Entscheidung jetzt.«

Soweit ich das erkennen konnte, hatten alle auf *Mission* geklickt, denn sobald wir unsere Smartphones wieder auf den Tisch gelegt hatten, entbrannte eine sehr lebhafte Diskussion. Mir fiel dabei auf, dass niemand seinen eigenen Namen nannte. Jeder machte Vorschläge, wer an oberster Stelle stehen sollte und warum, aber jeder nannte dabei den Namen eines anderen. Als es dann um den letzten Platz ging, taten sich alle noch viel schwerer. Niemand wollte so recht mit der Sprache herausrücken, wen er an unterster Stelle sah. Keiner wollte einen Namen nennen. Dieses Herumgedruckse zog sich echt lange hin.

Zehn Minuten später klingelten wieder unsere Smartphones, obwohl wir noch längst nicht fertig waren mit dieser Aufgabe. »Kommt bitte zu einem Ergebnis!«, lautete die Nachricht. »Ihr habt jetzt noch genau fünf Minuten Zeit.«

»Lasst uns einfach alle nacheinander durchgehen und

abstimmen«, schlug Mia vor. »Wir machen das einfach genauso wie die Zuschauer zu Hause. Wer ist der Meinung, dass Jerry aus der Sicht der Zuschauer ganz oben auf der Liste stehen sollte?«

Es meldete sich niemand, was Jerry sichtlich unangenehm war, denn er lief regelrecht rot an. Er sagte aber nichts dazu. Die meisten Teilnehmer reagierten danach ähnlich wie Jerry. Irgendwie hatte hier jeder gehofft, dass am liebsten alle anderen für ihn aufzeigen würden. Ich hatte tatsächlich drei Stimmen bekommen. Für mich hatten Brian, Dylan und Ava aufgezeigt, was ich sehr süß fand. Die meisten Stimmen hatte am Ende Liam, weshalb vermutlich dann auch sein Smartphone als Einziges klingelte. Er sollte die Nachricht allen vorlesen.

»Der beliebteste Star in der Villa ist mit 18 Prozent der abgegebenen Stimmen derzeit Liam.« Die Meute applaudierte lautstark und einige gaben sich High five, weil sie richtig geraten hatten. »Dicht gefolgt von Dylan mit 16 Prozent der Stimmen«, las Liam weiter vor, woraufhin die Teilnehmer erneut applaudierten. »Auf Platz drei haben wir eine Überraschung«, kündigte Liam an. »Hier steht Mary, die zuvor eigentlich keiner kannte. Liebe Mary, du hast dich mit deiner authentischen Art in die Herzen der Zuschauer gezaubert. Der Sender beglückwünscht dich ganz herzlich zu diesem tollen Erfolg.«

Die anderen Teilnehmer applaudierten erneut. Dieses Mal sogar noch lauter als bei den anderen, was in meinem Körper ein sehr schönes Gefühl erzeugte. Liam las dann noch das Ranking aller anderen Teilnehmer vor. Jeder erhielt von den anderen einen Applaus, wobei ich spürte, dass der Applaus gegen Ende eher als Trost gemeint war. Das Schlusslicht bildete Al, der zuweilen ein wenig grantig sein konnte. Trotzdem konnte ich nicht verstehen, wieso er der Unbeliebteste von uns sein sollte, denn wenn man ihn besser kannte, war er ein wirklich lieber Mensch. Er kämpfte eben zeit seines Lebens mit Depressionen, was ihn ein wenig unbequemer für andere gemacht hatte, aber das war für mich kein Grund, ihn an die letzte Stelle zu setzen. Andererseits musste natürlich jemand ganz unten stehen. Ich hätte es sicherlich niemandem gewünscht.

In diesem Moment wurde mir bewusst, dass ich offensichtlich die Relevanz dieser Rangordnung sehr gut nachempfinden konnte. Das konnte nur bedeuten, dass dies eine instinktive Sollvorstellung aus dem sozialen Gehirn sein musste und keine, die durch die große Täuschung erworben wurde, denn in meinem Leben gab es ja keine große Täuschung. Das war eine großartige Entwicklung, denn nun hatte ich eine Möglichkeit, die angeborenen Sollvorstellungen des sozialen Gehirns und des Reptiliengehirns von den ausgedachten des Großhirns zu unterscheiden. Diese Erkenntnis löste große Freude in mir aus.

Bei den meisten anderen Teilnehmern sah es mit der Freude hingegen gerade nicht so rosig aus. Die Tatsache, dass jetzt alle wussten, wo sie im Rang der Zuschauer standen, löste eine sehr bedrückte Stimmung aus. Offenbar war die Realität bei fast allen weit entfernt von ihrer Sollvorstellung. Nur Liam schien ganz zufrieden zu sein, aber er hatte ja auch den ersten Platz belegt.

Genau wie gestern Abend nach dem IQ-Test begannen jetzt alle wieder damit, ihre eigenen Vorzüge herauszustellen. Doch dieses Mal schien dieser Handlungsimpuls noch weiterzugehen. Im Gegensatz zu gestern Abend schien jetzt auch jeder daran interessiert zu sein, die Unzulänglichkeiten und Macken der anderen zu erwähnen. Zwar taten sie immer so, als wäre das alles nur als Scherz gemeint, doch ich konnte erkennen, dass sie damit eine klare Absicht verfolgten. Und noch eines war offensichtlich. Keinem der Anwesenden war auch nur im Entferntesten bewusst, welchem instinktiven Verhaltensprogramm er da gerade folgte. So wie Ella mir das angekündigt hatte.

Al wirkte von allen am meisten niedergeschlagen. Er war nach dem Frühstück gleich an die Bar gegangen und hatte sich ein alkoholisches Getränk bestellt. Ich wusste, dass diese Niedergeschlagenheit bei ihm einen depressiven Schub auslösen konnte, daher ging ich gleich mal zu ihm rüber. Vielleicht konnte ich ja irgendetwas für ihn tun.

»Meine herzlichen Glückwünsche zum dritten Platz«, meinte er dann, als ich mich neben ihn an die Bar setzte.

»Vielen Dank. Und wie geht es dir damit, dass die Zuschauer dich auf den letzten Platz gewählt haben?

Du siehst ehrlich gesagt ein wenig niedergeschlagen aus.«

»Ja, toll finde ich es nicht. Aber deswegen werde ich ganz sicher keinen depressiven Schub bekommen, falls du dir deswegen Sorgen machst. Ich mache mir da keine mehr. Unser Gespräch hat mir diesbezüglich wirklich nachhaltig die Augen geöffnet. Es war einfach nur bescheuert, meinen Mangel an Lebensfreude als Problem anzusehen und damit automatisch jegliche Lebensfreude im Keim zu ersticken.«

»Das freut mich sehr«, sagte ich und umarmte ihn herzlich.

Nachdem ich die Bar wieder verlassen hatte, schaute ich mich nach Brian um, konnte ihn aber nirgends ausmachen. Irgendwie war gerade außer Al und mir gar keiner mehr im Garten zu sehen. Vermutlich hatten sie alle außer uns eine geheime Mission bekommen. Dann hörte ich Geräusche aus dem Fitnessbereich. Offensichtlich schien also doch noch jemand da zu sein. Als ich dort ankam, lag Liam auf der Hantelbank, und Dylan stand dahinter. »Noch einen!«, feuerte ihn Dylan an. »Komm, einen schaffst du noch!«

Liam lächelte mich an, als er aufstand und Dylan die Hantelbank überließ.

»Dann machen wir jetzt mal noch ein paar Scheibchen drauf für mich. Das ist ja kein Gewicht für echte Kerle, was du da gedrückt hast«, sagte er zu Liam. »Stimmt's, Mary?!«

»Macht es aus einem Mann einen echten Kerl, wenn

er schwere Gewichte stemmen kann?«, fragte ich verwundert.

»Hey, du willst mir hier doch wohl nicht in den Rücken fallen!«, ermahnte mich Dylan lachend.

Ich wusste nicht so recht, was ich von dieser Aussage halten sollte, doch ich vermutete, dass es etwas mit dem Ranking zu tun haben musste. Möglicherweise wollte er den Zuschauern demonstrieren, dass er Liam in Sachen Körperkraft überlegen war und deshalb auf Platz eins gehörte. Falls es so war, schien ihm das jedoch überhaupt nicht bewusst zu sein. Ich hatte auch keine Idee, was ich mit den beiden in dieser Situation bereden könnte, um mit meiner Mission weiterzukommen, daher ging ich wieder zurück in den Garten der Villa, um zu schauen, ob sich dort vielleicht irgendwelche interessanten Gespräche auftun würden.

Es war jedoch noch immer kaum jemand dort. Nur Al saß weiterhin an der Bar, und bei den Sonnenliegen lag als Einzige Olivia. Der Rest vom Garten wirkte wie ausgestorben. Olivia hatte ich bisher kaum kennengelernt, daher beschloss ich, mich einfach mal zu ihr zu legen. Vielleicht würde sich ja mit ihr irgendwie ein gutes Gespräch entwickeln.

»Und wie fühlst du dich dabei, dass die Zuschauer dich auf Platz drei gewählt haben?«, fragte sie mich, als ich mich zu ihr legte.

»Es freut mich sehr«, antwortete ich. »Ich hatte damit überhaupt nicht gerechnet, da ich ja gar kein Star bin. Mich kannte ja vor dieser Show niemand. Ich bin daher davon ausgegangen, dass ich ganz sicher auf dem letzten Platz sein muss. Ehrlich gesagt ist es für mich ein Rätsel, wie ich so weit vorne liegen kann.«

»Na, ihr beiden Hübschen«, sagte dann plötzlich Ava, die sich auf die Liege neben mir legte. Ich hatte sie gar nicht kommen sehen. »Worüber unterhaltet ihr euch denn so?«, wollte sie wissen.

»Ich habe gerade zu Olivia gesagt, dass es für mich ein Rätsel ist, dass die Zuschauer mich auf Platz drei gewählt haben.«

»So rätselhaft finde ich das ganz und gar nicht«, erwiderte Ava. »Du bist mit deinem Savant-Syndrom etwas wirklich Besonderes. So jemanden wie dich kennen die Leute da draußen einfach nicht. Das ist auf der einen Seite sehr interessant, und auf der anderen Seite wirkst du unglaublich authentisch, wie in der Nachricht vom Sender ja schon gestanden hat.«

»Ja, und du siehst natürlich auch Hammer aus!«, fügte Olivia hinzu. »Das darf man nicht vergessen.«

»Das Aussehen scheint aber gar nicht so viel auszumachen«, gab ich zu bedenken. »Sonst wäre Dylan ja nicht auf Platz zwei gelandet.«

»Wieso nicht?«, fragten beide verwundert im Chor.

»Na, weil Dylan doch pottenhässlich ist«, antwortete ich.

»Dylan ist was?!«, hakte Ava lachend nach.

»Pottenhässlich, hat er zu mir gesagt. Soll das etwa heißen, dass er mich auf den Arsch genommen hat? Ist er gar nicht hässlich?«

»Dylan ist der absolute Oberkracher! Der sieht aus wie ein junger Gott«, lachte Olivia.

»Heißt das etwa, dass du die Attraktivität von anderen Menschen gar nicht beurteilen kannst?«, fragte Ava erstaunt.

»Ich habe keine Ahnung, wer hier gut aussieht und wer nicht«, sagte ich ehrlich. »Für mich spielt das Aussehen überhaupt keine Rolle.«

»Echt?!«, hakte Olivia ungläubig nach. »Da siehst du selbst so hammergeil aus, und das Aussehen ist dir völlig egal? Na, da hat der liebe Gott ja wieder einmal Perlen vor die Säue geschmissen!«

»Das muss mit ihrem Savant-Syndrom zu tun haben«, erklärte ihr Ava. »In mancherlei Hinsicht ist Mary absolut genial, aber andere Dinge kann sie überhaupt nicht. Und die Attraktivität von Menschen zu beurteilen, gehört wohl dazu.«

»Und was kannst du noch nicht?«, wollte Olivia dann wissen.

»Ich tue mich generell schwer mit Gefühlen«, antwortete ich. »Ich könnte beispielsweise deshalb auch keine Partnerbeziehung eingehen.«

»Na, da hast du dir auf jeden Fall schon einmal mächtig viel Stress erspart«, meinte Olivia lachend. »Ich habe mir auch schon oft gewünscht, ich hätte kein Interesse mehr an Männern, aber leider lastet dieser Fluch immer noch auf mir.«

»Ja, da habe ich mir sicherlich viele Müssens erspart«, bestätigte ich.

»*Müssens*?!«, hakte Ava irritiert nach.

»Brian hat auch schon gesagt, dass man das vermutlich nicht so sagt. Aber wie bezeichnet man denn sonst die Mehrzahl von einem Muss?«

»Keine Ahnung. Aber was genau hat es mit diesen Müssens auf sich?«, wollte sie wissen.

»Es geht um Sollvorstellungen. Wie die, dass dein Mann dir jeden Tag mindestens einmal das Gefühl geben soll, dass er dich über alles liebt, wertschätzt und begehrt. Wenn einem solche Sollvorstellungen richtig wichtig sind, betrachtet man deren Erfüllung sehr schnell als Muss.«

»Sagt mal! Wovon bitte schön redet ihr da?«, fragte Olivia und lachte laut auf. »Sollvorstellungen? Müssens?!«

»Ava versucht mir dabei zu helfen, Gefühle besser zu verstehen«, erklärte ich. »Für mich ist das sehr wichtig, da ich meine emotionalen Defizite mit Wissen und Intelligenz einigermaßen ausgleichen kann.«

»Verstehe«, sagte Olivia sichtlich amüsiert. »Dann macht ruhig weiter.«

»Das ist total spannend«, sagte Ava zu Olivia. »Über Gefühle habe ich mir zuvor noch nie so viele Gedanken gemacht. Aber ich find's voll cool. Und extrem bereichernd dazu! Gestern Abend hatte ich dadurch so krasse Erkenntnisse, dass mein Leben auf einen Schlag unglaublich viel leichter geworden ist.«

»Oh, dann macht meines bitte auch leichter!«, meinte Olivia grinsend.

»Vielleicht können wir ja deinen Stress mit Männern reduzieren?«, schlug ich vor. »Von welchen Männern möchtest du denn attraktiv gefunden werden?«

»Na, von allen natürlich«, scherzte Olivia.

»Und jetzt wirklich?«, fragte ich lachend.

»Ich glaube, sie hat das ernst gemeint«, meinte Ava zu mir.

»Natürlich meine ich das ernst«, bestätigte Olivia grinsend.

»Ja, aber dann hast du doch Stress ohne Ende«, sagte ich verwundert.

»Meine Rede!«, gab Olivia lachend zurück.

»Du willst also auch bei allen Nazis begehrt sein?«, fragte Ava provokant. »Und bei allen Serienmördern? Und bei allen Stalkern?«

»Na gut, vielleicht nicht bei allen. Aber bei fast allen«, relativierte Olivia ihre Aussage sichtlich amüsiert.

»Je mehr, desto besser, was?«, fragte Ava.

»Logisch!«, bestätigte Olivia.

»Aber wenn du bei so immens vielen Männern begehrt sein willst, dann erzeugt das ja Unmengen an Sollvorstellungen darüber, was du alles dafür tun, sein oder haben musst«, wendete ich ein. »Und je mehr dieser *Müssens* es in deinem Leben gibt, desto höher werden auch die Anforderungen, die du an dich selbst stellst. Und je höher diese Anforderungen werden, desto schwieriger wird es, sie alle zu erfüllen. Und das ergibt Sprengstoff für unendlich viele Probleme mit dir selbst und anderen Menschen.«

»Leute, ich bitte euch!«, meinte Olivia amüsiert. »Es ist doch für mich kein Problem, den Männern zu gefallen. Schaut euch doch mal dieses Gesicht und diesen Körper an! Ich bin oberste Liga, oder etwa nicht?!«

»Absolut«, bestätigte Ava ebenfalls amüsiert.

Ich war irritiert. Irgendwie kam mir das Amüsement der beiden überhaupt nicht echt vor.

»Ich hol mir dann mal was zu trinken von der Bar«, meinte Olivia dann. »Soll ich jemandem etwas mitbringen?«, fragte sie, als sie von der Liege aufstand.

»Nein, danke«, antwortete Ava. Ich schüttelte ebenfalls den Kopf.

»Das war komisch«, sagte ich zu Ava, als Olivia gegangen war.

»Ja, ich denke, dass sie dieses Thema nicht unbedingt vor der Kamera vertiefen wollte.«

»Wegen ihrem Rang bei den Zuschauern?«

»Ja, klar. So offen, wie du hier über alles redest, tut das sicherlich kein Zweiter. Aber wie du siehst, hat dich genau das im Ranking der Zuschauer ganz weit nach vorne gebracht.«

»Dieses Zuschauer-Ranking macht euch allen ganz schön zu schaffen. Es ist echt krass, wie viel Stress sich die Menschen damit machen, dass andere sie gut finden sollen. Sogar wenn es um völlig fremde Menschen geht.«

Kapitel 9

Rangordnung

»Habt ihr mitbekommen, dass Jim die Villa verlassen hat«, fragte Brian, der gerade zu uns kam.

»Nein, davon wussten wir nichts«, meinte Ava. »Hat er eine Mission abgelehnt?«

»Ja, aber er hat nicht gesagt, worum es dabei ging. Es war auf jeden Fall kein Problem für ihn, dass er die Show verlassen musste. Ich hatte auch das Gefühl, dass er eh keine große Lust mehr darauf hatte. Wir haben ihn gerade alle verabschiedet. Er lässt liebe Grüße an euch ausrichten.«

»Ach, deswegen war es hier so ruhig«, erkannte ich. »Meint ihr, sie schicken uns wieder einen Ersatz?«

»Ganz bestimmt«, antwortete Ava. »Die Show läuft ja noch eine ganze Woche. Da haben sie ganz sicher noch ein paar Ersatzkandidaten. Ich bin sehr gespannt, wer kommen wird. Ich denke, wir werden es spätestens morgen erfahren.«

»Hat jemand von euch Lust, mit ins Wasser zu kommen?«, fragte Brian.

»Ich bin nicht so fürs Wasser«, antwortete Ava. »Aber

geht ihr ruhig. Ich genieße einfach einmal die Ruhe und die Sonne solange.«

»Dann komme ich gerne mit«, sagte ich zu Brian. »Dann bis später, beste Freundin«, sagte ich lächelnd zu Ava. Sie lächelte lieb zurück.

»Sag mal, was war denn das mit der besten Freundin vorhin?«, fragte Brian, als wir zum Pool gingen.

»Wir haben heute beschlossen, dass wir beste Freundinnen sind. Ich finde das sehr schön, daher wollte ich dich fragen, ob du vielleicht ebenfalls mein bester Freund sein möchtest?«

»Möchtest du das denn?«

»Auf jeden Fall! Du bist für mich hier ganz klar mein Lieblingsmensch.«

»Na, dann sind wir ab sofort jetzt auch beste Freunde, wir beide«, stimmte Brian lächelnd zu, während er die Treppe zum Pool runterging. »Möchtest du dich wieder an mir festhalten?«, fragte er und reichte mir seine Hand.

»Sehr gerne«, bestätigte ich. Ich konnte zwar jetzt schwimmen, weshalb das gar nicht mehr nötig gewesen wäre, aber ich fand es viel schöner, seine Hand zu halten. Zumal beste Freunde das ja auch so machten, wie ich heute von Ava erfahren durfte, nachdem ich ihr mit ihrem kleinen Plastik-Delfin geholfen hatte.

»Ist dir klar, dass das mit dem Lieblingsmenschen kein normales Gespräch zwischen Männern und Frauen ist?«, fragte Brian mich dann.

»Nein, das war mir so eigentlich nicht klar. Und warum ist das nicht normal?«

»Weil das jeder sofort falsch verstehen würde. Die meisten Menschen würden dahinter ein partnerschaftliches Interesse vermuten. Ich wollte das nur mal erwähnt haben, damit es nicht wieder irgendwelche Missverständnisse gibt. Ich weiß ja jetzt, dass du keine Partnerbeziehung eingehen kannst, aber andere wissen das natürlich nicht. Wenn du denen sagen würdest, dass sie dein Lieblingsmensch sind, dann würden sie auf jeden Fall denken, du wolltest etwas von ihnen.«

»Aber du willst doch trotzdem mein Lieblingsmensch sein, oder?«, fragte ich verunsichert.

»Ja, sehr gerne sogar. Ich find dich nämlich richtig toll. Nur würde ich das normalerweise nie so offen sagen.«

»Und warum nicht?«

»Weil man das normalerweise nicht tut. Männer und Frauen machen es immer ein wenig spannend, ob sie nun etwas für den anderen empfinden oder nicht. Das gehört irgendwie dazu. Das ist so eine Art Prinzip. Es gibt zwar jeder Signale, die eventuell darauf hindeuten könnten, dass man an dem anderen Interesse hat, aber man lässt gleichzeitig auch immer Zweifel daran entstehen, wie groß das Interesse tatsächlich ist, damit die Sache spannend bleibt.«

»Das ist ein seltsames Prinzip. Was ergibt das für einen Sinn?«

»Keine Ahnung. Aber so macht man das normalerweise. Ich für meinen Teil würde mich vermutlich auch sonst schnell bedrängt fühlen, wenn eine Frau zu früh deutlich macht, dass sie mich zum Partner will. Ich könnte dann gar nicht mehr so richtig herausfinden, wie viel Interesse ich meinerseits für diese Frau habe. Ich hätte immer das Gefühl, dass sie vielleicht mehr von mir erwartet, als ich zu geben bereit bin.«

»Und da du weißt, dass das bei mir nicht der Fall ist, darf ich dir einfach sagen, wie toll ich dich finde und dass ich dich gerne zum Lieblingsmenschen haben möchte. Ist das so?«

»Ja, so ist es«, bestätigte Brian lächelnd.

»Und kannst du mir dann auch einfach sagen, was du für mich empfindest?«

»Theoretisch müsste ich das eigentlich schon können, aber das ist tatsächlich mehr als ungewohnt.«

»Dann versuch's doch mal! Das wird bestimmt lustig.«

»Und du bist sicher, dass du kein partnerschaftliches Interesse an mir hast?«, vergewisserte er sich nochmals.

»Ja, ganz sicher!«, bestätigte ich.

Eine menschliche Partnerbeziehung ergab für mich ja überhaupt keinen Sinn, was ich Brian natürlich so genau nicht erklären konnte. Ich würde noch einige Tage hierbleiben und dann bestimmt eine andere Mission bekommen. Und lange würde es vermutlich sowieso nicht mehr dauern, bis wir eine Lösung für das Problem der Menschheit gefunden hätten. Dann würde ich ohnehin keinen menschlichen Körper mehr besitzen.

»Nun denn«, begann er. »Das ist wirklich eine Herausforderung! Also … Ich find dich als Mensch überaus interessant. Du verkörperst ehrlich gesagt so ziemlich alles, was ich toll finde. Du bist lebensfroh, neugierig, begeisterungsfähig, motiviert, intelligent, extrem lieb und extrem ehrlich. Ich glaube ich habe tatsächlich noch niemals zuvor in meinem Leben einen authentischeren Menschen kennengelernt. Ich glaube, mit dir könnte man wirklich Pferde stehlen. Und du würdest mir nie in den Rücken fallen. Mich niemals verraten oder mir wehtun wollen. Du bist mitfühlend, kein bisschen eingebildet und auch kein bisschen egoistisch und niemals zickig. Du siehst immer das Gute in den Menschen und bist jederzeit bereit zu helfen. Und du bist mutig! Extrem mutig, muss ich sagen. Du schreckst vor keiner Aufgabe zurück. Noch nicht einmal davor, den Präsidenten der Vereinigten Staaten bloßzustellen mit seinen Lügen. Ich habe ehrlich gesagt noch nie zuvor einen Menschen wie dich kennengelernt.«

»Es freut mich sehr, dass du mich so positiv siehst«, sagte ich.

»Gleichzeitig bist du auch eine unfassbar attraktive Frau«, fuhr er fort. »Ich glaube sogar, mit Abstand die schönste, die ich je in meinem ganzen Leben zu Gesicht bekommen habe. Du bewegst dich elegant wie eine Raubkatze, selbst wenn du nur über den Rasen läufst. Und wenn du tanzt und singst, dann geht die Sonne auf. Anfangs konnte ich dir kaum in die Augen schauen, weil ich das Gefühl hatte, du würdest dabei jeden dunklen Fleck auf meiner Seele erkennen können. Der Blick in deine Augen ließ jedoch ohnehin meine Knie weich werden, weil ich noch nie in meinem Leben solch eine schöne Seele wie dich gesehen habe. Ich bin heilfroh, dass du keine Partnerbeziehung eingehen kannst, denn bei dir hätte ich wirklich nicht widerstehen können. Doch solange ich noch meine Blockaden habe, hätte das ohnehin keinen Sinn gehabt. Ich hätte viel zu viel Angst, dass ich dir wehtun könnte mit meinem Misstrauen. Das einzige Problem, das ich jetzt mit der ganzen Situation noch habe, ist, dass ich mir kaum vorstellen kann, wie ich mich jemals wieder in eine andere Frau verlieben könnte. Ich werde sicherlich automatisch alle mit dir vergleichen. Doch eine Frau wie dich wird es vermutlich kein zweites Mal geben. Damit muss ich mich einfach abfinden.«

In meinem Brustkorb und Hals hatte sich alles immer mehr zusammengeschnürt, als Brian davon sprach, wie er mich als Frau sah. Das Körpergefühl war so intensiv, dass ich kaum noch Luft bekam. Meine Augen füllten sich sofort mit Wasser. Ich hatte keine Ahnung, was das sollte. Wieso dieses schmerzhafte Gefühl? Und zu welcher Handlung sollte mich dieses Gefühl denn überhaupt veranlassen? In diesem Moment bemerkte Brian meine Tränen und erkannte den Schmerz, den ich in mir trug.

»Habe ich etwas Falsches gesagt?«, fragte er erschrocken.

»Nein, es war wunderschön, was du alles über mich gesagt hast«, antwortete ich schluchzend. »Aber es tut mir sehr, sehr leid, wenn du wegen mir zukünftig Probleme haben solltest. Falls ich irgendetwas tun kann, um dir bei diesem Problem zu helfen, dann sag mir bitte Bescheid. Ich würde alles für dich tun.«

»Das weiß ich doch«, sagte er tröstend. »Aber ich glaube, da muss ich allein durch. Und vielleicht ist es ja sogar besser, wenn wir nur Freunde sind. Partnerbeziehungen können schnell kaputtgehen, aber Freundschaften halten oft das ganze Leben. Jedenfalls tut es mir gut, Zeit mit dir zu verbringen. Ich bin sehr froh, dass das möglich ist, denn das Gefühl, dir gar nicht mehr nahe sein zu können, wäre für mich unerträglich.«

»Das wäre es für mich auch«, sagte ich mit Schmerz in der Stimme.

»Dann sind wir jetzt offiziell beste Freunde?«

»Und Lieblingsmenschen!«, fügte ich schluchzend hinzu.

»Und Lieblingsmenschen«, stimmte er lächelnd zu. »Lass dich drücken!«, sagte er und umarmte mich.

Es fühlte sich in diesem Moment unfassbar schön an, von ihm umarmt zu werden. Eine Woge warmer Energie schien sich in meiner Herzgegend auszubreiten und den Schmerz, der sich zuvor dort angesammelt hatte, ganz allmählich wieder aufzulösen. »Dich so zu umarmen, fühlt sich sehr schön für mich an«, sagte ich deshalb.

»Für mich ebenfalls. Lass uns einfach diesen Moment genießen! Den kann uns keiner mehr nehmen, egal was die Zukunft auch immer bringen mag.«

Wir standen noch lange im Wasser und hielten uns fest. So lange, bis mein Körper heftig zu zittern begann.

»Du hast ja schon ganz blaue Lippen«, erkannte Brian dann. »Ich glaube, wir sollten lieber jetzt raus aus dem Wasser.«

Wir nahmen uns frische Handtücher vom Tisch neben dem Pool und trockneten uns schnell ab. Dann liefen wir Hand in Hand, wie beste Freunde das tun, zurück zu Ava.

»Habe ich da was verpasst?«, frage sie erfreut, als sie uns beide Hand in Hand sah.

»Ja, wir sind jetzt ebenfalls beste Freunde«, berichtete ich ihr. »Jetzt habe ich schon zwei beste Freunde«, fügte ich voller Freude hinzu.

»Das freut mich sehr«, meinte Ava. »Und du kommst damit zurecht?«, fragte sie Brian.

»Ich denke schon. Es ist zwar komisch, aber es ist auch sehr spannend. Ich hatte noch nie eine Frau als besten Freund. Das ist eine ganz neue Erfahrung.«

In diesem Moment klingelten unsere Smartphones. »Ava, Mary und Brian, eure Mission besteht darin, jetzt und hier einen Orgasmus vorzuspielen. Ihr könnt diese *Mission* wie immer ablehnen und *Wahrheit* wählen. Entscheidet euch bitte jetzt sofort.«

»Oha!«, meinte Brian sichtlich aufgewühlt und klickte *Mission* an. Genau wie Ava. Ich klickte auf *Wahrheit*, denn ich hatte ja noch nie einen Orgasmus und wusste daher nicht, wie ich das hätte vorspielen sollen.

Wenige Sekunden später klingelten erneut unsere

Smartphones. »Geht jetzt sofort alle zum Lügendetektor.« Vermutlich hatten wieder alle Teilnehmer diese Nachricht bekommen.

Ich wurde also zum dritten Mal an den Lügendetektor angeschlossen. Die Fragen standen wie auch die letzten Male auf dem Monitor.

»Hattest du jemals eine Partnerbeziehung?« Ich sagte »*Nein*« und erhielt fünf Sekunden später auf dem Monitor die Antwort *Wahrheit*.

»Hattest du jemals Sex?«, war die zweite Frage, die ich ebenfalls verneinte, was die Maschine wenig später mit dem Wort *Wahrheit* bestätigte.

»Warst du jemals verliebt?«, war die dritte Frage. Ich verneinte ebenfalls und wartete auf Antwort. Doch es kam keine. Nach zehn Sekunden wurde die Frage dann noch einmal wiederholt: »Warst du jemals verliebt?« Ich verneinte erneut. Wenig später erschien auf dem Monitor die Antwort *Lüge*.

»Das muss eine Fehlfunktion sein!«, sagte ich irritiert. »Ich war garantiert noch nie verliebt.«

»Vielleicht, als du noch ein Kind warst«, spekulierte Ava. Doch das wusste ich natürlich besser.

»So hundertprozentig zuverlässig sind diese Geräte ja nie«, meinte Brian dazu. »Mach dir daher keine Gedanken über das Ergebnis. Du wirst besser wissen als jede Maschine, ob du schon einmal verliebt warst oder nicht. Es gibt ja auch keinen logischen Grund, warum du bei dieser Frage hättest lügen sollen. Vergiss es daher einfach! Deine Mission hast du jetzt auf jeden Fall erfüllt – im Gegensatz zu uns!«, sagte er direkt an Ava gerichtet.

In diesem Moment klingelten die Smartphones der beiden. Sie schauten sich ihre Nachricht an. Da sie diese nicht laut vorlasen, konnte das nur bedeuten, dass die anderen nicht wissen sollten, was jetzt passieren würde. Brian und Ava schauten sich gegenseitig kurz an, nickten sich zu und nahmen sich dann an den Händen. Dann begannen sie seltsame Laute von sich zu geben. Es hörte sich so an, als würden sie gerade eine angenehme Nackenmassage genießen oder so etwas in der Art. So sah also ein Orgasmus aus. So wahnsinnig spektakulär war das ja eigentlich nicht. Dann wurden die beiden lauter. Offensichtlich war das doch noch nicht alles gewesen. Jetzt hörten sie sich eher so an, als wäre ihnen schwindlig. Sie atmeten auch so schwer, als bekämen sie nicht genug Luft. Die anderen Teilnehmer begannen so langsam auf die beiden aufmerksam zu werden, die sich mit jedem Atemzug ein wenig kranker und angestrengter anhörten. Ihre Gesichter sahen auch nicht mehr so aus, als würden sie eine wohltuende Nackenmassage genießen, sondern eher so, als hätten sie Schmerzen und starke Kreislaufprobleme, sodass sie kaum noch aufrecht stehen konnten. Zum Glück wusste ich, dass die beiden das nur spielten, sonst hätte ich echt Angst um sie bekommen.

Sie atmeten immer schwerer. Zuweilen sahen sie so ähnlich aus wie Dylan, wenn er seine schweren Gewichte stemmte. Dann plötzlich wurden sie für einen

Moment ganz still, und ihre Körper spannten sich vom Kopf bis zu den Füßen an. Und dann stöhnten sie sehr laut auf und wiederholten dieses laute Stöhnen mehrere Male in rhythmischem Abstand. Ich war nun echt froh, dass ich wusste, dass dies alles nur gespielt war.

Ihr Stöhnen wurde nach wenigen Sekunden wieder ruhiger, und auch ihr Körper entspannte sich sehr schnell wieder. Und dann begannen sie zufrieden zu lächeln und sahen sehr glücklich aus. Die anderen Teilnehmer applaudierten völlig enthusiastisch, und die Mission war beendet. Danach verließen wir alle wieder den Raum mit dem Lügendetektor und gingen nach draußen in den Garten. Ava und Brian wollten jetzt erst einmal an die Bar. Brian war der Meinung, dass er sich jetzt einen Drink verdient hätte. Offensichtlich hatte ihn allein schon das Vorspielen eines Orgasmus erschöpft.

»Das war eine sehr interessante Erfahrung«, sagte ich zu den beiden, nachdem wir unsere Getränke bestellt hatten. »Menschen sind offensichtlich bereit, einen sehr hohen Preis für ihre schönen Gefühle zu zahlen.«

»Wie kommst du darauf?«, fragte Brian.

»Der Preis für die wenigen Sekunden an glücklichen Gefühlen nach einem Orgasmus scheint ja doch recht hoch zu sein.«

»Ja, da hast du recht!«, lachte er. »Das kann schon mal in Arbeit ausarten.«

Plötzlich spürte ich völlig unerwartet den starken Impuls, nach Dylan schauen zu müssen. Dieser Handlungsimpuls kam scheinbar aus dem Nichts. Doch ich wusste sofort, woher er wirklich gekommen sein musste, denn das war genau die Art und Weise, wie Guardian-Angels oftmals Menschen beeinflussten, wenn deren Freunde oder Verwandte in Gefahr waren.

»Ich möchte noch mal mit Dylan sprechen«, sagte ich den anderen beiden, ohne einen Grund dafür zu benennen und ging ihn suchen.

»Alles klar«, bestätigte Brian kurz. »Dann bis später.«

Da ich Dylan weder im Pool noch bei den Sonnenliegen oder der Chillout-Lounge sehen konnte, ging ich nochmals rüber in den Fitnessbereich. Doch da war im Moment niemand. Als Nächstes schaute ich im Proberaum nach, doch dort war ebenfalls niemand. Da ich schon einmal in der Villa war, ging ich sicherheitshalber noch hoch zu seinem Zimmer, obwohl es sehr unwahrscheinlich war, ihn dort anzutreffen. Wir hatten vom Sender die Order bekommen, uns den gesamten Tag über an öffentlichen Orten aufzuhalten. Auf unser Zimmer gingen wir daher nur, um uns umzuziehen oder auf die Toilette zu gehen oder dann am Abend, um zu schlafen.

Wie erwartet bliebt Dylans Tür dann auch geschlossen, als ich klopfte. Deshalb ging ich rüber zur Maske, denn das war der letzte Ort, wo er jetzt noch sein konnte. Dort traf ich Evelyn und William, doch Dylan war auch hier nicht zu finden.

Theoretisch gab es jetzt nur noch zwei Möglichkeiten. Entweder hatte er, ohne irgendjemand etwas zu sagen die Villa verlassen, was ich mir nicht vorstellen konnte, oder er war doch auf seinem Zimmer, hatte mir aber nicht geöffnet. Ich konnte mir jedoch keinen Grund vorstellen, warum er das getan haben könnte. Doch es war klar, dass ich nicht umsonst von einem Guardian-Angel kontaktiert worden war, um nach Dylan zu schauen. Es musste dringend sein. Womöglich hatte ihn unser Gespräch gestern Abend doch mehr aus der Bahn geworfen, als es zunächst ausgesehen hatte.

Ich ging also noch einmal rüber zur Villa und klopfte an seiner Tür. Doch es öffnete wieder keiner. Die Tür war verschlossen, und es sah alles danach aus, als sei er nicht da. Ich ging deshalb kurz auf mein Zimmer, um mich zu entmaterialisieren.

Ella klärte mich darüber auf, dass Dylan gerade in einem emotionalen Ausnahmezustand war und schnellstmöglich Hilfe benötigte, denn er hatte vor, eine gefährliche Menge an Drogen zu konsumieren. Und er war tatsächlich auf seinem Zimmer. Also materialisierte ich mich sofort wieder und ging erneut zu ihm rüber.

»Dylan?!«, sagte ich, als ich an seine Tür klopfte. »Hier ist Mary. Bitte lass mich rein!« Doch Dylan reagierte nicht. »Ich weiß, dass du da bist. Und ich weiß auch, dass es dir gerade nicht gut geht. Ich kann dir helfen. Vertrau mir! Bitte öffne die Tür!«

Ich hörte, dass sich im Zimmer etwas rührte. Kurz darauf, öffnete sich die Tür einen kleinen Spalt. Doch mehr geschah nicht. Dylan sagte kein Wort. Er schien auch nicht mehr hinter der Tür zu stehen. Also öffnete ich die Tür vorsichtig und sah, dass er sich wieder auf sein Bett gelegt hatte. Er starrte an die Decke. Sein Blick wirkte leer und verzweifelt. Ich schloss vorsichtig die Tür hinter mir.

»Ich habe mein Mikrofon ausgeschaltet«, sagte ich als Erstes zu ihm. »Wir können daher offen reden.« Er antwortete nicht darauf. Ich ging zu ihm und setzte mich auf den Rand seines Bettes. »Was ist los mit dir? Hat es etwas mit mir zu tun? Es tut mir sehr, sehr leid, wenn du wegen mir in diesem schlimmen Zustand bist.«

»Nein, es hat nichts mit dir zu tun«, antwortete er.

»Aber worum geht es denn sonst?«

»Ich habe einfach keinen Bock mehr auf die ganze Scheiße!«, sagte er genervt.

»Auf welche Scheiße denn?«, fragte ich verwundert.

»Ach, vergiss es einfach! Tut mir leid, wenn du dir wegen mir Sorgen gemacht hast.«

»Hast du keinen Bock mehr auf die Show? Willst du gehen?«

»Ich habe keinen Bock mehr auf Leben!«, sagte er frustriert. »Wofür der ganze Scheiß? Da reißt man sich sein ganzes Leben lang den Arsch auf, und wofür? Ich habe echt keinen Bock mehr!«

»Aber es ist doch offensichtlich, warum du das alles tust. Du wurdest als Jugendlicher gemobbt, und niemand wollte etwas mit dir zu tun haben. Deshalb glaubst du jetzt, der Tollste der Tollen sein zu müssen, weil du so etwas ganz sicher nie wieder erleben willst.«

Dylan schaute mich an, als hätte ihn ein Pferd getreten, sagte aber nichts.

»Liege ich falsch mit dem, was ich gesagt habe?«, fragte ich deshalb.

»Wie kann das sein, dass du das so genau siehst?«, fragte er fassungslos. »So genau war mir das ja selbst nicht klar. Das ist ja ultrapeinlich, wenn das so offensichtlich ist.«

»Ich glaube nicht, dass das jeder sieht. Das ist eher so ein Savant-Ding«, antwortete ich, um ihn zu beruhigen. »Wie du weißt, habe ich Schwierigkeiten mit Gefühlen. Aber ich erkenne Muster besser als normale Menschen, wenn ich die Zusammenhänge erst einmal grundsätzlich verstanden habe. Und bei dir ist das Muster mehr als offensichtlich für mich.«

»Ist es das?«

»Ja, das ist es«, bestätigte ich. »Du bist jetzt 30, richtig?«

»28!«, korrigierte er.

»Dass du dir das Leben nehmen wolltest, ist jetzt also 13 Jahre her. Und seitdem versuchst du in jeder Hinsicht toll zu sein, wenn nicht sogar der Tollste überhaupt. Und damit überforderst du sowohl deinen Körper als auch deine Psyche. Zwölf Jahre Kampf um Überlegenheit zehren jeden Menschen aus. Aufgrund der Dramatik deiner Situation damals wirst du dir vermutlich seitdem keine Ruhe mehr gegönnt haben, oder?«

»Ich arbeite täglich mindestens 14 Stunden, und zwar sieben Tage die Woche. Pause oder Urlaub mache ich nicht.«

»Ja, und das brennt dich sowohl körperlich als auch psychisch total aus. Das geht ja gar nicht anders. Der menschliche Körper ist nicht dafür gemacht, permanente Höchstleistung zu erbringen.«

»Ich habe das Gefühl, von Jahr zu Jahr immer mehr kaputt zu gehen. Und ich verliere mehr und mehr die Lust am Leben. Und so lustig und gut gelaunt, wie ich mich draußen immer gebe, bin ich in Wirklichkeit überhaupt nicht. Das ist alles fake! Ja, und das macht mich am meisten fertig. So wollte ich niemals werden«, sagte er mit deutlicher Selbstverachtung in der Stimme.

»Aber das kannst du doch alles ganz einfach ändern. Du musst doch nur erkennen, dass es überhaupt nicht notwendig ist, in jeder Hinsicht allen anderen überlegen zu sein.«

»*The winner takes it all*. So ist das nun einmal. Ich hab's nicht erfunden«, widersprach Dylan. »Wer interessiert sich schon für den Zweiten?!«

»Das stimmt vielleicht im Sport, aber nicht in Bezug auf soziale Beziehungen«, erwiderte ich. »Dort bewirkt die Sollvorstellung, anderen überlegen sein zu müssen, sogar das Gegenteil. Betrachte das doch einfach einmal aus einer anderen Perspektive. Wenn sich dir gegenüber jemand so verhält, dass er dir ständig seine Überlegenheit demonstrieren will, macht ihn das für dich dann sympathischer?«

»Ganz sicher nicht!«, meinte Dylan nachdenklich. »Das würde mir mächtig auf den Zeiger gehen.«

»Würdest du versuchen, mit diesem Menschen eine

Freundschaft oder Partnerschaft aufzubauen, weil er oder sie ja offensichtlich ganz toll ist, oder würdest du ihn oder sie nicht sogar eher meiden?«

»Mit diesem Menschen würde ich ganz sicher keine Freundschaft eingehen. Schon gar nicht eine Partnerbeziehung«, erkannte Dylan.

»Glaubst du immer noch, allen anderen überlegen sein zu müssen, damit sie dich gut finden? Mit dieser Sollvorstellung kann einfach etwas nicht stimmen, sonst müsstest du ja ebenfalls ständig auf der Suche nach Menschen sein, die dir in jeder Hinsicht überlegen sind. Denn: *The winner takes it all.*« Dylan schaute mich irritiert an, ohne auf meine Frage zu antworten, daher fuhr ich fort. »Menschen, die ständig ihre Überlegenheit demonstrieren wollen, wirken auf das soziale Gehirn anderer doch sicherlich eher abstoßend und nicht anziehend.«

»Ist das wirklich so?«, fragte Dylan sichtlich irritiert.

»Probiere es doch einfach einmal aus!«, schlug ich vor. »Wenn ich das richtig verstanden habe, dann will das soziale Gehirn nur Freundschaften oder Partnerschaften mit Menschen eingehen, wenn man sich gegenseitig als Bereicherung ansieht. Mal ist man dabei überlegen und mal unterlegen, aber das scheint keine große Rolle zu spielen. Die gegenseitige Bereicherung scheint die angeborene Sollvorstellung aus dem sozialen Gehirn für Freundschaften und Partnerbeziehungen zu sein. Ich glaube, dass Liam im Zuschauerranking auch genau deshalb ganz oben steht. Liam bemüht sich nämlich von euch allen am allerwenigsten, seine Überlegenheit zu demonstrieren oder darum, von allen toll gefunden zu werden. Und das macht ihn sympathisch. Versuch das doch einfach auch einmal! Ich bin sicher, du wirst eine sehr positive Erfahrung machen. Und dann lösen sich deine ganzen fatalen Sollvorstellungen, die dich in den letzten Jahren so fertig gemacht haben, ganz von selbst wieder auf.«

»Halt mich für theatralisch, aber wenn das stimmt, dann hast du mir mit dieser Information vermutlich langfristig das Leben gerettet.«

»Das ist mein Job, wie du weißt«, sagte ich lächelnd. »Ich bin ja im Personenschutz tätig. Was hältst du denn davon, wenn wir ab heute beste Freunde sind? Und noch schöner fände ich es, wenn wir Lieblingsmenschen sein könnten.«

Dylan lachte und umarmte mich. »Ja, du bist ab sofort auf jeden Fall mein Lieblingsmensch. Und du bist wirklich sicher, dass du keine Partnerbeziehung eingehen kannst?«

»Ganz sicher«, antwortete ich. »Ich muss dann nochmals kurz auf die Toilette. Wir sehen uns dann später unten im Garten.«

Nachdem ich im Klassensaal angekommen war, berichtete ich Ella von meinem Gespräch mit Dylan.

»Dylan ging es offensichtlich um seinen Rang im Rudel«, schlussfolgerte sie.

»Um seinen *Rang im Rudel*?!«, hakte ich ahnungslos nach.

»Der Mensch ist von seiner Genetik her ein Rudeltier. Hochrangige Mitglieder eines Rudels haben eine höhere Lebensqualität als niederrangige. Sie haben mehr Privilegien, mehr Freiheit, mehr Macht, mehr Sex, werden besser behandelt, respektiert, gewertschätzt, gemocht, geliebt, finden leichter Freunde und Lebensgefährten und viele weitere positive Dinge. Diejenigen, die ganz unten in der Rangordnung stehen, werden viel schlechter behandelt – so wie Dylan, als er noch ein übergewichtiger Teenager war. Wenn man ganz unten in der Rangordnung steht, dann hat man als Mensch eine sehr viel schlechtere Lebensqualität, weshalb jeder Mensch instinktiv darum bemüht ist, das zu vermeiden. In der modernen Zivilisation ist die Lebensqualität eines Menschen zwar kaum noch von seinem Rang abhängig, doch die instinktiven Prinzipien können sich nicht so schnell an neue Lebensbedingungen anpassen. Daher streben die Menschen instinktiv auch heute noch genauso stark nach einem hohen Rang wie damals in der Steinzeit.«

»Das erklärt auch das Verhalten der Teilnehmer nach dem Intelligenztest und dem Zuschauer-Ranking«, erkannte ich. »Dylan ist also nicht der Einzige, der anderen überlegen sein will.«

»Da ist er auf keinen Fall der Einzige«, stimmte Ella mir zu. »Das Streben nach Überlegenheit und das Vermeiden von Unterlegenheit ist ein instinktives Verhaltensprogramm aus dem Reptiliengehirn, das der Menschheit derzeit in vollem Umfang noch nicht bewusst ist. Die Menschen haben keine Ahnung, wie stark dieses Programm ihr Leben tatsächlich bestimmt, da ihr Großhirn die Handlungsimpulse aus dem Reptiliengehirn nur sehr schwach wahrnehmen kann. Die Menschen handeln daher direkt aus dem Reptiliengehirn heraus, ohne das zu fühlen und damit auch, ohne es überhaupt zu merken. In der Regel merken sie nur, dass sie nicht unterlegen sein wollen und dass sie respektvoll behandelt werden wollen. Dass dahinter noch ein sehr viel umfassenderes instinktives Verhaltensprogramm steckt, ist ihnen in der Regel nicht bewusst. Im Durchschnitt tut jeder Mensch alle drei Sekunden etwas für seinen Rang im Rudel, wenn er mit anderen Menschen zusammen ist. Dabei geht es jedoch nicht nur um Überlegenheit und Respekt. Es gibt noch ein zweites instinktives Verhaltensprogramm, das den Rang eines Menschen bestimmt.«

»Und worum geht es bei diesem zweiten Programm?«, fragte ich wissbegierig.

»Um Kooperation«, antwortete Ella. »Dem Reptiliengehirn geht es bei der Rangordnung um Konkurrenz, dem sozialen Gehirn hingegen um Kooperation. Das Überlegenheitsprinzip bewährte sich bei den Reptilien bereits über 200 Millionen Jahre lang, bevor die ersten Säugetiere auf der Bildfläche erschienen. Zunächst bekam auch bei den Säugetieren der Überlegene den höheren Rang. Doch als die Säugetiere dann intelligenter wurden, setzte sich allmählich die Kooperation als das bessere Überlebenskonzept durch. Je intelligenter eine Spezies ist, desto stärker wird der Rang durch die Bereicherung bestimmt, die ein Individuum für die Lebensqualität seines Rudels darstellt. Die Menschen haben deshalb schon vor mehreren Hunderttausend Jahren damit begonnen, sich auf bestimmte Aufgaben im Rudel zu spezialisieren, mit denen sie für die anderen Mitglieder aus ihrem Rudel eine besondere Bereicherung darstellen können. Zu Anfang waren es noch sehr rudimentäre Aufgabenteilungen wie Jagen, Kochen oder Kindererziehung. Später übernahmen die Menschen dann immer spezifischere Aufgaben. Sie wurden Schmied, Bauer, Müller, Jäger, Heiler, Händler, Lehrer, Unterhaltungskünstler und so weiter. Heute gibt es bei den Menschen rund 40 000 verschiedene Aufgaben, auf die sie sich spezialisieren können, um ihren Platz im Rudel zu finden und ihren Lebensunterhalt zu verdienen. Einige dieser Aufgaben bringen den jeweiligen Spezialisten einen hohen Rang ein, weil diese Aufgaben einen sehr hohen Wert für die Lebensqualität vieler Menschen darstellen, andere Aufgaben sind weniger hoch angesehen.«

»Dann entscheidet in der modernen Zivilisation doch eigentlich viel mehr der Grad der Bereicherung, den ein Mensch für die soziale und existenzielle Lebensqualität seines Rudels darstellt, über seinen Rang.«

»Ja, das ist richtig«, bestätigte Ella meine Vermutung. »Doch das instinktive Streben nach Überlegenheit wurde im Reptiliengehirn nicht automatisch verworfen. Wie immer, wenn sich in der Evolution etwas über Jahrmillionen bewährt, wird es als instinktives Verhaltensprogramm beibehalten. Die Menschen konkurrieren daher immer noch miteinander, obwohl es ihnen gar keinen echten Rang mehr einbringt. Das merkt ihr Reptiliengehirn jedoch nicht, da sie im Falle einer Überlegenheit von anderen Menschen kurzzeitig respektvoll und bevorzugt behandelt werden. Und das ist aus der Sicht des Reptiliengehirns das Hauptmerkmal eines hohen Ranges. Wenn der Überlegene jedoch letztendlich für die Lebensqualität des Rudels keine nennenswerte Bereicherung darstellt, dann beschränkt sich die bevorzugte Behandlung gerade einmal auf einige wenige Minuten. Dann ist es den Menschen sofort wieder egal, ob jemand in irgendeiner Sportart Weltmeister, ob er reich, berühmt oder erfolgreich ist. Man zollt den Überlegenen für einen kurzen Moment instinktiv Anerkennung und Respekt, und das war's dann auch schon. Einen echten Rang erhält man als Mensch durch Überlegenheit schon seit mehreren Hunderttausend Jahren nicht mehr. Man erhält mit dem Überlegenheits-Status nur so eine Art kurzfristigen Schein-Rang.«

»Dennoch scheinen in der Villa alle genau nach diesem Überlegenheits-Status zu streben«, sagte ich. »Wieso merken sie denn nicht, dass das in Wirklichkeit gar nichts bringt?«

»Weil ihnen das alles überhaupt nicht bewusst ist. Das Bewusstsein der Menschen hat nur einen sehr begrenzten Zugang zu diesen uralten instinktiven Programmen aus dem Reptiliengehirn. Auch glauben die meisten Menschen, dass sie über diese niederen Instinkte längst erhaben sind. Sie spüren die Handlungsimpulse aus diesem Programm daher gar nicht, und sie denken auch nicht über ihr Streben nach Überlegenheit nach. Sie tun es, ohne sich dessen bewusst zu sein.«

»Also versucht jeder, der Tollste und Beste und auf keinen Fall anderen unterlegen zu sein.«

»Genau so ist es«, stimmte Ella zu. »Das ist der Grund, warum die Menschen so gerne ihre Status-Symbole, ihre Erfolge, ihre Fähigkeiten, ihre Attraktivität oder ihre Beliebtheit zur Schau stellen. In Wirklichkeit schädigen sie mit diesem Konkurrenz-Gehabe sogar ihren echten Rang im Rudel. Denn niemand möchte einem anderen einen hohen Rang und damit Privilegien einräumen, wenn der in Wirklichkeit für die eigene Lebensqualität überhaupt keine Bereicherung darstellt. Wenn daher jemand demonstrieren will, dass er anderen überlegen ist, dann nervt das alle anderen nur.«

»Wer also in Bezug auf die Lebensqualität anderer Menschen eine Bereicherung darstellt, der erhält einen echten hohen Rang von dessen sozialem Gehirn. Und je mehr Menschen ihn als Bereicherung ansehen, desto höher ist er dann auch vermutlich in der gesamten Gesellschaft angesehen. Wer hingegen eine Belastung oder Beeinträchtigung für die Lebensqualität anderer darstellt, der bekommt einen niedrigen Rang vom sozialen Gehirn. Und wer aus dem Reptiliengehirn heraus ständig seine Überlegenheit demonstrieren will, der stellt wohl eher eine Beeinträchtigung für die Lebensqualität anderer dar. Daher ist dieses Verhalten in Wirklichkeit schädlich für den tatsächlichen Rang. Kann man das so zusammenfassen?«

»Ja, das kommt hin«, bestätigte Ella.

»Das bedeutet doch aber, dass die Menschen in Wirklichkeit eigentlich gar nicht viel tun können, um von anderen einen hohen Rang zu bekommen«, stellte ich fest. »Sie können nur versuchen, eine Bereicherung für die Lebensqualität anderer zu sein, aber das war's dann auch schon.«

»Das ist richtig. Der Rang entwickelt sich automatisch, ob die Menschen sich nun darum bemühen oder nicht. Wenn andere sie als Bereicherung ihrer eigenen Lebensqualität ansehen, erhalten sie einen hohen Rang. Das kann wegen ihrer persönlichen Stärken der Fall sein, oder auch wegen ihrer Bedürfnisse und Abneigungen, wegen ihrer Meinungen, Sichtweisen und Interessen, ihrer Eigenheiten, Eigenschaften, Fähigkeiten und Talente. Viele Menschen sehen andere auch gerade wegen ihrer Schwächen, Unzulänglichkeiten, Macken, Ängste und Probleme als eine persönliche Bereicherung an, weil sie sich aufgrund ihrer eigenen Eigenheiten, Unzulänglichkeiten und so weiter diesen Menschen sehr viel verbundener fühlen als den Menschen, die ständig demonstrieren müssen, wie toll sie sind. In der Regel erhalten deshalb immer automatisch diejenigen Menschen den höchsten Rang, die eine Bereicherung für die Lebensqualität vieler anderer darstellen und gleichzeitig am wenigsten Interesse daran haben, ihre Überlegenheit zu demonstrieren. Je weniger sie um Überlegenheit konkurrieren, desto höher sind sie dann im echten Rang der Kooperation.«

»Es gibt also einen großen Unterschied zwischen dem Überlegenheits-Status aus dem Reptiliengehirn und dem echten Rang aus dem sozialen Gehirn.«

»Ganz genau. Beides sind instinktive Verhaltensprogramme. Bei beiden Instinkten geht es um eine hohe Lebensqualität. Die beiden Programme können aber nicht gleichzeitig aktiv sein, denn sie schließen sich gegenseitig aus. Man kann entweder kooperieren oder konkurrieren. Prinzipiell wäre es für den modernen Zivilisationsmenschen so gut wie immer besser, sich für die Kooperation zu entscheiden. Doch die Menschen denken über diese Entscheidung gar nicht nach, weil sie sich der Existenz der beiden instinktiven Programme nicht bewusst sind. Daher aktivieren sie sehr häufig das falsche instinktive Verhaltensprogramm, wenn es um ihren Rang im Rudel geht.«

»Du hast gesagt, dass es im täglichen Miteinander mit anderen Menschen im Durchschnitt alle drei Sekunden um den Rang im Rudel geht. Was schätzt du denn, wie oft dabei das Überlegenheitsprogramm aktiviert wird?«

»Das ist sicherlich von Mensch zu Mensch unterschiedlich«, meinte Ella. »Wie oft das genau passiert, kann ich nicht sagen. Bei den meisten Menschen springt dieses Programm nur an, weil sie vermeiden wollen, unterlegen zu sein. Nur wenige Menschen streben so stark nach Überlegenheit wie Dylan. Doch unterlegen will niemand sein. Als Love-Angel hatte ich viel mit diesem Thema zu tun. Denn viele Frauen wollen instinktiv einen Partner, der ihnen überlegen ist, weil dieser starke Partner sie dann besser beschützen kann. Hier bestimmt also das Motiv aus dem Reptiliengehirn die Partnerwahl der Frauen. Doch im Alltag kriegen sie dann Probleme, weil ihr soziales Gehirn ihrem Partner nicht unterlegen sein will.«

»Ihr Reptiliengehirn will also einen überlegenen Partner, und ihr soziales Gehirn will nicht unterlegen sein. Was sich rein logisch betrachtet natürlich gegenseitig ausschließt.«

»Ja so ist es. Die Frauen wundern sich dann immer darüber, wieso sie jedes Mal wieder an den falschen Mann geraten, da sie sich ihrer instinktiven Partnerwahl einfach nicht bewusst sind. Wir Love-Angels geben diesen Frauen dann immer den Impuls, sich lieber nach einem Mann umzuschauen, der eine echte Bereicherung ihrer Lebensqualität darstellen würde. Doch das funktioniert nicht bei allen Frauen. Bei manchen ist das instinktive Bedürfnis, einen überlegenen Mann zu finden, einfach zu stark. Sie suchen sich dann immer ein Alpha-Männchen, das ständig seine Überlegenheit demonstriert. Und dann kriegen die Frauen mit der Zeit immer größer werdende Beziehungsprobleme mit diesen Alpha-Männchen, weil die natürlich auch gegenüber ihren Frauen ständig ihre Überlegenheit demonstrieren wollen.«

»Gibt es noch mehr solcher instinktiver Verhaltensprogramme, die den Menschen Probleme machen?«, wollte ich wissen.

»Ja, die gibt es sicherlich. Eigentlich wäre es die Aufgabe des Großhirns, diese instinktiven Programme bezüglich ihrer Relevanz für die moderne Welt von heute korrekt zu beurteilen. Doch wenn das Großhirn diese Urzeit-Prinzipien gar nicht richtig kennt, dann kann es sie auch nicht gut regulieren. So gesehen ist der Mensch im Moment tatsächlich noch mehr Homo principius als Homo sapiens.«

Kapitel 10

Sicherheit

Brian und Ava waren nicht mehr bei den Sonnenliegen, als ich nach meinem Gespräch mit Ella zurück in den Garten kam. Und auch sonst war niemand hier, wie mir gleich auffiel. Der Pool war leer, genau wie die Bar. Womöglich hatten alle außer mir eine Mission bekommen, weshalb sie jetzt im Proberaum oder in der Maske waren. Ich legte mich auf eine Sonnenliege und wartete einfach einmal ab.

Kurz darauf hörte ich Stimmen aus der Richtung der Maske. Ich konnte nicht verstehen, was sie sagten, aber irgendwie hörten sie sich komisch an. Ich stand auf und ging ihnen entgegen. Die anderen standen alle im Pulk vor dem großen Tor der Villa. Als ich näher kam, sah ich ihre ernsten Gesichter, und mir war sofort klar, dass etwas Schlimmes passiert sein musste.

»Was ist los?«, fragte ich Brian, als ich die Gruppe erreicht hatte.

»Jerry musste ins Krankenhaus. Verdacht auf Herzinfarkt. Er klagte heute Mittag schon über Übelkeit und Kreislaufschwierigkeiten. Das wurde dann wohl immer schlimmer, weshalb der Sender einen Arzt kommen ließ. Und der rief sofort einen Krankenwagen. Sie haben Jerry gerade mitgenommen. Genaueres wissen wir noch nicht.«

»Hoffentlich passiert ihm nichts!«, sagte Ava, die gerade zu uns gestoßen war. »Ich mache mir solche Sorgen.«

»Brauchst du nicht«, beruhigte ich sie. »Jerrys Zeit ist noch nicht gekommen. Er wird sich wieder erholen.«

»Woher willst du das denn wissen?«, fragte sie skeptisch.

»Das ist so ein Savant-Ding«, antwortete ich. »Ich sehe, wenn die Zeit für jemanden gekommen ist. Und Jerry ist noch nicht so weit. Sie werden ihn vermutlich heute über Nacht im Krankenhaus zur Beobachtung behalten. Aber morgen ist er bestimmt schon wieder hier.«

Ava schaute mich skeptisch an. »Das kannst du doch nicht wissen!«

»Nicht hundertprozentig«, stimmte ich zu. »Aber ich bin da so gut wie sicher. Zumindest, dass seine Zeit noch nicht gekommen ist. Selbst, wenn er heute Nacht im Krankenhaus sterben würde, würden ihn die Ärzte wieder zurückholen. Denn wie gesagt: Seine Zeit ist noch nicht gekommen. Seelen, die vor ihrer Zeit auf die andere Seite gehen wollen, werden wieder zurückgeschickt. Du musst dir da wirklich keine Sorgen machen.«

»Ich respektiere deinen Glauben, aber das kannst du doch alles gar nicht wissen«, sagte Ava noch einmal aufgewühlt.

Eigentlich wusste ich das schon, aber ich wusste nicht, wie ich Ava das begreiflich machen sollte, ohne meine wahre Identität zu verraten. »Du wirst schon sehen. In ein paar Stunden bekommen wir bestimmt schon die Info, dass mit Jerry alles in Ordnung ist. Mach dir keine Sorgen.«

»Dein Wort in Gottes Ohr«, antwortete sie weiterhin sorgenvoll.

»Es bringt eh nichts, wenn wir uns jetzt verrückt machen«, stimmte mir Dylan zu. »Jerry würde das ganz sicher auch nicht wollen!«

»Ja, aber irgendetwas müssen wir doch tun können!«, erwiderte Ava.

»Manchmal muss man einfach akzeptieren, dass man nichts tun kann«, meinte Brian.

»Das kann ich nicht akzeptieren!«, sagte sie verzweifelt.

Mir wurde klar, dass dies mit ein Grund dafür sein konnte, warum Ava permanent Angst davor hatte, dass etwas Schlimmes passieren könnte. Sie wollte einfach nicht akzeptieren, dass sie nicht alles vollständig kontrollieren kann. Doch diese Akzeptanz gehörte nun einmal zur Existenz sterblicher Wesen dazu. Eine Erfahrungswelt der Sterblichkeit erforderte unweigerlich ein gewisses Maß an Unsicherheit. Diese unvermeidliche Unsicherheit nicht akzeptieren zu wollen, war daher nicht sinnvoll. Doch mir war klar, dass ich das Ava jetzt nicht erklären konnte, solange sie in diesem instinktiven Vermeidungsprogramm gefangen war. Ich nahm sie daher einfach nur tröstend in den Arm, was sie tatsächlich allmählich beruhigte.

Nach und nach löste sich die Gruppe vor dem Tor der Villa dann wieder auf. Die Leute verteilten sich wie üblich im Garten – wobei die Stimmung bei allen spürbar gedrückt blieb. Ich saß mit Ava, Brian und Dylan zusammen bei den Sonnenliegen. Wir redeten nicht viel. Der Sender verschonte uns auch mit weiteren Missionen. Auch Evelyn und William mussten nichts vorführen, wie ich zuvor vermutet hatte, als ich sie in der Maske gesehen hatte. Offenbar hielt der Sender das in der aktuellen Situation nicht für angemessen.

Ich hielt die ganze Zeit Avas Hand, da sie das zu beruhigen schien. Brian lag neben mir und warf mir zwischendurch immer wieder mal mitfühlende Blicke zu. Ich glaube, er war sehr froh, dass ich mich ein wenig um Ava kümmerte, denn sie war wirklich fertig und fix mit den Nerven.

Nach zwei Stunden klingelten dann unsere Smartphones. »Wir haben gerade mit Jerry gesprochen«, stand in unserer Nachricht. »Er wurde gründlich untersucht. Die Ärzte sagen, alles sei so weit in Ordnung. Er hatte wohl nur einen Schwächeanfall. Sie werden ihn heute Nacht noch zur Beobachtung im Krankenhaus behalten. Und wenn dann alles den Erwartungen entsprechend verläuft, wird er morgen wieder bei uns sein.« Überall im Garten jubelten die Leute und applaudierten.

»Woher hast du das gewusst?«, fragte mich Ava fassungslos.

»Wie gesagt, ich sehe, wenn die Zeit für jemanden noch nicht gekommen ist«, antwortete ich. »Das gehört zu meinen Savant-Fähigkeiten«, fügte ich hinzu.

»Glaubst du wirklich, dass der Todestag für jeden von uns bereits feststeht?«

»Nicht konkret. Aber es gibt für jeden Menschen mehrere wahrscheinliche Szenarien, wann er stirbt. Das hängt natürlich viel von seinem Lebenswandel und seiner gesundheitlichen Verfassung ab. Viele Menschen spüren den nahenden Tod bei sich selbst oder anderen. Das ist so eine Art Intuition. Bei mir ist diese Intuition nur ein wenig ausgeprägter als bei normalen Menschen. Aber vom Grundsatz her ist es das Gleiche.«

»Und sind mein Lebenswandel und meine Verfassung gut?«, fragte Ava unsicher.

»Gut wofür?«

»Ich möchte natürlich so lange leben wie möglich. Habe ich dafür den richtigen Lebenswandel?«

»Nicht wirklich«, antwortete ich ehrlich, was Ava sichtlich verunsicherte. »Du könntest dein Leben deutlich verlängern, wenn du deine vielen unnötigen Müssens loslassen würdest. Die erzeugen deine ganzen Ängste und damit auch deinen Stress.«

»Macht der Stress denn wirklich so viel aus?«, fragte Ava besorgt.

»Ja schon, aber als Frau bist du da nicht in gleichem Maße gefährdet wie die Männer«, erklärte ich, wie ich es als Guardian-Angel gelernt hatte. »Einer von neun Männern stirbt in den USA am plötzlichen Herztod.

Deshalb wurde Jerry auch sofort aus Sicherheitsgründen ins Krankenhaus gebracht. Doch bei den Frauen sind es nur halb so viele. Du bist daher deutlich weniger gefährdet als Jerry.«

»Mary, du machst mir Angst!«, erwiderte Ava aufgewühlt. »Einer von neun Männern stirbt an plötzlichem Herzversagen?! Ist dir klar, dass das unfassbar viele sind?«

»Ja, aber die meisten Menschen sterben doch irgendwann an stressbedingten Erkrankungen«, erwiderte ich irritiert von ihrer Angst. »Der plötzliche Herztod ist doch nur eine von vielen stressbedingten Krankheiten. Die meisten Erkrankungen, die beim Menschen zum Tod führen, sind funktionell bedingt«, erklärte ich, wie ich es in meiner Ausbildung zum Guardian-Angel gelernt hatte. »Funktionell bedeutet, dass es keine tatsächlichen organischen Schäden gibt. Die Organe und Körperzellen funktionieren nur nicht richtig. Und zwar, weil sie durch Stresshormone und andere chemische Botenstoffe, die bei einer Problembeurteilung ausgeschüttet werden, viel zu lange in ihrer Funktion beeinträchtigt wurden.«

»Bei den meisten Erkrankungen ist es also nur ein Software-Problem?«, fragte Brian erstaunt.

»Ganz genau«, bestätigte ich. »Manchmal ist natürlich auch die Hardware beschädigt. Doch in der Regel ist nur der Sender verstellt durch die chemischen Botenstoffe, die im Falle einer Problembeurteilung ausgeschüttet werden. Die verändern sowohl die Funktion des Körpers als auch die des Gehirns.«

»Und was passiert dann in unserem Gehirn, wenn wir etwas als Problem beurteilen?«, wollte Brian wissen.

»Zum einen werden dann alle schönen Gefühle unterdrückt, denn man soll sich ja um die Lösung des Problems kümmern und nicht seinem Vergnügen nachgehen, und zum anderen wird meistens dann auch das soziale Gehirn in seiner Leistungsfähigkeit heruntergefahren, und das Reptiliengehirn übernimmt die Führung. Zum einen kann man dann natürlich keine guten sozialen Beziehungen mehr führen, wenn das soziale Gehirn ständig offline ist, und zum anderen ist die Reptiliengehirndominanz ja auch maßgeblich dafür verantwortlich, dass wir die Natur dieses Planeten so rücksichtslos ausbeuten.«

Ava schaute mich mit weit aufgerissenen Augen an. »Heißt das etwa, dass meine Ängste dann auch noch Beziehungsprobleme verursachen?«

»Ja, auf jeden Fall«, bestätigte ich. »Wenn die Batterien durch einen zu lange anhaltenden Stressmodus entleert sind, dann gehen die drei Gehirne in einen Notmodus. Und in diesem Modus fährt wie gesagt automatisch das soziale Gehirn herunter. Und dann kann man weder für den Partner Liebe, Respekt oder Wertschätzung empfinden, noch sich von ihm geliebt, respektiert oder gewertschätzt fühlen. Das soziale Gehirn ist eben offline. Wenn du also zu viel Stress hast, kannst du dich gegenüber deinem Mann gar nicht mehr richtig wertschätzend, respektvoll und liebevoll verhalten. Du kannst es vielleicht vom Kopf her versuchen, aber es wird eben ohne Herz sein. Und das würde das soziale Gehirn deines Mannes natürlich merken. Er würde anfangen, an deiner Liebe zu zweifeln. Denn sein soziales Gehirn schaut immer nur auf dein Verhalten und deine Gefühle. Und wenn dort keine Liebe erkennbar ist, dann bringt ihn das automatisch zum Zweifeln.«

»Und wenn mein soziales Gehirn mal online und mal offline ist?«, fragte Ava betroffen.

»Dann wirst du dem sozialen Gehirn deines Mannes ambivalente Signale senden. Denn einmal zeigst du ihm in deinem Verhalten und deinen Gefühlen Herzlichkeit, dann aber wieder totale Kälte. Dieser Wechsel macht die Menschen angeblich immer total fertig.«

»Und was ist, wenn dieser Wechsel von einem Moment auf den anderen ganz plötzlich umschlägt?«, wollte sie sichtlich besorgt wissen.

»Ich vermute, du spielst auf die Geschichte mit dem Minenfeld an, oder?«, hakte ich nach.

»Ich befürchte, dass ich tatsächlich wegen jedem Kleinscheiß so einen Stress gemacht habe.«

»Je unberechenbarer dieser Wechsel war, desto mehr setzte er deinem Mann sicherlich zu«, antwortete ich.

»Schatz, es tut mir so, so leid!«, rief Ava plötzlich laut direkt in eine Kamera, die in unserer Nähe war.

»Und das passiert jedes Mal, wenn man zu viel Stress hat?«, hakte Dylan besorgt nach. »Meine Akkus sind ja eigentlich ständig leer gewesen in den letzten Jahren.«

»Ja, so ist es«, bestätigte ich. »Es ist egal, warum deine Akkus leer sind. Ob es nun existenzieller, sozialer, gesundheitlicher oder emotionaler Stress ist. Stress ist ein Funktionsmodus, bei dem das soziale Gehirn immer mehr oder weniger heruntergefahren wird.«

»Na, dann brauche ich mich ja nicht mehr zu wundern, wieso es bis jetzt mit keiner Frau geklappt hat!«, sagte Dylan kopfschüttelnd.

»Ja, aber wieso mache ich mir denn so viel Stress?«, fragte Ava aufgewühlt. »Und wie kann ich das denn ändern?«

»Indem du unechte Müssens loslässt. Genau wie du das auch mit den Komplimenten deines Mannes getan hast. In dem Moment, wo du erkennst, dass eine Sollvorstellung gar nicht erfüllt werden muss, schaltet der Stressmodus sofort ab, und dein soziales Gehirn kommt wieder online.«

»Ja, aber was sollen das denn für Sollvorstellungen sein, die meinen ganzen Stress erzeugen?«, hakte Ava ahnungslos nach.

»Ich denke, dass es hierbei um deine Sollvorstellungen in Bezug auf Sicherheit geht. Wann immer du in Bezug auf deine Müssens weniger Sicherheit hast, als es deiner Sollvorstellung entspricht, erzeugen dein Reptiliengehirn oder dein soziales Gehirn das Gefühl der Unsicherheit. Dieses Gefühl löst dann sofort den Handlungsimpuls aus, dich um mehr Sicherheit zu bemühen. Wie viel Sicherheit strebst du denn an, wenn dir etwas wichtig ist?«

»Eher viel, denke ich.«

»Würdest du dich sicher fühlen, wenn du zu 95 Prozent sicher sein könntest, dass alles gut wird?«, wollte ich wissen. »Wenn du zum Beispiel eine 95-prozentige Sicherheit hättest, dass du gesund bleibst. Oder eine 95-prozentige Sicherheit, dass dein Mann dich nie verlassen wird. Würde dir da eine 95-prozentige Sicherheit genügen?«

»Auf keinen Fall!«, sagte Ava entschieden.

»Und wie viel Sicherheit bräuchtest du, damit du dir keine Sorgen mehr machen würdest?«

»Na, da müsste ich schon sicher sein können«, meinte sie.

»Kannst du das in Prozent ausdrücken?«, hakte ich nach.

»Na, 100 Prozent!«, erklärte sie, als sei dies das Selbstverständlichste auf der Welt.

»Du strebst wirklich hundertprozentige Sicherheit an?!«, fragte ich ungläubig.

»Natürlich! Sicher ist sicher«, antwortete sie.

»Aber eine hundertprozentige Sicherheit gibt es doch nie«, wendete ich verwundert ein. »Wenn das stimmt, dann müsstest du dich ja permanent unsicher fühlen, weil diese Sollvorstellung ja gar nicht erfüllt werden kann.«

»Ja, aber wie kann ich das denn ändern? Ich will nicht ständig so einen Stress haben – der mich dann auch noch krank macht und meine Beziehung zerstört. Das ergibt doch gar keinen Sinn«, sagte Ava verzweifelt.

»Ich denke, dass du von Fall zu Fall entscheiden solltest, wie viel Sicherheit du bei einer Angelegenheit tatsächlich anstreben solltest. Mehr Sicherheit bedeutet auch immer automatisch mehr Aufwand. Wenn dein Leben davon abhängt, dass dein Herz untersucht wird, wie das heute bei Jerry der Fall war, dann ist es natürlich sinnvoll, erst einmal davon auszugehen, dass es ein Herzinfarkt sein könnte. Aber wenn es um ganz alltägliche existenzielle und soziale Angelegenheiten geht, wie zum Beispiel, ob du von deinem Mann wirklich geliebt wirst, dann ist es nicht sinnvoll, aus Sicherheitsgründen vom Negativen auszugehen, weil dabei der Schaden, den du mit dieser Annahme anrichten würdest, sehr viel größer wäre als der Nutzen.«

»Welcher Schaden?«, wollte Ava alarmiert wissen.

»Na, der Schaden in eurer Beziehung, den du dann selbst durch dein Verhalten und deine Gefühle erzeugst.«

»Ja, aber welchen Schaden würde ich denn damit anrichten?«, hakte sie sichtlich irritiert nach.

»Mach doch einfach einmal einen Perspektivwechsel«, schlug ich ihr vor. »Stell dir doch einmal vor, wie es wäre, wenn dein Mann aus vermeintlichen Sicherheitsgründen davon ausginge, dass du ihn vielleicht nur benutzen willst und ihn in Wirklichkeit möglicherweise gar nicht tatsächlich liebst. Wie würde er sich fühlen, und wie würde er sich dir gegenüber verhalten?«

»Er wäre garantiert mächtig abweisend, wenn er das glauben würde«, erkannte Ava nachdenklich.

»Das wäre er sogar, wenn er nur aus vermeintlichen Sicherheitsgründen davon ausgehen würde, dass es vielleicht so sein könnte«, erklärte ich. »Er müsste es noch nicht einmal tatsächlich glauben. Sobald er aus Sicherheitsgründen davon ausgehen würde, dass du ihn möglicherweise nur benutzen willst, würde er sich dir gegenüber automatisch abweisend und lieblos verhalten, denn sein soziales Gehirn würde ihn mit Vermeidungsgefühlen dazu drängen, sich so zu verhalten. Es ist eine der wichtigsten Sollvorstellungen im sozialen Gehirn, dass eine soziale Bindung auf Gegenseitigkeit beruhen muss. Und wann immer das Großhirn aus Sicherheitsgründen davon ausgeht, dass diese instinktive Sollvorstellung nicht erfüllt ist, wird das soziale Gehirn darauf reagieren. Dein Mann würde sich verletzt und benutzt fühlen und sich entsprechend verhalten. Und das, obwohl du ihn über alles liebst. Weder du selbst noch dein Mann wären dann noch in der Lage, Liebe füreinander zu empfinden.«

»Ja, aber so ist es nicht«, widersprach sie kopfschüttelnd. »Ich liebe meinen Mann wirklich. Aber es stimmt schon, dass ich meinerseits gelegentlich Angst habe, dass mein Mann mich vielleicht nicht wirklich liebt. Aber das passiert nur manchmal.«

»Sonst wärt ihr auch sicherlich schon längst nicht mehr zusammen«, sagte ich. »Doch jedes Mal, wenn du aus vermeintlichen Sicherheitsgründen solch eine schädliche Annahme triffst, gibt es ernsthafte Probleme in eurer Beziehung. Und je häufiger du das tust, desto größer werden die Probleme. Das ist es, was ich damit sagen wollte. Es ist nicht immer gut, so ein hohes Maß an Sicherheit anzustreben, denn das kann ganz schnell zu negativen Annahmen führen, bei denen die Schäden viel größer sind als der tatsächliche Nutzen. Sicher ist sicher ist daher kein gutes Lebensmotto. Es kann durch dieses Motto in allen Bereichen deines Lebens zu schädlichen Annahmen und Sollvorstellungen kommen. Sowohl im sozialen Bereich als auch im existenziellen oder auch in Bezug auf deine Gefühle und deine Gesundheit. Nutzen und Schaden sollten bei Sicherheitsanforderungen immer miteinander abgewogen werden, was man aber nicht tut, wenn man blind nach dem Motto lebt: Sicher ist sicher.«

»Ja, aber …«, sagte Ava, als plötzlich mein Smartphone klingelte.

»Ich befürchte, wir müssen dieses Gespräch auf einen späteren Zeitpunkt vertagen«, sagte ich und schaute mir die Nachricht an, die ich gerade bekommen hatte.

»Die Zuschauer möchten wissen, wie intelligent du tatsächlich bist«, lautete die Nachricht des Senders. »Komm jetzt und sofort ins Foyer der Villa und unterziehe dich einem weiteren Intelligenz-Test. Du kannst diese *Mission* wie immer ablehnen und stattdessen *Wahrheit* wählen. Entscheide dich bitte jetzt!«

Ich klickte *Mission* an.

»Du darfst die anderen Teilnehmer von deiner Mission unterrichten oder sie auch ganz allein für dich absolvieren«, stand als Nächstes auf meinem Smartphone.

»Sie wollen einen weiteren IQ-Test mit mir machen«, sagte ich deshalb zu den anderen. »Wenn ihr wollt, könnt ihr gerne zuschauen, wenn ich das richtig verstanden habe.«

»Na, da bin ich ja mal gespannt«, sagte Ava. »Auf jeden Fall komme ich mit.«

Auch die beiden Jungs sagten zu, woraufhin wir dann alle vier in die Villa gingen. Dort wartete bereits ein Kamerateam. Außerdem stand dort ein Tisch mit einem Computerbildschirm. Ein Redakteur des Senders kam auf uns zu und erklärte mir den Ablauf.

»Wir werden gleich den weltweit führenden Wissenschaftler in Sachen Intelligenz über Video-Konferenz zuschalten. Er wird dich durch den Test führen.«

Ich setzte mich also an den für mich vorbereiteten Tisch mit dem Computerbildschirm. Wenige Sekunden später meldete sich dort ein Mann namens *Jan* per Video-Chat.

»Es freut mich sehr, Ihre Bekanntschaft zu machen«, begrüßte er mich.

»Ich bin ebenfalls sehr erfreut«, erwiderte ich freundlich. »Vielen Dank, dass Sie sich bereit erklärt haben, diesen Test mit mir zu machen.«

»Es ist mir ein großes Vergnügen. Insbesondere, da ich gehört habe, dass Sie angeblich in der Lage sein sollen, eine einmal gesehene Tanz-Choreografie sofort nachzutanzen.«

»Ja, das stimmt. Das gehört zu meinen Savant-Fähigkeiten«, fügte ich hinzu, um eine plausible Erklärung für dieses für Menschen wohl unübliche Phänomen zu liefern.

»Ich bin sehr gespannt darauf, was Sie alles können. Aufgrund Ihrer Tanz-Begabung möchte ich mit Ihnen einen Test machen, bei dem wir nicht nur Ihren IQ, sondern auch Ihre allgemeine Intelligenz ermitteln. Dieser Test schließt neben Ihren mentalen Fähigkeiten auch Ihre körperlichen Fähigkeiten mit ein. Da wir zeitlich auf eine Stunde beschränkt sein werden, werden wir uns auf eine repräsentative Auswahl dieser Fähigkeiten beschränken. Wenn es für Sie in Ordnung ist, dann würde ich gerne als Erstes Ihre motorischen Fähigkeiten testen. Ich zeige Ihnen jetzt eine Tanz-Choreografie, die Sie nach einmaligem Sehen so präzise wie möglich nachtanzen sollen.«

Auf dem Bildschirm erschien eine Tänzerin, die eine zweiminütige Choreografie vortanzte. Das Foyer der Villa bot genügend Platz, damit ich diese Choreografie nachtanzen konnte. Ein Kamerateam filmte mich dabei und übertrug die Bilder direkt an Jan. Meine drei Lieblingsmenschen applaudierten lautstark, als ich fertig war, genau wie die Mitarbeiter des Senders.

»Ehrlich gesagt hatte ich nicht wirklich geglaubt, dass Sie tatsächlich über diese Fähigkeit verfügen«, meinte Jan erstaunt. »Ich bin sehr beeindruckt!«

»Es freut mich, dass es Ihnen gefallen hat«, sagte ich.

»Können Sie Klavier spielen?«, fragte er mich als Nächstes.

»Bisher habe ich das noch nie versucht«, antwortete ich. »Wie geht dieses Spiel?«

»Ich zeige Ihnen jetzt einen Ausschnitt aus einem Klavier-Arrangement«, kündigte Jan an und startete ein Video, auf dem ich sehen konnte, wie eine männliche Person weiße und schwarze Tasten mit ihren Fingern betätigte und damit Musik produzierte. Nachdem das knapp dreiminütige Video fertig war, fragte er mich: »Möchten Sie versuchen, das nachzuspielen?«

»Ja, sicher, das würde ich sehr gerne versuchen«, bestätigte ich ein wenig verunsichert, denn der Pianist hatte seine Finger auf der Tastatur so schnell bewegt, dass meine menschlichen Augen da kaum mithalten konnten.

Ein Redakteur des Senders bat mich aufzustehen, um an einem sogenannten Flügel Platz zu nehmen. Dieser Flügel sah ein wenig anders aus als das Klavier vom Video, hatte aber die gleichen schwarzen und weißen Tasten. Zwei Kameras übertrugen die Aufnahmen meiner Hände auf dieser Tastatur an Jan.

Als ich zu spielen begann, merkte ich gleich, dass diese Aufgabe mich deutlich stärker forderte als das Tanzen. Es gab einfach zu viele Fingerbewegungen des Pianisten im Video, die ich nicht genau genug hatte sehen können. Daher machte ich zu Anfang einige Fehler. Doch dann fand ich einen Trick, wie ich mir das Ganze erleichtern konnte. Ich hatte ja jeden Ton des Musikstücks gehört. Und nun wusste ich auch, auf welcher Taste des Klaviers welcher Ton zu finden war. Das half mir sehr an den Stellen, an denen meine menschlichen Augen beim Betrachten der Finger des Pianisten zuvor nicht ganz mitgekommen waren. Ich hatte also nicht ganz fehlerfrei gespielt, aber ich glaube, Jan war trotzdem zufrieden, denn er grinste.

»Sie erwarten jetzt hoffentlich nicht von mir, dass ich Ihnen abkaufen soll, dass Sie noch nie zuvor Klavier gespielt haben!«, sagte er dann mit einem Augenzwinkern zu mir. »Aber nun denn … Neben Ihrem musikalischen Talent sollen Sie auch über eine außerordentliche Fähigkeit zur Mustererkennung verfügen. Wenn Sie gestatten, würde ich Ihnen dazu gerne drei Aufgaben anbieten.«

»Sehr gerne«, antwortete ich.

Daraufhin erhielt ich die erste Aufgabe. Es war eine Zahlenmatrix, bei der ich die letzte Zahl ergänzen sollte. Das war nicht sonderlich schwierig. Ich sagte also die fehlende Zahl, woraufhin sich Jan irgendwie sonderbar verhielt. Er hatte eine Stoppuhr in der Hand, die er gerade drücken wollte. Jan sagte nichts, aber ich glaubte, an seinen Gesichtszügen irgendeine Art von Unzufriedenheit zu erkennen. Womöglich hatte ich die Antwort zu schnell gegeben, daher ließ ich mir bei der nächsten Aufgabe ein wenig mehr Zeit.

Es war erneut eine Zahlenmatrix, bei der ich die letzte Zahl ergänzen sollte. Auch diese Aufgabe war recht einfach. Ich wartete jedoch ein paar Sekunden, bevor ich sie Jan auf seinen Wunsch hin Schritt für Schritt erklärte. Irgendwie sah er immer noch unzufrieden aus. Möglicherweise hatte ich seine Unzufriedenheit zuvor falsch gedeutet. Vermutlich war ich nicht zu schnell gewesen bei meinen Antworten, sondern zu langsam. Daher nannte ich die fehlende Zahl bei der dritten Zahlenmatrix sofort, als ich die Zahlen sehen konnte. Doch das half auch nicht. Jans Mimik sah immer noch irgendwie ungut aus.

Danach folgten einige Aufgaben, bei denen mein räumliches Vorstellungsvermögen getestet wurde. Auch die waren einfach. Um Jan zufrieden zu stellen, beantwortete ich sie so schnell ich konnte.

Als Nächstes wollte er mein Gedächtnis testen. Auch diese Aufgaben waren kein Problem für mich, denn im Gegensatz zum menschlichen Gehirn musste mein Geist keine Unterscheidung zwischen relevanten und nicht relevanten Details vornehmen. Ich konnte mich immer an jedes Detail in meinem Leben erinnern. Das war bei uns Engeln völlig normal. Ich erzielte also auch in dieser Disziplin die volle Punktzahl.

Nun wurde mein mentales Tempo getestet. Dazu erhielt ich als Erstes eine einfache Rechenaufgabe. Ich sollte die zweihundertdreiundsiebzigste Wurzel aus einer zweihundertstelligen Zahl im Kopf ausrechnen. Ich wusste die Antwort sofort, als ich die Aufgabe sah, und nannte schnell die gewünschte Zahl, um Jan zufrieden zu stellen.

Danach wollte er mein Zeitgefühl testen. Ich sollte auf der Tastatur nach genau 38,3 Sekunden eine Taste drücken. Das war keine Herausforderung. Dieser Test wurde dann mit einigen weiteren Zeitspannen wiederholt.

Dann wurde meine Reaktionsfähigkeit getestet. Ich sollte so schnell wie möglich eine Taste auf meiner Tastatur drücken, wenn auf dem Bildschirm ein bestimmtes Wort erschien. Beim ersten Versuch war ich nicht so gut. Ich hatte 0,1 Sekunden Verzögerung. Danach war es besser. Ich drückte die Taste fast ohne messbare Verzögerung. Doch Jan schüttelte dabei jedes Mal den Kopf. Offenbar war ich in dieser Disziplin wohl nicht so gut.

Dann zeigte er mir ein großes Glas mit Murmeln. Ich sollte einfach nur schätzen, wie viele darin waren. Das war einfach. Es waren 8624. Das konnte ich gleich erkennen. Also nannte ich die Zahl.

Danach gab es noch einige Aufgaben, bei denen mein Wortschatz und mein Allgemeinwissen getestet wurden. In dieser Disziplin schnitt ich nicht so gut ab. Ich beherrschte zwar alle 6000 Sprachen der Menschen, aber es gab viele Redewendungen und Sprichwörter, deren Bedeutungen ich nicht kannte. Und über politische oder geschichtliche Ereignisse wusste ich fast gar nichts. Das war für meine früheren Missionen als Guardian-Angel einfach alles nicht wichtig gewesen.

Danach war der Test beendet. Jan hatte sich von Aufgabe zu Aufgabe immer unzufriedener gezeigt, obwohl ich bis auf die Rubrik mit dem Wortschatz und dem Allgemeinwissen eigentlich alle Aufgaben erfolgreich bewältigt hatte. Offenbar hatte er sich mehr von mir erwartet.

»Sie sehen nicht sehr zufrieden aus«, sagte ich deshalb zu ihm.

»Ihnen scheint nicht bewusst zu sein, was dieses Testergebnis bedeutet«, erwiderte er kopfschüttelnd.

»Was bedeutet es denn?«, hakte ich irritiert nach.

»Es bedeutet schlicht und ergreifend, dass Sie mit großem Abstand die intelligenteste Person sind, die derzeit auf diesem Planeten lebt. Wahrscheinlich sogar die intelligenteste Person, die jemals gelebt hat!«, antwortete er aufgewühlt. »Und zwar mit so großem Abstand, dass ich noch nicht einmal im Entferntesten in der Lage bin, Ihren Grad an Intelligenz zu beziffern. Der Test, den Sie soeben erfolgreich gemeistert haben, sollte eigentlich nur ein hypothetischer Test sein. Niemals hätte ich damit gerechnet, dass ihn jemals ein Mensch bestehen könnte.«

In diesem Moment kam der Redakteur zum Bildschirm und stellte Jan eine Frage: »Wie hoch würden Sie denn den IQ von Mary einschätzen, wenn man ihn nicht so genau ermitteln kann?«

»Ich bin genauso wenig in der Lage, ihren IQ zu schätzen, wie ein Regenwurm die Kompetenz eines Collegeprofessors von der eines Grundschülers unterscheiden könnte«, antwortete Jan.

»Und wie viel intelligenter ist Mary im Vergleich zum bisher intelligentesten Menschen auf der Welt?«, hakte der Redakteur uneinsichtig nach.

»Diese Frage kann ich wie gesagt nicht beantworten«, wiederholte Jan noch einmal seine Aussage. »Ich komme mir vor, als hätte ich es hier mit einer Spezies zu tun, die viele Millionen Jahre weiter entwickelt ist als wir. Ich kann nicht sagen, ob Mary 10-mal so intelligent ist wie der bisher schlauste Mensch auf der Welt oder 10 000 Mal. Das ist einfach nicht möglich.«

So langsam wurde mir mulmig. Wie es aussah, hatte ich es wohl übertrieben. Wir Engel waren mehrere Milliarden Jahre weiter in unserer Evolution als die Menschheit, doch das durfte niemand wissen. Mir musste daher jetzt dringend etwas einfallen.

»Leider geht diese hohe kognitive Leistungsfähigkeit meines Gehirns zu Lasten einiger sehr wichtiger emotionaler Fähigkeiten«, erklärte ich deshalb schnell. »Ich habe als Savant daher auch gravierende Defizite. Ich kann deshalb auch keine Partnerbeziehung eingehen.«

»Das tut mir leid für Sie. Aber es ist klar, dass diese unfassbaren kognitiven und motorischen Fähigkeiten ihren Tribut zollen«, meinte Jan. »Das menschliche Gehirn ist in seinen Möglichkeiten nun einmal begrenzt. Dennoch hätte ich es nie für möglich gehalten, dass ein Mensch – ob nun Savant oder nicht – in seinen geistigen und körperlichen Fähigkeiten so weit voraus sein könnte. Auch ist es nach dem derzeitigen Stand der Wissenschaften nicht möglich, auf einen visuellen Reiz ohne jegliche messbare Zeitverzögerung zu reagieren. Sie hätten beim Reaktionstest vielleicht etwas schneller sein können als drei zehntel Sekunden, aber auf eine zehntausendstel Sekunde zu reagieren, wie Sie das wiederholt getan haben, ist eigentlich nicht menschenmöglich. Und dennoch haben Sie es getan! Ich bin fassungslos. Wenn Sie diese emotionalen Defizite nicht hätten, hätte ich Sie als die nächste Evolutionsstufe der Menschheit bezeichnet. Als eine ganz neue Spezies. Es ist mir eine große Ehre, Sie kennengelernt zu haben. Sie sind ohne jeden Zweifel mit weitem Abstand der intelligenteste Mensch, der jemals auf der Erde gelebt hat.«

»Die Ehre ist ganz meinerseits«, antwortete ich und war sehr froh, dass er mich abschließend doch eindeutig als Mensch bezeichnet hatte.

Nachdem sich Jan verabschiedet hatte, wendete ich mich wieder meinen drei Lieblingsmenschen zu. Doch die sahen mich jetzt offensichtlich mit anderen Augen. Ich konnte in ihren Augen sehen, dass sie mir gegenüber total verunsichert waren. Ich hoffte inständig, dass meine Tarnung durch diesen Test jetzt nicht aufgeflogen war. Wenn ich geahnt hätte, dass dies nur ein hypothetischer Test sein sollte, bei dem jeder davon ausgegangen war, dass ihn niemals jemand bestehen würde, dann hätte ich einfach viel mehr Fehler in meine Antworten eingebaut. Ich musste jetzt irgendetwas unternehmen, um die Verunsicherung meiner Lieblingsmenschen wieder zu zerstreuen. Offenbar sahen sie mich jetzt als überlegen an. Und das fand ich ganz schrecklich.

»Ich bin immer noch die Gleiche«, sagte ich deshalb zu den anderen. »Es hat sich nichts geändert, nur weil ich gut Rechenaufgaben lösen kann. Das kann ein Taschenrechner auch! Klar, ich kann Dinge, die ihr nicht könnt, aber ihr könnt auch Dinge, die ich nicht kann.«

»Entschuldige, wenn ich das erst einmal verdauen muss!«, antwortete Ava kopfschüttelnd. »Aber du bist mit großem Abstand der intelligenteste Mensch, der jemals auf der Erde gelebt hat!«, betonte sie fassungslos.

»Ich komme mir ehrlich gesagt jetzt auch ein wenig

dumm vor«, meinte Brian. »Ich hätte keine einzige dieser Aufgaben lösen können, die du so locker aus dem Ärmel geschüttelt hast. Das war unfassbar.«

»Mir ist es egal, wie schlau du bist«, sagte Dylan dann. »Du hast mir beim letzten Mal ja schon gesagt, dass es dir ebenfalls völlig schnuppe ist, ob andere intelligenter oder weniger intelligent sind als du. Und wenn es dir also egal ist, dann ist es mir auch egal.«

Ich stand von meinem Stuhl auf und umarmte Dylan vor Freude für diese Aussage. »Der Wert eines Menschen hat für mich absolut nichts mit dem Grad seiner Intelligenz zu tun. Man sagt ja auch, die dümmsten Bauern hätten die dicksten Eier.«

»Ich glaube, dieses Sprichwort lautet ein klein wenig anders«, meinte Dylan grinsend. »Aber deine Version gefällt mir eindeutig besser.«

»Ich bin die gleiche Mary, die ich die ganze Zeit war«, sagte ich zu den anderen, nachdem ich die Umarmung mit Dylan gelöst hatte. »Mein IQ ist ja jetzt durch diesen Test nicht plötzlich höher geworden. Er war die gesamte Zeit über gleich, und da hat es ja auch niemanden gestört.«

»Meine beste Freundin ist der intelligenteste Mensch, der jemals auf der Erde gelebt hat. Scheiß drauf!«, meinte Brian lachend. »Wen interessiert das schon?! Vor allem, weil die dümmsten Bauern ja eh die dickeren Eier haben!«

Ava und Dylan lachten mit, was mich dazu veranlasste, jetzt alle drei herzlich zu umarmen.

»Ich danke euch von ganzem Herzen, dass ihr mich weiterhin akzeptiert, wie ich bin«, sagte ich den dreien dann. »Aber ich glaube, es wäre mir trotzdem lieber, wenn ihr den anderen nichts von diesem Test erzählen würdet. Wäre das für euch in Ordnung?«

»Aber Mary«, wendete Ava ein. »Damit musst du dich doch nicht verstecken. Sei doch stolz darauf, wie schlau du bist.«

»Ich glaube, Mary hat recht«, meinte Brian. »Die Leute haben sich gestern nach dem IQ-Test schon seltsam ihr gegenüber verhalten. Und da sind wir alle noch davon ausgegangen, dass sie nur einen IQ von 160 hat und nicht von 10 000 oder weiß der Teufel wie viel. Diesen Stress sollten wir Mary wirklich ersparen.«

»Vielen herzlichen Dank«, sagte ich zu Brian. »Das würde mir wirklich sehr viel bedeuten.«

»Aber dir ist schon klar, dass du da draußen in der großen weiten Welt ab heute keine Ruhe mehr haben wirst«, fügte Brian hinzu. »Der Sender wird diesen Test ganz sicher ausstrahlen und eine Sensation daraus machen.«

»Ja, das ist mir klar. Aber das werde ich schon irgendwie hinkriegen«, sagte ich zuversichtlich, denn mit hoher Wahrscheinlichkeit würde meine Mission nach dieser Show ohnehin beendet sein, nach den Fortschritten, die wir bis jetzt gemacht hatten. Meine Tage im Paradies als Secret-Angel waren daher gezählt.

Kapitel 11
Herzschmerz

Gleich nach meinem IQ-Test gab es Abendessen. Danach empfand ich das Bedürfnis, mich mit meinem vollen Bauch hinzulegen. Vermutlich hatte ich wieder zu viel gegessen. Ich hätte zwar einfach kurz auf die Toilette gehen und mich neu materialisieren können, aber eigentlich fühlte sich dieser volle Bauch auch irgendwie angenehm an. Das machte so schön zufrieden. Daher fragte ich Brian, ob er nicht Lust hätte, mit mir zur Chillout-Lounge zu kommen.

Als wir dort nebeneinanderlagen, hätte ich mir sehr gerne die Sterne angeschaut. »Schade, dass die Chillout-Lounge mit diesem weißen Tuch überdacht ist«, sagte ich daher zu Brian. »Der Sternenhimmel wäre gerade so schön anzusehen.«

»Na, dann machen wir das Dach doch einfach weg«, meinte er und stand auf. »So schwierig kann das ja nicht sein. Das Tuch muss ja irgendwie hier festgemacht sein.« Er montierte das Dach kurzerhand ab, sodass wir einen freien Blick auf die Sterne hatten.

»Wow, das ist wirklich schön! Und am schönsten finde

ich diesen Stern da drüben«, sagte ich und zeigte mit dem Finger auf einen Stern, der gerade so richtig schön funkelte.

»Welchen genau meinst du?«, wollte er wissen und kam näher zu mir rüber, damit er den gleichen Blickwinkel wie ich hatte.

»Den dort!«, sagte ich und zeigte noch einmal mit meinem Finger darauf. »Das ist der schönste Stern am ganzen Himmel, finde ich.«

»Dann schenk ich dir den!«, meinte er lächelnd. Daraufhin blickte er mir auf eine sehr seltsame Art und Weise lange in die Augen. Das fühlte sich irgendwie schön an. Brian kam dann langsam noch näher und berührte mit seinen Lippen die meinen. Ich wusste, dass die Menschen so etwas taten, wenn sie eine Partnerbeziehung miteinander eingehen wollten, daher war ich verwirrt. Wir hatten doch geklärt, dass ich das nicht konnte.

Brian schreckte plötzlich regelrecht hoch, als er merkte, dass ich sein Verhalten seltsam fand. »Es tut mir sehr leid!«, sagte er aufgewühlt. »Das wollte ich nicht.«

»Kein Problem«, antwortete ich wie gewohnt, wenn sich jemand bei mir entschuldigte. »Darf ich dir dann auch einen Stern schenken?«, fragte ich ihn.

»Du hast wirklich gar nichts gefühlt?«, fragte er mich daraufhin.

»Was meinst du? Was soll ich gefühlt haben?«

»Keine Ahnung. Irgendetwas!«

»Ich fühle mich sehr gut. Es ist schön, deine Nähe zu

spüren«, antwortete ich. »Du bist wie du weißt mein absoluter Lieblingsmensch.«

»Ich hatte heute im Pool den Eindruck, dass du vielleicht doch mehr fühlen kannst«, sagte er und sah irgendwie traurig aus.

»Es fühlt sich jetzt sehr ähnlich für mich an wie im Pool. Nur ist es nicht so kalt. Es ist wunderschön, mit dir hier zu liegen. Am liebsten würde ich die ganze Nacht mit dir hierbleiben.«

»Es ist ehrlich gesagt nicht so leicht für mich, wie ich gedacht hatte, dass du keine Liebe empfinden kannst«, meinte er dann.

»Wieso glaubst du, dass ich keine Liebe empfinden kann?«, fragte ich verwundert.

»Tut mir leid, ich wollte dir nicht zu nahetreten«, meinte er dann.

Ich verstand zwar wieder einmal nicht, warum er sich entschuldigte, aber ich kannte ja die passende Antwort. »Kein Problem«, sagte ich wie immer. »Aber ich kann wirklich Liebe empfinden, falls du daran gezweifelt hast.«

»Aber wie es aussieht, keine partnerschaftliche Liebe«, merkte er an.

»Ja, diese Form der Liebe ergibt für mich tatsächlich momentan keinen Sinn«, stimmte ich zu. »Entwickelst du denn romantische Gefühle für mich?«, wollte ich wissen. »Das wäre sicherlich nicht so gut, denn dann müsstest du ja auch den Herzschmerz ertragen, den das zur Folge hätte.«

»Ich befürchte, das lässt sich kaum noch vermeiden«, meinte er.

Mir zerriss es fast das Herz, ihn so traurig zu sehen. »Das tut mir so leid!«, sagte ich deshalb und bekam feuchte Augen. »Kann ich denn irgendetwas für dich tun, um dir das leichter zu machen? Soll ich lieber gehen? Oder soll ich mich von dir fernhalten? Ich würde das tun, obwohl es mir sehr, sehr schwerfallen würde.«

»Ich verstehe das einfach nicht!«, meinte er dann aufgewühlt. »Wieso würde dir das so schwerfallen, wenn du doch nichts für mich empfinden kannst?«

»Aber wieso soll ich denn nichts für dich empfinden?«, fragte ich verwundert. »Du bist mir der liebste Mensch auf der ganzen Welt. Ich empfinde sehr viel Liebe für dich. Ich würde am liebsten permanent rund um die Uhr immerzu nur mit dir zusammen sein. Und wenn ich daran denke, dass ich das nicht kann, dann löst das sogar extrem schmerzhafte Gefühle bei mir aus.«

»Ja, aber das hört sich doch genauso an, als wärst du ebenfalls in mich verliebt«, sagte er kopfschüttelnd. »Wo ist denn da der Unterschied?«

»Vom Verliebtsein habe ich keine Ahnung. Ich war ja noch nie verliebt ...«

Plötzlich schoss ein Gedanke durch meinen Kopf. Mir fiel der letzte Lügendetektor-Test ein. Konnte es denn sein, dass sich dieser menschliche Körper in Brian verliebt hatte? Und falls ja, was sollte ich jetzt tun? Ich war völlig überfordert mit der Situation.

»Was ist los mit dir? Du siehst aus, als hätte dich gerade ein Laster überfahren.«

»Ich habe an den Lügendetektor gedacht. Wie du dich sicherlich erinnerst, hatte der ja behauptet, es sei eine Lüge, dass ich noch niemals verliebt war. Vielleicht hatte er ja recht. Möglicherweise war ich ja verliebt. Und zwar in dich!«, sagte ich und schaute ihn aufgewühlt an.

»Das können wir ganz leicht herausfinden«, meinte Brian und küsste mich noch einmal.

»Und wie können wir das herausfinden?«, fragte ich, nachdem er damit fertig war.

»Du hast bei dem Kuss nichts gefühlt?«, fragte er verzweifelt.

»Ich fühle das Gleiche wie die ganze Zeit«, antwortete ich. »Ich empfinde Liebe für dich.«

»Aber keine Leidenschaft«, stellte Brian noch einmal frustriert fest. »Aber wie kann das sein? Du hast mir doch gesagt, dass du dich gefühlt hast, als hätte dich eine Dampfwalze überrollt, als ich Champagner aus deinem Bauchnabel getrunken habe. Waren das denn keine leidenschaftlichen Gefühle?«

»*Ach du Scheiße*!«, sagte ich laut und erschrak selbst über diese Worte, denn ich wusste ja, dass sie eine besonders große Erkenntnis im menschlichen Gehirn signalisierten. Und ich wusste auch sofort, was das war. Ich hatte nach dem Champagner-Erlebnis ein Areal in meinem Reptiliengehirn deaktiviert, weil ich an nichts anderes mehr denken konnte als an dieses krasse Gefühl, das ich mit Brian erlebt hatte. Das war ganz sicher der

Grund dafür, warum ich keine leidenschaftlichen Gefühle empfinden konnte. Doch was sollte ich jetzt tun? Dieses Areal wieder anzuschalten, würde mich ganz sicher völlig aus der Bahn werfen. Wie sollte ich da noch meine Mission erfüllen? Außerdem hing meine Tarn-Identität als Savant davon ab, dass ich keine Partnerbeziehung eingehen konnte. Ich brauchte dieses emotionale Defizit einfach – vor allem jetzt nach diesem IQ-Test heute Abend. Ohne meine emotionalen Defizite hätte Jan mich als eine weit überlegene Spezies eingeordnet, was ich ja auch in Wirklichkeit war. Ich war ein Engel, Brian ein Mensch. Meine Mission wäre schon sehr bald beendet. Klar, ich würde mich dann einfach entmaterialisieren und damit auch keinen Trennungsschmerz erfahren müssen, aber bei Brian sah das leider anders aus. Er würde heftig leiden, wenn er Bindungsgefühle zulassen würde. Und je stärker er sie jetzt zuließ, desto schlimmer würde sein Trennungsschmerz später sein. Andererseits hatte er mir heute Mittag im Pool gesagt, dass er es nicht ertragen könnte, wenn er mir gar nicht mehr nahe sein dürfte. Was sollte ich jetzt bloß machen?

»Was heißt, *ach du Scheiße*!?«, hakte Brian nach und riss mich aus meinen Gedanken.

»Mir ist gerade klar geworden, dass ich ein emotionales Problem habe!«, antwortete ich ihm völlig überfordert von der Situation.

»Vielleicht sollten wir das alles ein wenig langsamer angehen lassen«, schlug er vor, als ihm meine Überforderung bewusst wurde. »Es wird sich schon alles finden. Manche Dinge brauchen einfach Zeit. Lass uns versuchen, nicht so viel nachzudenken. Und von mir aus können wir gerne die ganze Nacht hier liegen bleiben!«

»Echt?«, fragte ich überrascht und irgendwie auch erleichtert. »Das würde mich wirklich sehr freuen.«

»Darf ich dich vielleicht in den Arm nehmen?«, fragte er.

»Bist du sicher, dass du das willst?«, fragte ich noch einmal unsicher. »Je mehr Nähe du jetzt zu mir zulässt, desto stärker wird der Trennungsschmerz dann später sein.«

»Es ist mir egal, was später sein wird. Wer weiß das schon? Ich möchte jetzt leben und mir über später keine Gedanken machen.«

Ich kuschelte mich also in Brians Arm und drückte mich ganz fest an ihn. Er umarmte mich dann auch sehr innig. Das war wunderschön. Doch trotzdem hatte sich mein quälendes Gefühl wieder sehr deutlich zurückgemeldet. Es zerriss mir fast mein menschliches Herz, wenn ich daran dachte, dass ich nicht mit ihm zusammen sein konnte. Mir war jetzt klar, dass dieser Schmerz von Anfang an ein Vermeidungsimpuls aus meinem sozialen Gehirn gewesen war, damit ich erst gar nicht auf die Idee kam, mit Brian eine romantische Beziehung eingehen zu wollen, denn ich war ein Engel und er ein Mensch. Und das tat momentan so weh, dass ich weinen musste, wenn ich nur daran dachte. Brian drückte mich noch fester an sich, als er das merkte. Das war wunderschön, aber gleichzeitig auch unfassbar schlimm, weil ich wusste, dass er für jedes bisschen Nähe später einen hohen emotionalen Preis zahlen würde.

Wir lagen noch lange eng umschlungen zusammen unter dem Sternenhimmel, ohne zu reden, und hielten uns einfach nur fest. Irgendwann muss mein Körper dann wohl doch eingeschlafen sein, denn ich erwachte plötzlich, als die Sonne aufging. Brian lag neben mir und erwachte ebenfalls. Vermutlich, weil ich mich bewegt hatte.

»Guten Morgen«, sagte ich zu ihm. »Wie es aussieht, haben wir hier geschlafen.«

Brian murmelte irgendetwas Unverständliches und zog mich wieder zu sich ran. »Lass uns einfach weiterschlafen!«, glaubte ich dann verstanden zu haben.

»Ich kann leider nicht mehr schlafen«, antwortete ich. »Mein Körper ist völlig ausgeruht. Außerdem muss ich mal auf die Toilette.« Ich war mir zwar nicht so ganz sicher, da ich das bisher noch nie getan hatte, aber mein Bauch fühlte sich an, als würde er total unter Druck stehen.

»Dann geh schon mal vor!«, murmelte er weiterhin halb schlafend. »Ich komme dann nach.«

Ich stand auf und ging auf mein Zimmer. Anstatt jedoch die Toilette aufzusuchen, entmaterialisierte ich mich lieber und ging zu Ella.

»Es gibt etwas Wichtiges zu besprechen«, sagte sie sofort, als ich im Klassensaal ankam. »Die NSA hat nach der Ausstrahlung deines IQ-Tests sofort angefangen zu recherchieren.«

»Haben sie gemerkt, dass ich kein Mensch bin?«, fragte ich erschrocken. »Es tut mir so leid, wenn ich dadurch unsere Mission in Gefahr gebracht haben sollte.«

»Du verhältst dich gerade wie ein Mensch«, stellte Ella alarmiert fest. »Achte bitte darauf, dich nicht zu sehr damit zu identifizieren, ein Mensch zu sein!«

»Ich werde wieder vermehrt ein Auge darauf haben«, versprach ich. »Es kann sein, dass ich mich gerade etwas zu sehr in meine Rolle reingesteigert habe. Aber das kriege ich ganz sicher wieder in den Griff.«

»Informiere mich bitte sofort darüber, sollte es damit wider Erwarten doch Probleme geben! Aber um auf deine Frage zurückzukommen: Nein, die NSA hat keinen Verdacht geschöpft. Doch wir müssen trotzdem bald etwas tun. Wir hatten dir für deinen Job im Weißen Haus eine unauffällige Identität erstellt. Demnach bist du bei den Amish People in Ohio aufgewachsen und nicht in Europa, wie du Brian und Dylan gesagt hast. Diese Glaubensgemeinschaft lebt noch heute wie die Menschen vor 300 Jahren. Sie lehnen jegliche Technik ab, haben also weder Mobiltelefone noch Computer oder Fernseher oder Autos. Sie arbeiten im eigenen Familienbetrieb und haben ihre eigenen, nicht staatlich anerkannten Schulen. Amish haben weder einen Pass noch eine Geburtsurkunde oder eine Sozialversicherungsnummer. Für den Staat existieren diese Menschen quasi nicht.

Vor einigen Monaten hast du dann angeblich die Amish-Gemeinschaft verlassen und bist erst einmal bei anderen Aussteigern in Columbia untergekommen, die du von früher kanntest. Vor wenigen Wochen hast du dann deine Geburtsurkunde bekommen, und ein anderer Exil-Amish half dir mit seinen Beziehungen, einen Job als Praktikantin im Weißen Haus zu bekommen.

Aufgrund dieses ungewöhnlichen Lebenslaufes ist für die NSA erst einmal nachvollziehbar, warum es keinerlei Daten in den Computersystemen der Menschen über dich gibt. Auch ist für sie nachvollziehbar, dass du Dylan und Brian deine wahre Herkunft verschwiegen hast und sagtest, du kämst aus Europa. Die Amish stammen auch ursprünglich aus Europa. Viele der Aussteiger verschweigen ihre wahre Herkunft, weil sie aufgrund ihrer Andersartigkeit nicht ausgegrenzt werden wollen. Deine Tarnidentität ist daher glaubhaft. Dennoch wird das auf Dauer leider nicht ausreichen. Die NSA will deine überlegene Intelligenz für ihre Zwecke nutzen. Deshalb werden sie dir nach der Show einen Job anbieten. Es ist jedoch in Wirklichkeit kein reines Angebot, denn sie wollen dich falls erforderlich zum Dienst an deinem Vaterland verpflichten. Du kannst den Job also gar nicht ablehnen. Trotzdem machen sie routinemäßig eine gründliche Hintergrundüberprüfung, und das ist das eigentliche Problem. Bei dieser Überprüfung wird auf jeden Fall auffallen, dass da etwas mit dir nicht stimmt. Üblicherweise wollen sie die Eltern, die Geschwister, Mitschüler und Lehrer, Freunde, die Freunde deiner

Freunde, Nachbarn, entfernte Verwandte und möglicherweise noch viele weitere Menschen interviewen, die dich kennen. Doch diese Menschen gibt es natürlich nicht, was zwangsläufig auffallen wird. Daher wäre es besser, wenn sie mit ihrer Hintergrundüberprüfung erst gar nicht anfangen.

Wir haben deshalb beschlossen, bei der nächsten Gelegenheit Nuno zu dir in die Villa zu schicken. Wir haben schon alles vorbereitet. Er wird dann auch Teilnehmer der Show sein. Ihr könnt behaupten, dass du mit seiner kleinen Schwester in die gleiche Schulklasse gegangen bist und ihr euch daher kennt.

Nuno hat jetzt allerding ein komplett anderes Aussehen. Du wirst ihn deshalb nicht gleich erkennen, wenn er in der Villa erscheint. Um ihn in die Show zu bekommen, haben wir ihm die Identität eines kürzlich verstorbenen Bestseller-Autors gegeben. Der Mann starb unbemerkt allein in seiner Wohnung. Er hatte keine Angehörigen und auch keine engen Freunde. Daher ist es niemandem aufgefallen, dass er gestorben ist. Nuno sieht also jetzt so aus wie dieser Mann, der sich dir in der Villa mit dem Namen *Richard* vorstellen wird. Wir denken, dass wir die NSA auf diese Weise noch ein paar Tage davon abhalten können, ihre Hintergrundüberprüfung zu starten. Wir sollten dich dann jedoch in den nächsten Tagen sterben lassen. Dann wird es keine Hintergrundüberprüfung geben, und die Sache ist erledigt. Wann genau das nötig sein wird, wissen wir noch nicht. Wir werden die NSA diesbezüglich im Auge behalten.«

»Das ist natürlich alles andere als schön!«, antwortete ich betroffen. »Vor allem, weil sich da noch ein weiteres Problem ergeben hat. Mein menschlicher Körper hat sich in Brian verliebt. Das wäre natürlich noch kein Problem, aber Brian scheint sich auch in mich verliebt zu haben. Und ich möchte ihm den Trennungsschmerz nicht zumuten. Und schon gar nicht den Schmerz, den er erleiden müsste, wenn ich jetzt plötzlich sterben würde. Das würde ihm vermutlich für alle Zeiten das Herz brechen. Wenn es nicht anders geht, müssen wir es natürlich tun. Aber das wäre echt schlimm für mich.«

»Das hört sich ehrlich gesagt nicht so an, als hättest du deine wahre Identität als Engel noch vollständig im Griff«, sagte Ella besorgt. »Kein Engel würde ein Gefühl als etwas Schlimmes ansehen. So etwas tun nur Menschen.«

»Du hast recht«, erkannte ich betroffen. »Ich bin offensichtlich doch schon viel mehr Mensch geworden, als mir das bewusst war. Ich werde mich darum kümmern. Mir ist durchaus bewusst, dass das Überleben von acht Milliarden Menschen von meiner Mission als Secret-Angel abhängt. Das werde ich niemals vergessen, egal, was passiert.«

»Es hat aber auch etwas sehr Gutes, dass du so sehr menschlich geworden bist«, meinte Ella. »Du scheinst jetzt ganz offensichtlich selbst ein richtig großes emotionales Problem zu haben. Eine bessere Möglichkeit, um dieses Phänomen zu erforschen, wird es nicht mehr geben. Das wird uns sicherlich einen großen Schritt voranbringen.«

»Ich bin also tatsächlich in die gleiche Falle getappt wie alle Menschen!«, erkannte ich fasziniert. »Ich habe Brians Herzschmerz als etwas sehr Schlimmes angesehen und dadurch automatisch versucht, die Situation zu kontrollieren, damit ihm dieser Schmerz erspart bleibt. Ich habe da tatsächlich einen überaus starken Handlungsimpuls, ihm diesen Schmerz unbedingt ersparen zu müssen, und damit ein echtes emotionales Problem. Das ist ja ganz fantastisch!«

»Und dieses emotionale Muss erzeugt möglicherweise eine Vielzahl von sozialen, existenziellen oder auch gesundheitlichen Problemen, die dir noch gar nicht bewusst sind«, meinte Ella. »Möglicherweise erzeugt dieses eine emotionale Problem ja sogar noch weitere emotionale Folgeprobleme. Das ist wirklich eine einzigartige Chance für uns. Versuch am besten jetzt herauszufinden, wie genau dieses starke emotionale Muss in deinem Großhirn entstanden ist.«

»Das hört sich sinnvoll an«, stimmte ich motiviert zu und verabschiedete mich, um mich wieder in der Villa in meiner menschlichen Form zu materialisieren.

Augenblicklich meldeten sich die Sorgen um Brians Liebeskummer zurück. Mein menschliches Gehirn begann sofort wieder nach einer sicheren Lösung zu suchen, wie ich Brians emotionalen Schmerz vermeiden könnte. Ich versuchte der Frage nachzuspüren, wie ich es denn überhaupt als ein Muss ansehen konnte, ihm diesen Schmerz zu ersparen. Doch ich fand keine Antwort darauf. Nach einer halben Stunde gab ich es schließlich auf, auf diese einfache Art und Weise meine Antworten finden zu wollen. Vermutlich würde ich bei dieser Fragestellung dann doch die Hilfe meiner Lieblingsmenschen benötigen. Ich zog mir also frische Kleidung an und ging wieder runter zum Frühstück.

Als ich dort ankam, saßen nur Frauen am Tisch. Offensichtlich hatten alle Männer eine gemeinsame Mission erhalten. In diesem Moment erklang laute klassische Musik aus dem Garten der Villa. Daher gingen wir alle nach draußen. Dann kamen die Männer aus der Richtung der Maske durch den Garten gelaufen. Sie trugen alle ein weißes Tutu, Ballettschuhe und eine Perücke mit streng nach hinten gekämmten, zu deinem Dutt zusammengebundenen Haaren. Sie hatten sehr viel Farbe im Gesicht und extrem lange künstliche Wimpern. Nur eine Frau war dabei, die sie alle anführte. Sie ging elegant voran.

»Das ist BeautyQueen!«, sagte Ava begeistert. »Na, das kann ja lustig werden!«

»Wer ist BeautyQueen?«, wollte ich wissen.

»Amerikas bekannteste Drag-Queen«, antwortete Ava amüsiert. »Kennst du die nicht?«

»Leider nicht. Was genau ist eine Drag-Queen?«, wollte ich wissen.

»Drag steht für *dress as girls*. Es geht dabei um Männer, die sich wie Frauen anziehen.«

»Diese Frau soll in Wirklichkeit ein Mann sein?«,

fragte ich skeptisch. »Das hätte ich nie erkannt. Und warum verkleiden sich Drag-Queens als Frauen?«

»Weil es ihnen Spaß macht!«, antwortete Ava. »BeautyQueen tut so, als sei sie die Schönste aller Frauen. Deshalb nennt sie sich auch BeautyQueen. Es ist ihr Drag-Name. In Wirklichkeit heißt er glaube ich Grant oder so und soll total schüchtern sein. Wenn er jedoch in seine Rolle als BeautyQueen schlüpft, ist er eine überaus selbstbewusste Bitch. Du wirst sie kennenlernen, denn es ist klar, dass sie dich garantiert als Erste aufs Korn nimmt. Aber alles nur im Spaß. BeautyQueen macht mit anderen Worten aus dem üblichen Bitch-Fight der Frauen eine Persiflage, indem sie das total auf die Spitze treibt. Nimm es daher bitte nicht ernst, wenn sie auf dich loszugehen scheint. Das ist alles nur Spaß. In Wirklichkeit ist dieser junge Mann ein ganz Lieber.«

Dann gingen die Männer alle auf die Bühne und nahmen ihre Position ein. BeautyQueen war wohl die Primaballerina bei dieser Aufführung. Sie stand in eleganter Pose in der Mitte vor den anderen, die sich in einer Reihe dahinter aufgestellt hatten, wobei jeder den beiden Männern an seiner Seite links und rechts die Hände reichte – und zwar mit vor der Brust verkreuzten Armen. Auf diese Weise bildeten sie eine feste Einheit. Damit war klar, wenn einer von ihnen stolpern würde, dann würden alle stolpern. Doch das taten sie zu meiner Überraschung gar nicht! Während BeautyQueen recht elegant vor ihnen tanzte, bewegte sich die Männer-Reihe mit hopsenden Schritten synchron von rechts nach links. Das hatten sie wohl ausgiebig geübt, denn keiner machte etwas falsch oder kam aus dem Takt. Dennoch lachten die Frauen sich über sie schlapp.

Aus meiner Sicht sah es sehr unelegant aus, wie sie sich bewegten. Doch für die anderen Frauen sah es wohl lustig aus, weshalb sie auch so lachten. Ich wunderte mich darüber, wieso mein menschliches Gehirn das Lustige nicht erkennen konnte, denn eigentlich sollte ich ja die gleichen Gefühle haben wie alle Menschen. Womöglich hatte das ebenfalls mit dem Areal in meinem Gehirn zu tun, das ich nach der Champagner-Geschichte mit Brian abgeschaltet hatte. Da ich nicht wusste, was noch alles dadurch beeinträchtigt war, beschloss ich, dieses Areal beim nächsten Mal wieder zu aktivieren, wenn ich mich neu materialisieren würde. Ich würde einen Weg finden müssen, um mit dem starken Verlangen nach den leidenschaftlichen Gefühlen umzugehen, die Brian in mir auslösen konnte. Vermutlich war das sogar ein weiteres emotionales Problem, wurde mir dann klar. Daher sollte ich dieses Areal natürlich auf jeden Fall wieder aktivieren.

Nachdem diese Vorführung beendet war, kamen die Männer lachend von der Bühne runter zu uns. Beauty-Queen verhielt sich dabei extrem arrogant und affektiert und blieb damit im Gegensatz zu den Männern weiterhin in ihrer Rolle. Die Frauen beglückwünschten die Männer für ihren Auftritt mit einer herzlichen Umarmung.

»Ihr wart elegant wie Elfen«, lobte Ava Dylan dabei amüsiert. »Oder wie heißt das Tier mit dem Rüssel noch mal?!«

»Ja, wir sind Elfen mit einem kleinen Rüssel«, antwortete BeautyQueen, die direkt neben Dylan gestanden und Avas Aussage gehört hatte. »Na und?! Du bist ja nur neidisch, weil du keinen hast. *Rüsselneid* sag ich da nur! Und wer bist du noch mal?«, fragte sie mich dann beiläufig mit einem abschätzigen Blick.

»Ich bin Mary«, antwortete ich und wollte sie mit einem Luftküsschen links und rechts begrüßen, wie das hier so üblich war, wenn jemand Neues dazukam.

»Ach, wen interessiert das überhaupt?!«, sagte BeautyQueen dann plötzlich arrogant und desinteressiert und drehte sich auf dem Absatz um zu Liam, der gerade hinter ihr stand. »Und wo kriegt eine anständige Frau hier etwas zu trinken?«, fragte sie ihn in einem genervten Tonfall.

»Da vorne an der Bar«, antwortete er. »Ich komme mit.«

»Ich auch«, meinte Dylan lachend zu den beiden.

»Nimm sie wie gesagt nicht ernst!«, meinte Ava dann zu mir, als sie weg waren. »Das ist alles nur gespielt. In Wirklichkeit ist er echt ein Lieber.«

»Kein Problem«, antwortete ich. »Ich finde sein Verhalten sehr interessant. Das ist eine ganz neue Dimension beim Kampf um Überlegenheit. Ich hätte nicht gedacht, dass es wirklich Menschen gibt, die das so auf die Spitze treiben.«

»Oh, doch! Die gibt es tatsächlich«, bestätigte Ava lachend.

»Na, hat es euch gefallen?«, fragte uns Brian, der gerade zu uns kam.

»Ja, ihr wart elegant wie Elefanten«, antwortete ich ihm.

»Wie Elfen!«, korrigierte mich Ava amüsiert.

»Ja, genau wie Elfen mit einem Rüssel«, sagte ich.

»Wollen wir auch zur Bar?«, fragte uns Brian. »Ich könnte nach dieser Aufführung jetzt auch einen vertragen.«

»Ich müsste zuvor noch einmal auf die Toilette«, sagte ich. »Ich komme dann nach.«

In Wirklichkeit wollte ich jedoch auf mein Zimmer gehen, um das Areal in meinem Reptiliengehirn wieder anzuschalten, in dem meine leidenschaftlichen Gefühle erzeugt wurden. Im ersten Moment merkte ich dabei gar keinen Unterschied, als ich mich neu materialisiert hatte. Alles fühlte sich ganz normal an. Auch das starke Verlangen nach diesem schönen Gefühl, das ich nach meinem Champagner-Erlebnis mit Brian so übermächtig gespürt hatte, meldete sich nicht zu Wort. Ich ging also wieder runter in den Garten.

Evelyn kam mir gerade entgegen, als ich die Villa verließ. Irgendwie sah sie plötzlich anders aus als zuvor. Ich konnte gar nicht so genau sagen, woran das lag. Es war vielmehr ein Gefühl. Es fühlte sich am ehesten so an, als hätte ich sie zuvor nur in Schwarzweiß gesehen, und jetzt war sie plötzlich in Farbe. So sah sie jedenfalls sehr viel hübscher aus.

Dann sah ich Dylan im Pool. Und auch sein Aussehen hatte sich merklich verändert. Und zwar noch viel deutlicher als das von Evelyn. Es erzeugte regelrecht schöne Gefühle in meinem Körper, wenn ich ihn anschaute. Das musste Attraktivität sein, wurde mir dann klar. Offensichtlich war ich durch die Reaktivierung dieses Areals jetzt in der Lage, die Attraktivität von Menschen zu erkennen, was mich sehr freute. Das war eine tolle Entwicklung.

Ich überlegte, ob ich zu Dylan in den Pool gehen sollte, denn ich fühlte mich von seinem Äußeren jetzt regelrecht angezogen. Aber ich wollte lieber nach Brian schauen. Ich war sehr gespannt, wie mein Gehirn seine Attraktivität beurteilen würde. Doch ich konnte ihn nirgendwo finden. Ich sah nur Ava bei den Sonnenliegen und beschloss, mich erst einmal zu ihr zu setzen und hier auf Brian zu warten. Vermutlich war er gerade auf seinem Zimmer, um sich zu duschen und umzuziehen.

Gerade als ich mich auf die Liege neben Ava gelegt hatte, sah ich Brian aus der Villa in unsere Richtung kommen. Mir fiel regelrecht die Kinnlade runter vor Erstaunen, als ich ihn anschaute. Dieser Mann war mit Abstand das Schönste, was ich je in meinem gesamten Leben gesehen hatte. Ich hatte keine Ahnung, ob das tatsächlich eine objektive Beurteilung seiner Attraktivität war, aber mein menschliches Gehirn hätte Stein und Bein geschworen, dass dies der attraktivste Mann war, den es im Paradies überhaupt gab. Ich fühlte mich unglaublich stark zu ihm hingezogen. Fast hätte ich diesem

Verlangen nachgegeben, doch mir wurde rechtzeitig bewusst, dass es meine Tarn-Identität auffliegen lassen würde, wenn ich jetzt plötzlich leidenschaftliche Gefühle empfinden würde. Genau das hatte ich ja vorgegeben, als Savant nicht zu können, damit man mich nicht für eine andere Spezies hielt.

»Na, was habt ihr heute Morgen so getrieben?«, fragte Brian, als er zu uns kam, und setzte sich auf die freie Liege neben mir.

»Nichts!«, antwortete Ava kurz.

»Aber das habt ihr doch gestern erst gemacht«, erwiderte Brian grinsend.

»Ja, schon, aber da sind wir nicht fertig geworden«, antwortete Ava und lachte sich kaputt.

Mir war nicht so ganz klar, worüber die beiden da lachten, aber das war auch nicht so wichtig, denn ich spürte, wie Brians Nähe mein Herz schneller schlagen ließ. Das war ein unfassbar schönes Gefühl.

»Und du?«, fragte Brian mich dann und schaute mir dabei tief in die Augen, was mir fast den Atem raubte. »Was hast du heute Morgen noch so gemacht?«

Wie gerne hätte ich ihm jetzt die Wahrheit gesagt über die leidenschaftlichen Gefühle, die ich gerade für ihn empfand. Aber ich konnte mich wohlweislich zurückhalten.

»Ich habe versucht, einen Weg zu finden, wie man aus emotionalen Müssens wieder herauskommt, wenn man sich so richtig darin verbissen hat«, antwortete ich daher.

»Das hört sich interessant an«, meinte er. »Und wie kommt man da am besten wieder raus?«

»Ich habe es leider nicht geschafft. Theoretisch müsste ich mein Großhirn davon überzeugen, dass es keinen Sinn hat, schmerzhafte und qualvolle Gefühle vermeiden zu wollen. Aber das hat diesbezüglich absolut nicht mit sich reden lassen.«

»Kann ich dir da vielleicht irgendwie helfen?«, fragte er.

»Das wäre super!«, antwortete ich. »Nehmen wir beispielsweise das Gefühl, von dem du uns beim Lagerfeuer erzählt hast. Deine Partnerin hat dir ja mit ihrem Alleingang das Herz gebrochen. Siehst du dieses schmerzhafte Gefühl seitdem als etwas Schlimmes an?«

»Da legst du gerade deinen Finger in eine offene Wunde, das ist dir schon klar, oder?!«, fragte Brian, sprach aber dann weiter, ohne auf eine Antwort von mir zu warten. »Es war richtig schlimm. Trotzdem will ich nicht bis zum Ende meines Lebens ohne Liebe leben, denn das wäre noch schlimmer.«

Ich spürte, wie mir plötzlich eine Träne die Wange hinunterlief. Als Brian das sah, stand er von seiner Liege auf und umarmte mich sehr innig. Ich wusste nicht, was das zu bedeuten hatte, aber eine extrem intensive Welle an Emotionen erfasste mich dabei. Ich hatte das Gefühl, die Grenzen zwischen uns würden sich vollkommen auflösen. So als würden unsere Seelen zu einer Einheit verschmelzen. Es war wunderschön und gleichzeitig auch fürchterlich schlimm, weil ich wieder daran denken musste, welchen Schmerz Brian ertragen müsste, wenn ich in ein paar Tagen sterben würde.

In diesem Moment fasste ich einen Beschluss. Ich würde alles daransetzen, eine Lösung zu finden, wie ich bei Brian bleiben konnte. NSA hin oder her. Ich würde hier bei ihm bleiben. Es musste einfach einen Weg geben.

Kapitel 12

Letztendlich geht's immer ums Gefühl

Brian und ich standen noch sehr lange dort bei den Sonnenliegen und umarmten uns. Wie lange genau, kann ich unmöglich sagen, denn mir war jegliches Zeitgefühl abhandengekommen. Ava hatte sich irgendwann von uns verabschiedet. Sie hatte auch gesagt, wo sie hingehen wollte, aber ich konnte mich nicht daran erinnern. Und das fand ich unfassbar, denn ich konnte mich immer an alles in allen Details erinnern.

Die Gefühle, die Brian jetzt in meinem Körper auslöste, waren schlicht und ergreifend überirdisch. Es kostete mich alle Willenskraft, dem Impuls zu widerstehen, ihn küssen zu wollen. Gestern Abend hatte sein Kuss in mir ja überhaupt nichts ausgelöst. Doch ich war sicher, dass das jetzt völlig anders aussehen würde. Aber ich war ebenfalls sicher, dass ich dann die emotionale Kontrolle über meinen menschlichen Avatar komplett verlieren würde. Und das durfte nicht passieren, denn es würde unweigerlich meine Tarnung auffliegen lassen.

Irgendwann hatten dann unsere Smartphones geklingelt. Wäre das nicht passiert, hätten wir vermutlich den ganzen Tag dort eng umschlungen gestanden. Der Sender bat uns alle zu einem Tanzworkshop in den Proberaum. Dort empfing uns ein brasilianisches Pärchen, das uns einen Tanz namens *Reggaeton* beibringen sollte.

Ich freute mich aufs Tanzen. Doch noch mehr freute ich mich darüber, dass es Jerry offensichtlich wieder gut ging. Brian und ich begrüßten ihn herzlich. Wir waren die Letzten gewesen, die in den Proberaum gekommen waren, weil wir uns einfach so schwer hatten voneinander lösen können.

Dann ging der Workshop los. Die beiden Brasilianer gaben uns erst einmal eine kleine Probe ihres Könnens. Reggaeton gefiel mir sehr gut. Es war eine sehr leidenschaftliche Art zu tanzen. Vor allem aber fühlte es sich total *sexy* an, sich so zu bewegen! Und das war ein ganz neues Gefühl, das kein Engel vor mir jemals erlebt hatte.

Dann kündigten unsere Tanzlehrer an, dass wir eine kleine Choreografie eines speziellen Tanzstils innerhalb des Reggaeton erlernen sollten, der *Perreo* genannt wurde. Perreo wurde paarweise getanzt, erklärten sie uns. Der Tanz selbst stelle eine Imitation des Geschlechtsverkehrs in der Hündchenstellung dar. Mir sagte das nichts, aber die anderen fanden das teilweise völlig unannehmbar. Vor allem, als das Pärchen die zweiminütige Choreografie dann vorführte, die wir erlernen sollten, gab es lautstarke Proteste.

»Oha, das ist heftig!«, kommentierte Brian.

»Und was ist daran so schlimm?«, wollte ich wissen.

»Das ist wie öffentlicher Sex mit Klamotten«, antwortete er. »Dieses Mal übertreibt der Sender es vielleicht wirklich ein wenig mit der Schamlosigkeit. Ich bin gespannt, was jetzt passiert.«

»Willst du die Mission lieber ablehnen und Wahrheit wählen?«

»Nein, ich habe kein Problem damit. Und schon gar nicht, wenn ich mit dir tanzen kann«, antwortete Brian mit einem Schmunzeln auf den Lippen. »Aber einige hier sind verheiratet oder in einer festen Partnerbeziehung. Und dann sieht die Sache wieder ganz anders aus.«

»Und warum?«, hakte ich nach.

»Weil das schon an Fremdgehen grenzt, was wir hier machen sollen«, erklärte er.

»Und das ist schlimm?«

»Natürlich ist das schlimm.«

»Und warum?«

Brian kam nicht mehr dazu, mir diese Frage zu beantworten, weil unsere Smartphones in diesem Moment klingelten. »Ihr könnt diese Mission wie immer ablehnen und stattdessen *Wahrheit* wählen. Ihr habt fünf Minuten Zeit für eure Entscheidung!«

Evelyn teilte uns als Erste mit, dass sie das nicht mitmachen würde, und wünschte uns noch eine schöne Zeit in der Villa. Offenbar hatte sie keine Lust auf *Wahrheit* und verließ lieber die Show. Kurz darauf schloss sich auch Al an. Genau wie Olivia, der das ebenfalls zu heftig war. Eigentlich hatte sich Olivia ja beim Engel-oder-

Teufel-Spiel genau wie Liam und Jerry Immunität erspielt. Doch offenbar hatte sie diese bei einer geheimen Mission bereits verbraucht.

»Ich will nicht gehen!«, sagte Ava zu Brian und mir verzweifelt.

»Du kannst doch *Wahrheit* wählen!«, sagte ich. »Mir ist klar, dass du das beim letzten Mal schon abgelehnt hast, weil du immer Angst hast, dass irgendetwas Schlimmes passieren könnte. Aber ist diese Angst es wirklich wert, dass du deswegen die Show verlässt? Was soll ganz realistisch betrachtet wirklich Schlimmes passieren, wenn du am Lügendetektor drei Fragen beantwortest?«

»Keine Ahnung«, sagte Ava verzweifelt. »Aber ich habe langsam echt keinen Bock mehr, mir wegen dieser blöden Angst ständig selbst das Leben schwer zu machen. Vielleicht sollte ich wirklich *Wahrheit* wählen.«

»Wenn diese Mission vorbei ist, werden wir uns deine Angst gemeinsam anschauen und dafür sorgen, dass sie dich nicht mehr weiter quälen kann«, versprach ich.

»Okay, ich mach's! Scheiß egal, was die mich am Lügendetektor fragen werden. Ich wähle *Wahrheit* – fertig, aus!«

Evelyn, Olivia und Al begannen bereits damit, sich von den anderen Teilnehmern zu verabschieden. Als sie den Proberaum danach gemeinsam verließen, klingelten erneut unsere Smartphones.

»Trefft bitte jetzt eure Entscheidung!«, stand in der Nachricht.

Brian und ich klickten also *Mission* an, genau wie der Rest der Truppe bis auf Ava. Wenige Augenblicke später klingelten die Smartphones aller Teilnehmer noch einmal. »Begebt euch jetzt und sofort zum Lügendetektor!«

Wir gingen also alle gemeinsam dorthin. Ava wurde an das Gerät angeschlossen und bekam erst einmal ein paar allgemeine Fragen gestellt, um den Detektor auf sie zu kalibrieren. Dabei waren auch wieder Fragen, bei denen sie gezielt lügen sollte. Und dann ging es los. Die erste echte Frage erschien auf dem Monitor:

»Wurdest du in deiner Schauspielkarriere jemals sexuell belästigt?«

»Ja«, antwortete Ava und erhielt wenig später auf dem Monitor die Bestätigung *Wahrheit*.

»Hast du selbst jemals aus Karrieregründen mit jemandem sexuelle Handlungen vollzogen?«, war die zweite Frage.

»Nein«, antwortete Ava empört und erhielt auch darauf von der Maschine die Antwort *Wahrheit*.

»Hast du jemals deinen Mann betrogen?«, war die dritte Frage.

Ava antwortete erneut mit »Nein« und erhielt wenig später die Bestätigung, dass sie die *Wahrheit* gesagt hatte.

»Na, das war doch wirklich nicht so schlimm, oder?«, sagte ich erfreut zu Ava.

»Nein, das war es nicht«, bestätigte sie erleichtert. »Zumindest nicht für mich, weil ich ein braves Mädchen bin. Wenn ich jedoch meinen Mann schon einmal betrogen hätte, dann hätte diese Frage das Ende meiner Beziehung bedeutet. Und hätte ich mich in meiner Karriere hochgeschlafen, dann wäre diese Frage ebenfalls eine Katastrophe gewesen.«

»Das hast du aber alles nicht!«, sagte ich erfreut. »Und nun weiß dein eifersüchtiger Mann sogar noch mehr als je zuvor, dass er dir vertrauen kann.«

»Da hast du recht. Das ist sogar eine gute Sache.«

In diesem Moment wurden wir wieder in den Proberaum gerufen, um unseren Tanz-Workshop fortzusetzen. Ich bildete ein Paar mit Brian, William tanzte mit Mia, Dylan hatte BeautyQueen als Tanzpartnerin gewählt, die wider Erwarten immer noch als Frau gekleidet war, und Liam sollte mit Jerry tanzen, da sonst keine Frauen mehr da waren. Doch die beiden Männer hatten beim Engel-oder-Teufel-Spiel Immunität für eine Mission ihrer Wahl erspielt, die sie jetzt geltend machten. Liam und Jerry mussten also nicht mittanzen.

Der Workshop dauerte ca. eine halbe Stunde, dann hatten alle die Choreografie drauf. Und trotz aller vorherigen Proteste hatten alle viel Spaß dabei gehabt. Die Aufgabe bei diesem Tanz bestand im Grunde genommen nur darin, dass die Frauen ihren Po in verschiedenen Stellungen rhythmisch am Schritt der Männer rieben. Ich hatte mich dabei sehr gut gefühlt, so mit Brian zu tanzen. Das hätte ich noch den ganzen Tag lang weitermachen können. Die anderen Paare hingegen hielten immer einen kleinen Abstand zwischen Po und Schritt, was ich seltsam fand, denn die beiden

Trainer hatten das ja genauso vorgetanzt, wie Brian und ich es nachtanzten. Aber es schien trotzdem in Ordnung zu sein. Die Trainer korrigierten die anderen Paare nicht.

Nachdem wir alle so weit waren, wurden wir gemeinsam nach draußen auf die Bühne gebeten. Dort tanzten wir unsere kleine Choreografie also noch einmal, dann war unsere Mission auch schon wieder beendet. Und wie so oft nach einer Mission landeten wir dann alle erst einmal an der Bar. Offenbar half der Alkohol den Teilnehmern, sich wieder zu entspannen. Für mich war das nichts, denn Alkohol empfand mein Körper als überaus scheußlich. Er erzeugte extrem starke Ekelgefühle, wenn ich nur daran dachte, wieder so etwas wie einen Mojito zu trinken.

»Schon krass, dass gleich drei Leute die Show heute verlassen haben wegen dieser Tanzmission«, sagte ich zu Brian und Ava, mit denen ich zusammen an der Bar stand.

»Jep, das war glaube ich auch eine der heftigsten Missionen, die sie jemals in dieser Show verlangt haben«, meinte Brian.

»Vielleicht wollten sie auch einfach wieder mal neue Leute hier drin haben, damit es für die Zuschauer spannend bleibt«, spekulierte Ava.

»Aber was genau war denn das Schlimme an dieser Art zu tanzen?«, wollte ich wissen.

»Man vollzieht normalerweise nicht öffentlich solche intimen Handlungen«, meinte Brian.

»Und schon gar nicht, wenn man einen Partner zu Hause hat«, sagte Ava. »Mein Mann hätte das sicherlich als Fremdgehen gewertet, wenn ich da mitgemacht hätte. Ich schließe nicht aus, dass er mich deswegen vielleicht sogar verlassen hätte.«

»Ist das tatsächlich eine realistische Einschätzung, oder ist das deine übliche Angst, weil du immer zu sehr auf Nummer sicher gehen möchtest?«, fragte ich.

»Vielleicht hätte er mich nicht gleich verlassen, aber es hätte auf jeden Fall ernsthafte Probleme gegeben. Aber wo wir gerade beim Thema sind. Wollen wir uns gerade mal anschauen, warum ich immer noch ständig Angst habe, dass etwas Schlimmes passieren könnte?«

»Sehr gerne«, stimmte ich zu. »Wovor hast du denn eigentlich letztendlich so große Angst?«

»Was meinst du mit letztendlich?«

»Letztendlich will ja jeder Mensch, dass es ihm gut geht. Dein Reptiliengehirn will, dass es dir in existenzieller Hinsicht gut geht, deinem sozialen Gehirn geht es um deine sozialen Lebensumstände und dein Großhirn will, dass es dir in emotionaler Hinsicht gut geht. Wenn du daher Angst vor etwas Schlimmem hast, dann muss es letztendlich um eines oder mehrere dieser drei Ziele gehen.«

»Ich denke, ich mache mir um alle drei Sorgen.«

»Wollen wir das vielleicht einmal gemeinsam überprüfen?«, schlug ich vor.

»Was muss ich machen?«

»Stell dir vor, du könntest dir ganz sicher sein, dass es dir zeit deines Lebens in existenzieller Hinsicht immer gut gehen wird. Du hättest also für alle Zeiten ausgesorgt. Immer genug zu essen, ein Dach über dem Kopf, einen supersicheren Schutz vor Gewalt und anderen Verbrechen und eine sehr gute Gesundheit. Hättest du dann immer noch Angst, dass etwas Schlimmes passieren könnte?«

»Ja, natürlich. Da gäbe es noch vieles, was passieren könnte. Mein Mann könnte mich beispielsweise verlassen.«

»Und davor hat natürlich dein soziales Gehirn Angst«, erkannte ich. »Was wäre aber, wenn du auch hier ganz sicher sein könntest, dass dein Mann für immer bei dir bleibt?«

»Das wäre natürlich super, aber ich hätte trotzdem noch Angst.«

»Und wovor?«, hakte ich nach.

»Keine Ahnung. Vor Schlimmem halt.«

»Gehen wir einmal zusätzlich noch davon aus, dass auch deine sozialen Lebensumstände für alle Zeiten gesichert wären. Du bist hoch angesehen, hast gute Freunde, deine Familie und deine Fans. Du bist beliebt und geliebt von Menschen, die du ebenfalls liebst. Und es wäre sicher, dass das auch für immer so bleibt. Hättest du dann immer noch Angst, dass etwas Schlimmes passieren könnte?«

»Ich denke schon.«

»Das würde aber bedeuten, dass du letztendlich immer nur Angst davor hast, dass etwas passieren könnte, wodurch es dir dann emotional schlecht geht«, wurde mir klar. »Kann das sein?«

»Keine Ahnung«, meinte Ava und zuckte mit den Achseln.

»Was wäre denn, wenn du auch hier ganz sicher sein könntest, dass es dir in emotionaler Hinsicht immer nur gut gehen wird?«, fragte ich deshalb.

»Nie mehr schlechte Gefühle und immer nur gute?«, hakte sie nach. »Na, dann müsste ich natürlich vor nichts mehr Angst haben.«

»Echt?!«, fragte ich ungläubig. »Machen wir einmal die Gegenprobe!«, schlug ich vor. »Stell dir also vor, du könntest dir sicher sein, dass es dir in emotionaler Hinsicht dein gesamtes Leben immer nur gut gehen wird. Doch in Bezug auf deine sozialen und existenziellen Lebensumstände könnte es schon noch Probleme geben. Wie viel Angst hättest du dann noch, dass etwas Schlimmes passieren könnte?«

»Und ich hätte trotzdem immer nur gute Gefühle?«, hakte sie nach.

»Ja, gehen wir einfach einmal davon aus, dass es so wäre. Wie viel Angst hättest du dann noch?«

»Dann hätte ich vor fast gar nichts mehr Angst«, erkannte Ava. »Wenn mein Mann mich verlassen würde, dann wäre ich halt wieder Single. Das ist ja an sich grundsätzlich nichts Schlimmes. Viele Millionen Menschen sind Single. Und wenn ich krank werden würde und trotzdem glücklich wäre, dann wäre ich halt krank.

Aber das wäre auch nicht so schlimm. Lieber krank und glücklich als gesund und unglücklich.«

»Und wenn deine wirtschaftliche Existenz nicht mehr gesichert wäre?«

»Fände ich nicht toll, aber irgendwie geht es immer weiter. Solange ich mich gut fühle, würde ich auch dafür eine Lösung finden. Da bin ich mir sicher.«

»Dann machst du dir also tatsächlich in Wirklichkeit nur Sorgen um deine Gefühle!«, stellte ich verwundert fest.

»Ist das etwas Schlechtes?«, fragte Ava alarmiert von meiner Verwunderung.

»Das weiß ich noch nicht so genau«, antwortete ich zurückhaltend, was Ava sichtlich verunsicherte. »Auf der einen Seite ist es natürlich gut, dass es in Wirklichkeit eigentlich gar keine nennenswerten sozialen oder existenziellen Probleme in deinem Leben gibt. Deine vielen Problemgefühle sind daher völlig unbegründet. Dennoch erzeugst du sie ja ständig, und das bringt auf Dauer vermutlich dann irgendwann auch echte Probleme mit sich.«

»Ja, aber warum erzeuge ich denn ständig Problemgefühle, wenn es doch gar keine echten Probleme gibt?«, fragte sie irritiert.

»Weil du offensichtlich große Angst vor schlimmen Gefühlen hast.«

»Und wie kann ich das in Ordnung bringen?«, fragte sie sichtlich aufgewühlt.

»Das weiß ich leider noch nicht so genau. Theoretisch

müsste dein Großhirn damit aufhören, schmerzhafte und leidvolle Gefühle als etwas Schlimmes anzusehen. Doch damit habe ich selbst noch meine Schwierigkeiten. Ich bin aber sicher, dass wir dafür eine Lösung finden werden.«

In diesem Moment kam Dylan in Begleitung eines jungen Mannes zu uns an die Bar, der mir irgendwie bekannt vorkam.

»Hallo BeautyQueen!«, sagte Ava freundlich, um ihn zu begrüßen.

»Hallo«, erwiderte er freundlich lächelnd. »Aber nenn mich bitte Greg. BeautyQueen bin ich nur, wenn ich drag bin.«

»Du heißt also Greg. Sehr erfreut, deine Bekanntschaft zu machen«, sagte ich und begrüßte ihn wie hier üblich mit einem Luftküsschen links und rechts. Ava und Brian taten das Gleiche.

»Weißt du eigentlich, dass *Shameless in Paradise* mittlerweile überall nur noch *Mary-Show* genannt wird?«, fragte mich Greg dann. »Du bist einfach voll cool mit deinem Savant-Syndrom. Vor allem deine Gespräche hier in der Villa darüber, wie Gefühle wirklich funktionieren, kommen unnormal gut. Und dein IQ-Test gestern Abend, der hat aber mal so richtig reingehauen. Seitdem sind alle im Mary-Fieber. Und außerdem ist die Art, wie du mit deinen Lieblingsmenschen hier drinnen umgehst, ultrasüß. Das feier ich total. Du hast ganz offensichtlich die reine Seele eines unschuldigen Babys, den Körper einer Göttin, das Gesicht eines Engels, bist schlauer als Albert Einstein und bescheidener als Gandhi. Du bist einfach in jeder Hinsicht unnormal geil!«

»Ja, aber ich habe auch emotionale Defizite«, gab ich zu bedenken.

»Und genau das macht dich nur noch cooler«, erwiderte er. »Ein Diamant funkelt ja auch nur durch seine Ecken und Kanten. Am geilsten fand ich ja euer Gespräch über dich als *Minenfeld*«, sagte er dann an Ava gerichtet.

»Das wurde ausgestrahlt?! Das ist ja megapeinlich«, meinte sie.

»Daran war überhaupt gar nichts peinlich«, widersprach Greg entschieden. »Im Gegenteil! Es war einfach nur süß. Und es war voll echt. So echt wie zwei Menschen in einem persönlichen Gespräch nur sein können. Und das haben die Leute da draußen genauso abgefeiert wie ich. So ehrlich und offen hat man Stars noch nie gesehen. Du kannst dir nicht vorstellen, wie viel Sympathiepunkte dir dieses Gespräch eingebracht hat.«

Dann wendete sich Greg wieder mir zu. »Und was du da über die ganzen blöden Müssens rausgehauen hast, war einfach der Hammer! Ich bin so froh, dass ich hier bei euch sein darf!«, sagte Greg sichtlich emotional. »Ihr seid wirklich genauso lieb, wie es im Fernsehen rüberkommt.«

In diesem Moment klingelten die Smartphones von Brian und mir. »Deine Mission besteht darin, Brian Eis aus deinem Nabel essen zu lassen«, stand in meiner Nachricht. »Du kannst diese *Mission* wie immer ablehnen und stattdessen *Wahrheit* wählen. Entscheide dich bitte jetzt!«

Mir war sofort klar, dass Ella hinter dieser Mission steckte, denn ich hatte ihr ja gesagt, dass ich das gerne erleben würde, um einen direkten Vergleich zwischen Dylan und Brian zu haben. Ich klickte also *Mission* an und sah, dass Brian ebenfalls etwas in seinem Smartphone anklickte. Er lächelte dabei. Kurz darauf erschien die zweite Nachricht. »Ein Mitarbeiter wird euch gleich einen Becher Eis bringen.«

Mir war mulmig zumute, denn ich wusste nicht, wie heftig die Gefühle werden würden, jetzt, wo ich dieses Areal in meinem Gehirn wieder aktiviert hatte, dessen genaue Funktion mir ja immer noch nicht so ganz klar war. Klar war nur, dass ich meine Gefühle würde verbergen müssen – egal, wie stark sie sein würden. Niemand durfte wissen, dass ich doch zu leidenschaftlichen Gefühlen fähig war. Ich konnte daher nur hoffen, dass meine Selbstkontrolle stark genug sein würde.

Wenige Minuten später brachte der Mitarbeiter des Senders das Eis. Es war tatsächlich wieder Vanille-Eis mit Himbeeren genau wie bei Dylan. Wir gingen alle gemeinsam zu den Sonnenliegen. Dort legte ich mich auf den Rücken und schloss die Augen. Ich war sehr angespannt und auf alles gefasst. Dann spürte ich das kalte Eis auf meinem Bauch und erschrak erst einmal. Vor Schreck hatte ich die Augen geöffnet und gesehen, dass Brian schon ganz nah an meinem Buchnabel war, was allein schon einen Schauer durch meinen Körper jagte.

Ich schloss die Augen schnell wieder und konzentrierte mich darauf, meine Gefühle zu kontrollieren. Als ich dann seinen Mund spürte, fühlte er sich im ersten Moment im Kontrast zum Eis wieder total heiß an. Ich konzentrierte mich auf meine Atmung, versuchte, meinen Körper zu entspannen und an etwas anderes zu denken. Doch es gelang mir nicht. Seine heißen Lippen fühlten sich so an, als würde es eine direkte Nervenverbindung von meinem Nabel in meinen Unterleib geben. Sofort zog eine heftige Gänsehaut über meinen Körper. Gefolgt von einer Woge leidenschaftlicher Energie, die direkt aus meinem Unterleib, meine Wirbelsäule entlang bis hoch in meinen Kopf zu schießen schien. Mir wurde total schwindlig, und ich verlor die Orientierung. Ich versuchte mich erneut auf meinen Atem zu konzentrieren. »Atme, Mary Soul!«, sagte ich mir selbst in Gedanken. »Atme!«

Die Konzentration auf meinen Atem schien dann auch ein wenig zu helfen. Dennoch hatte ich das Gefühl, dass es eine Ewigkeit dauerte, bis Brian schließlich fertig war, obwohl es vermutlich in Wirklichkeit nicht mehr als fünf Sekunden gewesen waren. Als er fertig war, öffnete ich die Augen wieder und sagte schnell: »Boah, war das kalt!«, um einigermaßen zu erklären, warum ich am ganzen Körper zitterte.

»Das ist interessant«, erwiderte Brian grinsend. »Mir ist eher heiß dabei geworden.«

»Wir können ja in den Pool gehen, um uns abzukühlen«, schlug ich vor.

»Ich dachte, dir wäre kalt geworden«, meinte er weiterhin grinsend.

»Ja, schon, aber jetzt ist mir wieder warm.«

Ich wusch mir unter der Dusche neben dem Pool erst einmal das Eis ab, dann sprang ich ins Wasser und schwamm eine Bahn.

»Madame ist also keine Nichtschwimmerin mehr«, stellte Brian verblüfft fest, als er durch das Wasser zu mir kam.

»Dylan hat mir das Schwimmen gezeigt. Ich kann jetzt Brustschwimmen, Kraulen und Delfin und muss daher keine Angst mehr haben, dass ich im Pool ertrinke.«

»Schade eigentlich!«, meinte Brian lächelnd. »Ich fand es sehr schön, als du noch nicht schwimmen konntest.«

»Ich kann aber so tun, als könnte ich es immer noch nicht, wenn du magst«, schlug ich vor.

»Das ist eine sehr schöne Idee!«, stimmte er lächelnd zu und bot mir seinen Arm an, damit ich mich an ihm festhalten konnte.

Ich umarmte ihn sogleich wie beim letzten Mal und sagte: »So ist es auch nicht so kalt im Wasser!«

Brian sagte nichts mehr dazu, sondern umarmte mich ebenfalls, und zwar sehr innig. Er hielt mich fest im Arm, was sich unfassbar schön anfühlte. Die Gefühle, die mein Körper dabei erzeugte, wenn ich seine Haut an meiner spürte, waren einfach unglaublich. Ich versuchte sie so heimlich es ging zu genießen, denn er sollte ja nicht merken, was ich in Wirklichkeit empfand.

Nach einer Weile sagte er dann: »Dir ist schon klar, dass sich beste Freunde so nicht umarmen, oder?«

»Ich denke, Lieblingsmenschen machen das schon so. Und wie gesagt, anders ist es auch zu kalt im Wasser.«

»Dann tanzen Lieblingsmenschen vermutlich auch genau so Perreo, wie wir das heute Morgen getan haben, stimmt's?!«

»Wir haben doch alles exakt so gemacht, wie man uns das vorgetanzt hat«, antwortete ich ausweichend.

»Bist du wirklich sicher, dass du keine leidenschaftlichen Gefühle empfinden kannst?!«, fragte er dann skeptisch.

»Ja, natürlich. Als Savant kann ich das nicht«, bestätigte ich noch einmal so überzeugend ich konnte, denn ich wusste, meine gesamte Tarn-Identität hing davon ab.

»Kann es denn nicht auch sein, dass du diese Gefühle vielleicht doch empfindest, aber bewusst nichts davon merkst?«, hakte er nach. »Beim Lügendetektor hattest du ja auch angegeben, dass du noch nie verliebt warst, obwohl diese Gefühle in Wirklichkeit bereits vorhanden waren.«

»Falls das so wäre, könnte ich es nicht beurteilen«, antwortete ich erleichtert von seiner Idee, denn sie würde mein Savant-Syndrom selbst dann noch bestätigen, wenn mein Verhalten nicht eindeutig war.

»Aber wenn du diese Gefühle unbewusst vielleicht tatsächlich haben könntest, dann wäre es doch gar nicht so komplett ausgeschlossen, dass du eine partnerschaftliche Beziehung eingehen kannst. Oder sehe ich das falsch?«

»Wenn das so wäre, dann wäre es vielleicht möglich«, bestätigte ich so neutral ich konnte, wobei ich ihm in Wirklichkeit sehr viel lieber meine Liebe offen gestanden hätte, denn meine Gefühle für ihn waren mittlerweile so immens stark geworden, dass ich mir ein Leben ohne ihn gar nicht mehr vorstellen wollte.

Ich sollte mir jetzt wirklich langsam etwas einfallen lassen, um das Problem mit der NSA zu lösen, ging mir erneut durch den Kopf. Irgendwie musste ich es schaffen, weiterhin hier als Mensch bei Brian zu bleiben. Alles andere war einfach nicht mehr akzeptabel. Notfalls würde ich einen Unfall inszenieren, der mein menschliches Gehirn so stark beschädigt, dass ich dadurch meine überlegene Intelligenz verliere, sodass ich für die NSA nicht mehr interessant wäre.

In diesem Moment schoss ein Gedanke durch meinen Kopf, der meine Gefühle total aufwirbelte. Was aber wäre, wenn Brian mich dann gar nicht mehr wollen würde? Ich würde mich nach meinem Unfall eine ganze Weile lang nicht mehr entmaterialisieren können, da sie mich sicherlich an alle möglichen medizinischen Gerätschaften anschließen würden, die mich Tag und Nacht überwachen. Mit höchster Wahrscheinlichkeit würde ich dabei meine wahre Identität verlieren und immer mehr vergessen, wer ich in Wirklichkeit war. Vermutlich würde ich bis zum physischen Tod meines menschlichen Körpers nicht mehr den Weg nach Hause finden.

Und das machte mir Angst, denn Brian und ich kannten uns jetzt gerade einmal seit ein paar Tagen. Womöglich war das nicht lange genug, um eine genügend starke Bindung aufzubauen, damit er die vielen Monate, die meine Genesung nach dem Unfall vermutlich benötigen würde, in Kauf nehmen würde. Das wäre sicherlich sehr viel verlangt, wenn man bedachte, dass wir noch nicht einmal offiziell eine Beziehung miteinander eingegangen waren. Wir bezeichneten uns als Lieblingsmenschen und als beste Freunde. Aber war das wirklich genug?

»Was ist los mit dir?«, fragte mich Brian. »Du wirkst plötzlich sehr angespannt.«

»Mir geht der Gedanke durch den Kopf, was ich tun sollte, wenn ich tatsächlich in der Lage wäre, eine Partnerbeziehung einzugehen«, antwortete ich. »Würdest du mich denn überhaupt wollen?«, fragte ich unsicher.

»Es gibt nichts, was ich momentan mehr wollen würde«, antwortete er emotional und schaute mir dabei tief in die Augen.

Doch statt der Liebe, die ich bisher immer gespürt hatte, wenn er mich so anschaute, spürte ich jetzt Angst. *Momentan* gab es nichts, was er mehr wollen würde, hatte er gesagt. Aber wie würde das in einem Monat oder einem Jahr aussehen? War das wirklich genug, um jetzt alles auf eine Karte zu setzen und das Risiko einzugehen, dass ich bis zum physischen Tod dieses menschlichen Körpers nicht mehr nach Hause finden würde? Ich war unsicher. Ich hoffte, dass mir Ella diesbezüglich weiterhelfen könnte, denn schließlich war sie der beste Love-Angel, den es je gegeben hatte. »Ich muss mal kurz auf die Toilette«, sagte ich deshalb zu Brian und ging auf mein Zimmer. Ich lächelte dabei, denn er sollte nicht merken, was wirklich in mir vorging.

»Ich würde nach meiner Mission gerne als Mensch weiterleben und bei Brian bleiben«, sagte ich zu Ella, als ich im Klassensaal angekommen war. »Das Problem ist nur, dass mir ja die NSA im Nacken sitzt mit ihrer Hintergrundüberprüfung. Ich hatte die Idee, dass ich einen Unfall inszenieren könnte, der mein menschliches Gehirn so stark beschädigt, dass die NSA kein Interesse mehr an mir hat. Aber natürlich ist es unsicher, ob das wirklich funktionieren würde, und es ist weiterhin auch nicht sicher, ob Brian dann überhaupt noch mit mir zusammen sein will.«

»Ich denke, dass wir den Verantwortlichen bei der NSA nach deinem Unfall die nötigen telepathischen Impulse geben könnten, damit sie sich gegen eine Hintergrundüberprüfung entscheiden«, meinte Ella. »Diese Überprüfung würde ja nicht mehr viel Sinn ergeben, wenn deine Hirnschäden so stark wären, dass du deine überlegene Intelligenz verlierst. Da würden unsere üblichen Eingebungen sicherlich ausreichen, um die NSA von einer Überprüfung abzubringen. Aber was Brian betrifft, da können wir natürlich nichts machen. Wenn du diesen Weg gehen willst, dann wirst du das Risiko eingehen müssen, dass eure Bindung vielleicht noch nicht stark genug ist, um alle Widrigkeiten nach deinem Unfall zusammen durchzustehen.«

»Könnte ich denn etwas tun, um unsere Bindung noch mehr zu stärken?«, fragte ich hoffnungsvoll. »Ich könnte vielleicht dafür sorgen, dass er mich als noch größere Bereicherung für sein Leben ansieht. Was hältst du von dieser Idee?«

»Davon würde ich dringend abraten«, erwiderte Ella. »Diese Zielsetzung ist einer der häufigsten Gründe, warum Beziehungen scheitern.«

»Weil man von seinem Partner als Bereicherung angesehen werden will?«, hakte ich verwundert und irritiert nach.

»Ja, denn diese Zielsetzung führt dazu, dass das Großhirn auf unbewusster Ebene automatisch jede Gelegenheit nutzt, um dem Partner aufzuzeigen, wie wichtig, wertvoll und nützlich man für ihn ist.«

»Und warum ist das so problematisch?«, fragte ich ahnungslos.

»Weil das dann total einseitig wird. In einer Partnerschaft wollen beide Seiten für den jeweils anderen eine Bereicherung sein. Denn nur wenn das soziale Gehirn erkennen kann, dass man sich gegenseitig als Bereicherung ansieht, ist es bereit, eine Bindung einzugehen. Es bringt daher nichts, wenn du dich einseitig darum bemühst, von ihm als Bereicherung angesehen zu werden. Es ist genauso wichtig, dass auch sein soziales Gehirn erkennen kann, dass du ihn als Bereicherung ansiehst. Und das erschwerst du ihm ganz deutlich, wenn du ständig nur darum bemüht bist, dass er dich als Bereicherung ansieht.«

»Und was kann ich dafür tun, damit Brian erkennen kann, dass ich ihn als größte Bereicherung ansehe?«

»Das passiert ganz von selbst. Darum solltest du dich gar nicht gezielt kümmern. Sein soziales Gehirn achtet auf unzählige subtile Signale in deinem Verhalten und deinen Emotionen. Diese Signale sind deinem Großhirn gar nicht bekannt. Das müssen sie auch nicht, denn das Großhirn entscheidet nicht über die Liebe. Das ist allein Sache des sozialen Gehirns.«

»Ja und was kann ich dann tatsächlich tun, um unsere Bindung zu stärken?«, fragte ich ratlos.

»Überlass das eurem sozialen Gehirn. Verbring einfach nur möglichst viel Zeit mit ihm. Am besten in Zweisamkeit. Das ist der wichtigste Faktor. Mehr kannst du nicht tun. Das Risiko, dass es dann vielleicht trotzdem nicht klappt, musst du akzeptieren. Alles, was du darüber hinaus tust, um eure Bindung zu stärken, würde eurer Bindung in Wirklichkeit mehr schaden als nutzen.«

»Diese Akzeptanz fällt mir ehrlich gesagt nicht leicht«, sagte ich.

»Denk einfach daran, dass ja in Wirklichkeit gar nichts Schlimmes passieren kann, sollte es nicht klappen mit Brian. Du wirst nach deinem Unfall zwar vergessen, wer du in Wirklichkeit bist, weil du dich über einen längeren Zeitraum nicht wirst entmaterialisieren können, aber sobald dein menschlicher Körper stirbt, wirst du als Seele auf jeden Fall wieder wissen, wer du tatsächlich bist. Und bis dahin lebst du eben 70 oder 80 Jahre als Mensch. Da spricht eigentlich nichts dagegen.«

»Vielen herzlichen Dank, dass du mir das alles erklärt hast. Das weiß ich sehr zu schätzen.«

»Wie auch immer du dich entscheidest, wir werden immer hinter dir stehen und für dich da sein, wenn du uns brauchst«, versprach Ella. »Und übrigens … Wir haben es geschafft. Nuno wird heute als Teilnehmer zu dir in die Villa kommen.«

Kapitel 13

Die vier großen Irrtümer

Sofort nachdem ich mich wieder in der Villa materialisiert hatte, erschien mir die Entscheidung, die ich zuvor als Engel getroffen hatte, völlig inakzeptabel zu sein. Ich sollte das Risiko eingehen, 80 Jahre lang ein Leben voller leidvoller Gefühle zu verbringen?! Für einen Engel waren 80 Jahre vielleicht keine lange Zeitspanne, aber für einen Menschen war es ein ganzes Leben!

Mir war sofort klar, dass mein menschliches Großhirn für diese Kehrtwende verantwortlich sein musste. Doch wieso um alles in der Welt ging es denn davon aus, dass ich 80 Jahre lang immerzu nur Leid erfahren würde, sollte die Partnerbeziehung mit Brian nicht halten? Wie kam es denn auf diese absurde Idee? Das konnte es doch nicht ernsthaft glauben.

Ich war fasziniert. Im gleichen Moment spürte ich, wie meine Gefühle sich veränderten. Die Angst davor, dass Brian mich nach meinem Unfall nicht mehr wollen könnte, war nicht weg. Doch die Intensität des Angstgefühls war plötzlich sehr viel schwächer geworden. Klar, die Trennung würde sicherlich sehr wehtun. Doch das Risiko, eine Weile lang leidvolle Gefühle ertragen zu müssen, gehörte nun einmal zum Menschsein dazu. Doch ich würde ganz sicher keine 80 Jahre lang immerzu nur leiden. Das war wirklich Quatsch!

Meine Entscheidung stand daher fest. Ich ging wieder runter in den Garten, um nach Brian zu suchen. Ich fühlte mich nach meiner Entscheidung wieder magisch zu ihm hingezogen und wollte nur noch in seiner Nähe sein. Er lag zusammen mit Ava, Dylan und Greg bei den Sonnenliegen.

»Wir haben drei neue Teilnehmer bekommen«, sagte er zu mir, als ich mich zu ihm auf die Sonnenliege setzte. »Sie haben gleich eine Mission bekommen und sind jetzt in der Maske. Aber das ist eigentlich gar nicht das, was ich dir erzählen wollte. Die drei haben nämlich etwas Unfassbares berichtet.«

»Ich habe euch doch vorhin schon erzählt, dass viele Leute *Shameless in Paradise* nur noch *Mary-Show* nennen«, übernahm Greg das Wort. »Das war offenbar nur der Anfang!«, betonte er geheimnisvoll.

»Ja, denn sie zeigen seit deinem IQ-Test fast nur noch dich in dieser Show«, fuhr Ava fort. »Sie haben sogar einen 24-Stunden-Livestream eingerichtet, wo ab sofort jeder einzelne deiner Schritte übertragen wird. Und man kann sich jetzt wohl auch alle Gespräche, die du hier geführt hast, einzeln aus dem Netz herunterladen. So etwas hat es zuvor noch nie gegeben. Mir war klar, dass sie eine Sensation aus deinem IQ-Test machen würden, aber dass es solche Dimensionen annehmen würde, damit hätte ich nicht gerechnet. Die Zuschauerzahlen haben sich seit gestern mehr als verdoppelt. Und es werden ständig immer noch mehr. *Shameless in Paradise* wird plötzlich weit über die Grenzen der Vereinigten Staaten hinaus geschaut. Alle wollen die mit Abstand intelligenteste Frau sehen, die jemals auf der Erde gelebt hat. Das Interesse an deiner Person ist einfach riesig!«

Das war natürlich keine gute Entwicklung, wurde mir sofort klar. Je populärer ich würde, desto schwieriger wäre es für Ella und ihr Team, die Hintergrundüberprüfung der NSA weiter hinauszuzögern. Ich musste jetzt jeden Tag damit rechnen, dass ich meinen Unfall provozieren müsste. Ich hatte gehofft, dass ich wenigstens noch ein paar Tage haben würde, um die Bindung zwischen Brian und mir zu stärken, doch so wie es jetzt aussah, könnte es heute schon mein letzter Tag sein.

»Was ist los mit dir?«, fragte mich Brian verwundert. »Das ist doch etwas Gutes!«

»Ich habe nur daran gedacht, dass es für euch blöd sein muss wegen dem Ranking der Zuschauer«, schwindelte ich, um meine emotionale Reaktion auf diese Nachricht zu erklären.

»Nun aber mal wirklich!«, ermahnte mich Ava wohlwollend. »Was du uns hier in den letzten Tagen gegeben hast, ist tausend Mal mehr wert als jedes Ranking.«

»Das sehe ich genauso«, stimmte Dylan zu. »Du hast mir echt das Leben gerettet. Solltest du irgendwann einmal das Gefühl haben, dass du beobachtet wirst, dann ist es mein Dank, der dich überallhin begleitet. Da kannst du dir sicher sein. Ich gönne dir deinen Erfolg von ganzem Herzen.«

»Also jetzt lächle gefälligst wieder!«, befahl mir Greg und riss mich aus meinen Gedanken. »Du bist wundervoll. Sieh das endlich ein!«

»Und ich bin der glücklichste Mann auf der ganzen Welt«, meinte Brian dann und schaute mich voller Liebe an. »Das Ranking der Zuschauer ist mir gerade so was von egal!«

»Was du hier alles über diese Müssens erklärt hast, sollte man am besten schon direkt in der Schule lernen«, meinte Greg dann wertschätzend. »Wenn ich das als Teenager schon alles gewusst hätte, dann hätte mir das viele Jahre Therapie erspart.«

»Ehrlich gesagt habe ich mittlerweile ganz schön Respekt vor meinen Müssens gekriegt«, sagte Ava. »Wie schnell es passieren kann, dass man sich deswegen echt krasse Probleme schafft, ist einfach beängstigend.«

»Ich finde ebenfalls, dass wir die Gefahr nicht unterschätzen sollten, die von diesen Müssens ausgeht«, meinte Brian ernst. »Sie sind nicht nur dafür verantwortlich, dass jeder Einzelne von uns unglücklicher und kranker ist, als es nötig wäre. Diese unnötigen Müssens sorgen auch dafür, dass wir alle gemeinsam unseren Planeten vergiften. Doch niemand scheint das zu kapieren, was die Gefahr nur noch größer macht.«

»Ich sehe in den Müssens eigentlich keine nennenswerte Gefahr«, erwiderte ich. »Sie lassen sich ja ganz leicht auflösen. Soweit ich das bis jetzt beurteilen kann, gehen alle schädlichen Müssens auf gerade einmal vier elementare Irrtümer zurück. Hat man die erst einmal erkannt, sollten sich die meisten Müssens mit der Zeit ganz von selbst auflösen.«

»Das wäre natürlich der Hammer!«, meinte Ava. »Aber von welchen vier Irrtümern sprichst du?«

»Zum einen der Irrtum, dass unser Rang im Rudel von unserer Überlegenheit abhängt. In Wirklichkeit kriegen wir immer nur dann einen hohen Rang von anderen Menschen zugesprochen, wenn diese uns als Bereicherung für ihr Leben ansehen. Das hat mit Überlegenheit gar nichts zu tun.

Weiterhin haben wir fälschlicherweise als Kind die Annahme getroffen, dass wir von anderen Menschen nur dann gemocht oder geliebt werden, wenn wir deren Sollvorstellungen erfüllen. Die Eltern täuschen jedoch aus erzieherischen Gründen ein Mehr an Liebe immer nur vor, wenn ihre Kinder ihre Sollvorstellungen erfüllen. Genauso wie sie auch die Ablehnung immer nur vortäuschen, wenn die Kinder sie nicht erfüllen.

Ein weiterer Irrtum liegt in der Annahme, dass die instinktiven Prinzipien, die in der Steinzeit noch überlebensrelevant waren, auch in der heutigen Zeit noch unvermindert gelten. Das ist aber oftmals gar nicht der Fall.«

»Hast du vielleicht ein Beispiel für solch ein instinktives Prinzip?«, fragte Brian.

»Beispielsweise das Fairnessprinzip«, antwortete ich und wunderte mich erneut darüber, woher ich eigentlich so viel über diese instinktiven Prinzipien wusste. Auch darüber hatte ich mit Ella nie ausführlich gesprochen. Ich wusste es einfach. Ich war sehr gespannt darauf, ob der Check-up meines Avatars eine Antwort auf dieses seltsame Phänomen liefern würde. »Wenn in der Steinzeit das Essen knapp war und es deshalb fair geteilt werden musste, damit jeder etwas abbekommt und keiner verhungert, dann war Fairness überlebensrelevant. Wird das gleiche Prinzip jedoch heute bei einem Fußballspiel angewendet, dann kann es passieren, dass sich gegnerische Fans gegenseitig die Köpfe einschlagen, nur weil jemand meint, es hätte eine Unfairness im Spiel gegeben. Da geht es nur um ein Spiel! Dennoch reagieren viele Fans ohne nachzudenken so, als ginge es bei dieser Unfairness immer noch ums Überleben.

Menschen streiten grundsätzlich sehr häufig um Belanglosigkeiten. Wenn sie dann darauf aufmerksam gemacht werden, dass sie eigentlich um Nichts streiten, dann rechtfertigen sie ihren Kampfmodus oftmals mit der Begründung, dass es schließlich ums *Prinzip* ginge. Dahinter verbergen sich dann in Wirklichkeit die instinktiven Prinzipien aus dem sozialen Gehirn wie das Fairnessprinzip, das Akzeptanzprinzip, das Gegenseitigkeitsprinzip, das Freiheitsprinzip und so weiter. Es gibt Situationen im Leben, wo die Einhaltung dieser Prinzipien auch heute noch elementar wichtig ist. Doch es gibt auch viele Momente im Leben eines Zivilisationsmenschen, wo dies nicht mehr der Fall ist.«

»Ich denke, dass die meisten Menschen über diese instinktiven Prinzipien gar nicht groß nachdenken«, meinte Brian. »Ich jedenfalls habe mir darüber noch nie ernsthaft Gedanken gemacht.«

»Ich glaube ebenfalls nicht, dass das viele tun«, pflichtete ich ihm bei. »Die meisten handeln sicherlich rein instinktiv aus dem Bauch heraus, wenn eines dieser Prinzipien verletzt wird. Das Großhirn müsste sich deshalb den jeweiligen Sachverhalt genauer anschauen und den anderen beiden Gehirnen dann mitteilen, wie überlebensrelevant die Einhaltung eines theoretischen Prinzips in der Praxis tatsächlich ist. Tut es das nicht, gehen die anderen beiden Gehirne automatisch davon aus, dass diese Prinzipien eingehalten werden müssen. Daraus können dann schnell Müssens entstehen, die sich in der modernen Welt von heute schädlich auswirken. Für das Großhirn wäre es ein Leichtes, die Überlebensrelevanz dieser Prinzipien im Alltag korrekt zu beurteilen. Dafür bräuchte es vermutlich keine Sekunde, und die entstandenen schädlichen Müssens würden sofort wieder aufgelöst.«

»Das hört sich tatsächlich nicht so schwierig an«, meinte Ava erstaunt.

»Etwas anspruchsvoller scheint die Problematik mit den Gefühlen zu sein«, fügte ich hinzu. »Die meisten schädlichen Müssens gehen offenbar aus dem Bestreben hervor, schlechte Gefühle vermeiden und gute Gefühle erreichen zu wollen.«

»Wieso sollten denn schädliche Müssens entstehen, nur weil ich gute Gefühle will?«, hakte Ava skeptisch nach.

»Die Müssens entstehen nur, wenn du ein Ziel daraus machst, gute Gefühle *erreichen* oder *erhalten* zu wollen«, antwortete ich. »So wie bei der Zielsetzung, dass du dich von deinem Mann geliebt fühlen wolltest. Dieses Ziel hatte so viele schädliche Müssens erzeugt, dass du damit für deinen Mann zum Minenfeld geworden bist. In dem Moment, wo du erkannt hast, dass du lieber tatsächlich geliebt *sein* möchtest, anstatt dich nur geliebt zu *fühlen*, haben sich deine schädlichen Müssens alle sofort von selbst aufgelöst. Und zwar, weil das Gefühl der Liebe dann nicht mehr dein erklärtes Ziel war.«

»Man darf also Gefühle nicht zu Zielen machen«, fasste Brian zusammen. »Weder das Erreichen von guten Gefühlen noch das Vermeiden von schlechten, vermute ich. Aber warum darf man das nicht?«

»Weil dann die Zusammenarbeit der drei Gehirne nicht mehr richtig funktioniert«, antwortete ich. »Die Gefühle haben ja alle einen Sinn und Zweck. So sollen die chemischen Botenstoffe, die bei einem Gefühl in den Blutkreislauf ausgeschüttet werden, den physischen Körper und den Geist in einen Funktionsmodus bringen, der zum Bewältigen einer anliegenden Aufgabe am besten geeignet ist. Doch da das Reptiliengehirn und das soziale Gehirn die komplizierten Sachverhalte im Leben eines modernen Zivilisationsmenschen ohne die Hilfe des Großhirns gar nicht mehr richtig verstehen können, kommt den Gefühlen noch eine weitere Aufgabe zu. Sie dienen dem Großhirn als Feedback darüber, wie die anderen beiden Gehirne die aktuellen Ereignisse gerade beurteilen. Ohne dieses emotionale Feedback würde das Großhirn das gar nicht erfahren. Und dann könnte es die falschen Beurteilungen der beiden anderen Gehirne auch nicht korrigieren. Es könnte also seinen Job gar nicht machen, für den es von der Evolution geschaffen wurde.«

»Und warum genau funktioniert das nicht mehr richtig, wenn das Großhirn die Gefühle zu Zielen macht?«, wollte Brian wissen.

»Weil unsere Ziele unsere Beurteilungskriterien bestimmen«, antwortete ich. »Alles, was positive Gefühle erzeugt, wird dann auch automatisch als positiv beurteilt und alles, was negative Gefühle auslöst, als negativ.«

»Das hört sich für mich im ersten Moment aber gar nicht so verkehrt an«, meinte Brian verwundert.

»Wenn die Beurteilungen aus dem Reptiliengehirn und dem sozialen Gehirn immer korrekt wären, dann wäre es auch nicht falsch«, sagte ich. »Dann könnten wir uns einfach auf unsere Gefühle verlassen und bräuchten gar kein Großhirn.«

»Aber so ist es natürlich nicht«, erkannte Brian jetzt selbst. »Das heißt: Nur weil etwas gute Gefühle macht, ist es nicht unbedingt tatsächlich gut. Und nur weil etwas schlechte Gefühle macht, ist es nicht immer tatsächlich schlecht.«

»Ganz genau«, stimmte ich ihm zu. »Doch wenn du es dir zum Ziel setzt, gute Gefühle zu erreichen und schlechte zu vermeiden, dann betrachtet dein Großhirn automatisch alles, was gute Gefühle erzeugt, als gut und alles, was schlechte Gefühle auslöst, als schlecht. Ob diese Dinge dann tatsächlich gut oder schlecht für die Ziele des Reptiliengehirns und des sozialen Gehirns sind, schaut sich das Großhirn dann gar nicht mehr an. Es bestätigt damit quasi, ohne es zu merken, automatisch jede falsche Beurteilung aus den anderen beiden Gehirnen, anstatt sie zu korrigieren. Und daraus entstehen dann unendlich viele unnötige Müssens.«

»Wieso entstehen daraus so viele unechte Müssens?«, hakte Brian nach.

»Weil der Mensch evolutionär darauf programmiert ist, das Gute zu suchen und das Schlechte zu meiden. Wenn es dabei um etwas Wichtiges geht, dann wird sowohl das Erreichen des Guten als auch das Vermeiden des Schlechten automatisch zum Muss erklärt.«

»Ich mache mit anderen Worten dann alles zum Muss, was mir gute Gefühle einbringt und was mir schlechte erspart«, fasste Brian zusammen.

»Genauso ist es«, bestätigte ich seine Erkenntnis. »Und da das Reptiliengehirn und das soziale Gehirn sehr häufig etwas falsch beurteilen, entstehen dabei natürlich dann auch sehr häufig völlig unnötige Müssens. Und viele davon können sich dann auch schädlich auf deine Gesundheit, dein emotionales Wohlbefinden oder auf deine sozialen und existenziellen Lebensumstände auswirken.«

»Wir sollten daher nicht immer alles gleich für wahr halten, was wir fühlen«, schlussfolgerte Brian.

»Ja, das wäre sicherlich besser«, stimmte ich zu.

»Das hört sich wirklich alles logisch an«, meinte Ava. »Aber ich tue mich ehrlich gesagt echt schwer damit. Ich bin bis jetzt davon ausgegangen, dass ich mich auf meine Gefühle immer zu 100 Prozent verlassen kann. Das hat mir sehr viel Halt gegeben.«

»Ich verstehe, dass du dir dieses Sicherheitsgefühl gerne erhalten möchtest«, sagte ich. »Die Kehrseite der Medaille ist jedoch, dass du dann auch ständig in Angst lebst, weil du deine Angstgefühle dann natürlich ebenfalls immer für wahr hältst. Genauso wie alle deine Problemgefühle und natürlich auch alle deine gefühlten Müssens. Wenn du deine Gefühle als Wahrheiten ansiehst, dann kann dein Großhirn die falschen Beurteilungen deines Reptiliengehirns und deines sozialen Gehirns eigentlich nie korrigieren. Ich denke, dass dies vor allem auch in sozialen Beziehungen sehr problematisch sein kann, wenn man beispielsweise seine Eifersuchtsgefühle oder irgendwelche Ungerechtigkeitsgefühle für unbeirrbare Wahrheiten hält und dann gegenüber seinem Partner darauf besteht, dass es so ist, wie man es fühlt.«

In diesem Moment kam einer der neuen Teilnehmer durch den Garten auf uns zu und grinste uns breit an. Er hatte einen langen Vollbart und einen sehr dicken Bauch, der so aussah, als würde er gleich explodieren. Ich schätzte ihn auf Anfang vierzig. Er trug ein rosa Tutu, ein weißes, langärmliges Feinripp-Unterhemd, das sich über seinen dicken Bauch spannte und durch das hindurch man seinen tätowierten Bauch sehen konnte, und kleine rosa Flügelchen. In der Hand hielt er einen Zauberstab mit einer rosa Plüschkugel am oberen Ende. Ich vermutete, dass er wohl eine Märchenfee darstellen sollte.

»Hallo Mary«, sagte er zu mir. »Ich bin's, Richard.«

»Richard, was machst du denn hier?«, sagte ich, als sei ich total überrascht. »Das ist ja unfassbar, dich hier zu treffen. Wie kommst du in diese Show?«

»Lange Geschichte«, antwortete Richard, der ja in Wirklichkeit Nuno hieß.

»Na, das ist ja ein Ding«, meinte Brian sofort begeistert. »Woher kennt ihr euch denn?«

»Er ist der große Bruder einer Klassenkameradin, mit der ich zusammen die Schulbank gedrückt habe«, antwortete ich und stand von der Liege auf, um Nuno zu begrüßen.

»Ist das schön, dich nach so langer Zeit wieder zu treffen. Lass dich drücken!«, sagte Nuno zu mir. Daraufhin umarmte er mich ganz herzlich, wie alte Freunde das wohl so tun.

»Mensch, von dir habe ich ja schon lange nichts mehr gehört«, sagte ich begeistert. »Was hast du so getrieben in den letzten Jahren, und wie kommst du in diese Show?«

»Ich bin Psychologe und schreibe Bücher über psychologische und spirituelle Konzepte. Der Sender wollte dir jemanden reinschicken, der sich wie du mit Gefühlen auskennt. Sie haben dann herausgefunden, dass wir uns von früher kennen, deshalb fiel die Wahl dann auf mich. Und natürlich auch, weil ich sehr attraktiv bin«, meinte er breit grinsend.

»Und was sagst du als Psychologe so zu den Dingen, die Mary uns hier in den letzten Tagen über Gefühle erklärt hat?«, wollte Brian dann amüsiert von Nuno wissen.

»Aus wissenschaftlicher Sicht ist das alles sehr gut nachvollziehbar«, antwortete er. »Vor allem die Sache mit den Sollvorstellungen. Fast alle spirituellen und psychologischen Konzepte und Methoden stellen die Gefühle in den Fokus ihrer Aufmerksamkeit. Doch die Gefühle sind ja in Wirklichkeit nur Symptome. Es wäre sehr viel eleganter, ungute Sollvorstellungen zu korrigieren, anstatt gegen die Gefühle anzukämpfen, die aufgrund dieser Sollvorstellungen entstehen. Doch das mit den Sollvorstellungen ist ein ganz neues Gebiet, auf dem sich derzeit so gut wie niemand wirklich auskennt. Deshalb kriegt die wissenschaftliche Fachwelt da draußen auch gerade richtig große Ohren. Mary zeigt hier völlig neue Möglichkeiten auf. Aus spiritueller Sicht ist das alles jedoch noch ein wenig unklar.«

»Was ist denn genau der Unterschied zwischen der wissenschaftlichen und der spirituellen Sichtweise?«, hakte Brian interessiert nach.

»Stell dir vor, jemand behauptet, es sei Bier im Kühlschrank«, antwortete Nuno. »Wenn du ein Wissenschaftler bist, dann gehst du hin und überprüfst diese These. Du machst also den Kühlschrank auf und schaust hinein. Und nur wenn da wirklich Bier drinsteht, hältst du die ursprüngliche These für die Wahrheit. Das ist also Wissenschaft.

Spiritualität wäre hingegen, dass dir jemand sagt, es sei Bier im Kühlschrank. Gehen wir einmal davon aus, dass du das leider nicht überprüfen kannst. Wenn du jetzt versuchst, trotzdem ganz fest daran zu glauben, dass es wahr ist, dann bist du spirituell.

Nehmen wir noch eine dritte Variante. Es behauptet also jemand, es sei Bier im Kühlschrank. Du gehst hin und stellst fest, dass es gar nicht stimmt. Dann machst du die Kühlschranktür wieder zu und legst dem Kühlschrank die Hände auf und schaust erneut hinein. Das wäre dann Esoterik.«

Die anderen brachen schier zusammen vor Lachen, nachdem Nuno mit Hilfe dieser einfachen Metapher die Unterschiede zwischen Wissenschaft, Spiritualität und Esoterik erläutert hatte, was mir ein völliges Rätsel war. Er hatte das doch sehr anschaulich erläutert. Was sollte daran lustig gewesen sein? Ich lachte natürlich wieder einmal trotzdem mit, um nicht aufzufallen.

Kurz darauf klingelten die Smartphones von Brian und mir. »Die Zuschauer möchten euch beide auf ein Date außerhalb der Villa schicken«, stand in unserer Nachricht. »Wenn ihr diese Mission annehmen wollt, dann packt jetzt ein paar Sachen ein für einen Tag Aufenthalt plus Übernachtung auf einer Segelyacht und kommt damit dann zum Strand. Es wartet ein Boot auf euch, das euch zu eurem Dreamdate bringen wird.«

Fünfzehn Minuten später saßen wir in einem kleinen Boot, das uns zu einem Luxuskatamaran bringen sollte, der etwas weiter draußen in der Bucht vor Anker lag. Ich war sehr gespannt darauf, wie solch ein Dreamdate ablaufen würde und hoffte sehr, dass dieses Date unsere Bindung noch einmal stärken würde. Denn allzu lange würde ich meinen Unfall vermutlich nicht mehr hinauszögern können.

Als wir die Yacht erreichten, erwartete uns dort bereits ein Kamerateam. Sie filmten alles von unserer Anfahrt mit dem kleinen Boot bis hin zur Begrüßung des Kapitäns und der darauffolgenden Bootsführung.

Wir befänden uns gerade auf dem Achterdeck, erklärte uns der Kapitän. Die Yacht war mit einer Badeplattform ausgestattet, die einen sicheren und einfachen Zugang zum Wasser und wieder zurück ermöglichte, falls wir mal Lust haben sollten, schwimmen zu gehen. Außerdem stand dort ein Tisch für zwei Personen, wo wir am Abend dann unser Dinner serviert bekommen sollten. Vom Achterdeck gelangte man dann in den luxuriösen Salon mit Panoramablick, erklärte der Kapitän weiter, während er uns dorthin führte. Auf der linken Seite des Salons befand sich eine großzügig ausgestattete Küche und auf der rechten das moderne Wohnzimmer. Am vorderen Ende des Salons war das sogenannte Cockpit, von wo aus die Yacht bei schlechtem Wetter gesteuert werden konnte. Vom Salon aus ging es dann durch eine Tür zum Bug, wo sich ein vor Wind geschützter Liegebereich befand. Danach führte uns der

Kapitän außen an der Reling entlang wieder zurück zum Achterdeck, von wo aus eine Treppe nach oben zur Außenterrasse führte, wo wir uns dann entspannen könnten, meinte der Kapitän. Auf der Terrasse befand sich ein Whirlpool und eine bequeme Sofagarnitur. Außerdem war dort ein zweites Ruder, von dem aus der Kapitän die Yacht ebenfalls steuern konnte. Danach zeigte er uns noch unsere Kabine, wo wir gemeinsam die Nacht verbringen durften. Der Katamaran verfügte über sechs luxuriöse Schlafkabinen, erklärte er uns, wobei wir natürlich die Hauptkabine mit Ankleideraum und eigenem extragroßem Badezimmer bekommen sollten. In unserer Kabine stand ein Doppelbett, das sehr ähnlich aussah wie das Bett in meinem Zimmer in der Villa. Hier würde ich also zusammen mit Brian schlafen. Ich hoffte sehr, dass ich mit ihm wieder die ganze Nacht kuscheln könnte wie beim letzten Mal in der Chillout-Lounge. Das war sehr schön gewesen und würde bestimmt auch unsere Bindung weiter stärken, was ja sehr wichtig war, damit er die harte Zeit nach meinem Unfall mit mir zusammen durchstehen würde.

Am Ende der Bootsführung gingen wir wieder nach oben auf das Achterdeck. Dort stellte der Kapitän uns dann den Rest der Crew vor, die neben einer Köchin aus zwei Matrosen bestand. Die *Sterneköchin*, betonte der Kapitän, würde nur darauf warten, uns beim Dinner zu verwöhnen. Daraufhin wünschte er uns noch einen wundervollen Aufenthalt und gab seinen Matrosen einige Anweisungen. Kurz darauf wurde dann der Anker gelichtet, und die Yacht setzte sich mit Motorkraft in Bewegung. Etwas weiter draußen schaltete der Kapitän dann den Motor aus und ließ die Segel setzen.

Es war sicherlich ein schönes Erlebnis, nur vom Wind getrieben über das Meer zu segeln. Doch eigentlich war mir das alles nicht wirklich wichtig. Ich wollte die Bindung zwischen Brian und mir stärken. Das war jetzt das Wichtigste überhaupt. Ob das nun auf einer luxuriösen Segelyacht geschehen würde oder in einer Bretterbude, war mir egal. Hauptsache, wir waren zusammen.

Wenig später wurde mir klar, dass ich es tatsächlich besser gefunden hätte, mit ihm allein in einer Bretterbude zu sein als auf dieser Yacht, denn wir hatten keine ruhige Minute in echter Zweisamkeit. Ständig wollte das Kamerateam, dass wir dies und jenes machten, um schöne, romantische Bilder zu bekommen. Erst sollten wir an der Reling stehen und verträumt auf das Meer hinausschauen, dann auf der Sitzgelegenheit am Achterdeck mit Champagner anstoßen. Danach sollten wir Badekleidung anziehen und uns in den Whirlpool auf der Außenterrasse legen. Und danach wollten sie, dass wir uns im Liegebereich am Bug der Yacht liebevoll im Arm halten. Und bei alledem sollten wir uns immer so verhalten, als seien die Kameraleute überhaupt nicht da. Dabei kamen sie manchmal mit ihren Kameras auf Unterarmläge an uns heran, um Großaufnahmen von unseren Gesichtern zu machen. Wie sollte man das ignorieren können? Und wie sollte sich dabei die Bindung zwischen Brian und mir verstärken?!

Ich spürte, wie zunehmend Problemgefühle in mir aufloderten, und mir wurde sofort klar, dass diese Problemgefühle mein soziales Gehirn beeinträchtigen würden. Ich durfte daher kein Muss daraus machen, die Bindung zwischen mir und Brian stärken zu wollen, sonst würde genau das Gegenteil passieren. Ich wollte diese Bindung von ganzem Herzen, aber es war natürlich kein Muss. Denn ich käme ja nicht in Not, wenn es mit uns beiden nicht klappen sollte. Ich spürte, wie sich meine Problemgefühle wieder auflösten und war erleichtert. Kurz darauf beendete das Kamerateam seine Arbeit vorerst und zog sich in den Salon zurück.

Endlich waren Brian und ich allein. Ich lag in seinem Arm auf der Sonnenliege am Bug der Yacht und genoss jede Sekunde. Plötzlich rief der Kapitän: »Delfine!« Wir standen sofort auf und gingen ganz nach vorne an die Reling. Und tatsächlich tummelten sich dort mehrere Delfine in den Bugwellen unseres Katamarans. Eine unbeschreibliche Freude breitete sich bei diesem Anblick in mir aus. Genau wie bei allen anderen Anwesenden, die ebenfalls sofort an den Bug gekommen waren, um die Delfine zu sehen. Die Kameraleute fingen natürlich sofort wieder an zu filmen und wollten unsere Gesichtsausdrücke einfangen. Doch dieses Mal schien es meinem menschlichen Gehirn nicht mehr so viel auszumachen. Mein Beschluss, kein Muss daraus zu machen, unsere Bindung zu stärken, hatte offenbar seine Wirkung erzielt.

Die Delfine begleiteten uns über Stunden hinweg.

Das war einfach nur schön. Die anderen Leute auf dem Boot gingen dann irgendwann auch wieder ihren Beschäftigungen nach. Das Kamerateam saß erneut zusammen im Salon, der Kapitän saß wieder oben auf der Außenterrasse an seinem Ruder, und die Matrosen und die Köchin waren nirgends zu sehen. Brian und ich waren wieder für uns. Allein mit den Delfinen, die sich weiterhin in den Bugwellen unseres Katamarans vergnügten. Zumindest sahen sie für mich sehr vergnügt aus. Ich hatte sogar manchmal den Eindruck, ihre Freude wahrnehmen zu können. So als könnte ich ihre Seelen irgendwie spüren und sie die meine. Das war ein wundervolles Gefühl.

Wir lagen wieder auf der Sonnenliege und hielten uns im Arm. Unter uns die Delfine und am Horizont der Sonnenuntergang. Das war einfach unfassbar schön. Ich spürte, wie sich unsere Seelen immer näherkamen. Bis wir dann plötzlich wieder die Kameralinsen direkt vor unserer Nase hatten, denn sie wollten unbedingt unseren Gesichtsausdruck beim romantischen Sonnenuntergang einfangen. Erneut sollten wir ganz verträumt aufs Meer hinausschauen. Doch ich musste plötzlich lachen, wenn sie so nahe mit ihrer Kamera herankamen. Was mein menschliches Gehirn daran so lustig fand, verstand ich nicht. Aber verträumt und romantisch schauen, ging gerade einfach überhaupt nicht.

Nach dem Sonnenuntergang wurden wir dann zum romantischen Dinner gebeten. Die Köchin hatte uns ein Fünf-Gänge-Menü zubereitet, das uns auf dem Achterdeck serviert wurde. Das Essen schmeckte wirklich ganz hervorragend, doch so richtig romantisch wurde es trotzdem nicht, weil ich andauernd lachten musste. Denn sogar beim Essen hatten wir ständig eine Kamera direkt im Gesicht.

Während des Essens wurden dann die Segel eingeholt, denn der Wind hatte nachgelassen. Der Kapitän unterrichtete uns darüber, dass wir heute keinen Hafen anlaufen, sondern die Nacht auf See verbringen würden. Wir wären weit ab von allen kommerziellen Schiffsrouten und könnten uns einfach die Nacht über friedlich treiben lassen. Die Yacht verfüge über einen Annäherungsalarm. Falls daher wider Erwarten doch eine andere Yacht in die Nähe kommen sollte, würde er sofort geweckt und könnte sich dann um alles Notwendige kümmern. alles kümmern. Wir könnten ganz beruhigt schlafen und uns auf eine sehr friedliche Vollmondnacht auf See freuen, denn der Pazifik sei so ruhig, wie es wohl nur sehr selten der Fall war.

Nach dem Dinner sagten wir dann dem Kamerateam, dass wir gerne bald zu Bett gehen wollten. Wir freuten uns beide sehr darauf, Zeit für uns allein zu haben. Das Team packte daraufhin seine Technik zusammen und verteilte sich unter Deck auf den Kajüten. Wir gingen ebenfalls in unsere Kabine.

Endlich waren wir allein. Doch ich wusste gar nicht so recht, was wir jetzt eigentlich genau machen sollten. Wirklich müde war ich ja noch nicht. Und Brian wie es aussah ebenfalls nicht. Da es in dieser Kajüte keine andere Sitzgelegenheit gab, legten wir uns erst einmal aufs Bett.

»Wollen wir vielleicht noch einmal über uns reden?«, fragte Brian, während wir auf dem Bett nebeneinanderlagen.

»Was genau möchtest du denn besprechen?«, fragte ich interessiert.

»Das mit deinen leidenschaftlichen Gefühlen. Als wir das letzte Mal im Pool darüber gesprochen haben, hast du ja nicht grundsätzlich ausgeschlossen, dass du vielleicht doch leidenschaftliche Gefühle für mich empfinden kannst und es bewusst nur nicht merkst. So wie du auch bewusst nicht gemerkt hast, dass du in mich verliebt bist.«

»Ja, das kann ich tatsächlich nicht ausschließen«, sagte ich so rational ich konnte.

In Wirklichkeit verzehrte sich mein menschlicher Körper regelrecht nach ihm. Am liebsten wäre ich gleich hier und jetzt über ihn hergefallen wie eine Raubkatze. Ich wusste jedoch in Wirklichkeit gar nicht, was man da so genau tat, wenn man leidenschaftliche Liebe machen wollte. Aber das ging ja jetzt sowieso nicht. Ich war für Brian ein Savant. Und selbst wenn ich diese Gefühle unterschwellig haben durfte, so dürfte ich sie jetzt sicherlich nicht einfach so ganz plötzlich völlig ungezügelt ausleben. Das passte mit meiner Tarnidentität einfach nicht zusammen. Deshalb schlug ich mir diesen Gedanken gleich wieder aus dem Kopf.

»Und was hältst du davon, dass wir versuchen, der

Sache irgendwie auf den Grund zu gehen?«, fragte Brian.

»Das hört sich nach einem guten Plan an«, antwortete ich, ohne zu wissen, worauf er genau hinauswollte.

»Ich könnte dich vielleicht noch einmal küssen, und wir schauen, ob sich da vielleicht jetzt doch etwas bei dir tut«, schlug er vor.

»Ja, das könnten wir versuchen«, sagte ich und spürte, wie ich große Angst davor bekam, meine leidenschaftlichen Handlungsimpulse dann vielleicht nicht mehr kontrollieren zu können.

Mein Herz pochte bis in meinen Hals hinauf, als Brian sich zu mir rüberbeugte und unsere Lippen sich berührten. Sofort jagte ein Schauer über meine Haut, der mich regelrecht schüttelte. Brian bemerkte meine Reaktion und hakte sofort nach.

»Hast du etwas gespürt?«

»Ich bin nicht ganz sicher. Vielleicht kannst du das ja einfach noch einmal machen«, bat ich so neutral wie ich konnte, war aber in Wirklichkeit kaum noch bei Sinnen. Mein ganzer Körper schien vor Verlangen zu beben.

Als Brian mich dann noch leidenschaftlicher küsste, musste ich die Notbremse ziehen, sonst hätte ich die Kontrolle komplett verloren. Ich befreite mich panisch aus seinen Armen und sprang aus dem Bett, da ich mir nicht mehr anders zu helfen wusste.

»Es tut mir so leid!«, sagte er sofort und wollte mir irgendwie zu Hilfe eilen.

»Kein Problem!«, sagte ich, wie ich es gewohnt war, wenn Menschen sich entschuldigten und ich keine Ahnung hatte, warum, denn Brian hatte ja nichts falsch gemacht.

Ich versuchte mich wieder voll und ganz auf meinen Atem zu konzentrieren, wie in der Situation, wo er Eis aus meinem Nabel gegessen hatte. Doch dieses Mal beruhigten sich meine Gefühle nicht mehr. Ich rang unablässig nach Luft und hatte das Gefühl, gleich zu ersticken.

»Ganz ruhig! Es ist alles in Ordnung. Alles ist gut«, sagte Brian mit sehr sanfter Stimme und umarmte mich vorsichtig. »Alles ist gut!«, wiederholte er immer wieder und wiegte mich dabei sanft hin und her.

Seine Worte hatten tatsächlich einen Einfluss auf meine Gefühle verübt, was ich gleich spürte und was mich gleichzeitig sehr wunderte. Natürlich war alles in Ordnung. Das wusste ich doch selbst. Und dennoch taten seine Worte gut. Das war seltsam. Aber in diesem Moment war mir irgendwie nicht nach emotionalen Studien zumute. Ich würde mir morgen darüber Gedanken machen.

Wir standen bis mitten in der Nacht vor dem Bett und hielten uns einfach nur im Arm. Ich wusste zwar nicht, wie er meine Flucht aus dem Bett genau interpretiert hatte, aber meiner Tarnidentität hatte dieses Ereignis offensichtlich nicht geschadet, was mich sehr glücklich machte. Auch war es wieder wunderschön, sich so eng aneinanderzuschmiegen. Ich spürte erneut, wie unsere Seelen eine immer stärker werdende Bindung miteinander eingingen. Und das war einfach nur schön.

Doch dann spürte ich plötzlich noch etwas anderes. Und zwar ganz viele weitere Seelen direkt in unserer Nähe. Doch es waren keine menschlichen Seelen, sondern Delfine! Und zwar Hunderte von ihnen. Ich spürte sie ganz deutlich.

»Lass uns nach draußen gehen!«, sagte ich deshalb ergriffen zu Brian. »Lass uns ganz leise nach draußen gehen!«, wiederholte ich meine Aussage, denn ich wollte nicht, dass die anderen auf der Yacht aufwachten.

Wir schlichen daraufhin leise an Deck. Brian wusste zwar nicht, warum ich nach draußen wollte, kam aber sofort mit. Es war alles vom Vollmond hell erleuchtet. Man konnte jede Kleinigkeit auf dem Katamaran erkennen. Und dann sahen wir sie. Hunderte von Delfinen hatten sich um unsere Yacht herum versammelt.

Wir gingen nach hinten zur Badeplattform. Die Delfine kamen daraufhin ganz nahe an uns heran und schauten uns neugierig an. Ich spürte ganz deutlich, dass sie auch meine Seele spürten, genauso wie umgekehrt. Ich hatte noch nie davon gehört, dass Delfine Engel wahrnehmen können, doch genau das schien der Fall zu sein. Sie verhielten sich ganz ruhig und schauten mich liebevoll an. Ich hatte den Eindruck, dass sie mich dazu aufforderten, zu ihnen ins Wasser zu kommen, und folgte diesem Impuls.

»Ich will zu ihnen«, sagte ich flüsternd zu Brian und zog meine Kleidung leise aus.

»Ich komme mit«, antwortete er flüsternd und zog sich ebenfalls aus.

Es war völlig windstill, und das Mondlicht tauchte die Wasseroberfläche und die Delfine gleichermaßen in ein silbernes Licht, was unglaublich schön aussah. Außer den gelegentlichen Atemgeräuschen der Delfine hörte man nichts. Wir ließen die Badeplattform ins Wasser herab, wie es uns der Kapitän gezeigt hatte. Glücklicherweise war sie sehr leise, sodass niemand an Bord etwas davon mitbekam. Danach ließen wir uns leise ins Wasser gleiten. Sofort kamen einige der Tiere neugierig zu uns. Sie waren ganz sanft und ließen sich von uns streicheln. Mir war, als könnte ich dabei nicht nur ihre Haut, sondern auch ihre Seele berühren. Das war ein unglaublich schönes Gefühl.

»Das passiert doch jetzt nicht wirklich!«, sagte Brian ergriffen und gleichzeitig völlig überfordert von der Situation.

Nach einer Weile wurde es meinem menschlichen Körper dann zu kalt, um noch länger im Wasser zu bleiben. Wir gingen daher wieder an Bord. Die Delfine verschwanden daraufhin wieder. Auf der Yacht hatte keiner der anderen etwas von der ganzen Sache mitbekommen.

»Das ist doch jetzt nicht wirklich passiert!«, flüsterte Brian völlig begeistert. »So etwas gibt es doch nicht!«

Mir wurde in diesem Moment bewusst, dass dieses Erlebnis für Menschen sehr ungewöhnlich sein musste, und hoffte, dass dies meine Tarnidentität nicht gefährden würde. Ich wusste nicht, wie ich Brian diese Situation erklären sollte. Ich beschloss deshalb, umgehend Ella aufzusuchen und sie um Rat zu fragen.

»Ich muss ganz dringend mal auf die Toilette«, sagte ich daher flüsternd zu Brian, ohne auf seine Aussage einzugehen.

Wir schlichen also leise wieder runter in unsere Kabine. Dort ging ich schnell auf die Toilette und schloss die Tür hinter mir zu. Ich würde nur ganz kurz zu Ella gehen, das sollte Brian nicht auffallen.

»Wir haben mitbekommen, was da eben passiert ist«, sagte Ella sofort, als ich dort ankam. »Wir wussten nicht, dass Delfine so auf uns reagieren. Das ist sehr interessant. Aber wir müssen jetzt etwas tun. Was Brian da eben miterlebt hat, könnte unvorhersehbare Folgen haben. Für Menschen grenzt das sicherlich an ein Wunder. Ich schlage daher vor, dass wir Brian jetzt schlafen legen und seine Erinnerungen verändern. Wir tun das nur sehr selten, aber in diesem Fall weiß ich keine andere Lösung. Morgen früh wird er glauben, dass er einen wundervollen Traum hatte. Du müsstest dann nochmals nach draußen gehen, die Badeplattform hochfahren und eure Kleidung einsammeln, damit er nichts merkt.«

Ich willigte ein und materialisierte mich wieder in der Toilette. Als ich unser Schlafzimmer betrat, lag Brian bereits im Bett und schlief tief und fest. Ich holte also unsere Kleidung, fuhr die Plattform in ihre ursprüngliche Position hoch und ging wieder in unsere Kajüte. Dort legte ich unsere Kleidung sorgsam neben das Bett, als hätten wir sie dort vor dem Schlafengehen selbst ausgezogen. Danach legte ich mich vorsichtig zu Brian und kuschelte mich an ihn. Sein Körper war noch ganz kalt und nass vom Meer, aber bis er am Morgen wieder erwachte, wäre das sicherlich getrocknet, sodass es ihm nicht auffallen sollte.

Brian schlief wie ein Stein. Ich wusste nicht, wie Ella und ihr Team das genau gemacht hatten, aber es hatte volle Wirkung gezeigt. Ich überlegte noch, ob ich vielleicht wieder auf die Toilette gehen und mich entmaterialisieren sollte, war aber unsicher, ob Brian nicht vielleicht doch irgendwann aufwachen und mich vermissen würde. Daher ließ ich es sicherheitshalber lieber sein.

Wir erwachten plötzlich am Morgen, als es an unserer Tür klopfte. »Guten Morgen. Wir müssten dann noch das Frühstück aufnehmen«, sagte der Redakteur des Kamerateams vor unserer Kajüte. »Wenn ihr in ca. einer halben Stunde oben sein würdet, würde das ausreichen.«

»Okay, wir kommen gleich«, antwortete Brian schlaftrunken. »Guten Morgen«, sagte er dann zu mir und schaute mich liebevoll an. »Wir sind ja nackt!«, stellte er dann erstaunt fest.

»Ja, das stimmt«, antwortete ich und hoffte, dass er sich wirklich nicht an gestern Nacht erinnern konnte. Doch er lächelte, was mich sofort beruhigte.

»Ich kann mich gar nicht erinnern, dass wir uns ausgezogen haben«, sagte er dann.

»Doch, doch«, antwortete ich so überzeugend wie ich

konnte. »Aber es war schon sehr spät. Wir haben lange vor dem Bett gestanden und waren dann beide extrem müde. Dann haben wir uns ausgezogen und ins Bett gelegt.«

»Dann haben wir die ganze Nacht nackt gekuschelt?«

»Offensichtlich«, stimmte ich zu.

»Und das war für dich in Ordnung?«, hakte er nach.

»Ja, natürlich«, bestätigte ich. »Warum denn nicht?«

»Dann können wir jetzt auch noch ein wenig kuscheln bevor wir aufstehen?«, fragte er unsicher.

»Von mir aus schon, aber das Kamerateam will ja, dass wir hochkommen zum Frühstücken«, wendete ich ein.

»Die können warten!«, meinte er und zog mich lächelnd zu sich.

Ich legte mich in seinen Arm, was ein unfassbar schönes Gefühl in meiner Herzgegend auslöste. Dann streichelte Brian meinen Rücken. Seine zärtlichen Berührungen ließen ein wundervolles Kribbeln auf meiner Haut entstehen. Ich genoss jede Sekunde davon. So lagen wir noch eine ganze Weile im Bett, bis Brian plötzlich sagte: »Ich hatte einen richtig krassen Traum letzte Nacht. Wir waren mit Delfinen schwimmen – mitten in der Nacht bei Vollmond.«

»Da wäre ich sehr gerne dabei gewesen. In deinem Traum, meine ich.« Es hatte also tatsächlich funktioniert. Ich war sehr erleichtert.

»Warst du ja!«, meinte er dann und grinste mich verträumt an. »Wir sind mitten in der Nacht an Deck geschlichen und da waren sie, Hunderte von Delfinen.

Und dann waren wir mit ihnen schwimmen. Das war alles so plastisch und wirkte so echt. Ich glaube, ich habe noch nie in meinem Leben so etwas Schönes geträumt. Und das kann nur daran gelegen haben, dass du hier bei mir warst«, sagte er und schaute mir liebevoll in die Augen.

Ich hatte den Eindruck, dass er mich in diesem Moment am liebsten wieder geküsst hätte. Aber er tat es aufgrund meiner panischen Reaktion gestern Abend dann doch nicht. Ich hätte ihn meinerseits sehr gerne noch einmal geküsst, wusste aber sofort, dass das in Wirklichkeit keine so gute Idee war.

Nachdem der Redakteur noch zwei Mal an unserer Tür geklopft hatte, standen wir dann schließlich auf und gingen unter die Dusche. Bis jetzt hatte ich nur einmal geduscht, als ich mir das Eis vom Bauch abgewaschen hatte, bevor wir dann in den Pool gingen. Ich beobachtete Brian daher erst einmal, wie er Shampoo und Seife benutzte und tat dann das Gleiche.

»Weißt du, wie es sich anfühlt, wenn man sich eingeseift unter der Dusche umarmt?«, fragte er mich lächelnd.

»Nein, das weiß ich nicht«, antwortete ich. »Aber ich würde es sehr gerne herausfinden.«

Wir umarmten uns also und fingen an, uns ein wenig hin und her zu bewegen. Es fühlte sich unfassbar schön an, seinen eingeseiften Körper an meinem zu spüren. Doch ich spürte auch sofort, wie extrem leidenschaftliche Gefühle in mir aufstiegen, die ich nicht würde kontrollieren können, wenn sie noch stärker werden würden. Daher löste ich die Umarmung nach wenigen Augenblicken wieder. »Ja, das fühlt sich sehr angenehm an«, sagte ich dann. »Aber ich glaube, wir sollten jetzt nach oben zum Frühstück gehen.«

Wir duschten die Seife ab, zogen uns an und verließen unsere Kajüte. Beim Frühstück sollten wir dann wieder mit Champagner anstoßen und uns verliebt anschauen. Und wieder hatten wir die Kameras direkt im Gesicht. Aber so langsam war ich daran gewöhnt. Außerdem hatte ich jetzt den Eindruck, dass sich die Bindung zwischen Brian und mir ganz erheblich verstärkt hatte. Und das war das Einzige, was wirklich für mich zählte – das und meine Mission natürlich.

Kapitel 14

Fühlen oder sein?

Unser Katamaran hatte sich bereits am frühen Morgen in Bewegung gesetzt und war zurück zur Villa gefahren. Gegen Mittag waren wir dort und wurden wieder von einem kleinen Boot zurück zum Strand gebracht.

In der Villa wurden wir mit lautem Gejubel empfangen. Das fühlte sich großartig an. Es erzeugte in meinem sozialen Gehirn den Eindruck, dass Brian und ich bei diesen Menschen wertgeschätzt wurden, und darüber hinaus zusätzlich, dass sie unsere Bindung begrüßten. Sofort fielen Greg, Dylan, Ava und Nuno regelrecht über uns her, als wir den Garten der Villa betraten.

»Ich will sofort wissen, was auf der Yacht zwischen euch gelaufen ist!«, sagte Greg fordernd, der heute wieder als BeautyQueen gekleidet war. »Habt ihr euch geküsst? Los, sagt schon!«

»Ja, wir haben uns zwei Mal geküsst«, antwortete ich. Die Meute jubelte erneut laut los.

»Na, und dann?! Komm, Mädel! Jetzt lass dir nicht jedes Wort aus der Nase ziehen!«, ermahnte mich

BeautyQueen dann energisch. »Wer gackert, muss auch legen!«

»Sonst ist nichts passiert«, antwortete Brian lächelnd für mich.

»Ach was, erzählt uns doch hier nichts vom Sumpf!«, meinte BeautyQueen ungläubig.

»Nein, es ist wirklich nichts passiert«, bestätigte Brian noch einmal.

»Wieso nicht?!«, fragte sie ihn dann in einem vorwurfsvollen Tonfall, als hätte er etwas ganz gravierend falsch gemacht. Dann sagte sie noch mit einem abschätzigen Blick »Blöde Kuh!« zu ihm, was aus einem mir nicht ersichtlichen Grund alle herzhaft zum Lachen brachte.

»Und was ist in der Villa so passiert, während wir weg waren?«, wollte Brian amüsiert wissen.

»Richard hat Mary hier gut vertreten«, antwortete Dylan. »Der Junge hat echt was drauf. Sieht man ihm eigentlich gar nicht so an«, meinte er dann und musterte Nuno amüsiert von Kopf bis Fuß.

»Immer noch im rosa Tutu?!«, fragte ihn Brian daraufhin sichtlich verwundert. »Na, da ist der Sender ja mal hartnäckig mit einem Kostüm.«

»Sie haben gestern geschrieben, dass ich mich wieder umziehen kann«, sagte Nuno. »Aber, ist doch ein super Outfit. Ich mag vor allem die rosa Flügelchen. Die machen echt was her.«

»Ja, die passen sehr gut zu dir«, stimmte BeautyQueen ihm zu.

»Auf jeden!«, bestätigte auch Dylan.

»Und wie geht es euch beiden jetzt?«, wollte Ava dann wissen.

»Alles im grünen Bereich«, antwortete Brian lächelnd für mich mit.

»Alles im grünen Bereich!«, äffte BeautyQueen ihn vorwurfsvoll nach. »Geht es vielleicht auch noch ein wenig ungenauer?!«

»Es geht uns den Umständen entsprechend«, sagte Brian daraufhin.

»Wieso? Was ist passiert?!«, fragte Ava erschrocken.

»Passiert ist wie gesagt nichts«, antwortete Brian. »Aber die Umstände sind ja trotzdem super, also geht es uns auch super. Eben den Umständen entsprechend«, erklärte er grinsend.

»Du blöder Kerl!«, schimpfte Ava daraufhin und fing an, ihn zu verhauen, was aber nicht ernst gemeint zu sein schien, da Brian dabei lachte. »Musst du mich so erschrecken?!«

»Tut mir sehr leid«, antwortete Brian weiterhin lachend. »Aber es wäre eine verpasste Chance gewesen.«

Ich hatte wieder einmal keinen blassen Schlauch, worüber die beiden da eigentlich redeten. »Was hat das mit diesem grünen Bereich auf sich?«, wollte ich daher wissen.

»Du kennst den Ausdruck nicht?«, fragte Brian verwundert. »Es bedeutet, dass alles in Ordnung ist. Wäre es das nicht, wäre es der rote Bereich.«

Ich schaute Brian mit fragendem Blick an, denn ich verstand nicht, was er mir damit sagen wollte.

»Ist eine Redewendung«, sagte Nuno zu mir. »Ich erkläre das jetzt mal ganz simpel, sodass sogar Außerirdische das verstehen können«, meinte er breit grinsend. »Stell dir eine senkrechte Skala von minus zehn bis plus zehn vor. In der Mitte ist die null. Sagen wir, dort hätte die Skala eine gelbe Farbe. Nach unten geht sie dann zuerst vom Gelb ins Orange und dann weiter ins Rot über. Je weiter runter es geht, desto dunkler wird das Rot. Bei minus zehn ist also Dunkelrot. Nach oben in den positiven Bereich geht das Gelb dann ins Grünliche über. Und je weiter du die Skala hochgehst, desto grüner und heller wird sie. Ganz oben bei plus zehn ist die Skala dann also hellgrün. Wenn du willst, kann ich dir das aber auch genauer erklären«, meinte er grinsend.

»So war es super!«, antwortete ich dankbar. »Na, dann geht es mir hellgrün«, sagte ich erfreut zu Ava, um ihre anfängliche Frage zu beantworten.

»Das freut mich so sehr!«, sagte sie und umarmte mich sofort innig und hielt mich ganz lange fest, was sich für mich unfassbar schön anfühlte. Danach umarmte sie auch Brian.

»Na, komm schon her!«, sagte BeautyQueen zu mir und nahm mich ebenfalls noch einmal in den Arm. »Ich wünsche dir alles Glück dieser Erde mit deinem Brian«, flüsterte sie mir leise ins Ohr.

Auch Dylan und Nuno umarmten Brian und mich danach auf die gleiche herzliche Weise. Das war einfach nur schön. Danach gingen wir alle zu den Sonnenliegen.

Dort lernten wir auch die beiden anderen Neuzugänge kennen. Es waren ein Mann und eine Frau. Sie hieß Jill und war schätzungsweise Mitte fünfzig. Jill war ein großer Filmstar, die vor allem um ihr bezauberndes Lächeln beneidet wurde. Der Mann hieß Lucas. Auch er war wohl ein berühmter Filmschauspieler. Er war Anfang sechzig, sehr attraktiv und überaus sympathisch. Ich mochte ihn auf Anhieb.

Die beiden hatten jedoch gerade eine Mission bekommen, weshalb wir nicht lange mit ihnen reden konnten. Wir stellten uns nur kurz vor, dann mussten sie auch schon in die Maske, um auf ihre Mission vorbereitet zu werden.

»Und was war hier so los in den letzten 24 Stunden?«, wollte Brian wissen.

»Richard hat hier für Mary die Stellung gehalten, solange ihr weg wart«, antwortete Dylan. »Wir haben ne Menge über kognitive Verzerrungen gelernt.«

»Was sind kognitive Verzerrungen?«, fragte ich interessiert.

»Systematische Fehler im intuitiven System«, antwortete Nuno. »Bis jetzt kennt man rund 150 kognitive Verzerrungen.«

»Kannst du vielleicht einmal ein Beispiel für solch einen systematischen Fehler nennen?«, bat ich neugierig.

»Wir beurteilen zum Beispiel eine Verschlechterung immer gleich als etwas Schlechtes und eine Verbesserung als etwas Gutes«, erklärte Nuno. »Doch manchmal ist eine Verschlechterung unserer Lebensumstände in

Wirklichkeit ja nur weniger gut, aber noch lange nicht schlecht. Und eine Verbesserung kann immer noch nicht gut genug sein.«

»Wenn ich also auf plus sieben im grünen Bereich bin und dann eine Verschlechterung auf plus drei geschieht, dann würde mein Gehirn dies als etwas Schlechtes beurteilen. Verstehe ich das richtig?«, hakte ich nach. »Also so, als wäre ich in den roten Bereich abgerutscht und gar nicht mehr im grünen. Obwohl ich bei plus drei ja noch in Not bin.«

»Ganz genau so ist es«, bestätigte Nuno. »Das Reptiliengehirn und das soziale Gehirn würden hingegen bei einer Verbesserung deiner sozialen und existenziellen Lebensumstände von minus sieben auf minus drei automatisch Belohnungsgefühle erzeugen, obwohl du noch nicht einmal im grünen Bereich bist.«

»Und bei einer Verschlechterung von plus sieben auf plus drei bekäme ich dann Vermeidungsgefühle, obwohl ich ja immer noch im grünen Bereich bin und eigentlich alles in Ordnung ist«, stellte ich fest.

»Ganz genau«, bestätigte Nuno meine Erkenntnis erneut. »Und wenn das Großhirn die Belohnungsgefühle als etwas Gutes und die Vermeidungsgefühle als etwas Schlechtes ansieht, folgt daraus unweigerlich, dass eine Verschlechterung automatisch den falschen Eindruck erweckt, als wären tatsächlich schlechte Umstände eingetreten.«

»Und wie gut müssten unsere Lebensumstände grundsätzlich sein, damit das Reptiliengehirn und das soziale Gehirn sie als grün beurteilen würden?«, wollte Brian wissen.

»Gut genug, damit die Grundbedürfnisse erfüllt sind und wir gut überleben können«, antwortete Nuno.

»Mehr nicht?!«, fragte Brian verwundert. »Das sind sie doch so gut wie bei allen Menschen in den USA.«

»Das sind sie für 90 Prozent der gesamten Weltbevölkerung«, bestätigte Nuno. »Die meisten Menschen leben im grünen Bereich. Nur in Ländern, wo Krieg und Hunger herrschen, ist das anders.«

»Und warum wollen wir dann trotzdem ständig immer mehr?«, hakte Brian kopfschüttelnd nach.

»Weil die Menschen durch die vier großen Irrtümer wohl nicht erkennen, dass sie im grünen Bereich leben«, spekulierte ich.

Plötzlich fing Dylan schallend an zu lachen.

»Noch alles senkrecht bei dir, Alter?«, fragte ihn BeautyQueen daraufhin kopfschüttelnd.

»Ja, alles senkrecht«, bestätigte Dylan lachend. »Ich hatte nur ein geiles Bild im Kopf.«

»Und? Lässt du uns jetzt dumm sterben, oder was?«, fragte sie vorwurfsvoll.

»Welche Farbe kommt dabei raus, wenn man grün und rot mischt?«, fragte Dylan grinsend. »Na, kackbraun, Alter!«, rief er und schmiss sich weg vor Lachen, als hätte er den Scherz des Jahrhunderts gemacht.

»Sag mal, bist du noch ganz dicht, Alter?!«, fragte ihn BeautyQueen daraufhin kopfschüttelnd, weil er sich gar nicht mehr einkriegen konnte vor Lachen.

»Na, kapiert ihr das denn nicht?!«, fragte Dylan immer noch lachend. »Wenn man diese Vermeidungsgefühle, von denen ihr da redet, als etwas Schlechtes ansieht, dann setzt einem diese Sichtweise doch gewissermaßen eine rote Brille auf. Schlecht ist doch gleich rot, oder?! Wenn man jetzt in Wirklichkeit im grünen Bereich lebt, aber die rote Brille aufbehält, wie sieht dann wohl die Welt aus?!«, fragte er breit grinsend.

»Wie geil!«, sagte BeautyQueen sichtlich amüsiert.

»Kackbraun«, erkannte Ava. Doch im Gegensatz zu den anderen lachte sie nicht. Sie sah eher betroffen aus.

»Was ist mit dir?«, fragte ich sie deshalb.

»Genau so habe ich die Welt bisher gesehen«, sagte sie ernst. »Eigentlich ist in meinem Leben alles im grünen Bereich – vor allem in meiner Ehe. Aber ich hatte bisher wohl ständig diese rote Brille auf und habe deshalb sehr vieles als Kacke bezeichnet, was in Wirklichkeit grün war. Das tut mir wirklich sehr leid, mein Schatz!«, sagte sie emotional und offensichtlich wieder direkt an ihren Mann gerichtet. »Es wird sich vieles ändern, wenn ich nach Hause komme. Das verspreche ich dir!«

Wir hörten plötzlich eine Stimme aus den Lautsprechern im Garten der Villa: »Kommt jetzt bitte alle zur Showbühne!«

Dort waren zehn Stühle für uns aufgestellt. Jill und Lucas standen auf der Bühne. Sie waren beide sehr elegant gekleidet und hatten Mikrofone in der Hand. Offenbar sollten sie ein Lied singen. Jill trug ein langes weißes Abendkleid und Lucas einen schwarzen Anzug, einen weißen Schal und einen weißen Hut. Doch er stand nicht, er kniete neben Jill aufrecht in seinen Schuhen, anstatt sie an den Füßen zu tragen. Das sah irgendwie seltsam aus. In der einen Hand hielt er sein Mikro, in der anderen eine Espresso-Tasse.

Dann erklang Musik, und die beiden begannen ein Lied zu singen, wobei sie eigentlich nur nanana sangen. Nur am Ende eines jeden Satzes kam dann ein echtes italienisches Wort. Und zwar immer das gleiche – *Felicità*. Und genau dieses Wort sangen dann alle Teilnehmer vor der Bühne jedes Mal amüsiert mit. Also sang ich ebenfalls mit.

Dann nahm Jill Lucas an der Hand und führte ihn ein Stück nach vorne auf uns zu. Es sah tatsächlich irgendwie ulkig aus, wie er da mit den Knien in seinen Schuhen neben ihr herstakte und seine Espresso-Tasse vornehm in der Hand hielt. Er versuchte seine Schritte elegant aussehen zu lassen, aber es sah trotzdem urkomisch aus. Und je eleganter er es aussehen lassen wollte, desto ulkiger wirkte es. Ich verstand zwar nicht, warum mein Gehirn diesen Anblick so lustig fand, doch ich musste das erste Mal, seit ich im Paradies war, von ganz tief innen heraus heftig lachen. Endlich konnte ich den menschlichen Humor nachempfinden. Meine Freude war groß.

Die beiden da oben auf der Bühne sangen eigentlich nur ihr Lied und versuchten dabei elegant auszusehen. Doch das war einfach unmöglich! Und das nur, weil

Lucas in seinen Schuhen kniete anstatt sie an den Füßen zu tragen. Ich fand das unfassbar! Doch mein menschlicher Körper brüllte sich förmlich weg vor Lachen bei diesem Anblick. Dann musste ich auf einmal darüber lachen, dass ich so lachen musste, und mir schossen förmlich die Tränen aus den Augen. Und noch mehr, als Brian mich anschaute und ebenso heftig lachte. Das war eine unglaublich intensive Erfahrung.

Nachdem das Lied beendet war und Lucas wieder aufrecht auf seinen Füßen stehen durfte, beruhigten sich meine Gefühle langsam wieder. Der Auftritt von Jill und Lucas wurde dann wie üblich gemeinsam mit allen anderen Teilnehmern an der Bar gefeiert.

Plötzlich spürte ich den Impuls eines Messenger-Angels, der mich dazu aufforderte, unverzüglich Ella aufzusuchen. Irgendetwas musste passiert sein – und ich befürchtete das Schlimmste!

»Ich muss dringend auf die Toilette«, sagte ich daher zu den anderen und küsste Brian noch einmal, denn mir war bewusst, dass es vermutlich das letzte Mal vor meinem Unfall sein würde. Der machte große Augen, weil mein Kuss so unerwartet kam, lächelte dann aber liebevoll.

»Ich muss ebenfalls mal«, meinte Nuno und nickte mir zu, um mir zu verstehen zu geben, dass er soeben den gleichen Impuls bekommen hatte.

Mein Herz hämmerte in meiner Brust wie ein Presslufthammer, als wir gemeinsam Richtung Villa gingen. Als wir im Klassensaal ankamen, waren alle Secret-

Angels um Ella herum versammelt. Das konnte nur bedeuten, dass eine Krisen-Situation eingetreten war. Und ich war ziemlich sicher, dass sie mich persönlich betraf.

»Die NSA wird morgen mit deiner Hintergrundüberprüfung beginnen«, bestätigte Ella meine Befürchtungen. »Wir konnten das nicht mehr länger hinauszögern.«

»Dann muss ich also jetzt meinen Unfall veranlassen«, sagte ich betroffen.

»Nein, das musst du nicht«, widersprach Ella. »Wir haben eine andere Lösung gefunden. Wir haben beschlossen, ein Risiko für dich einzugehen, denn die Bekanntheit, die du mittlerweile bei den Menschen erlangt hast, wird für unsere Mission von unschätzbarem Wert sein. Du bist die Einzige, die mehrere hundert Millionen Menschen auf der ganzen Welt erreichen kann, und es werden täglich immer noch mehr. Das sind außerordentlich gute Voraussetzungen für unsere Mission, die wir in diesem Ausmaß so leicht nicht wiederherstellen können. Deshalb wirst du jetzt ohne körperliche Einschränkungen deine Mission im Paradies fortsetzen.«

»Aber was ist mit der NSA?!«, fragte ich fassungslos und gleichzeitig unendlich dankbar.

»Die übernehmen wir«, sagte Ella. »Wir hatten dir wie du weißt eine Identität bei den Amish People in Ohio erstellt. Du bist angeblich die Erstgeborene von sechs Kindern von Noah und Rebecca Lehmann. Diese Familie gibt es dort tatsächlich. Es existieren jedoch so gut wie keine Fotos im Netz, da die Amish sich aus religiösen Gründen nicht gerne fotografieren lassen. Wir haben nur ein paar wenige Aufnahmen von Überwachungskameras in der nahe gelegenen Stadt gefunden, wo die echte Mary Lehmann mit ihrer Familie ganz selten einmal einkaufen war. Diese Fotos haben wir entsprechend manipuliert, sodass sie jetzt dich anstatt Mary Lehmann zeigen.

Als du dann angeblich einen Pass und eine Sozialversicherungsnummer beantragt hast, hast du *Soul* als Nachname angegeben, weil du verhindern wolltest, dass deine Familie dich findet. Um deinen Namen ändern zu können, hast du angegeben, dass du dich vor deinem Vater verstecken musst, weil du von ihm misshandelt wurdest und nun wegen deiner Flucht seine Rache fürchten musst.

Doch im Rahmen der Hintergrundüberprüfung wird die NSA trotzdem mit deiner Familie in Ohio reden wollen. Genauso wie mit deiner Lehrerin, deinen Freunden, den Freunden deiner Freunde, einigen weiteren Verwandten, deinen Nachbarn und natürlich mit den Amish-Aussteigern aus Columbia, die dich nach deiner Flucht vor deinem Vater angeblich aufgenommen haben. Außerdem werden sie dich an einen Lügendetektor anschließen und dir viele Fragen stellen. Ich werde dir dann zeigen, wie du den Lügendetektor austricksen kannst. Das wird kein Problem sein.«

»Ja, aber was ist mit all diesen Interviews, von denen du gesprochen hast?«

»Die werden wir vortäuschen!«, erklärte Ella. »Wir werden dazu die betreffenden Amish zum Zeitpunkt der Interviews schlafen lassen und durch Engel in Menschengestalt ersetzen. Die Amish werden das nicht merken. Sie werden sehr real träumen, dass sie ihrer normalen Arbeit nachgehen. Damit ihnen danach keine Diskrepanz in der Realität auffällt, werden wir genau diese Arbeiten dann auch tatsächlich für sie erledigen, sodass niemand etwas merken sollte.

Ich werde dann deine Lehrerin spielen und ein paar Worte zu deiner Intelligenz sagen. Serafina und Lenyo spielen deine Eltern. Sie werden so gut wie gar nicht auf die Fragen der NSA eingehen, denn für sie bist du eine Schande und nicht mehr ihre Tochter. Bodo und Angelo verkörpern dann deine Brüder. Lina, Malaika und Yensaya werden das Aussehen deiner Schwestern annehmen. Sie alle werden nicht viel über dich sagen, denn sie haben Angst vor ihrem Vater, der dich ja verstoßen hat.

Deutlich aufgeschlossener werden sich deine angeblichen Schulkameraden über dich äußern. Doch auch die können nicht viel über dich sagen. Nur dass du damals schon immer sehr zurückgezogen mit deiner Familie auf eurer Farm gelebt hast. Das hört die NSA dann auch von allen anderen Personen, mit denen die Agenten sprechen. Die Aussteiger aus Columbia werden sich gegenüber den Agenten sehr offen zeigen und so tun, als würde ihnen viel daran liegen, dass du den tollen Job bei der NSA bekommst. Wir glauben, dass wir auf diese Weise bei der Hintergrundüberprüfung ein stimmiges Bild von deiner Tarn-Identität erstellen können. Natürlich besteht bei alledem immer ein Risiko. Doch wir halten es in deinem Fall für gerechtfertigt, dieses Risiko einzugehen. Wir werden die NSA dann so lange im Auge behalten, wie es nötig ist, damit wir ihnen immer einen Schritt voraus sind.«

»Ich danke euch von ganzem Herzen, dass ihr das für mich tun wollt!«, sagte ich fassungslos. »Dann kann ich tatsächlich jetzt einfach so bei Brian im Paradies bleiben? Ich muss nichts tun?«

»Nein, wir tun alles Erforderliche«, antwortete Ella. »Du solltest höchstens aufpassen, dass du in der Villa nichts sagst, was Zweifel an der Geschichte wecken könnte, die wir uns für die NSA ausgedacht haben.«

»Na, das sollte ich hinkriegen!«, sagte ich voller Freude und wunderte mich abermals darüber, wieso ich als Engel plötzlich solche Gefühle empfinden konnte. Aber das war mir jetzt auch egal. Ich konnte bei Brian bleiben! Und das, so lange ich wollte. Hätte ich ein Herz gehabt, dann wäre es jetzt vor Glück schier aus meiner Brust gesprungen. »Dann kann ich jetzt wirklich wieder zurück zu Brian ins Paradies?«, fragte ich noch einmal fassungslos.

»Ja, das kannst du«, stimmte Ella zu. »Ihr könnt beide jetzt wieder zurück in die Villa. Den Rest werden wir hier allein besprechen. Da müsst ihr nicht dabei sein.«

Nachdem ich mich in meinem Zimmer wieder materialisiert hatte, wäre ich am liebsten so schnell ich konnte zu Brian gerannt, um ihm die frohe Botschaft zu verkünden. Doch mir war natürlich klar, dass weder er noch sonst irgendjemand in der Villa meine unsägliche Freude würde nachvollziehen können. Daher versuchte ich mich erst einmal zu beruhigen, um einigermaßen normal zu wirken.

Von einem Moment auf den anderen hatte sich jetzt alles verändert. Nun würde ich nur noch einen Weg finden müssen, wie ich für alle nachvollziehbar Schritt für Schritt leidenschaftliche Gefühle für Brian entwickeln durfte, ohne meine Tarn-Identität zu gefährden. Ich war zuversichtlich, dass ich das schaffen würde.

Ich blieb noch ein paar Minuten auf meinem Zimmer, um sicherzugehen, dass meine unsägliche Freude mich nicht mehr überwältigen würde, dann ging ich zurück zu den anderen an die Bar.

»Alles im grünen Bereich?«, fragte mich Brian leicht besorgt, als ich wieder zurück zu ihm an die Bar kam. Ich vermutete, dass er sich wegen des plötzlichen Kusses dann doch Sorgen gemacht hatte, weil ich beim letzten Mal auf der Yacht so panisch reagiert hatte.

»Aber so was von grün!«, sagte ich lächelnd, um seine Sorgen zu zerstreuen. »Es war noch nie grüner.«

Nuno, der schon vor mir zurück an der Bar war, kam zu mir und drückte mir einen Fruchtcocktail in die Hand, um mit mir und Brian anzustoßen. Danach standen wir noch eine ganze Weile an der Bar und feierten heimlich mein neues Leben. Außer Nuno und mir verstand zwar niemand, warum uns zum Feiern zumute war, aber Brian, Ava, Dylan und BeautyQueen feierten einfach mit. Brian hielt mich die ganze Zeit über im

Arm, was sich unglaublich schön anfühlte. Ich fühlte mich wirklich ganz extrem hellgrün, und das schien irgendwie ansteckend auf die anderen zu wirken, was mich zusätzlich erfreute.

»Ich möchte dir gerne noch einmal für den Tipp danken, den du mir gegeben hast«, sagte Dylan dann zu mir. »Du weißt schon. Das mit der Überlegenheit. Das hat so was von reingehauen. Einfach unfassbar!«

»Das freut mich sehr«, sagte ich und stieß mit ihm auf seinen Erfolg an. Die anderen in der Runde taten daraufhin das Gleiche, um Dylan für seinen Erfolg zu beglückwünschen.

»Ich bin dir ebenfalls unendlich dankbar«, sagte Ava dann. »Ich glaube, du hast echt meine Ehe gerettet. Was du da erklärt hast über das soziale Gehirn, das bei Stress immer automatisch offline geht, das ist unfassbar wertvoll. Seitdem sehe ich alles aus einem ganz anderen Blickwinkel. Und zwar nicht nur mein eigenes Verhalten und meine Gefühle gegenüber meinem Mann, sondern auch sein Verhalten mir gegenüber. Ich habe ja ständig Beziehungsstress fabriziert, weil ich diese rote Brille aufhatte. Und damit ist dann ja auch ständig sein soziales Gehirn offline gegangen. Das ist so krass, dass ich das früher nicht erkennen konnte, obwohl es doch so offensichtlich ist. Wir waren beide ständig im Kampfmodus und haben uns gegenseitig angezickt. Mal hat er deswegen daran gezweifelt, dass ich ihn so liebe und akzeptiere, wie er ist, und mal habe ich an seiner Liebe gezweifelt. Wir waren echt bescheuert! Und das nur, weil wir nicht wussten, dass das soziale Gehirn immer automatisch offline geht, wenn Stress aufkommt. Von jetzt an wird das auf jeden Fall anders.«

»Das freut mich so sehr für dich«, sagte ich zu Ava, und alle stießen auch mit ihr noch einmal auf ihren Erfolg an.

»Jetzt muss ich nur noch meine Angst vor schlimmen Gefühlen in den Griff kriegen, dann fängt echt ein neues Leben für mich an«, meinte sie dann.

»Das ist ein Sachverhalt, den ich immer noch nicht so ganz verstehe«, sagte ich. »Es ist klar, dass du unangenehme Gefühle vermeiden willst, wenn du sie als etwas Schlimmes ansiehst. Schlimmes will man ja instinktiv vermeiden. Doch die Gefühle selbst sind ja nie das eigentlich Schlimme. Sie weisen immer nur auf etwas eventuell Schlimmes hin.«

»Wie wenn bei meinem Auto die Ölkontrollleuchte angeht«, meinte Brian. »Das Lämpchen ist dann nicht das Schlimme. Dass der Motor zu wenig Öl hat, ist das Problem. Bei den Gefühlen ist es denke ich ganz genauso. So wie es beim Auto keinen Sinn hat, in die Werkstatt zu fahren, um das Lämpchen ausbauen zu lassen, so hat es auch keinen Sinn, ein Gefühl als ein echtes Problem anzusehen. Das Gefühl ist nur ein Lämpchen.«

»Aber eben ein Lämpchen, das ganz schön schlimm wehtun kann«, erwiderte Ava.

»Ich verstehe, dass du das Aufleuchten eines schmerzhaften Lämpchens am liebsten komplett vermeiden würdest«, sagte ich. »Aus der Perspektive des Großhirns scheint das auch völlig logisch zu sein, denn dem geht es letztendlich ja immer nur ums Gefühl. Wären dem Großhirn die Gefühle völlig egal, würde es gar nicht mehr überprüfen, ob es tatsächlich ein reales Problem gibt, wenn eines der anderen beiden Gehirne eine entsprechende Warnmeldung abgibt. Das tut es nur, weil es die unangenehmen Gefühle wieder abstellen will. Das Gleiche gilt für die Lösung eines Problems. Auch darum würde sich das Großhirn gar nicht kümmern, wenn die Problemgefühle es nicht dazu veranlassen würden. Das Großhirn tut alles nur wegen der Gefühle. So ist das System der drei Gehirne konzipiert.«

»Es gibt Fallbeispiele, wo das offensichtlich wird«, sagte Nuno. »Es handelt sich um Menschen, die aufgrund einer Erkrankung oder einer Verletzung des Gehirns keine Gefühle mehr erzeugen können. Diese Menschen können ansonsten völlig gesund und auch im Vollbesitz ihrer geistigen Kräfte sein, dennoch ist es für sie unmöglich, sich zum Essen zu motivieren, oder dazu, aus dem Bett aufzustehen, um auf die Toilette zu gehen. Sie könnten theoretisch noch alles tun, was sie auch vor ihrer Krankheit oder ihrer Verletzung getan haben, aber es fehlt der Antrieb. Sie liegen einfach nur da und tun nichts.«

»Unsere Gefühle sind daher elementar wichtig«, sagte ich. »Wir brauchen sie alle – die angenehmen wie die unangenehmen. Ohne sie sind wir gar nicht lebensfähig. Daher kann man das Aufleuchten eines unangenehmen

Lämpchens nicht vermeiden. Es wäre auch in höchstem Maße ungut, wenn man es könnte. Man wäre wie gesagt nicht mehr lebensfähig. Das Reptiliengehirn und das soziale Gehirn könnten dem Großhirn dann gar nicht mehr mitteilen, dass sie etwas als mögliche Gefahr oder als Problem ansehen. Und dann würdest du mit glücklichen Gefühlen blind in dein Verderben rennen.«

»Im Prinzip gebe ich dir ja recht«, antwortete Ava. »Versteh mich da bitte nicht falsch! Ich bin auch überaus dankbar für alles, was du für mich getan hast. Aber ich habe trotzdem immer noch Angst. Und das ärgert mich. Vor allem, weil du mir ja auch unmissverständlich klargemacht hast, dass es in meinem Leben in Wirklichkeit gar keine echten Probleme gibt. Deshalb sehe ich nicht ein, wieso ich ständig Problemgefühle haben soll, wenn doch in Wirklichkeit alles gut ist.«

»Das musst du doch auch gar nicht«, erwiderte ich verwundert von ihrer Aussage. »Das Reptiliengehirn und das soziale Gehirn erzeugen ja nur dann langanhaltende Problemgefühle, wenn das Großhirn ihnen bestätigt, dass es tatsächlich ein reales Problem gibt, das gelöst werden muss. Ansonsten leuchtet ja nur mal kurz ein Warnlämpchen auf. Und das geht sofort wieder aus, wenn das Großhirn erkennt, dass in Wirklichkeit alles in Ordnung ist und es gar kein reales Problem gibt.

Du musst daher nicht ständig Problemgefühle ertragen, obwohl alles gut ist. Dein Großhirn muss die Sachlage nur korrekt beurteilen. Und genau das tut es nicht, wenn es das Problemgefühl selbst als Problem ansieht.

Dann hast du Problemgefühle, weil du Problemgefühle hast. Dass das Großhirn dabei über das Lämpchen spricht und nicht über ein reales Problem, das kapieren die beiden anderen Gehirne natürlich nicht. Wenn du daher langanhaltende Problemgefühle hast, obwohl es in Wirklichkeit gar kein reales Problem gibt, dann ist das in Wirklichkeit darauf zurückzuführen, dass dein Großhirn das Lämpchen als Problem ansieht und damit die beiden anderen Gehirne verarscht, ohne das selbst zu kapieren. Das Großhirn verarscht sich damit gewissermaßen selbst.«

»Ich kann also schon dafür sorgen, dass ich mehr gute und weniger schlechte Gefühle habe«, sagte sie sichtlich erleichtert.

»Natürlich kannst du das«, bestätigte ich ihr. »Du musst das nur richtig machen, wenn es funktionieren soll. Dein Großhirn muss den Job machen, für den es von der Natur auch vorgesehen ist. Und der besteht darin, die realen Ziele der anderen beiden Gehirne zu verfolgen und keine Gefühlsziele. Hinter jedem Gefühlsziel steht ein reales Ziel. So wie es bei deiner Zielsetzung war, von deinem Mann tatsächlich geliebt *sein* zu wollen anstatt sich von ihm nur geliebt *fühlen* zu wollen. Das scheint ein winziger Unterschied zu sein. Doch in Wirklichkeit erzeugt das Gefühlsziel Tausende von unechten Müssens und damit auch ständig unnötige Problemgefühle. Doch in der gleichen Sekunde, wo dein Großhirn das reale Ziel als wahres Ziel annimmt, lösen sich alle diese unnötigen Problemgefühle sofort auf.

Du kannst daher die Summe der negativen Gefühle ganz erheblich reduzieren, indem du die realen Ziele hinter deinen Gefühlszielen erkennst und dann von deinen fatalen Gefühlszielen loslässt. Gleichzeitig erhöhst du damit natürlich auch die Summe an positiven Gefühlen im gleichen Ausmaß. Ich weiß, dass das nicht leicht zu verstehen ist. Aber höre weiter zu.

In deinem Leben gibt es, wie du festgestellt hast, in Wirklichkeit so gut wie keine echten Probleme. Alles ist gut. Würdest du nur noch reale Ziele verfolgen und keine Gefühlsziele mehr, dann hättest du so gut wie gar keine Problemgefühle mehr. Das Einzige, was noch übrig bliebe, wäre das gelegentliche Aufleuchten eines Warnlämpchens. Und das würde gleich wieder erlöschen, sobald das Großhirn erkennt, dass es in Wirklichkeit gar kein echtes Problem gibt. Auf der anderen Seite hättest du dann natürlich auch ständig positive Gefühle, weil ja in Wirklichkeit ganz real alles gut ist. Es liegt daher nur an deinen Gefühlszielen, dass du ständig unnötigerweise leidvolle Gefühle erzeugst.«

»Irgendwie scheine ich hier echt ein Brett vor dem Kopf zu haben«, sagte sie sichtlich verwirrt. »Kannst du mir das bitte noch einmal erklären. Wieso liegt das nur an meinen Gefühlszielen?«

»Wenn du positive Gefühle erreichen und negative vermeiden willst, dann entstehen sofort emotionale Sollvorstellungen. Alles, was dann positive Gefühle in dir auslöst, wird von deinem Großhirn als gut beurteilt und alles, was negative Gefühle auslöst, als schlecht.

Dein Großhirn schaut dann gar nicht mehr danach, ob es tatsächlich ein reales Problem gibt.

Die anderen beiden Gehirne können aber in der Welt von heute ohne die Hilfe des Großhirns gar nicht mehr korrekt beurteilen, ob etwas tatsächlich gut oder schlecht ist. Sie würden beispielsweise eine U-Bahn für ein gefährliches Ungeheuer halten und sofort ein Angstgefühl erzeugen. Schaut das Großhirn jetzt danach, ob es hier tatsächlich eine reale Gefahr gibt, dann beruhigen sich die anderen beiden Gehirne sofort. Doch wenn das Großhirn das Warnlämpchen selbst als ein Problem ansieht, dann sagt es den anderen beiden Gehirnen sofort, dass es in dieser Situation tatsächlich ein Problem gibt.

Wenn das Großhirn daher Gefühlsziele verfolgt, dann korrigiert es die falschen Beurteilungen der beiden anderen Gehirne nicht mehr richtig. Stattdessen fragt sich das Großhirn ständig, was man für das Erreichen positiver und das Vermeiden negativer Gefühle alles tun, sein, haben und schaffen muss. Dabei entstehen Abertausende von schädlichen Müssens. So wie es bei deiner Minenfeld-Thematik mit deinem Mann war.

Solange du die Zielsetzung verfolgt hast, dich von deinem Mann geliebt *fühlen* zu wollen, hast du alle seine Handlungen danach bewertet, ob sie das gewünschte Gefühl in dir auslösen. Und du hast sowohl dir selbst als auch ihm unzählige ungute Müssens auferlegt. In dem Moment, wo du von deiner Sollvorstellung losgelassen hast, dich geliebt *fühlen* zu wollen, und erkannt hast, dass es viel besser ist, wirklich von ihm geliebt zu *sein*, haben sich alle deine Müssens in Wohlgefallen aufgelöst. Sofort hast du die Handlungen und Aussagen deines Mannes nicht mehr danach beurteilt, ob sie in dir die gewünschten Gefühle auslösen, sondern danach, wie er tatsächlich zu dir steht. Du hast dich also geliebt *gefühlt*, weil du ja in Wirklichkeit auch von ihm geliebt *bist*. Wir haben dabei vermutlich auf einen Schlag Tausende von falschen Beurteilungen korrigiert, die alle mit dem Thema Liebe zu tun hatten. Man kann also schon einen positiven Einfluss auf die Gefühle ausüben, aber eben nicht, indem man sie zu Zielen macht, sondern indem man die realen Ziele hinter den Gefühlszielen verfolgt.«

»Ich wollte meine Gefühle aber doch eigentlich gar nicht zu Zielen machen«, wendete Ava verwirrt ein.

»Das wolltest du sicherlich nicht bewusst. Doch wenn du gute Gefühle erreichen und schlechte Gefühle vermeiden willst, dann passiert das in deinem unbewussten System ganz automatisch.«

»Ja, und wie kann ich dann einen positiven Einfluss auf meine Gefühle ausüben?«, fragte Ava ratlos.

»Indem du erkennst, welche Zielsetzungen hinter deinen Gefühlszielen stecken. So wie wir es bei deinem Mann gemacht haben«, antwortete ich. »Dein soziales Gehirn will sich ja nicht von deinem Mann geliebt *fühlen*, es will von ihm tatsächlich geliebt *sein*. Das Großhirn muss also nur erkennen, was die anderen beiden Gehirne tatsächlich wollen, dann reguliert sich alles ganz automatisch.«

»Das hört sich bei dir immer alles so einfach an«, meinte sie zerknirscht. »Aber allein werde ich das sicher nicht hinkriegen.«

»Das ist überhaupt nicht schwer. Wir werden das einfach gemeinsam üben«, versprach ich. »Es ist wirklich überall der gleiche einfache Prozess. Dein Reptiliengehirn und dein soziales Gehirn wollen sich zum Beispiel nicht sicher *fühlen*, sie wollen sicher *sein*. Wollten sie nur das Gefühl, dann könnten sie es ja einfach erzeugen so oft sie wollen. Doch dein Reptiliengehirn und dein soziales Gehirn sind natürlich nicht geschaffen worden, um dir schöne Gefühle zu bereiten. Sie sollen dein Überleben gewährleisten. Das ist ihre Aufgabe. So wollen sie auch nicht, dass du dich gesund *fühlst*, sondern dass du tatsächlich gesund *bist*. Sie wollen sich auch nicht glücklich *fühlen*, sondern reale glückliche, soziale und existenzielle Lebensumstände *haben*. Das kannst du mit allen deinen Gefühlszielen machen. Du musst immer nur erkennen, welches reale Ziel hinter deinem Gefühlsziel steckt.«

»Und was ist mit den Gefühlen, die ich nicht will?«, hakte sie nach.

»Da machst du vom Prinzip her genau das Gleiche«, sagte ich. »Dein soziales Gehirn will beispielsweise nicht vermeiden, dass du dich einsam *fühlst*. Es will, dass du keine einsamen Lebensumstände *hast*. Da geht es um die Umstände, nicht um das Gefühl. Es will auch nicht vermeiden, dass du dich ungewollt, ausgegrenzt oder abgelehnt *fühlst*. Es will vermeiden, dass du tatsächlich ungewollt *bist*. Es will vermeiden, dass dich andere Menschen ablehnen und ausgrenzen. Es will auch nicht vermeiden, dass du dich wertlos *fühlst*. Es will vermeiden, dass du tatsächlich wertlos *bist*. Und dein Reptiliengehirn will auch keine *Existenzängste* vermeiden, sondern dafür sorgen, dass du keine realen existenziellen Probleme *hast*.

Weder das Reptiliengehirn noch das soziale Gehirn wollen Problemgefühle oder Angstgefühle vermeiden. Sie wollen reale existenzielle und soziale Probleme und Gefahren vermeiden. Es ist wirklich überall immer das gleiche Prinzip. Dem Reptiliengehirn und dem sozialen Gehirn geht es nie um die Gefühle, sondern immer nur um deine Lebensumstände. Und jedes Mal, wenn du dann das reale Ziel erkennst, das hinter deinem Gefühlsziel steckt, und merkst, dass das reale Ziel in Wirklichkeit viel wichtiger ist als dein Gefühlsziel, wird innerhalb von einer Sekunde der Schalter umgelegt, was dein gesamtes Leben sehr deutlich zum Positiven verändert. So wie es bei deiner Minenfeld-Thematik auch gelaufen ist. Wir werden das wie gesagt gemeinsam üben, dann wirst du sehen, dass das im Grunde genommen alles ganz einfach ist.«

Kapitel 15

Entscheidung zum Positiven

»Was sitzt auf einem Baum und schreit *Aha?*«, fragte uns BeautyQueen plötzlich, nachdem sie auf ihr Smartphone geschaut hatte.

»Keine Ahnung«, antwortete ich, verwundert von ihrer Frage.

»*Ein Uhu mit Sprachfehler*!«, rief BeautyQueen, und alle lachten. »Und was sitzt im Baum und weint?«, fragte sie weiter.

»Ein trauriger Uhu«, spekulierte ich.

»Nahe dran!«, meinte sie grinsend. »Eine Heule!«, sagte sie dann, und schon wieder lachten alle laut los.

»Und woran erkennt man eine männliche Schokolade? An den Nüssen!«, verriet sie die Antwort gleich selbst. Und wieder lachten alle.

Aufgrund des lauten Gelächters wurden jetzt auch Nuno und Dylan auf uns aufmerksam und stellten sich mit in die Runde.

»Sitzt eine Kuh im Kornfeld und liest Zeitung«, sagte BeautyQueen zu Dylan und Nuno. »Kommt der Förster vorbei und sagt: Hier ist Rauchen verboten! Meint die Kuh: Macht nichts, ich bin ja mit dem Fahrrad da.«

Und alle lachten schon wieder. Ich hatte keinen blassen Schlauch, was das alles bedeuten sollte, aber ich vermutete, dass es sich wohl um Witze handeln musste. Witze zu verstehen, war für mich bislang von allen menschlichen Fähigkeiten immer noch diejenige, die mich am meisten herausforderte. Doch als Beauty-Queen dann die Geschichte mit den drei Vampir-Fledermäusen erzählte, begann ich zu verstehen.

»Mann, was habe ich einen Hunger!«, sagt die erste Vampir-Fledermaus zu ihren beiden Freunden.

»Ich auch!«, stimmen die beiden anderen zu.

»Ich wette, ich kann mehr Menschen das Blut aussaugen als ihr«, sagt die erste.

»Da halte ich dagegen!«, meint die zweite entschlossen.

»Ich ebenfalls!«, sagt die dritte.

»Dann lasst uns in verschiedene Richtungen fliegen«, schlägt die erste Fledermaus vor. »Wir schlagen uns den Bauch voll und treffen uns dann in genau zwei Stunden wieder hier, um zu sehen, wer tatsächlich mehr Menschen ausgesaugt hat.«

Zwei Stunden später kommen die beiden ersten Fledermäuse zurück. Der einen läuft noch das Blut aus dem Mundwinkel. Bei der zweiten ist sogar das ganze Gesicht blutverschmiert.

»Und, wie viele hast du erwischt?«, fragt die Fledermaus mit dem blutverschmierten Gesicht.

»Siehst du das Farmhaus da drüben? Da wohnte eine fünfköpfige Familie. Die habe ich alle gnadenlos ausgesaugt!«

»Wow!«, sagt die Blutverschmierte. »Und siehst du das kleine Dorf da drüben?«

»Ja, wieso?«, fragt die andere Fledermaus irritiert.

»Ich habe alle Menschen in diesem Dort restlos ausgesaugt!«, meint die Blutverschmierte. »Ich bin so satt, dass ich nicht mal mehr *papp* sagen kann.«

In diesem Moment kommt die dritte Fledermaus zurück. Sie ist über und über voll Blut.

»Wow, wie siehst du denn aus?!«, sagen die beiden anderen beeindruckt. »Wie viele hast du ausgesaugt?«

»Seht ihr die Stadt da drüben? Die mit der großen Stadtmauer.«

»Ja, natürlich!«, antworten die anderen beiden überaus beeindruckt.

»Ich hatte sie leider nicht gesehen!«

Die anderen prusteten vor Lachen plötzlich laut los, als BeautyQueen diese kleine Geschichte fertig erzählt hatte. Zunächst hatte ich das Lustige daran nicht verstanden. Ich lachte wieder nur mit, um nicht aufzufallen. Doch dann dämmerte es mir so langsam, wie die Scherze der Menschen funktionierten. Sie fanden es einfach total ulkig, absurde Geschichten zu erzählen. Als ob eine kleine Fledermaus tatsächlich das Blut so vieler Menschen aussaugen könnte! Das war völlig absurd. Und dass eine Fledermaus eine Stadtmauer nicht gesehen hat, war natürlich ebenfalls absurd. Fledermäuse orientierten sich mit ihrem Gehör und nicht mit ihren Augen. Außerdem können Fledermäuse nicht sprechen. Die ganze Geschichte war von Anfang bis zum Ende absurd gewesen. Genauso wie die Geschichte mit der Kuh im Kornfeld. Und offensichtlich fanden die Menschen genau das total lustig. Je absurder eine Geschichte war, desto mehr lachten sie. Ich beschloss, meine Theorie gleich einmal zu testen und versuchte es mit einem eigenen Scherz.

»Ich habe gehört, dass laut einer repräsentativen Studie mittlerweile über 80 Prozent aller Außerirdischen an die Existenz von Menschen glauben«, behauptete ich, und alle lachten tatsächlich.

Das war ja großartig! Endlich hatte ich den menschlichen Humor verstanden. Ich freute mich so sehr darüber, dass ich Brian regelrecht in die Arme fiel vor Freude.

»Und ich habe gehört, dass Engel sich angeblich nicht verlieben können«, sagte Nuno, als ich mich wieder aus Brians Umarmung gelöst hatte. »Was meinst du dazu, Mary?«, fragte er breit grinsend.

»Na ja«, antwortete ich verunsichert, dass Nuno ausgerechnet mit diesem heiklen Thema einen Scherz machen wollte, »normalerweise können sich Engel eigentlich nicht verlieben.«

»Und warum nicht?«, hakte er nach. »Es gibt doch männliche und weibliche Engel. Wieso sollen die sich denn nicht verlieben können?«

Welcher Geier war denn bloß in Nuno gefahren, dass er mir solche riskanten Fragen stellte? »Weil die Engel keine partnerschaftlichen Beziehungen pflegen und auch eigentlich in Wirklichkeit kein Geschlecht haben«, antwortete ich, da ich nicht wusste, was ich sonst dazu hätte sagen sollen. »Sie nehmen nur ein Geschlecht in ihrem Aussehen an, damit die Menschen nicht vor ihnen erschrecken.«

»Aber warum sollten die Menschen denn vor Engeln erschrecken?«, fragte Ava mich daraufhin.

»Na, weil sie vielleicht ganz anders sind, als die Menschen sich das vorstellen. Etwas, was ihnen so fremd ist, dass sie Angst davor hätten.«

»Und da du ja so schlau bist, kannst du uns bestimmt auch sagen, was an den Engeln so fremdartig sein soll, dass wir Angst vor ihnen hätten«, meinte Nuno grinsend.

Ich konnte es nicht fassen, dass er bei diesem überaus heiklen Thema so penetrant nachhakte. Er sah tatsächlich so aus, als würde ihm das Spaß machen. Ich fühlte mich provoziert. Ein mächtiges Gefühl, das ich bisher noch nie erlebt hatte, und das mich dazu veranlasste, etwas zu tun, was ich normalerweise nie getan hätte. Ich sagte die Wahrheit, um Nuno einen Schrecken einzujagen. »Die Engel stammen ursprünglich aus einer fernen Galaxie. Sie sind erst seit vier Milliarden Jahren hier in der Milchstraße. Sie haben in diesem Sonnensystem den Saturnmond Enceladus und den Jupitermond Europa besiedelt.«

»Es gibt also außerirdisches Leben auf dem Jupiter und dem Saturn?!«, meinte BeautyQueen sichtlich amüsiert und zog dabei eine Augenbraue skeptisch hoch.

»Nicht auf den Planeten«, korrigierte ich. »Enceladus

und Europa sind Monde. Sie bestehen in ihrem Kern aus porösem Gestein, das von den Gezeitenkräften ihrer Planeten durchgeknetet wird. Durch die Reibungskräfte entsteht geothermische Energie im Inneren dieser Monde. Ihre Oberfläche ist vollständig von einem Ozean aus gefrorenem Salzwasser bedeckt. Doch unter dem Eis befindet sich flüssiges Wasser. Und auf dem Meeresboden beider Monde wimmelt es nur so von Leben. Die Lebensbedingungen am Boden dieser Ozeane sind mit der irdischen Tiefsee vergleichbar, wo es an hydrothermalen Quellen ebenfalls sehr viel Leben gibt. Das Leben bezieht seine Energie in der Tiefsee auf chemischem Wege und benötigt daher kein Sonnenlicht.«

»Und deshalb sollen wir Angst vor den Engeln haben?!«, fragte Nuno grinsend, um mich weiter zu provozieren. »Weil sie unter Wasser leben?!«

»Die Menschen stellen sich intelligente Lebensformen immer irgendwie menschenähnlich vor«, antwortete ich. »Tatsächlich gibt es jedoch im Universum fast nur einzellige Lebensformen. Mehrzelliges Leben ist eher eine Kuriosität. Doch es gibt unzählige Monde, die einzellige Lebensformen beheimaten, was jedoch ganz und gar nicht bedeutet, dass es auf diesen Monden kein intelligentes Leben gibt.«

»Du willst uns also erzählen, dass Engel Bakterien sind?!«, provozierte Nuno weiter.

Ich verstand nicht, was er damit bezweckte. Ich konnte mir beim besten Willen nicht vorstellen, dass er das nur tat, weil er Spaß daran hatte, mich zu provozieren. Dafür war dieses Thema viel zu heikel. Es war sehr viel wahrscheinlicher, dass er das mit Ella abgesprochen hatte. Welches Ziel er dabei verfolgte, war mir jedoch unklar. Daher beschloss ich, Nuno die Führung über dieses Gespräch zu überlassen und einfach seine Fragen weiter zu beantworten.

»Auf der Erde gibt es viele verschiedene einzellige Mikroorganismen«, erläuterte ich deshalb. »Auf der Ursprungsheimat der Engel gab es hingegen nur einen einzigen. Vor rund zehn Milliarden Jahren entwickelte sich dort ein Einzeller, der dem Physarum polycephalum recht ähnlich ist. Der Physarum polycephalum gehört zur Gattung der Schleimpilze. Schleimpilze sind eigentlich keine Pilze, sondern Einzeller, die aus vielen identischen Zellkernen bestehen, die sich zu einer Riesenzelle zusammengeschlossen haben. Zwischen den Zellkernen findet eine permanente intrazelluläre Kommunikation statt – ähnlich wie bei den Nervenzellen im menschlichen Gehirn. Nur kommuniziert der Physarum polycephalum nicht über elektrische Ströme, wie das Gehirn es tut, sondern über hydrodynamische Wellenmuster. Intelligentes Leben benötigt daher kein Gehirn. Das Gehirn ist nur eine mögliche Hardware für Intelligenz. Intelligenz benötigt ein Informationsverarbeitungssystem. Und der Schleimpilz ist genau wie das Gehirn solch ein System.«

»Die Engel sind also Schleim?!«, hakte Nuno lachend nach und vermittelte mit seinem Lachen den Eindruck, dass ich mir hier nur eine Fantasiegeschichte ausdachte.

»Ja!«, bestätigte ich bewusst grinsend, nachdem ich in den Gesichtern aller anderen ablesen konnte, dass sie das alles tatsächlich nur für einen reinen Scherz hielten. So langsam fing ich an, Nunos Beweggründe zu verstehen. »Die Engel sind Schleimpilze. Nur kommunizieren sie längst nicht mehr über hydrodynamische Wellenmuster, wie das zu Anfang ihrer Evolution der Fall war. Der Schleimpilz entwickelte im Laufe seiner Evolution die natürliche Fähigkeit, das Quantengitter der Raumzeit zu beeinflussen, um so die Energie- und Materieflüsse im Quantenvakuum zu kontrollieren und darüber dann auch zu kommunizieren. Über die Manipulation des Quantengitters ist es dem Schleimpilz weiterhin möglich, organisches Leben in weit entfernten Galaxien entstehen zu lassen. Auf diese Weise hat sich der Schleimpilz über das gesamte Universum ausgebreitet. In jeder einzelnen Galaxie gibt es mittlerweile unzählige Eismonde, die vom Schleimpilz besiedelt sind. Allein in der Milchstraße sind es mehr als einhundert Millionen Heimatwelten. Das sind mehrere hundert Trillionen Welten allein im für Menschen beobachtbaren Universum. Bei der Manipulation des Quantengitters sind Entfernungen völlig unerheblich. Alles ist mit allem verbunden, sodass diese vielen Trillionen Welten zusammen einen einzigen großen Geist ergeben.«

»Hah! Jetzt hat Richard dich in der Falle!«, meinte BeautyQueen grinsend. »Wenn dieser Schleimpilz doch nur ein einziger großer Geist ist, wieso gibt es denn dann mehrere Engel und nicht nur einen?«

»Das hat mit dem Sinn des Lebens auf der Erde zu tun«, antwortete ich und schaute zu Nuno rüber, um mich zu vergewissern, dass ich diese Information tatsächlich ausplaudern durfte. Nuno nickte mir unauffällig zu.

»Na, jetzt wird es spannend!«, meinte BeautyQueen daraufhin sichtlich amüsiert.

»Dem Großen Geist geht es um Erfahrungen. Die waren auf seiner ursprünglichen Heimatwelt begrenzt. Er konnte mit anderen Worten irgendwann kaum noch etwas Neues erleben. Deshalb breitete er sich auf immer mehr Eismonde aus, denn der Zuwachs an Intelligenz, den er dadurch erzielte, ermöglichte ihm einen größeren Einblick in die Natur des Universums und damit auch neue Erfahrungen. Doch irgendwann konnte er auch dadurch nichts Neues mehr erfahren. Deshalb suchte er nach neuen Wegen. Und dazu gehört auch die Erde. Vor 3,8 Milliarden Jahren ließ er hier eine neue Form der Evolution entstehen, die aufgrund ihrer Andersartigkeit völlig neue Erfahrungen möglich machte. Doch diese Evolution brachte schließlich auch eine Spezies hervor, die immer mächtiger wurde, und deshalb irgendwann in der Lage sein würde, fast das gesamte Leben auf der Erde auszulöschen.«

»Lass mich raten!«, sagte BeautyQueen grinsend. »Diese Spezies ist der Mensch.«

»Richtig«, bestätigte ich ihre Vermutung. »Um der Menschheit ihr eigenes Überleben zu ermöglichen, erschuf er vor 6000 Jahren die Engel. Er gab Teilen seines eigenen Geistes eine individuelle Persönlichkeit und sorgte dafür, dass diese scheinbar individuellen Persönlichkeiten nicht alles vorhersehen konnten, damit die Evolution der Erde weiterhin unvorhersehbar bleibt. Die Engel sind damit in ihrer Intelligenz und ihrem Wissen begrenzte Individuen und gleichzeitig auch der Große Geist. Man kann sich das in etwa so vorstellen, dass der Große Geist ein Ozean ist und jeder Engel ein Tropfen in diesem Ozean darstellt.«

»Hah! Legt euch nicht mit Mary an!«, sagte Ava im Spaß triumphierend zu BeautyQueen und Nuno.

»Okay«, meinte Nuno breit grinsend, »dann sag mir doch mal eines: Was genau soll so komplett anders sein an der Evolution dieses Großen Geistes?«

»Da gibt es mehrere Dinge«, antwortete ich wahrheitsgemäß. »Der Große Geist ist beispielsweise praktisch unsterblich. Das Wasser auf seinen Eismonden ist reich an Mineralien und Chemikalien, von denen sich der Schleimpilz ernährt. Es gibt dort keine anderen Lebensformen und damit auch keine Fressfeinde, vor denen er sich schützen müsste. Die Einzeller sind das einzige existierende Leben auf den Eismonden. Sie vermehren und ernähren sich völlig autonom. Auch gibt es keine kosmischen Gefahren für einen so großen Organismus, der über mehrere hundert Trillionen Monde im gesamten Universum verteilt ist. Selbst dann, wenn gleichzeitig Milliarden seiner Monde von einer kosmischen Katastrophe heimgesucht würden, so hätte das auf die Existenz des Großen Geistes keinen nennenswerten Einfluss. Das Bewusstsein des Großen Geistes gerät dabei nicht in Mitleidenschaft. Der Große Geist muss sich daher um sein physisches Überleben nicht sorgen. Er ist als Superorganismus praktisch unsterblich und wird so lange existieren, wie dieses Universum existiert. Und das bringt eine erhebliche Einschränkung mit sich. Dem Großen Geist ist es deshalb nicht möglich, eine Welt der Sterblichkeit zu erleben. Das ist einer der Gründe, warum er das Leben auf der Erde erschaffen hat – wobei die Engel eine andere Bezeichnung für die Erde verwenden. Planeten, die in der Lage sind, eine derart unglaubliche Vielfalt an sterblichen Lebensformen hervorzubringen, sind höchst selten im Universum.«

»Und wie nennen die Engel die Erde?«, wollte Ava wissen.

»Dieser schöne blaue Planet heißt bei den Engeln *Paradies*«, antwortete ich.

»Oh, wie schön!«, meinte Ava sichtlich berührt.

»Ja, und wieso ist dem Großen Geist denn diese Welt der Sterblichkeit so wichtig?«, hakte Nuno weiter nach.

»Weil es ihm auf diese Weise möglich ist, die Erfahrung der Sterblichkeit zu machen«, antwortete ich.

»Wieso soll denn ein unsterbliches Wesen Sterblichkeit erfahren, nur weil die Menschen sterblich sind?«, fragte BeautyQueen verwundert.

»Weil die Menschen zum Großen Geist gehören. Er ließ vor 3,8 Milliarden Jahren einen einfachen vermehrungsfähigen Mikroorganismus auf dem Meeresgrund entstehen. Dieser Mikroorganismus hatte noch keinen Zellkern. Es dauerte dann noch einmal zwei Milliarden Jahre, bis sich daraus die erste Zelle mit Zellkern entwickelte. Diese Ur-Zelle wird von Wissenschaftlern als der gemeinsame Vorfahre aller heutigen irdischen Lebensformen betrachtet und *LUCA* genannt. Das steht für Last Universal Common Ancestor. Es dauerte dann noch einmal eine Milliarde Jahre, bis sich aus LUCA die ersten mehrzelligen Lebensformen entwickelten, welche bedingt durch ihre begrenzte Lebensdauer die Erfahrungswelt der Sterblichkeit möglich machten. Doch der Große Geist hat diese Entwicklung nicht einfach nur angestoßen. Er hat sich in der ersten Zelle selbst verkörpert und auch in allen, die daraus hervorgingen. Der Große Geist ist daher auch LUCA – genauso wie alle Lebensformen, die sich aus LUCA heraus entwickelt haben. Der Große Geist ist damit jede Pflanze und jedes Tier und natürlich auch jeder Mensch – genauso wie er auch jeder Engel ist.«

»Und warum will dieser Große Geist so unbedingt Sterblichkeit erfahren?«, fragte Nuno weiter.

»Weil er sonst gar nicht in vollem Umfang ermessen könnte, was Unsterblichkeit überhaupt bedeutet«, antwortete ich. »Er braucht die Relativerfahrung, um sich seiner selbst vollständig bewusst zu werden. Genauso sieht es dann auch mit einigen anderen seiner Eigenschaften aus.«

»Und welche Eigenschaften wären das konkret?«, hakte Nuno nach.

»Der Große Geist ist wie gesagt nahezu allwissend. Um auch hier erfahren zu können, was das im Detail genau bedeutet, benötigt er natürlich auch die Relativerfahrung der Unwissenheit. Auch die ermöglicht ihm das Paradies. Die erste Ur-Zelle startete noch vollkommen unwissend in diese Welt. Mit der Zeit entwickelten sich dann immer höhere Lebensformen, welche in der Lage waren, die Realität immer umfassender zu begreifen. Bis hin zum Menschen, der über eine ganze besondere Fähigkeit verfügt, die dem Großen Geist überaus wichtig ist.«

»Und welche Fähigkeit soll das genau sein?«, fragte Nuno weiter.

»Die Menschen sind in der Lage, eigene Annahmen über sich selbst und die Realität zu treffen. Sie können damit etwas tun, was der Große Geist aufgrund seiner Allwissenheit nicht kann. Sie können sich bei ihrer Realitätseinschätzung irren. Und das ermöglicht dem Großen Geist natürlich eine sehr bedeutende Relativerfahrung.«

»Na, das ist ja mal eine tolle Fähigkeit!«, sagte Ava und lachte laut auf. »Ja, im gründlich Irren bin ich wirklich gut.«

»Na, dann hat mein Leben ja doch einen höheren Sinn«, meinte BeautyQueen amüsiert.

»Der Große Geist möchte eigentlich nicht direkt, dass wir uns irren«, versuchte ich richtigzustellen. »Er möchte, dass wir positive und negative Erfahrungen machen, die es uns ermöglichen, die richtige Entscheidung zu treffen.«

»Und welche Entscheidung soll das sein?«, hakte BeautyQueen nach.

»Es geht darum, ob wir uns zum Positiven oder zum Negativen entscheiden«, antwortete ich. »Diese Wahl treffen wir 20 000-mal pro Tag.«

»Wir haben also die Willensfreiheit, ob wir uns für die dunkle oder die helle Seite der Macht entscheiden«, meinte Brian grinsend.

»Das ist eine interessante Formulierung«, stellte ich fest. »Diese Aussage möchte ich mit Ja und Nein kommentieren. Dem Großen Geist ist es grundsätzlich egal, für welche Seite sich die Menschen entscheiden. Diese Welt dient wie gesagt der Relativerfahrung. Daher ist jeder Mensch gleich wertvoll aus der Sicht des Großen Geistes. Er zieht keine Seite der anderen vor. Kein Mensch kann aus der Sicht des Großen Geistes etwas falsch machen.«

»Das war dann wohl das Ja«, schlussfolgerte Brian. »Und was ist das Nein?«

»Das Nein bezieht sich darauf, dass die Menschheit in Wirklichkeit eigentlich nicht tatsächlich die Wahl hat, sich langfristig für das Negative zu entscheiden. Die Natur der Erde verkraftet die negativen Handlungsweisen des Menschen nur in begrenztem Ausmaß. Wenn die Menschen damit ihre eigene Lebensgrundlage zu sehr schädigen, dann fällt dieser Schaden früher oder später unweigerlich auf sie zurück.«

»Mit anderen Worten: Wenn der Mensch der Natur schadet, dann schadet er sich letztendlich selbst«, meinte

Brian lächelnd. »So langsam fängt dieses Gespräch an, mir zu gefallen!«

»Ja, so ist es. Wenn die Menschheit sich aus egoistischen Gründen dafür entscheidet, anderen Lebensformen auf der Erde Schaden zuzufügen, dann wird sie langfristig selbst darunter zu leiden haben. Und je mehr Schaden die Menschheit der Natur zufügt, desto größer wird das Leid sein, das sie langfristig dadurch selbst erfahren muss. Der Klimawandel ist ein gutes Beispiel für dieses Prinzip. Sollte die Menschheit ihre negative Ausrichtung nicht korrigieren, wird sie unweigerlich untergehen, sobald ihre eigene Lebensgrundlage zu sehr geschädigt ist. Die Evolution der Erde wird über die Jahrmillionen irgendwann wieder eine andere intelligente Spezies hervorbringen, welche, bedingt durch die Entwicklung eines Bewusstseins, die Willensfreiheit erhält, sich für das Positive zu entscheiden. Letztendlich wird jede intelligente Spezies, die sich für das Negative entscheidet, unweigerlich ihre eigene Lebensgrundlage zerstören und damit aussterben. Das geht so lange, bis irgendwann eine Spezies auftaucht, die sich für das Wohl allen Lebens und damit für das Positive einsetzt. Die wird dann ihre Lebensgrundlage wertschätzen und alles daransetzen, sie zu erhalten. Der Mensch könnte diese Spezies sein. Deshalb hat er theoretisch schon die Wahl, sich auch für das Negative zu entscheiden, nur wird er diese Entscheidung dann eben nicht überleben.«

»Na, das hört sich ja nicht gerade nach echter Willensfreiheit an«, wendete BeautyQueen lachend ein.

»Die Entwicklung zum Positiven ist in diesem Universum vorgegeben«, sagte ich. »Da kann der Große Geist nichts dafür. Auch er selbst ist diesem Naturgesetz unterworfen. Je mächtiger eine Spezies wird, desto offensichtlicher wird dieses Naturgesetz.«

»Das Böse wird also unweigerlich untergehen, und das Gute wird obsiegen. Das gefällt mir!«, meinte Ava sichtlich berührt.

»Ja, so ist es«, bestätigte ich ihre Erkenntnis. »Je weiter die Menschheit in die negative Richtung läuft, desto größer wird das Leid sein, das sie sich damit selbst zufügt. Und je mehr die Menschheit zum Wohl allen Lebens und damit positiv handelt, desto mehr Glück wird sie langfristig erfahren. Mit diesem einfachen Prinzip hilft die Evolution des Universums allen Lebensformen, sich zum Positiven zu entwickeln.«

»Und was passiert mit den Menschen, wenn sie ihren negativen Kurs unvermittelt fortsetzen?«, fragte Nuno.

»Dann wird die Menschheit wie gesagt aussterben. In Wirklichkeit können natürlich auch die Menschen nicht aufhören zu existieren. Ihr Geist ist ja über das Quantengitter mit dem Großen Geist verbunden. Sie sind Bestandteil des Großen Geistes. Wenn der Körper der Menschen aufhört zu funktionieren, existieren sie im Großen Geist als individuelle Bewusstseinsformen weiter. Die Menschen bezeichnen diese Bewusstseinsformen als ihre Seelen. Menschliche Seelen sind daher genau wie der Große Geist selbst in Wirklichkeit unsterblich.«

»Und was passiert mit Seelen, die sich eindeutig für das Positive entschieden haben?«, wollte Ava wissen.

»Die steigen nach ihrem Leben als Mensch in eine höhere Daseinsebene innerhalb des Großen Geistes auf, denn die Erfahrungswelt des Paradieses ergibt für sie dann keinen Sinn mehr. Nur Seelen, die sich noch nicht vollständig zum Positiven entschieden haben, inkarnieren wieder auf der Erde. Sie brauchen weitere positive und negative Erfahrungen, um irgendwann die richtige Entscheidung treffen zu können.«

»Und wie ist es auf dieser höheren Daseinsebene, wenn man sich dann zum Positiven entschieden hat?«, fragte Ava. »Was ist da anders?«

»Dort gibt es dann keine unnötige Negativität mehr«, antwortete ich. »Alle Seelen handeln immer nur aus Liebe zum gesamten Leben – so wie der Große Geist es auch immer tut.«

»Und wie oft muss ein Mensch wiedergeboren werden, um da hinzukommen?«, wollte Ava wissen.

»Da gibt es keine festgelegte Anzahl. So lange eben, bis sein Erfahrungsprozess abgeschlossen ist und er sich in jeder Hinsicht zum Positiven entschieden hat. Das kann eine Weile dauern, denn es geht bei dieser Entscheidung nicht nur darum, dass man aus Liebe zum Leben handeln *will*, denn das will jede Seele von Natur aus. Es geht darum, das auch zu *können*. Und dazu muss man erst einmal herausfinden, wann etwas tatsächlich positiv und wann negativ ist. Das ist in der Praxis alles andere als einfach.

So sehen viele Menschen beispielsweise Egoismus grundsätzlich als negativ und Altruismus als positiv an. Dann machen sie reale Erfahrungen mit dieser einfachen Sichtweise und merken irgendwann, dass sie ganz offensichtlich zu kurzsichtig gedacht war, da diese Einstellung ihnen selbst und anderen Lebewesen unerwarteterweise doch ständig Leid zufügt. Also denken sie neu über dieses Thema nach und erkennen irgendwann, dass es in Wirklichkeit auf das richtige Verhältnis zwischen Egoismus und Altruismus ankommt. Zu viel Altruismus ist nämlich in Wirklichkeit für das Leben als Ganzes genauso schädlich wie zu viel Egoismus. Beide Impulse müssen in einer gesunden Balance stehen, um wirklich für alle Beteiligten gut zu sein. Diese Erkenntnis macht dann neue Praxis-Erfahrungen notwendig. Denn das richtige Verhältnis kann man sich nicht im stillen Kämmerlein einfach so theoretisch ausdenken. Jede Theorie muss in der Praxis überprüft werden. Nur so kann man den Weg zum Positiven finden.«

»Und nur, wenn man dieses richtige Verhältnis herausgefunden hat und auch wirklich danach handelt, kann man auf diese höhere Daseinsebene aufsteigen – verstehe«, sagte Ava.

»Das Thema Egoismus ist jedoch nur ein Beispiel«, gab ich zu bedenken. »Es gibt sehr viele solcher Themen, bei denen es letztendlich um die Entscheidung zum Positiven geht. Und sie alle erfordern einen realen Erfahrungsprozess. Genau dafür ist die Seele hier. Sie ist hier, um den Weg zum Positiven zu finden, und dafür brauchen die meisten Seelen viele Leben. Aber es ist in Wirklichkeit nicht wichtig, wie lange eine Seele dafür benötigt. Da gibt es keine Eile. Dem Großen Geist ist es komplett egal, wie lange eine Seele für diesen Entscheidungsprozess benötigt. Irgendwann wird sich jede Seele für das Positive entscheiden. Der Große Geist hat uns dazu auch einige Hilfestellungen gegeben. Zum einen gibt uns die Welt letztendlich immer früher oder später ein klares Feedback darüber, ob wir auf dem richtigen Weg sind oder nicht. Leid zeigt uns nämlich, dass wir den falschen Weg eingeschlagen haben, und Glück, dass wir in diese Richtung laufen. Kurzfristig können wir diese Impulse zwar nicht immer sofort korrekt deuten, doch langfristig ist es dann irgendwann jedes Mal eindeutig.«

In diesem Moment bekamen wir über unsere Smartphones alle die Order, uns auf der Showbühne neben dem Pool einzufinden. Wir sollten uns in zwei Gruppen von jeweils sechs Personen um die beiden runden Tische herumsetzen, die dort aufgebaut waren. Die Tische bestanden aus flachen Schalen, die mit roten, gelben und grünen Murmeln befüllt waren. Jeder von uns hatte eine Art Konsole auf dem Tisch vor sich, in der drei runde Öffnungen eingebracht waren. Da man uns nicht vorgeschrieben hatte, wer an welchem Tisch sitzen sollte, waren wir in unserer üblichen Gruppe geblieben. Zusammen mit mir waren das also Brian, Dylan, Ava, BeautyQueen und Nuno. Am anderen Tisch saßen Jill, Lucas, Mia, William, Liam und Jerry.

»Wie es aussieht, sollen wir Murmeln sortieren«, sagte Brian.

»Das sind aber ganz schön viele«, meinte Ava.

»Es sind genau 518 400 Murmeln«, sagte ich.

»Wenn jeder von uns pro Sekunde eine Murmel einsortiert, wie viele Stunden wären das dann insgesamt?«, wollte Brian wissen.

»Exakt 24 Stunden«, antwortete ich.

»Ja, sind die noch ganz dicht?!«, sagte BeautyQueen aufgebracht. »Wenn die glauben, dass ich hier 24 Stunden Murmeln einsortiere, dann haben die aber komplett einen an der Murmel.«

»24 Stunden halte ich ganz sicher nicht durch«, meinte Ava resigniert. »Ich bin sicher, dass ich es noch nicht einmal eine halbe Stunde lang schaffe, mir die richtigen Farben zu merken.«

»Leute, wir wissen doch noch gar nicht, was wir hier machen sollen«, sagte Dylan. »Die werden uns bestimmt keine 24 Stunden lang Murmeln einsortieren lassen. Das kann ich mir einfach nicht vorstellen.«

»Ja, und wenn doch?«, meinte Ava. »Das schaffe ich echt nicht.«

»Warte doch erst einmal ab, bis wir unsere Mission tatsächlich bekommen haben«, meinte Dylan. »Im Moment können wir noch gar nichts wissen. Weder, wie lange wir Murmeln sortieren sollen, noch ob überhaupt. Vielleicht geht es ja auch um etwas völlig anderes.«

»Und um was?!«, erwiderte BeautyQueen genervt. »Es ist doch offensichtlich, dass wir diese bescheuerten

Murmeln in jeweils eines der drei Löcher werfen sollen. Wozu soll denn dieser Tisch sonst gut sein?! Aber eines sage ich euch schon einmal gleich vorab: Wenn die wirklich wollen, dass wir hier 24 Stunden lang Murmeln in Löcher werfen, dann können die mich mal ganz gepflegt am Zipfel tuten. So eine Scheiße mache ich ganz sicher nicht mit!«

»Jetzt warte doch erst mal ab!«, versuchte Dylan erneut abzuwiegeln. »Wir wissen gar nichts. Vermutlich sollen wir diese Murmeln einsortieren, okay. Doch wie lange das geht, das können wir momentan einfach nicht wissen. Aber die lassen uns bestimmt keine 24 Stunden lang hier sitzen. Das kann ich mir einfach nicht vorstellen. Daher sollten wir jetzt keine voreiligen Schlüsse ziehen.«

In diesem Moment vibrierten unsere Smartphones. Ich las meine Nachricht: »Ihr seht drei runde Öffnungen vor euch. Die roten Murmeln sollt ihr in die mittlere Öffnung werfen, die grünen in das rechte Loch, und die gelben kommen nach links. Die Gruppe, die am Ende die meisten Murmeln richtig einsortiert hat, gewinnt diese Gruppen-Challenge. Legt euer Smartphone jetzt zur Seite. Während des Spiels ist es verboten, diese Nachricht noch einmal zu lesen.«

»Das war's?!«, fragte Ava in einem vorwurfsvollen Tonfall. »Kein Wort darüber, wie lange dieses Spiel gehen soll?!«

»Das haben sie ganz sicher extra nicht gesagt, diese Sackgesichter«, meinte BeautyQueen.

»Los kommt, das schaffen wir!«, sagte Dylan motiviert und begann sofort, die Murmeln einzusortieren. »Diese Challenge gewinnen wir.«

Wir alle legten los, nur Ava nicht. Sie saß wie gelähmt da mit ihren Murmeln in der Hand. »Ich bin so grottenschlecht in so was«, meinte sie dann. »Bitte seid mir nicht böse, wenn wir wegen mir verlieren. Ich kann mir so etwas einfach nicht merken.«

»Das ist doch kein Problem!«, erwiderte Dylan optimistisch, während er weiter seine Murmeln einsortierte. »Mary hat ein Gedächtnis wie ein Elefant. Sie sagt dir einfach alle fünf Minuten, wo du deine Murmeln reinwerfen sollst, und gut ist's.«

»Ehrlich gesagt weiß ich das jetzt schon nicht mehr so genau«, gab Ava zu. »Und wir haben noch gar nicht richtig angefangen.«

»Die Roten in die Mitte, die Grünen nach rechts und die Gelben nach links«, sagte ich zu ihr und warf meine Murmeln in die entsprechenden Löcher auf meiner Konsole.

»Das stimmt aber so nicht!«, widersprach Brian verwundert und hielt inne. »Die Roten kommen nach links, die Grünen in die Mitte und die Gelben nach rechts. Da bin ich ganz sicher!«

»Unsinn!«, meinte BeautyQueen, die jetzt auch aufhörte, ihre Murmeln einzusortieren. »Die Roten kommen nach rechts. Rechts ist rot, so habe ich mir das gemerkt. Beide Worte fangen mit R an. Mehr hab ich mir allerdings nicht gemerkt, weil mir dieses Kack-Spiel echt zu blöd ist.«

»Ich habe wieder eine andere Kombination bekommen«, sagte Nuno. »Bei mir ist rot auch links, aber in der Mitte ist bei mir gelb, und grün kommt nach rechts.«

»Dann haben die Schweine uns allen eine andere Kombination gegeben«, stellte Dylan lachend fest und fuhr damit fort, seine Kugeln einzusortieren. »Hätt ich denen gar nicht zugetraut! Bei mir ist es wieder anders. Rot in die Mitte, gelb nach rechts und die Grünen nach links.«

»Boah, Leute! Jetzt habt ihr mich so durcheinandergebracht, dass ich gar nicht mehr weiß, wo ich die Murmeln reinwerfen soll«, sagte Ava und starrte sichtlich gestresst auf ihre Konsole, ohne auch nur eine einzige Murmel reinzuwerfen.

»Du hast vermutlich dann die letzte Kombinationsmöglichkeit«, meinte ich, während ich weiterhin damit beschäftigt war, meine Murmeln zu sortieren. »Es gibt bei diesem Spiel sechs mögliche Kombinationen. Wir sind sechs Leute. Wenn wir also davon ausgehen, dass jeder von uns eine andere Kombination hat, dann müsste bei dir rot auch rechts sein, so wie bei BeautyQueen.«

»Ja, aber wo kommen denn dann die Gelben und die Grünen hin?«, fragte Ava und schaute BeautyQueen fragend an, die nur ahnungslos mit den Achseln zuckte.

»Außerdem nehmen wir ja auch nur an, dass Ava die letzte der sechs möglichen Kombinationen hat«, gab Brian zu bedenken. »Was ist, wenn die ihr doch eine andere Kombi gegeben haben? Dann stimmt alles nicht mehr.«

»Ja, hätte hätte Fahrradkette«, meinte Dylan dazu

kopfschüttelnd. »Von irgendetwas müssen wir halt ausgehen, sonst haben wir jetzt schon verloren. Hört auf zu diskutieren, und schmeißt die Gelben und die Grünen einfach irgendwo rein!«, sagte er zu Ava und BeautyQueen. »Hauptsache, ihr fangt jetzt an. Die anderen werden auch nicht alles richtig machen. Und wir haben etwas, was die anderen nicht haben. Wir haben Mary!«

»Dylan hat recht«, stimmte ihm Brian zu und begann wieder damit, seine Murmeln einzusortieren. »Die anderen werden bestimmt auch Fehler machen, selbst wenn sie sich jetzt ihre Kombinationen erst einmal alle richtig gemerkt haben. Früher oder später machen sie Fehler. Wir alle werden das. Wenn jedoch Mary das tatsächlich fehlerfrei hinbekommen sollte, dann haben wir trotzdem eine realistische Chance. Wir können diese Challenge immer noch gewinnen.«

»Wir können sie nicht nur gewinnen, wir *werden* sie gewinnen!«, korrigierte Dylan Brians Aussage optimistisch. »Davon müssen wir jetzt fest ausgehen, sonst haben wir bereits verloren.«

»Leute, es tut mir so leid, dass ich das nicht besser hinbekomme!«, sagte Ava zerknirscht.

»Die Welt wird nicht untergehen, wenn wir dieses Spiel verlieren«, sagte BeautyQueen. »Es ist nur ein dummes Spiel!«

»Ihr müsst daran glauben, dass wir gewinnen werden«, versuchte Dylan die beiden noch einmal zu motivieren. »Bleibt optimistisch! Das ist das A und O. Ich habe schon viele scheinbar aussichtslose Wettkämpfe gewonnen, nur weil ich an meinen Sieg geglaubt habe. Glaubt an euch! Glaubt an uns! Wir schaffen das. Wir werden gewinnen. Ihr müsst jetzt nur endlich anfangen, diese scheiß Murmeln in diese scheiß Löcher zu werfen!«

»Ich habe noch nie einen Wettkampf gewonnen«, erwiderte Ava und warf zaghaft ihre erste Murmel in ihre Konsole. »Ich versuche da eher immer der Typ *guter Verlierer* zu sein.«

»Dieses Mal wirst du auf jeden Fall mit uns gewinnen!«, sagte Dylan überzeugt. »Du musst einfach nur dran glauben. Scheiß egal, ob du bisher immer verloren hast. Heute wirst du mit uns gewinnen.«

»Ich habe ehrlich gesagt keinen Bock auf dieses Schwachsinns-Spiel«, sagte BeautyQueen. »Ich mache das echt nur wegen euch. 24 Stunden lang Murmeln einsortieren«, sagte sie kopfschüttelnd.

»Wir wissen doch aber gar nicht, ob wir diese ganzen Murmeln wirklich alle einsortieren müssen«, wendete Dylan erneut ein. »Davon stand nichts in unserer Mission. Wir sind nur davon ausgegangen, weil es zufällig genauso viele Murmeln sind, wie wir in 24 Stunden einsortieren können. Bis jetzt hat noch keine Mission so lange gedauert. Daher sollten wir da nicht gleich so eine bescheuerte Annahme treffen. Es kann genauso gut sein, dass sie dieses Spiel nach einer halben Stunde für beendet erklären.«

»Ich stimme Dylan zu«, sagte ich. »Klar können wir natürlich davon ausgehen, dass sie uns hier 24 Stunden sitzen lassen wollen, müssen wir aber nicht! Wir wissen in Wirklichkeit gar nichts. Es ist wieder einmal nur eine Annahme, die wir hier getroffen haben.«

»Doch! Eines wissen wir!«, widersprach Dylan. »Wenn wir diese Scheiße glauben, dann haben wir bereits verloren. Schaut uns doch mal an! Anstatt uns auf das Sortieren der Kugeln zu konzentrieren, diskutieren wir hier die ganze Zeit nur rum, ob die uns jetzt 24 Stunden lang hier sitzen lassen wollen oder nicht. Die haben uns ganz schön drangekriegt, wenn ihr mich fragt. Wir sollten jetzt endlich aufhören mit der Scheiße. Und zwar jetzt sofort!«

In diesem Moment vibrierten unsere Smartphones, und der Sender erklärte diese Mission für beendet. Wir wurden gebeten, noch so lange am Tisch sitzen zu bleiben, bis alle Murmeln ausgezählt wären.

»Heilige Scheiße!«, sagte Ava geschockt, als sie die Nachricht gelesen hatte. »Wir haben echt die ganze Zeit nur diskutiert. Es tut mir so leid, Leute!«

»Ist doch egal«, sagte BeautyQueen. »Es war nur ein Kack-Spiel. Außerdem bist du nicht die Einzige, die es verbockt hat. Wir haben alle die ganze Zeit nur diskutiert.«

»Die haben uns echt voll verarscht!«, sagte Dylan und lachte sich kaputt. »Ich bin beeindruckt. Die haben garantiert gewusst, dass Mary exakt abschätzen kann, wie viele Murmeln es sind, und auch, dass wir dann auf die dämliche Idee kommen, dass sie uns 24 Stunden lang hier sitzen lassen wollen. Die haben uns voll vorgeführt! Das hätte ich dem Sender echt nicht zugetraut.«

»Du meinst echt, die haben das extra gemacht?«, hakte Ava skeptisch nach.

»Na logo«, antwortete Dylan amüsiert. »Das war doch kein Zufall. Die haben das von Anfang an so geplant. Die wussten genau, dass die andere Gruppe die Anzahl der Murmeln nicht abschätzen kann und dass die dann einfach loslegen, ohne diese bescheuerte Annahme zu treffen. Die wollten, dass wir das Spiel verlieren, da bin ich mir sicher.«

»Nur, weil wir die Annahme getroffen haben, dass sie uns 24 Stunden lang hier Murmeln einsortieren lassen?«, fragte Ava skeptisch.

»Nur ist gut!«, meinte Brian. »Das war ein echt genialer Schachzug, das muss man schon sagen. Dich haben sie damit so überfordert, dass du dir die Farben gar nicht mehr richtig merken konntest«, sagte er zu Ava. »Und dich haben sie dazu gebracht, dass du dir die Farben für dieses Kack-Spiel erst gar nicht merken wolltest«, sagte er zu BeautyQueen. »Und den Rest von uns haben sie mit der gleichen Annahme in sinnlose Diskussionen verstrickt.«

»Was glaubt ihr, wie häufig wir in unserem Alltag solche bescheuerten Annahmen treffen wie eben?«, fragte Ava nachdenklich. »Meint ihr, das kommt häufiger vor?«

»Ich denke schon«, antwortete ich. »Es ist nicht ganz leicht, schädliche Annahmen zu erkennen, denn sie haben oft einen Selbstbestätigungseffekt, der es so aussehen lässt, als seien sie korrekt.«

»Was für einen Selbstbestätigungseffekt?«, hakte Ava nach.

»Wenn wir eine Annahme treffen, löst das in der Regel instinktive Verhaltensprogramme in uns aus«, antwortete ich. »Und wenn man deren tatsächliche Auswirkungen auf die eigene Psyche und die Psyche anderer Menschen nicht kennt, dann sieht es sehr schnell so aus, als sei die negative Annahme tatsächlich wahr. In Wirklichkeit hat man aber ohne es zu merken jedes Mal dafür gesorgt, dass es so kommt.«

»Kannst du dazu vielleicht ein Beispiel nennen?«, bat Ava.

»Wenn ich beispielsweise die Annahme treffe, dass ich minderwertig bin und mich deshalb keiner haben will, dann wird mein soziales Gehirn automatisch Abneigungsgefühle gegenüber anderen Menschen erzeugen, denn es will niemanden mögen, von dem ich selbst abgelehnt werde. Das widerspricht dem Gegenseitigkeitsprinzip. Und natürlich reagiert das soziale Gehirn der anderen Menschen dann auf die Abneigungsgefühle, die ich ihnen entgegenbringe. Sogar dann, wenn ich selbst meine Abneigungsgefühle bewusst gar nicht spüre. Das soziale Gehirn aller Menschen ist in Bezug auf Zuneigung und Abneigung supersensibel. Es spürt Nuancen auf, denen sich unser Großhirn überhaupt nicht bewusst ist. Aus der Sicht des Großhirns grenzt das fast schon an eine übersinnliche Wahrnehmung, was das soziale Gehirn diesbezüglich leistet. Es achtet auf über 10 000 verschiedene

Mikroimpressionen im Gesicht, der Körperhaltung und der Tonalität der Stimme. Dem sozialen Gehirn kann man da nur sehr schwer etwas vormachen. Die Menschen spüren früher oder später, wenn sie von jemandem nicht gemocht werden. Doch das Großhirn kriegt das oftmals nur ganz oberflächlich mit, wenn überhaupt.

Gehen wir also einmal davon aus, dass mir selbst überhaupt nicht bewusst ist, dass ich anderen Menschen grundsätzlich mit einer unterschwelligen Abneigung begegne. Das soziale Gehirn der anderen wird trotzdem auf meine unterschwellige Abneigung reagieren. Und zwar ebenfalls mit Abneigung. Die Menschen lehnen mich also ab, weil sie sich von mir abgelehnt fühlen. Wenn ich jetzt nicht erkenne, dass ich die Abneigung der anderen erst mit meiner eigenen Abneigung provoziert habe, dann sehe ich ihr Verhalten automatisch als Bestätigung meiner ursprünglichen Annahme an. Keiner will mich, weil ich minderwertig bin.«

»Das ist echt übel!«, meinte Ava fassungslos.

»Und dann schlägt man sich das ganze Leben lang mit Minderwertigkeitsgefühlen herum«, meinte Dylan und schüttelte fassungslos den Kopf. »Nur, weil man meint, man müsse anderen überlegen sein, um als wertvoll zu gelten.«

»Gibt es diesen fatalen Selbstbestätigungseffekt bei vielen negativen Annahmen?«, wollte Brian wissen.

»Ich denke schon«, antwortete ich. »Vor allem in Bezug auf unsere schädlichen Müssens. Das sind ja letztendlich auch nur Annahmen. Eben die Annahme, etwas tun, haben oder sein zu müssen.«

»Gilt das auch für die emotionalen Müssens?«, hakte Ava nach.

»Da auf jeden Fall«, bestätigte ich. »Nimm beispielsweise dein Lampenfieber! Du siehst deine Angstgefühle auf der Bühne als etwas Schlechtes, ja sogar Schlimmes an. Dein Reptiliengehirn und dein soziales Gehirn glauben instinktiv Schlimmes vermeiden zu müssen. Dass dein Großhirn das Angstgefühl selbst als etwas Schlimmes ansieht, verstehen die beiden anderen Gehirne nicht. Sie gehen von einer echten Bedrohung in deinen äußeren Lebensumständen aus, wenn dein Großhirn sagt, dass es eine Gefahr gibt. Und sofort reagieren sie mit einem instinktiven Verhaltensprogramm auf diese scheinbare Bedrohung. Sie erzeugen Angstgefühle, um deinen Geist wachsam und deinen Körper kampf- oder fluchtbereit zu machen. Du erzeugst also letztendlich Angst vor deinen Angstgefühlen, was deine Angstgefühle immer weiter verstärken und schließlich zum totalen Blackout führen kann. Und dann sagst du wieder: Mein Lampenfieber ist wirklich etwas Schlimmes, was deine negative Annahme erneut bestärkt.«

»Ja aber das ist doch die komplette Selbstverarschung!«, meinte sie fassungslos.

»Das ist richtig«, stimmte ich ihr zu. »Diese Selbstverarschung passiert bei jedem Gefühl, das du als etwas Schlechtes oder als etwas Gutes ansiehst.«

»Sogar bei den guten Gefühlen?«, fragte sie erschrocken.

»Ja, klar. Deine Gehirne sind instinktiv darauf programmiert, alles Gute anzustreben und alles Schlechte zu vermeiden. Also wird das gute Gefühl sofort zur Sollvorstellung erklärt. Und wenn du dann in deinem Alltag nicht so viele gute Gefühle hast, wie du aber eigentlich haben solltest, dann wird dies von deinem unbewussten System automatisch als Mangel oder sogar als Problem angesehen. Und diese Sichtweise löst wiederum Mangelgefühle und Problemgefühle aus, die dann alle glücklichen Gefühle wirksam blockieren. Und das kann wiederum eine Vielzahl von schädlichen Auswirkungen haben. Zum einen kann es dich krank machen, so wie bei Al mit seiner Depression, zum anderen können die Problemgefühle dazu führen, dass du soziale Probleme bekommst, weil dein soziales Gehirn ständig offline ist. Und diese Probleme führst du natürlich wieder auf deine ursprüngliche Annahme zurück, dass unangenehme Gefühle eben doch etwas Schlechtes und angenehme Gefühle etwas Gutes sind. Denn hättest du in diesen Situationen gute Gefühle gehabt anstatt der Mangel- und Problemgefühle, dann wärst du ja jetzt gesund und glücklich und hättest gute soziale und existenzielle Lebensumstände. Und damit scheint deine Annahme, dass unangenehme Gefühle etwas Schlechtes und angenehme etwas Gutes sind, schon wieder bestätigt zu sein.«

»Und das ist echt bei allen schädlichen Annahmen so?«, fragte Ava fassungslos.

»Ich denke nicht, dass es bei allen so läuft«, antwortete ich. »Das menschliche Großhirn erkennt viele schädliche Annahmen und korrigiert sie dann sofort wieder. Doch bei denjenigen, die sich über Jahre oder sogar Jahrzehnte hartnäckig halten, steckt meistens der Selbstbestätigungseffekt dahinter. Diese Annahmen werden einfach nicht als falsch erkannt, weil sie ständig scheinbar vom Leben bestätigt werden.«

»Das hört sich ja fürchterlich an«, sagte Ava aufgewühlt.

»So schlimm, wie es sich jetzt angehört hat, ist es dann in der Praxis nicht«, versuchte ich sie zu beruhigen. »Du lebst ja im grünen Bereich! Das darfst du nicht vergessen. Falsche Annahmen führen zwar zu falschen Entscheidungen und unpassenden Gefühlen, aber das heißt noch lange nicht, dass dann jedes Mal gleich soziale, existenzielle oder gesundheitliche Katastrophen passieren. Du wirst also nicht wegen jeder negativen Annahme gleich krank, einsam oder arm. Der grüne Bereich verzeiht extrem viel.«

»Ja, aber woran erkenne ich denn überhaupt, ob eine Annahme richtig oder falsch ist?«, wollte sie wissen.

»An der Nützlichkeit«, antwortete ich. »Korrekte Annahmen führen auch zu korrekten Entscheidungen und zu Gefühlen, die den Umständen angemessen sind. Und das erweist sich dann im Hinblick auf deine sozialen und existenziellen Lebensumstände immer automatisch als nützlich.«

»Je nützlicher also eine theoretische Annahme in der

Praxis ist, desto näher muss sie auch automatisch an der Wahrheit liegen«, fasste Brian zusammen. »Das klingt einleuchtend.«

»Ja, das ist eine einfache Möglichkeit, wie man sinnvolle Annahmen treffen kann«, stimmte ich zu. »Je nützlicher eine Annahme ist, desto näher muss sie an der Wirklichkeit liegen. Wobei das im Detail natürlich auch nicht immer ganz objektiv ist. Den Selbstbestätigungseffekt gibt es natürlich auch bei positiven Annahmen.«

»Und wie sieht so ein Selbstbestätigungseffekt bei einer positiven Annahme aus?«, wollte Ava wissen.

»Wenn du beispielsweise davon ausgehst, dass ein Mensch dich sofort auf Anhieb mögen wird, wenn du ihn kennenlernst, dann gehst du automatisch mit offenem Herzen auf diesen Menschen zu. Du wirst freundlich und wertschätzend sein, ihn respektieren und akzeptieren wie er ist und viele weitere positive Dinge mehr, die du bewusst gar nicht merkst, weil dein soziales Gehirn das alles automatisch tut, wenn du davon ausgehst, dass dich jemand mag und wertschätzt und dich so respektiert und akzeptiert wie du bist. Wenn du nicht weißt, dass deine eigenen Gefühle und dein eigenes Verhalten, die aufgrund deiner positiven Annahme in deinem sozialen Gehirn aktiviert wurden, das positive Verhalten und die positiven Gefühle deines Gegenübers beeinflusst haben, dann wirst du in seinem Verhalten und seinen Gefühlen natürlich wieder sofort die Bestätigung deiner ursprünglichen Annahme sehen. Du hast ja gleich gewusst, dass dieser Mensch dich mögen wird!«

»Und das passiert bei jeder positiven Annahme, die ich treffe?«, fragte Ava skeptisch.

»Sicherlich nicht bei jeder, aber bei vielen. Gelegentlich wird auch mal jemand trotzdem negativ reagieren, wenn du so positiv auf ihn zugehst.«

»Und bei positiven Annahmen, bei denen es nicht um andere Menschen geht? Wenn es beispielsweise um meine Gesundheit geht?«, hakte Ava weiter nach.

»Auch da gibt es den Selbstbestätigungseffekt«, antwortete ich. »Man nennt ihn Placebo-Effekt, wenn du aufgrund deiner positiven Annahme gesund wirst, und Nocebo-Effekt, wenn dich eine negative Annahme krank macht. Auch hier kann die Wahrheit natürlich stärker sein als der Selbstbestätigungseffekt. Dann bleibst du trotzdem krank, obwohl du erwartet hast, gesund zu werden.«

»Das hört sich für mich aber eher wie ein Vorteil an«, meinte Ava überrascht. »Das ist doch kein Nachteil, wenn ich aufgrund einer positiven Annahme auch noch eine bessere Heilungschance habe. Wie sieht es mit diesem Selbstbestätigungseffekt bei meinen Gefühlen aus?«

»Da hast du eine sofortige 1:1-Übersetzung. Jede positive Annahme löst augenblicklich ein Belohnungsgefühl oder ein Lockgefühl aus und jede negative Annahme ein Vermeidungsgefühl. Viele Menschen verwechseln ihre Annahmen deshalb sogar mit ihren Gefühlen, weil das so rasend schnell geht.«

»Ich habe oft das Gefühl, dass mein Leben irgendwie

nicht schön genug, nicht erfüllt genug, nicht interessant genug, nicht glücklich genug ist«, sagte Dylan. »Das fühlt sich an wie eine quälende innere Leere. Sind das dann auch alles nur Annahmen?«

»Ja, das sind tatsächlich alles Annahmen«, bestätigte ich seine Vermutung. »Und natürlich haben auch diese Annahmen wieder einen Selbstbestätigungseffekt, weshalb sie sehr schnell wieder wie Tatsachen aussehen können«, fügte ich hinzu. »Diese Annahmen lösen Mangelgefühle in deinem Reptiliengehirn und deinem sozialen Gehirn aus. Das ist diese innere Leere, die du dann spürst. Und wenn du nicht weißt, wie du diese Mangelgefühle wieder loswerden kannst, dann wird das von deinem Großhirn als Problem angesehen, solange es unangenehme Gefühle noch als etwas grundsätzlich Schlechtes ansieht. Schon entstehen Problemgefühle, die wieder sehr effektiv alle Belohnungsgefühle und Lockgefühle verhindern. Du kannst dann mit anderen Worten dein Leben gar nicht mehr als schön, erfüllt, interessant oder glücklich empfinden. Und schon scheint es wieder so auszusehen, als seien diese negativen Annahmen tatsächlich wahr.«

»Ich kenne diese quälende Leere ebenfalls«, sagte Brian mitfühlend. »Das ist ja mehr als übel mit diesem Selbstbestätigungseffekt.«

»Ja, aber, wenn ich einfach immer positive Annahmen über mich und die Welt treffen würde, dann hätte ich doch ständig nur glückliche Gefühle«, erkannte Ava fassungslos. »Die Menschen würden total positiv auf mich reagieren, ich wäre gesünder und könnte mir vermutlich sogar auch noch bessere existenzielle Lebensumstände aufbauen? Verstehe ich das wirklich richtig?«

»Prinzipiell schon«, sagte ich. »Doch es gibt auch echte Probleme auf der Welt, die man nicht mit positiven Annahmen in Ordnung bringen kann. Der Klimawandel ist beispielsweise solch ein Problem. Der geht nicht einfach weg, nur weil alle annehmen, dass schon alles gut werden wird. Doch solange man sich im grünen Bereich bewegt, ist es sicherlich sinnvoll, den Selbstbestätigungseffekt mit positiven Annahmen zu seinem Vorteil zu nutzen.«

»Ja, und woran kann ich dann erkennen, dass ich besser eine negative Annahme treffen sollte?«, wollte Ava wissen. »Wann ist das notwendig?«

»Immer dann, wenn eine positive Annahme tatsächlich einen nennenswerten Schaden verursachen könnte«, sagte ich. »Wenn es um so etwas wie Jerrys möglichen Herzinfarkt geht, dann sollte man nicht einfach davon ausgehen, dass schon alles gut wird. Oder wenn du im Wald Pilze sammelst und dann einfach davon ausgehen willst, dass die schon alle nicht giftig sein werden. Die negativen Annahmen haben auf jeden Fall ihre Berechtigung. Aber eben nur, wenn es wirklich sein muss.«

»Und wann muss es wirklich sein?«, hakte Ava weiter nach.

»Immer dann, wenn es sonst überlebensrelevante Probleme geben könnte«, antwortete ich. »Das ist in der Praxis jedoch nur sehr selten der Fall.«

»Und was schätzt du, wie häufig das in meinem Alltag so vorkommt?«, wollte sie wissen.

»Ich denke, dass es im Leben eines modernen Zivilisationsmenschen im Laufe eines Tages maximal 100 bis 200 Entscheidungen gibt, wo es tatsächlich sinnvoll ist, vom Negativen auszugehen. In allen anderen Fällen ist es dann mehr oder weniger schädlich, eine negative Annahme zu treffen.«

»Das würde bei 20 000 täglichen Entscheidungen aber bedeuten, dass das gerade einmal bei einer von 100 Entscheidungen tatsächlich notwendig ist!«, sagte Brian verblüfft. »Das heißt dann aber doch, dass wir in 99 von 100 Fällen tatsächlich besser damit fahren würden, wenn wir positive Annahmen treffen.«

»Ja, das könnte hinkommen«, bestätigte ich seine Einschätzung.

»Dann werde ich ab sofort versuchen, alles positiv zu sehen, was ich nicht negativ sehen muss«, sagte Brian motiviert.

»Alter, da schließe ich mich sofort an!«, pflichtete ihm Dylan bei.

»Ich ebenfalls«, sagte BeautyQueen.

»Das würde ich auch gerne tun, aber ich befürchte, dass das bei mir nicht so einfach ist«, meinte Ava zerknirscht.

»Du wirst das auch schaffen«, versuchte ich ihr Mut zu machen. »So gut wie alle negativen Annahmen und Sichtweisen bauen auf die vier großen Irrtümer auf. Sobald die korrigiert sind, wird dein Gehirn keinen realen

Grund mehr finden, irgendetwas negativ zu sehen, was in Wirklichkeit gar nicht negativ ist.«

»Aber wann lösen sich diese blöden Irrtümer denn endlich auf?«, fragte sie frustriert.

»Ich denke, dass sich drei der vier großen Irrtümer bei dir bereits schon recht gut korrigiert haben«, sagte ich. »Bei der großen Täuschung, dem Rang und den instinktiven Prinzipien sieht es meiner Meinung nach schon recht gut aus. Du hängst eigentlich nur noch an deinen Gefühlszielen. Und da werden wir wie versprochen einfach gemeinsam ein wenig üben. So wie wir das auch bei deiner Minenfeld-Thematik gemacht haben. Danach wird dein Leben sicherlich um ein Vielfaches einfacher und glücklicher sein.«

Kapitel 16

Glück

Wie wir es bereits erwartet hatten, erklärte der Sender den Murmel-Wettkampf für uns als verloren. Gerade als wir vom Tisch aufstehen wollten, erhielten Beauty-Queen und Dylan eine Nachricht auf ihr Smartphone. Um welche Mission es dabei ging, sagten sie nicht. Sie gaben sich nur grinsend die Ghettofaust und blieben zu zweit auf der Bühne zurück, während wir anderen uns wieder im Garten verteilten.

Brian und ich hatten uns für die Chillout-Lounge entschieden. Er hatte mich gefragt, ob ich nicht zufällig Lust hätte, mit ihm zusammen dort hinzugehen. Ich willigte natürlich sofort ein, denn ich freute mich sehr darauf, wieder mit ihm zu kuscheln.

»Ich würde dich gerne etwas fragen«, sagte er.

»Was möchtest du denn wissen?«

»Eigentlich möchte ich dich ganz viel fragen«, sagte er dann. »Ich weiß gar nicht so richtig, wo ich anfangen soll.«

»Das hört sich interessant an«, meinte ich neugierig, während wir uns auf die Polsterauflage legten.

»Hast du dir schon Gedanken darüber gemacht, wie es nach der Show mit uns weitergehen soll?«, fragte er dann.

»Noch nicht so genau. Ich würde auf jeden Fall sehr gerne weiterhin Zeit mit dir verbringen, wenn du das auch möchtest.«

»Es macht mich sehr glücklich, dass du das sagst«, meinte er sehr emotional und schaute mich liebevoll an.

Ich hatte den Eindruck, dass er mich in diesem Moment sehr gerne geküsst hätte, doch er hielt sich zurück, um mich nicht zu überfordern. Meine panische Bettflucht auf dem Katamaran hatte offensichtlich einen bleibenden Eindruck bei ihm hinterlassen. Ich hätte ihn ebenfalls unheimlich gerne geküsst, wusste aber nicht, wie ich das anstellen sollte, ohne meine Tarnidentität zu gefährden. Daher zögerte ich. Dieser zögerliche Moment zwischen uns fühlte sich unglaublich lange und sehr seltsam an.

»Weißt du denn schon, was du nach der Show beruflich machen möchtest?«, fragte er und brach damit das Schweigen.

»Noch nicht so konkret«, schwindelte ich. Denn dass die NSA mich nach der Show zwingen würde, für sie zu arbeiten, durfte ich hier vor den Kameras natürlich nicht erwähnen.

»Ich hätte da einen Vorschlag«, meinte er sichtlich nervös. »Könntest du dir vielleicht vorstellen, mit mir zusammenzuarbeiten? Ich trage mich schon länger mit dem Gedanken, meine Schauspiel-Karriere an den Nagel zu hängen und mich ganz auf meine Stiftung zu konzentrieren. Was ich dort für die Welt tun kann, erfüllt mich einfach sehr viel mehr als die Schauspielerei. Und ich könnte mir nichts Schöneres vorstellen, als mit dir gemeinsam die Welt zu retten«, sagte er lächelnd.

»Was machst du denn eigentlich genau in deiner Stiftung?«

»Ich unterstütze außergewöhnliche Menschen, die etwas gegen den Klimawandel tun.«

»Und was sind das für außergewöhnliche Menschen?«, fragte ich interessiert.

»Menschen, die etwas in der Art machen wie Haixia und Wenqi. Die beiden kennst du vielleicht. Sie wurden 2016 in den sozialen Netzwerken berühmt. Sie sind der Grund, warum ich meine Stiftung gegründet habe. Die beiden haben mein Herz berührt.«

»Leider habe ich von den beiden noch nie etwas gehört. Was genau machen sie?«

»Sie pflanzen gemeinsam Bäume in einer ländlichen chinesischen Provinz. Haixia erblindete mit vierzig Jahren bei einem Arbeitsunfall und dachte deswegen darüber nach, sich das Leben zu nehmen. Doch sein Freund Wenqi, der seine beiden Arme bereits als Dreijähriger verloren hatte, machte ihm klar, dass er auch mit Behinderung nicht wertlos ist. Er schlug ihm vor, gemeinsam Bäume zu pflanzen. Wenqi würde Haixias Augen sein und Haixia Wenqis Arme. Gemeinsam könnten sie alles schaffen. Die beiden gründeten eine WG und sind seitdem unzertrennlich. Mittlerweile pflanzen sie bereits seit über 20 Jahren gemeinsam fast jeden Tag Bäume. Da sie kein Geld haben, um junge Bäume zu kaufen, klettert der blinde Haixia die Bäume zehn Meter hoch und schneidet Äste ab, die sie dann als Stecklinge in die Erde einpflanzen. 14 Jahre lang hatten die beiden auf diese Weise über 10 000 Bäume eingepflanzt, als plötzlich eine Flutkatastrophe ihren gesamten Baumbestand zerstörte. Haixia und Wenqi waren verzweifelt, doch inzwischen haben sie ihre Arbeit wieder aufgenommen. Für mich gehören die beiden zu den größten Helden überhaupt. Als ich zum ersten Mal von ihnen hörte, dachte ich sofort, dass es noch mehr Menschen wie Haixia und Wenqi geben musste. Menschen, die trotz eines Handicaps nicht aufgeben und ihrem Leben einen Sinn geben wollen. Also ging ich auf die Suche nach ihnen. Ich fand sie überall auf der Welt und fing an, sie finanziell zu unterstützen. Zunächst konnte ich das noch aus eigener Tasche stemmen, doch mittlerweile sind es so viele geworden, dass ich auf Spendengelder angewiesen bin.«

»Und du möchtest gerne, dass ich dir dabei helfe, diese Gelder zu beschaffen?«

»Eigentlich nicht. Ich denke, dass wir beide gemeinsam sehr viel mehr tun könnten. Natürlich hilft jeder Baum, der gepflanzt wird, und jedes Moor, das geschützt wird. Doch was du über die Auswirkungen der vier großen Irrtümer auf unser zerstörerisches Verhalten gegenüber der Natur gesagt hast, das könnte tatsächlich die Welt verändern.«

»Du möchtest dieses Wissen mit mir gemeinsam in die Welt tragen?«, fragte ich erfreut.

»Es wäre das Schönste, was ich mir überhaupt vorstellen kann«, meinte er und schaute mich liebevoll an.

»Das hört sich toll an«, sagte ich zurückhaltend, denn ich wusste ja, dass die NSA uns da einen Strich durch die Rechnung machen würde.

»Aber?«, hakte Brian fragend nach.

»Kein Aber. Ich habe nur noch keine Idee, wie wir das in der Praxis genau anstellen sollen«, schwindelte ich.

»Da wird uns schon etwas einfallen. Die praktische Umsetzung kannst du dann auch gerne mir überlassen. Für irgendetwas muss ich ja auch gut sein«, meinte er lächelnd. »Du konzentrierst dich darauf, dein Wissen zu vermitteln, und ich kümmere mich darum, dass dieses Wissen einem großen Publikum zugänglich gemacht wird. Ich glaube, dass wir uns da sehr gut gegenseitig ergänzen würden.«

»Ja, das glaube ich auch«, stimmte ich berührt von seiner Idee zu, denn mir war klar, dass er mir dieses berufliche Angebot nicht machen würde, hätte er nicht auch vor, nach der Show mit mir privat zusammenzubleiben. Gleichzeitig machte es mich sehr traurig wegen der NSA. Sie würden mir nicht den Freiraum lassen, mit Brian zusammen um die Welt zu ziehen, um den Menschen bei ihrer Entscheidung zum Positiven zu helfen. Doch wenigstens konnte ich hier im Paradies bei ihm bleiben. Ich war Ella und den anderen Secret-Angels unendlich dankbar dafür und hoffte inständig, dass bei der Hintergrundüberprüfung alles glattlaufen würde.

Nach diesem Gespräch legte ich mich in seinen Arm, und wir kuschelten. Er streichelte zärtlich meinen Rücken und ich seine Brust. Ich fühlte mich dabei auf eine seltsame Art und Weise irgendwie angekommen. So als wäre er jetzt mein neues Zuhause. Das war so schön, dass ich es überhaupt nicht schlimm fand, ihn jetzt nicht küssen zu dürfen.

Was meine leidenschaftlichen Gefühle betraf, hoffte ich, dass wir vielleicht auch die nächste Nacht wieder miteinander verbringen könnten. Die Betten in unseren Zimmern waren ja groß genug für zwei. Und da Brian auch nach der Show mit mir zusammen sein wollte, standen die Chancen gar nicht so schlecht, dass er vielleicht bereit war, auch diese Nacht wieder mit mir im gleichen Bett zu schlafen. Und dann würde sich vielleicht eine Gelegenheit ergeben, wie ich leidenschaftliche Gefühle entwickeln könnte, ohne meine Tarnidentität zu gefährden. Wenn ich jeden Tag ein kleines bisschen mehr Leidenschaft entwickeln würde, dann wäre das vermutlich am ehesten nachvollziehbar, dachte ich. Und diese Nacht würde ich damit beginnen, sollte ich die Möglichkeit dazu bekommen. Vielleicht würde ich ihn sogar noch einmal küssen und versuchen, nicht sofort aus dem Bett zu springen. Ich war sehr aufgeregt, wenn ich mir das auch nur vorstellte. Mein Herz schlug dabei wie ein Maschinengewehr.

In diesem Moment küsste Brian zärtlich meine Stirn,

was ein unglaublich schönes Gefühl in meiner Herzgegend auslöste und mein rasendes Herz sofort wieder beruhigte. Ich fühlte mich von ihm unendlich geliebt und spürte meinerseits auch meine Liebe für ihn. Das war sogar noch schöner als das Champagner-Gefühl. Erneut hatte ich wie schon auf dem Katamaran das Gefühl, dass unsere Seelen sich noch einmal näherkamen und miteinander regelrecht verschmolzen. Wir wurden eine Seele, und das fühlte sich unzertrennlich an. So als wäre damit beschlossen, dass wir die gesamte Ewigkeit miteinander verbringen würden.

So lagen wir noch lange zusammen und kuschelten, bis plötzlich unsere Smartphones vibrierten. »Kommt jetzt bitte alle zur Showbühne!«, lautete die Nachricht des Senders.

Wir waren die Letzten, als wir dort ankamen. Die anderen saßen schon alle auf den Stühlen, die man vor der Bühne für uns aufgestellt hatte. Oben saßen Dylan und BeautyQueen und unterhielten sich angeregt, ohne uns zu beachten. Offenbar sollten die beiden auf der Bühne etwas für uns vorführen. Gerade als Brian und ich uns setzten, hörten wir plötzlich die Stimmen von Dylan und BeautyQueen aus den Lautsprecherboxen.

»Das wird auf jeden Fall funktionieren!«, hörten wir BeautyQueen sagen.

»Und das wird auch sicher keiner merken?«, fragte Dylan unsicher.

»Nein, auf keinen Fall. Das ist so subtil, das kann gar keiner merken«, versicherte ihm BeautyQueen.

Die beiden verhielten sich bei ihrem Gespräch so, als seien wir anderen gar nicht da. Sie beachteten uns überhaupt nicht und wunderten sich auch offenbar nicht darüber, wieso man sie plötzlich aus den Lautsprecherboxen überall im Garten der Villa hören konnte.

»Der Tipp mit dem Kamillentee, den du mir neulich gegeben hast, hat übrigens super funktioniert«, sagte Dylan zu BeautyQueen. »Danke nochmals dafür. Seitdem ich das mache, hatte ich keinen einzigen Streit mehr mit meiner Frau.«

»Freut mich, dass ich helfen konnte«, meinte BeautyQueen.

»Ich muss zugeben, dass ich zu Anfang schon skeptisch war, ob es wirklich etwas bringt, jeden Tag eine halbe Stunde lang mit Kamillentee zu gurgeln. Es war ihr gegenüber auch nicht ganz einfach zu erklären, warum ich das ausgerechnet immer genau dann machen musste, wenn sie von der Arbeit nach Hause kam. Aber ich war kreativ und fand jeden Tag aufs Neue einen Grund dafür. Und wie gesagt, es hat voll funktioniert. Warum, ist mir immer noch ein Rätsel. Aber seitdem läuft in unserer Beziehung alles sehr viel besser.«

»Klar, einfach mal die Fresse halten, wenn der Partner gestresst von der Arbeit nach Hause kommt«, meinte BeautyQueen grinsend.

Im Publikum lachten sich plötzlich alle kaputt. Offenbar machten die beiden da oben Scherze. Ich hatte diesen Scherz zwar nicht verstanden, lachte aber natürlich mit. Was mich jedoch sehr wunderte, war, dass Dylan eine Frau zu Hause hatte. Davon hatte er bisher gar nichts gesagt.

»Wegen des Rankings der Zuschauer solltest du auch nochmals schauen, dass du mit Liam in den Fitnessbereich kommst«, schlug BeautyQueen vor. »Dann zeigst du den Zuschauern noch einmal, dass du mehr Gewichte stemmen kannst als er. Das wird sie ganz sicher überzeugen.«

»Meinst du nicht, dass es auffällt, wenn ich das noch ein zweites Mal mache?«, fragte Dylan.

»Auf keinen Fall. Das ist so subtil, das kann gar keiner merken.«

Liam fiel vor Lachen fast vom Stuhl, was alle anderen wohl so lustig fanden, dass sie sich ebenfalls vor Lachen ausschütteten. Ich verstand zwar auch diesen Scherz nicht, aber ich fand es sehr lustig zu sehen, wie Liam vor Lachen die Tränen aus den Augen schossen.

»Du solltest dir einfach einmal einen kompletten Tag Zeit dafür nehmen und dir einen nach dem anderen ganz systematisch vorknöpfen«, schlug BeautyQueen vor, als sich das Lachen einigermaßen wieder gelegt hatte.

»Ich bin dir von Herzen dankbar, dass du mir hilfst«, erwiderte Dylan. »Ohne dich wüsste ich echt nicht, was ich tun würde.«

»Kein Problem. Dafür sind Freunde ja da. Gehen wir die anderen daher einfach einmal nacheinander durch«, schlug BeautyQueen vor. »Bei Jill dürfte das nicht so schwierig werden. Da musst du nur dafür sorgen, dass die

Zuschauer euch beide gleichzeitig im Bild haben. Pass dann einen Moment ab, wo sie lächelt, und dann zeigst du den Zuschauern, dass du noch viel bezaubernder lächeln kannst. Das sollte kein Problem sein. Komm, versuch das gleich mal! Lächle mich mal bezaubernd an!«

Dylan lächelte daraufhin, aber das sah irgendwie sehr seltsam aus, was wieder alle im Publikum zum Lachen brachte.

»Okay, das musst du dann vielleicht noch ein paarmal üben«, meinte BeautyQueen, als sich das Lachen wieder beruhigt hatte. »Fangen wir vielleicht lieber mit etwas Einfacherem an. Du könntest zum Beispiel mit Lucas an die Bar gehen und dem Publikum zeigen, dass du viel mehr Espresso trinken kannst als er. Schaffst du das?«

»Ich denke schon. Zumindest wenn er nicht merkt, was ich da tatsächlich vorhabe«, meinte Dylan unsicher.

»Das merkt er nicht. Das ist so subtil, das kann gar keiner merken«, versicherte BeautyQueen überzeugt.

Und wieder schüttete sich das Publikum aus vor Lachen. Allen voran dieses Mal Lucas.

»Okay, Lucas hätte ich also schon einmal sicher in der Tasche«, schlussfolgerte Dylan. »Wen soll ich mir dann als Nächstes vornehmen?«

»Du musst schauen, welche Gelegenheit sich dann ergibt im Laufe des Tages. Das kann man so genau nicht planen«, meinte BeautyQueen. »Du solltest nur jetzt schon einmal deine grundsätzlichen Möglichkeiten ausloten und dann improvisieren.«

»Gut«, stimmte Dylan zu. »William könnte ich vielleicht dazu bringen, mit mir gemeinsam am Abend zu singen. Was hältst du davon? Dann könnte ich den Zuschauern zeigen, dass ich besser singen kann als er.«

»Ja, das ist eine gute Idee«, stimmte BeautyQueen zu. »Du solltest jedoch darauf achten, dass ihr immer nur deine eigenen Lieder singt, damit du ganz sicher besser bist.«

»Ja, aber meinst du nicht, dass das irgendwann auffällt?«, sagte Dylan unsicher.

»Nein, auf keinen Fall. Das ist so subtil, das kann gar keiner merken.«

Und wieder lachte sich das Publikum kaputt.

»Bei Mia wird es nicht so ganz einfach«, meinte Dylan nachdenklich. »Ich müsste zeigen, dass ich witziger bin als sie. Das wird mir schwerfallen.«

»Boxe nicht mit Boxern, wenn du selbst kein Boxer bist, und ringe nicht mit Ringern, wenn du kein Ringer bist«, war der Ratschlag von BeautyQueen. »Du musst Mia irgendwie auf deine Spielwiese locken. Vielleicht kannst du ja auch mit ihr singen. Das kannst du ja relativ gut und sie gar nicht. Oder du gehst mit ihr in den Pool und zeigst allen, dass du besser schwimmen kannst. Das würde sicherlich auch helfen. Oder noch besser …«, sagte BeautyQueen, von ihrer eigenen Idee sichtlich begeistert. »Du zeigst allen, dass du intelligenter bist als sie. Das haben ja auch alle schon geschnallt bei eurem IQ-Test. Darauf solltest du unbedingt bei jeder Gelegenheit herumreiten«, schlug sie vor.

»Ja, aber meinst du nicht, dass das irgendwann auffällt?«, fragte Dylan verunsichert.

»Nein, auf keinen Fall. Das ist so subtil, das kann gar keiner merken«, versicherte BeautyQueen überzeugt.

Und erneut lachten sich alle im Publikum kaputt. Allen voran dieses Mal Mia.

»Und was mache ich mit Jerry?«, fragte Dylan, als sich das Gelächter wieder beruhigt hatte.

»Jerry ist eine harte Nuss«, meinte BeautyQueen nachdenklich. »Der hat jede Menge Sympathie-Punkte gekriegt wegen seines Schwächeanfalls. Da müssen wir uns wirklich etwas einfallen lassen. Du musst es irgendwie schaffen, ärmer dran zu sein als er. Vielleicht könntest du ja sagen, dass dir Mary das Herz gebrochen hat, und dann mal so richtig volle Pulle losheulen. Das würde sicherlich viel Gutes bewirken bei den Zuschauern.«

»Ja, aber meinst du nicht, dass das auffällt, wenn ich das nur mache, um bei den Zuschauern zu punkten?«, fragte Dylan unsicher.

»Nein, auf keinen Fall. Das ist so subtil, das kann gar keiner merken.«

Und erneut lachten alle im Publikum. Und so langsam fing sogar mein menschliches Gehirn an, diese Scherze irgendwie intuitiv zu verstehen. Logisch erklären konnte ich sie nicht, aber es amüsierte mich immer mehr, was die beiden da oben auf der Bühne von sich gaben.

»Okay, kommen wir zu Ava«, schlug BeautyQueen

vor. »Wie kannst du hier am besten deine Überlegenheit demonstrieren?«

»Schwierig«, stellte Dylan fest. »Es gibt nicht so viel, wo ich mich mit Ava messen könnte.«

»Dann solltest du wenigstens schauen, dass du sie konsequent von oben herab behandelst«, schlug BeautyQueen vor. »Das hilft immer. Oder noch besser …«, hielt sie wieder inne, weil sie offensichtlich eine noch bessere Idee hatte. »Du sorgst dafür, dass sie sich dir gegenüber irgendwie schuldig fühlt. Das sollte bei Ava kein Problem sein. Wenn du es schaffst, ihr ein schlechtes Gewissen einzureden, dann wird sie sich dir gegenüber ganz von selbst unterwürfig verhalten. Und dann sehen die Zuschauer sofort, dass sie klar unter dir steht. Anderen Schuldgefühle einzureden, ist eine super Methode für alles Mögliche. Du kriegst mehr Liebe und Aufmerksamkeit und wirst generell viel netter behandelt. Sorge deshalb einfach dafür, dass Ava sich dir gegenüber wegen irgendetwas schuldig fühlt! Ganz egal wegen was. Bei Ava genügen da schon Kleinigkeiten. Du wirst sehen, sie wird sich sofort darum bemühen, alles wiedergutzumachen, und sich dir gegenüber total unterwürfig verhalten. Das könntest du eigentlich auch zusätzlich noch mit allen anderen machen. Das bringt dich ganz nach oben auf der Beliebtheitsskala.«

»Ja, aber meinst du nicht, dass das irgendwann auffällt?«, fragte Dylan unsicher.

»Nein, auf keinen Fall. Das ist so subtil, das kann gar keiner merken.«

Das Publikum jubelte und gab tosenden Beifall. Und endlich hatte dann auch ich diesen Scherz verstanden. Die beiden redeten über Maßnahmen, wie man eine höhere Rangordnung im Rudel erreichen könnte. Ja, das war sehr lustig, denn ihre Maßnahmen waren natürlich alle völlig absurd. So wie die Kuh im Kornfeld, die Zeitung liest. So etwas machte ja sicherlich kein Mensch tatsächlich. Ich lachte daher herzhaft mit. Die beiden auf der Bühne standen daraufhin von ihren Stühlen auf und verbeugten sich. Damit war ihre Mission wohl zu Ende. Sie kamen runter zu uns und ließen sich feiern.

Während wir den beiden zugeschaut hatten, war das Abendessen aufgebaut worden. Anstatt, wie sonst üblich nach so einer Showeinlage, an die Bar zu gehen, gesellten wir uns alle zum Buffet. Es wurde auch beim Essen noch viel gelacht, denn jeder am Tisch hatte weitere absurde Ideen, wie man auf kreative Weise seine Überlegenheit demonstrieren könnte. Mich erstaunte, wie intensiv sich alle in dieses Thema einbrachten. Offenbar schien dieser Überlegenheits-Instinkt die Teilnehmer sehr viel mehr zu beschäftigen, als ich das bislang erkannt hatte. Ich beschloss deshalb, noch einmal Ella aufzusuchen, um mehr darüber zu erfahren.

»Dieser Instinkt ist den Menschen, wie bereits erläutert, in seiner tatsächlichen Tragweite nicht bewusst«, sagte Ella. »Sie merken gar nicht, was sie deswegen alles tun. Der Kampf gegen die Unterlegenheit hat schon unzählige Menschen das Leben gekostet. Und zwar nicht nur in Kriegen, wie man meinen könnte, sondern auch im ganz normalen alltäglichen Leben. Vielleicht hast du bei den Love-Angels schon einmal etwas vom *Arztfrauen-Syndrom* gehört.«

»Worum geht es bei diesem Syndrom?«, fragte ich interessiert. »Davon habe ich noch nichts gehört.«

»So nennen wir Love-Angels ein Phänomen, von dem vor allem im 19. Jahrhundert viele Frauen betroffen waren. Damals durften Frauen noch nicht Medizin studieren. Arzt zu werden, war den Männern vorbehalten. Die wurden von der Gesellschaft wie Halbgötter in Weiß verehrt. Sie hatten also einen enorm hohen sozialen Status. Und das war ein ernsthaftes Problem für die Ehefrauen der Ärzte. Die hatten in der Gesellschaft nämlich keine eigene Identität mehr und wurden häufig sogar mit *Frau Doktor* angesprochen, weil sie ja die Frau des Doktors waren. Dass die Frauen in der Gesellschaft nicht das gleiche Ansehen genossen wie ihre Männer, verstieß gegen das instinktive Gleichwertigkeitsprinzip in Partnerschaften. Zu Anfang versuchten die Frauen dann meistens über soziales Engagement und Wohltätigkeitsveranstaltungen mit ihren Männern gleichzuziehen. Doch waren ihre Bemühungen letztendlich immer vergebens. Sie konnten auf diese Weise nie mit dem Ansehen ihrer Männer in der Gesellschaft mithalten. Ihr Instinkt ließ ihnen keine andere Wahl, als ihre Männer bei jeder Gelegenheit in der Öffentlichkeit bloßzustellen. Denn wenn sie nicht in der Lage waren, den hohen Status ihrer Männer zu erreichen, dann musste deren

Status in der Öffentlichkeit eben auf ihr eigenes Niveau heruntergezogen werden. Viele Frauen verfielen dem Alkohol und erzählten bei jeder Gelegenheit peinliche Geschichten über ihren Mann. Doch wenn das auch nicht half, um mit ihm gleichzuziehen, griffen sie zu einer Maßnahme, die viele von ihnen das Leben kostete. Sie wurden chronisch krank und ließen alle Bemühungen ihrer Männer scheitern, sie wieder gesund zu machen. Sie wollten damit aufzeigen, dass ihr Mann gar nicht so toll sein kann, wenn er noch nicht einmal in der Lage ist, seine eigene Frau zu heilen. Viele Frauen sind dann an ihren Krankheiten gestorben.«

»Obwohl sie nur so getan haben, als seien sie krank?«, hakte ich verwundert nach.

»Sie haben nicht nur so getan. Sie wurden tatsächlich todkrank. Ihr Instinkt machte sie krank. Das Gleichwertigkeitsprinzip zu erfüllen, war ihrem sozialen Gehirn wichtiger als ihre Gesundheit.«

»Meinst du, dass Brian diese Probleme mit mir auch kriegen könnte?«, hakte ich besorgt nach.

»Er wird vermutlich nicht deswegen sterben, aber wenn du dieses Gleichwertigkeitsprinzip nicht im Auge behältst, wird er ziemlich sicher stark darunter leiden.«

»Und wie kann ich das verhindern?«, fragte ich aufgewühlt.

»Indem du die Kooperation stärker in den Vordergrund stellst. Der tatsächliche Rang im Rudel ist ja schon seit mehreren hunderttausend Jahren nicht mehr wirklich vom Überlegenheits-Status abhängig. Das ist nur noch ein veraltetes Relikt im menschlichen Reptiliengehirn. Brian stellt als Lebenspartner die größtmögliche Bereicherung in deinem Leben dar, die ein Mensch überhaupt darstellen kann. Da ist es in Wirklichkeit völlig egal, wer jetzt wem in welcher Hinsicht überlegen ist. Es geht darum, sich gegenseitig in der Kooperation zu bereichern. Dennoch werdet ihr beide weiterhin Schwierigkeiten mit diesem Instinkt haben. Das lässt sich nicht vermeiden. Dieser Instinkt muss vom Großhirn immer wieder aufs Neue reguliert werden.«

»Und welche Schwierigkeiten werden das sein?«, wollte ich wissen.

»Brian wird sich wie gesagt oftmals schlecht fühlen, weil er sich dir unterlegen fühlt, und du wirst instinktiv immer versucht sein, dich in Bezug auf deine überlegenen Fähigkeiten kleiner zu machen als du bist.«

»Ich glaube, das habe ich tatsächlich schon einmal getan«, wurde mir klar. »Nach dem IQ-Test von Jan hatte ich Angst, dass die anderen in der Villa mich nicht mehr als eine von ihnen akzeptieren würden. Ich hatte mich deshalb mit einem Taschenrechner verglichen, der ja auch sehr schnell rechnen kann.«

»Ja, das ist ein typisches Verhalten, wenn Menschen merken, dass sie in etwas zu gut sind und andere sich deshalb unterlegen fühlen könnten. Ihr soziales Gehirn weiß, dass dies immer große soziale Probleme nach sich zieht. Daher ergreift es diese Maßnahme. Doch sie funktioniert in der Regel nicht nachhaltig.«

»Und warum nicht?«

»Zum einen, weil du dadurch das Ansehen, das du in der Gesellschaft genießt, oftmals gar nicht richtig reduzieren kannst, und zum anderen, weil sich viele Menschen genau wegen deines Kleinmachens von dir persönlich untergeordnet fühlen können. Wenn ihr Instinkt merkt, dass du dich extra wegen ihnen kleinmachst, dann erkennen sie darin automatisch, dass auch du sie nicht als gleichwertig ansiehst. Das Kleinmachen allein ist daher nicht die Lösung.«

»Und was kann ich sonst machen?«, fragte ich ahnungslos.

»Du kannst wie gesagt die gegenseitige Bereicherung in den Fokus deiner Aufmerksamkeit stellen. Letztendlich geht es dem menschlichen Instinkt ja nicht um Überlegenheit, sondern um den Rang. Und der wird durch den Grad der gegenseitigen persönlichen Bereicherung bestimmt. Wenn dir also bewusst ist, wie sehr Brian dich bereichert und du ihn deinerseits, dann wirst du automatisch ein gegenseitig bereicherndes Miteinander mit ihm erleben. Er kann dann leicht erkennen, dass du ihn als große Bereicherung ansiehst. Und dann ist dein Rang in der Gesellschaft, den man dir wegen deiner Überlegenheit gibt, auch kein so großes Problem mehr. Denn jeder, den du als große Bereicherung für dein eigenes Leben ansiehst, wird von dir damit automatisch auf deinen hohen Rang gehoben. Und du siehst Brian ja als gleichrangig und gleichwertig an. Das merkt er auch. Sein soziales Gehirn ist da supersensibel. Trotzdem wird es ab und an Schwierigkeiten geben, weil du natürlich trotzdem von der breiten Masse als überlegen und vermutlich auch als wertvoller angesehen wirst. Dann kannst du nur klarmachen, dass es aus deiner Sicht überhaupt nicht wichtig ist, wie dich fremde Menschen sehen. Dir geht es um die Menschen, mit denen du eine soziale Bindung hast. Und da lebst du ganz klar ein gegenseitig bereicherndes Miteinander. Mehr kannst du nicht tun. Wir müssen hoffen, dass das genügt.«

»Ich werde mein Bestes geben«, sagte ich ernüchtert von der neuen Situation.

»Du scheinst auch in deiner Engelsgestalt Emotionen zu haben«, meinte Ella daraufhin. »Habe ich das richtig wahrgenommen?«

»Ja, ich empfinde als Engel mittlerweile das Gleiche, was ich auch als Mensch fühlen würde«, bestätigte ich.

»Das ist mir immer noch ein völliges Rätsel. Zum einen, dass du tatsächlich in deiner Engelsgestalt Emotionen empfindest, zum anderen auch, wieso du überhaupt über die Emotionen des sozialen Gehirns verfügen kannst. Aber das ist jetzt auch nicht so wichtig. Als Love-Angel möchte ich dir anraten, in der Villa jetzt noch vorsichtiger in Bezug auf deine Tarnidentität zu sein. Im Moment wird deine Überlegenheit noch sehr gut von deinem Savant-Syndrom entschärft. Brian geht von so gravierenden emotionalen Defiziten bei dir aus, dass er kaum Probleme hat wegen deiner überlegenen Intelligenz. Du hast dich damit auf eine gewisse Weise kleingemacht. Aber so nachvollziehbar, dass er sich nicht von dir verarscht fühlt. Das sollte auch besser so bleiben.«

»Ich sollte also jetzt keine leidenschaftlichen Gefühle für Brian zeigen«, schlussfolgerte ich.

»Nein, das wäre sicherlich nicht sinnvoll.«

»Dann muss ich sie also weiterhin kontrollieren, denn meine leidenschaftlichen Gefühle sind mittlerweile so stark geworden, dass ich wohl oder übel zu dieser Notmaßnahme greifen muss.«

»Sollte es damit Probleme geben, dann sag bitte Bescheid. Dann müssen wir an der Programmierung in deinem sozialen Gehirn etwas verändern.«

»Das wird sicher nicht nötig sein«, sagte ich erschrocken, denn ich wollte diese Gefühle auf keinen Fall einbüßen. »Ich werde es schaffen. Du kannst mir da vertrauen.«

»Das tue ich natürlich«, bestätigte Ella. »Solltest du dennoch Unterstützung brauchen, sind wir für dich da.«

Ich brauchte nach diesem Gespräch noch einen Moment für mich allein, als ich mich wieder in meinem Zimmer materialisiert hatte. Das war alles ziemlich starker Tobak. Zuvor hatte alles so einfach und schön ausgesehen mit Brian und meinen Lieblingsmenschen. Und jetzt war mein Leben durch diesen Überlegenheits-Instinkt auf einen Schlag um ein Vielfaches komplizierter geworden. Das musste ich jetzt erst einmal akzeptieren.

Ich fühlte mich zum ersten Mal in meinem Leben als Mensch richtig gestresst. Ein Gefühl, das ich in dieser Form bisher noch nicht kannte. Mir fiel ein, dass die anderen dann immer etwas Alkoholisches an der Bar zu sich nahmen, um ihre Nerven zu beruhigen. Ich empfand den Geschmack von Alkohol zwar als unglaublich ekelhaft, aber wenn es half, dann sollte ich das vielleicht doch noch einmal versuchen.

Ich zog mir ein Kleid an, das Romeo für den Abend vorgeschlagen hatte, und verließ mein Zimmer, um nach Brian zu suchen. Und wie ich es mir schon gedacht hatte, standen er und die anderen wieder an der Bar.

»Wow, du siehst wieder einmal toll aus«, sagte Brian zu mir, als ich zur Bar kam.

»Vielen Dank«, erwiderte ich, wie ich es gelernt hatte, wenn man ein Kompliment für sein Aussehen bekam. »Was trinkst du denn?«, fragte ich und zeigte auf sein Glas.

»Ich habe mir einen Whiskey bestellt.«

»Kann ich vielleicht einen kleinen Schluck davon probieren?«, bat ich. »Ich würde heute Abend gerne auch mal ein wenig Alkohol trinken.«

»Natürlich, gerne«, antwortete er und reichte mir sein Glas.

Ich nahm einen Schluck und war so entsetzt von dem Geschmack, dass ich das nicht runterschlucken konnte. Ich bemühte mich, aber mein Körper weigerte sich vehement. Ich musste ein paar Schritte von der Bar weggehen und den Whiskey auf die Wiese spucken.

»Tut mir so leid«, sagte ich zu Brian, der das jedoch scheinbar lustig fand, denn er grinste.

»Vielleicht bestellen wir dir lieber etwas anderes«, meinte er dann. »Etwas, wo man den Alkohol nicht so rausschmeckt. Ich habe da schon eine Idee.«

Daraufhin gab er dem Barkeeper ein Zeichen. »Wir brauchen eine Spezial-Mischung«, sagte er ihm. »Du nimmst zu gleichen Teilen Wodka und Wasser. Dann fügst du eine kleine Menge Baking-Soda dazu, ein bisschen Salz und am Ende noch Eiswürfel.«

Der Barkeeper nickte und mixte daraufhin mein Getränk. Es sah ein bisschen wie trübes Wasser aus und schmeckte auch so ähnlich. Ein klein wenig merkte man den Alkohol noch, aber das war nicht so schlimm. Dieses Getränk würde ich runterkriegen. Daher leerte ich das Glas in einem Zug, denn mir ging es ja um die Wirkung und nicht um den Geschmack.

»Langsam, langsam …«, wollte mich Brian bremsen, aber es war schon zu spät. »Das Glas war halb voll mit Wodka«, meinte er dann. »Das ist eine Menge. Du solltest daher jetzt lieber erst einmal eine Pause einlegen und schauen, wie gut du das verträgst«, empfahl er mir.

Ich spürte sofort, dass mir ein wenig schwindlig wurde. Aber sonst war alles okay. So wahnsinnig berauschend war das mit dem Alkohol ja nicht gerade. Warum das den anderen so sehr half, ihre Stresshormone abzubauen, war mir ein Rätsel.

In diesem Moment gesellten sich BeautyQueen und Dylan zu uns. Sie hatten beide außerordentlich gute Laune. Das erkannte ich sofort. BeautyQueen hatte sichtlich Probleme mit ihrem Gleichgewichtssinn, denn sie musste sich an Dylan festhalten. Aber es schien ihr überhaupt nichts auszumachen.

»Dieser Überlegenheitsblödsinn ist wirklich so nötig

wie das Gummi danach«, sagte sie mit einer etwas undeutlichen Aussprache und lachte sich über ihre eigene Aussage kaputt.

Was genau diese Redewendung zu bedeuten hatte, wusste ich nicht, aber es war offensichtlich, dass die beiden immer noch ihren gemeinsamen Auftritt feierten.

»Und ich sage euch noch was«, meinte sie dann schwankend. »Dieser bescheuerte Kampf um Überlegenheit wird ganz sicher das nächste Arschgeweih. Das garantiere ich euch. Etwas Peinlicheres gibt's ja gar nicht.«

Der Begriff Arschgeweih sagte mir leider auch nichts, aber alle lachten, deshalb lachte ich natürlich mit.

»Ihr wart echt gut heute Abend«, meinte Brian zu den beiden und stieß mit ihnen noch einmal auf ihren Erfolg an.

»Danke, danke«, meinte BeautyQueen mit weiterhin sehr undeutlicher Aussprache. »Ihr wart aber auch gut.«

Ich wusste nicht, was sie damit meinen könnte, aber Brian lachte und stieß noch einmal mit ihr an. Ich stieß daher ebenfalls mit meinem leeren Glas mit ihr an und lachte mit.

»Was trinkst du?«, fragte sie mich schwankend und nahm mir mein Glas aus der Hand.

»Ich hatte eine Spezialmischung«, antwortete ich.

»Okay, dann kriegst du noch so einen«, lallte sie und gab dem Barkeeper ein Zeichen. »Noch zwei davon!«, sagte sie.

»Aber nicht wieder alles auf ex«, meinte Brian zu mir. »Da ist echt eine Menge Alkohol drin.«

»Lass deine Frau gefälligst ihre eigenen Entscheidungen treffen!«, ermahnte ihn BeautyQueen mit erhobenem Zeigefinger. »Wer bist du? Ihr Vater?!«

Daraufhin kam sie ganz nah zu mir, hielt sich an mir fest und sagte: »Du kannst trinken, was du willst, mein Schatz. Lass dir von keinen Mann auf der Welt etwas verbieten, hörst du?! Niemals!«

»Werde ich nicht«, versprach ich.

»Dann ist es ja gut«, sagte sie und umarmte dann Brian sehr innig. Sie ließ ihn gar nicht mehr los. Brian schaute mich an und zuckte entschuldigend mit den Achseln.

»Ich sorge dafür, dass sie nur noch Wasser kriegt«, flüsterte mir Dylan zu. Daraufhin ging er zum Barkeeper und sagte etwas zu ihm.

Kurz darauf kam er mit zwei Gläsern in der Hand zu uns zurück. Eines reichte er mir, und eines hielt er BeautyQueen hin, die immer noch Brian umklammerte.

»Was ist das?!«, fragte sie angeekelt, nachdem sie einen Schluck genommen hatte. »Da ist ja überhaupt kein Alkohol drin.«

»Es schmeckt nur nicht nach Alkohol«, antwortete Brian. »Mary mag den Alkohol-Geschmack nicht. Deshalb trinkt sie diese Spezialmischung. Da ist Baking-Soda und Salz drin. Das neutralisiert den Alkoholgeschmack fast komplett. Sei daher vorsichtig mit dem Gebräu. Es besteht zur Hälfte aus Wodka.«

»Stimmt das?«, fragte mich BeautyQueen skeptisch.

»Ja, es stimmt«, bestätigte ich Brians Aussage. »Ich kann den Alkohol sonst nicht runterschlucken.«

»Na, dann ist ja gut«, stellte sie fest und nahm einen kräftigen Schluck. Daraufhin stieß sie noch einmal mit mir an und nahm noch einen weiteren.

Ich tat das Gleiche, doch hielt ich mich dieses Mal an Brians Empfehlung, nicht wieder gleich das ganze Glas zu exen. Im Nachhinein war ich sehr froh über diese Entscheidung, denn ich stellte kurz darauf fest, dass die Wirkung von Alkohol offenbar zeitverzögert einsetzt. Mir wurde plötzlich immer seltsamer zumute. Ich wusste zunächst nicht, ob ich das jetzt gut oder schlecht finden sollte. Dann musste ich auf einmal heftig lachen. Ich wusste gar nicht worüber. Mein Körper lachte einfach. Ich fand das irgendwie total lustig und musste darüber lachen, dass ich so ohne Grund lachen musste.

Gleich darauf fühlte ich mich unglaublich stark zu Brian hingezogen. BeautyQueen hatte ihn mittlerweile wieder losgelassen und sich wieder an Dylan gehängt. Daher wollte ich Brian jetzt unbedingt auch umarmen – und eigentlich sogar am liebsten leidenschaftlich küssen! Doch mir war natürlich klar, dass dies nicht erlaubt war. Es fiel mir unerwartet schwer, vernünftig zu bleiben. Ich schaffte es mit aller Willenskraft und umarmte ihn nur.

»Alles in Ordnung bei dir?«, fragte er mich.

»Alles senkrecht«, antwortete ich und musste plötzlich wieder lachen, als mir auffiel, dass meine Aussprache genauso undeutlich geworden war wie die von Beauty-Queen.

»Ich will dir wirklich nichts verbieten«, sagte er besorgt. »Doch ich möchte dir dringend anraten, dieses Glas nicht auch noch auszutrinken.«

»Wird das noch schlimmer?«, fragte ich und musste erneut lachen.

»Es hat erst angefangen. Wenn du jetzt schon so viel spürst, dann wird es vermutlich noch deutlich heftiger«, antwortete er.

Das war überhaupt nicht gut. Es könnte schnell passieren, dass ich wegen des Alkohols irgendetwas tat oder sagte, was meine Tarnidentität gefährden könnte. Ich musste jetzt schnell auf die Toilette und mich neu materialisieren, um dieser Gefahr ein Ende zu setzen.

»Kannst du mich vielleicht auf mein Zimmer bringen?«, bat ich Brian, denn ich spürte, dass mein Körper mir nicht mehr richtig gehorchte. Ich hatte Angst, die Treppe runterzufallen, wenn ich allein auf mein Zimmer ging.

Wir gingen, ohne uns von den anderen zu verabschieden, was mir zwar leidtat, aber es war sicherer. Die Treppe nach oben zu meinem Zimmer gestaltete sich dann tatsächlich noch schwieriger, als ich es befürchtet hatte. Ohne Brian wäre ich da allein nicht hochgekommen.

Ich wollte eigentlich auf die Toilette gehen, um mich noch einmal neu zu materialisieren, doch als ich das Bett sah, wollte ich mich nur noch hinlegen. Brian half mir dabei. Der ganze Raum schien sich zu drehen, als ich mit dem Rücken auf dem Bett lag. Aber ich wusste natürlich, dass das nicht sein konnte. Es musste das Bett sein, das sich drehte.

»Kannst du bitte das Bett anhalten?«, bat ich deshalb.

»Du kannst deinen Fuß hier seitlich auf den Boden stellen«, sagte er und half mir dabei, das zu tun. »Das hilft. Dann wird das Bett langsamer.«

Ich tat, was er vorgeschlagen hatte, und war froh, dass es ein wenig half. Offensichtlich bremste mein Fuß die Drehung. Aber es reichte nicht.

»Kannst du mich dabei eventuell unterstützen?«, hörte ich mich selbst undeutlich fragen.

Aber er verstand mich trotzdem und sicherte mir mit einem Nicken seine Unterstützung zu.

»Es wird auch besser, wenn du dich ein wenig aufsetzt«, sagte er dann und half mir dabei.

»Vielen herzlichen Dank, dass du mir hilfst«, sagte ich und bekam Tränen in die Augen. »Du bist so lieb. Der liebste Mensch auf der ganzen Welt!«

Daraufhin musste ich weinen. Brian nahm mich tröstend in den Arm, bis ich mich wieder beruhigt hatte. Glücklicherweise hatte das Bett zwischenzeitlich aufgehört, sich zu drehen, was mich sehr erleichterte.

So saß ich noch eine ganze Weile neben ihm auf dem Bett an die Wand hinter dem Kopfende gelehnt und war einfach nur froh, dass er da war. Er hatte mir ein dickes Kissen hinter den Rücken gelegt, sodass ich recht bequem saß.

Irgendwann merkte ich, dass ich wohl zwischenzeitig eingeschlafen sein musste, denn das Licht war plötzlich aus. Nur durch das Fenster drang noch ein schwacher Lichtschein aus dem Garten der Villa herein. Brian saß noch immer neben mir und lächelte mich liebevoll an, als er sah, dass ich wieder wach war.

»Wie geht es dir?«, fragte er flüsternd.

»Mir geht es sehr gut«, antwortete ich flüsternd, wobei ich keine Ahnung hatte, warum wir flüsterten. »Aber ich bin sehr müde.«

»Ja, das bin ich auch. Meinst du, du kannst dich jetzt hinlegen?«

»Ich glaube schon«, antwortete ich noch immer mit undeutlicher Aussprache und rutschte weiter im Bett nach unten, um meine Annahme zu überprüfen. »Ja, es geht«, sagte ich daraufhin. »Aber nur, wenn ich auf der Seite liege. Aber ich würde doch so gerne mit dir kuscheln.«

»Wir könnten Löffelchen liegen«, schlug Brian vor.

»Löffelchen liegen?«

»Beib einfach genauso liegen, und ich lege mich hinter dich.«

Brian rückte ganz dicht an mich heran und legte seinen Arm um mich. Ich spürte seinen gesamten Körper von oben bis unten, was sich sehr schön anfühlte. Doch wir trugen Kleidung, und ich hätte so gerne seine Haut an meiner gespürt.

»Können wir vielleicht unsere Kleidung ausziehen?«, fragte ich deshalb. »So wie gestern auf dem Katamaran.

Das war wunderschön. Aber ich glaube, du musst mir dabei helfen. Allein schaffe ich es nicht.«

Er half mir daraufhin, mein Kleid über den Kopf zu ziehen.

»Den Slip bitte auch«, bat ich, denn den hatte er mir angelassen. »Der zwickt mich schon den ganzen Abend«, fügte ich hinzu, um meine Bitte zu rechtfertigen.

Also zog er mir auch den Slip aus und entledigte sich dann auch seiner Kleidung.

»Soll ich meinen Slip auch ausziehen?«, fragte er dann.

»Ja, bitte«, antwortete ich.

»Dann muss ich mich glaube ich schon einmal vorab für das entschuldigen, was gleich passieren wird«, meinte er lächelnd.

»Kein Problem«, sagte ich wie immer, wenn sich jemand bei mir für irgendetwas entschuldigte, was ich nicht verstand.

Er legte sich also wieder hinter mich wie zuvor. Nur rückte er dieses Mal nicht so richtig an mich heran. Ich wollte aber seine Haut auf meiner spüren.

»Komm, lass dich genießen!«, sagte ich deshalb zu ihm und rutschte näher an ihn heran. Ich spürte, wie er in diesem Moment einen ungewöhnlich tiefen Atemzug nahm. Und dann spürte ich an meinem Po, wie sein Geschlechtsteil plötzlich größer wurde. Ich hatte davon gehört, dass so etwas bei Männern passieren konnte, wenn sie eine Frau begehrten, daher freute mich diese körperliche Reaktion sehr. Außerdem fühlte es sich irgendwie ganz nett an. Ich drückte deshalb meinen Po noch ein wenig fester gegen seinen Schritt, um sein Geschlechtsteil noch ein wenig besser spüren zu können. Im gleichen Moment atmete Brian erneut sehr heftig ein.

»Ist alles in Ordnung?«, fragte ich ihn deshalb besorgt.

»Alles senkrecht«, antwortete er und lachte, als hätte er gerade einen Scherz gemacht.

»Es ist sehr schön, deine Haut so an meiner zu spüren«, sagte ich und drückte meinen Po noch einmal gegen sein Geschlechtsteil.

»Ja, für mich ebenfalls«, meinte er lachend. »Und du hast nicht zufällig gerade doch leidenschaftliche Gefühle?«

»Nicht, dass ich wüsste«, antwortete ich. »Aber es fühlt sich auf jeden Fall alles sehr schön an. Ich will die ganze Nacht wachbleiben, um dich weiter zu spüren. Ich muss nur mal ganz kurz die Augen zumachen.«

Als ich sie kurz darauf wieder öffnete, war es seltsamerweise schon hell, und Brian lag nicht mehr hinter mir. Er lag auf der anderen Seite mit dem Rücken zu mir und schlief tief und fest. Offenbar musste ich, ohne es zu merken, eingeschlafen sein. Ich nutzte die Gelegenheit und stand vorsichtig auf, um unbemerkt ins Badezimmer zu kommen und mich dort neu zu materialisieren. Dadurch wurde ich auch das üble Gefühl in meiner Magengegend los, das meinen Körper gerade sehr quälte. Das tat richtig gut. Danach ging ich wieder zu Brian ins Bett und kuschelte mich an seinen Rücken, wovon er dann wach wurde.

»Guten Morgen«, sagte er verschlafen, während er sich zu mir umdrehte. »Wie geht es dir?«

»Mir geht es sehr gut. Und wie geht es dir?«, wollte ich wissen.

»Bestens«, meinte er noch verschlafen und zog mich zu sich heran.

Ich legte mich in seinen Arm und streichelte seine Brust. Er begann meinen Rücken zu streicheln. Das jagte viele wunderschöne Schauer über meine Haut.

»Kannst du dich noch an letzte Nacht erinnern?«, fragte er dann.

»Wir haben Löffelchen gekuschelt. Das war sehr schön.«

»Für mich ebenfalls«, erwiderte er.

»Wir können uns gerne jetzt wieder so hinlegen, wenn du möchtest«, schlug ich vor und wollte mich umdrehen.

»Besser nicht«, meinte er lachend und hielt mich fest. »Ich bin auch nur ein Mann.«

Ich verstand diesen Scherz zwar nicht, aber offensichtlich wollte er lieber, dass ich weiterhin in seinem Arm liegen bleibe. Also streichelte ich weiterhin seine Brust und er meinen Rücken.

»Wie stehst du eigentlich zum Thema Kinder?«, wollte er nach einer Weile von mir wissen.

»Ich denke, dass Kinder unbedingt erfahren sollten, dass die Liebe ihrer Eltern in Wirklichkeit gar nicht davon abhängt, ob sie deren Sollvorstellungen erfüllen oder nicht. Diese Welt könnte innerhalb einer Generation eine andere sein, wenn Eltern diesen falschen Eindruck ihrer Kinder in Ordnung bringen würden.«

»Und meinst du, dass du vielleicht selbst irgendwann einmal Kinder haben könntest?«

»Mein Körper sollte schon dazu in der Lage sein«, antwortete ich.

»Und wie ist es mit deinen emotionalen Fähigkeiten?«, hakte er nach. »Meinst du, du könntest vielleicht irgendwann in der Lage sein, Mutter zu werden und eigene Kinder großzuziehen?«

»Keine Ahnung«, antwortete ich, um meiner Tarnidentität gerecht zu werden. »Möglicherweise entwickeln sich diese emotionalen Fähigkeiten bei mir irgendwann noch. Das kann ich nicht ausschließen. So wie ich auch nicht ausschließen kann, dass ich irgendwann leidenschaftliche Gefühle entwickeln könnte.«

»Davon bin ich mittlerweile überzeugt«, meinte er grinsend. »Du brauchst vermutlich deine Zeit, aber nach den letzten beiden Tagen zu urteilen, kann ich mir überhaupt nicht mehr vorstellen, dass das nicht passiert.«

»Das würde mich sehr freuen«, erwiderte ich. »Denn ich möchte irgendwann fest mit dir zusammen sein. Wie ein richtiges Liebespaar.«

»Aus meiner Sicht sind wir schon ein richtiges Paar«, meinte er. »Ich kann mir ein Leben ohne dich gar nicht mehr vorstellen und will das auch nicht.«

»Echt?!«, fragte ich begeistert. »Sind wir jetzt fest zusammen?«

»Natürlich nur, wenn du das auch möchtest«, sagte er unsicher.

»Verstehe, wegen dem Gegenseitigkeitsprinzip«, erkannte ich. »Ja, ich möchte auf jeden Fall fest mit dir zusammen sein. Nichts lieber als das. Bei dir fühle ich mich zu Hause. Es gibt keinen Ort auf der Welt, wo ich lieber sein möchte als an deiner Seite.«

»Ich liebe dich«, sagte er emotional.

»Das freut mich sehr«, antwortete ich.

»Du musst jetzt auch sagen, dass du mich liebst!«, sagte er lachend. »Du weißt schon – wegen dem Gegenseitigkeitsprinzip. Aber natürlich nur, wenn es auch so ist.«

»Ja, es ist auf jeden Fall so. Da bin ich ganz sicher«, bestätigte ich. »Ich liebe dich.«

»Ich würde dich so gerne küssen«, meinte er dann und küsste mich auf die Stirn.

»Ich dich auch«, antwortete ich und küsste ihn ebenfalls auf die Stirn.

Brian fand das total lustig und rollte mit mir eng umschlungen über das Bett. Lachend fielen wir beide plötzlich aus dem Bett.

»Lass uns duschen gehen!«, schlug er vor. »Aus dem Bett haben wir es ja schon mal geschafft.«

Wir gingen zusammen in mein Badezimmer und duschten auf die gleiche Weise, wie wir das auch auf dem Katamaran getan hatten. Nur das Aneinanderreiben, während wir eingeseift waren, ließen wir aus, denn ich war sicher, dass ich dabei meine leidenschaftlichen Gefühle nicht mehr würde ausreichend kontrollieren können. Doch ich musste jetzt meine Tarnidentität wahren. Allein schon, damit Brian keine Probleme mit meiner

Überlegenheit bekam. Irgendwann würde sein soziales Gehirn erkennen, dass er für mich eine ebenso große Bereicherung darstellte wie ich für ihn. Und dann wäre dieser Überlegenheits-Instinkt vermutlich nicht mehr so wichtig. Zumindest hoffte ich das.

Nach dem Duschen ging Brian noch einmal kurz auf sein Zimmer, um frische Kleidung anzulegen. Ich zog mir unterdessen etwas aus Romeos Koffer an. Kurz darauf klopfte er wieder an meine Tür, und wir gingen gemeinsam runter in den Garten zu den anderen, die bereits am Frühstückstisch saßen. Greg, der heute wieder als Mann gekleidet war, hielt sich beide Hände vors Gesicht, als er uns sah.

»Geht es dir wieder gut?«, wollte Brian von ihm wissen.

»Es ging mir nie besser«, antwortete Greg und zog sich im gleichen Moment eine sehr große, dunkle Sonnenbrille an, was irgendwie sonderbar wirkte.

Gerade als wir uns setzten, vibrierten die Smartphones einiger Teilnehmer. Liam las die Nachricht vor. »Mia, Jill, Lucas, William, Jerry und Liam, begebt euch bitte jetzt in die Maske. Ihr erhaltet dort weitere Anweisungen.«

Nachdem die sechs gegangen waren, vibrierte mein Smartphone ebenfalls. »Liebe Mary, die Zuschauer möchten mehr darüber erfahren, wie man Gefühlsziele in reale Ziele umwandelt. Schnapp dir daher deine Lieblingsmenschen und führe mit ihnen hier und jetzt einen kleinen Workshop durch!«

»Ich geh schnell Dylan wecken«, sagte Ava und sprang auf. »Das will er ganz sicher nicht verpassen«, meinte sie und lief eiligen Schrittes los.

»Ich habe aber keine Ahnung, wie man einen Workshop durchführt«, wendete ich ein.

»Ich bin sicher, es genügt, wenn wir einfach ein paar Beispiele durchgehen«, meinte Brian. »Ich denke, dass jeder von uns noch irgendwelche unguten Gefühlsziele hat.«

»Ich möchte glücklich sein«, meinte Greg. »Ist das auch ein Gefühlsziel?«

»Glücklich zu *sein*, ist kein Gefühlsziel«, antwortete ich. »Dich glücklich *fühlen* zu wollen, das wäre ein Gefühlsziel.«

»Wo ist denn da der Unterschied?«, wollte er wissen. »Glücklich bin ich doch nur, wenn ich mich auch glücklich fühle, oder etwa nicht?«

»Vielleicht warten wir noch, bis Ava und Dylan wieder zurück sind«, schlug Brian vor. »Das wird sie sicher auch interessieren.«

»Ja, aber wo ist denn da der Unterschied?«, fragte mich daraufhin Greg flüsternd noch einmal und hielt seine Hand so, dass Brian seinen Mund nicht sehen konnte.

Ohne genau zu verstehen, warum er das mit der Hand machte, tat ich das Gleiche und flüsterte zurück: »Das besprechen wir, wenn Ava und Dylan auch da sind.«

Aus einem mir nicht erfindlichen Grund lachten alle

über meine Aussage, als hätte ich einen gelungenen Scherz gemacht. Auch Nuno lachte mit. Er schien mit dem menschlichen Humor viel weniger Schwierigkeiten zu haben als ich. Das war mir in den letzten beiden Tagen schon aufgefallen. Ich hätte zu gerne gewusst, warum das so war.

Kurz darauf kamen Ava und Dylan zu uns. Dylan sah sehr müde aus, fing aber sofort an zu lachen, als er Greg mit seiner dunklen Sonnenbrille sah.

»Na, Alter? Wieder alles fit im Schritt?«, fragte er ihn.

»Alles klar im BH«, antwortete Greg und lächelte bemüht.

»Wie Ava dir vermutlich bereits gesagt hat, hat Mary die Mission bekommen, einen kleinen Workshop mit uns zu machen«, sagte Brian zu Dylan. »Greg hat dazu eben bereits die erste Frage gestellt.«

»Richtig, ich wollte wissen, was der Unterschied zwischen glücklich *sein* und sich glücklich *fühlen* ist«, ergänzte Greg. »Für mich ist das genau dasselbe.«

»Aus der Perspektive des Großhirns scheint es auch dasselbe zu sein«, sagte ich. »Dem Großhirn geht es ja letztendlich immer nur um die Gefühle. Doch dem Reptiliengehirn und dem sozialen Gehirn natürlich nicht. Für die beiden sind unsere glücklichen und unglücklichen Gefühle nur Werkzeuge, mit denen sie das Großhirn dazu bewegen können, sich um glückliche Lebensumstände zu bemühen und unglückliche zu vermeiden. Die beiden erzeugen ja alle Gefühle selbst. Wollten sie nur glückliche Gefühle haben, dann könnten sie auch einfach nur glückliche Gefühle erzeugen. Doch das ist natürlich nicht der Sinn und Zweck der Gefühle. Die Gefühle sind ja nur Mittel zum Zweck, um glückliche Lebensumstände zu erreichen und unglückliche zu vermeiden.«

»Ehrlich gesagt habe ich das bisher immer genau umgekehrt gesehen«, sagte Greg verwundert. »Für mich waren gute Lebensumstände immer das Mittel zum Zweck für gute Gefühle.«

»Für mich genauso, Alter!«, sagte Dylan nachdenklich.

»Kann das Probleme geben?«, fragte Ava alarmiert. »Bei mir ist das nämlich auch so.«

»Wenn das Großhirn den richtigen Weg einschlägt, um glückliche Gefühle zu erreichen und unglückliche zu vermeiden, dann nicht«, sagte ich.

»Und was ist der richtige Weg?«, wollte Ava wissen.

»Das Großhirn muss die realen Ziele der beiden anderen Gehirne verfolgen«, antwortete ich. »Es muss mit anderen Worten den Job machen, für den es von der Evolution auch geschaffen wurde. Es muss sich also um die Lebensumstände kümmern, die von den anderen beiden Gehirnen als Glück angesehen werden. Dann erzeugen die auch glückliche Gefühle. Wenn das Großhirn jedoch seine Gefühlsziele verfolgt anstatt die Ziele der anderen beiden Gehirne, dann gibt es natürlich Probleme. Dann kann es schnell passieren, dass man Lebensumstände anstrebt, von denen man sich fälschlicherweise glückliche Gefühle erhofft. Das sind dann aber oftmals Umstände, die dem Reptiliengehirn und dem sozialen Gehirn gar nicht wichtig sind. Daher erzeugen sie dazu dann auch keine nennenswerten Glücksgefühle. Trotzdem werden diese Umstände aber zu Sollvorstellungen erklärt. Und nicht erfüllte Sollvorstellungen erzeugen Missstands- oder Problemgefühle. Unser Glück hängt daher davon ab, welche Ziele wir verfolgen. Die Menschen könnten sich sicherlich von jetzt auf gleich 100-mal glücklicher fühlen, wenn sie die richtigen Ziele verfolgen würden. Sie hätten dann fast nur noch glückliche und fast keine unglücklichen Gefühle mehr.«

»Geiler Scheiß!«, sagte Nuno begeistert. Offenbar hatte er sich in seiner sprachlichen Ausdrucksweise an Greg angepasst, wie mir schien. »So war mir das bis jetzt auch nicht klar. Aber das bringt es voll unnormal auf den Punkt. Ist ja völlig logisch, dass das nicht funktionieren kann, wenn man nur Gefühlsziele verfolgt. Doch wie kann so etwas überhaupt passieren?«

»Ich denke, das passiert im unbewussten System automatisch, weil es das instinktive Ur-Prinzip *Suche das Gute und meide das Schlechte* auch auf seine Innenwelt anwendet. Dann entstehen sofort Gefühlsziele. Man strebt dann automatisch gute Gefühle an und versucht, die schlechten zu vermeiden. In der Außenwelt funktioniert dieses Ur-Prinzip ja sehr gut. Doch in der Innenwelt erzeugt man unweigerlich Vermeidungsgefühle, wenn man Vermeidungsgefühle vermeiden will. Es passiert also genau das Gegenteil. Und auch die Suche nach dem Guten, die ja in der Außenwelt super funktioniert, richtet in der Innenwelt nur Schaden an. Jedes gute Gefühl wird automatisch zum Gefühlsziel. Und das führt dazu, dass sich das Großhirn sofort überlegt, was es für das Erreichen dieses Ziels alles haben, sein, schaffen oder tun muss. Dadurch entstehen unzählige emotionale Müssens.«

»Ehrlich gesagt war mir bisher noch nicht einmal klar, dass es überhaupt so etwas wie eine Innenwelt gibt, die nach anderen Gesetzmäßigkeiten funktioniert als die Außenwelt«, sagte Brian. »Das zieht mir gerade echt den Boden unter den Füßen weg.«

»Geht mir genauso, Alter«, stimmte ihm Dylan betroffen zu.

»Ich muss wohl nicht extra sagen, wie ich mich gerade fühle«, meinte Ava fassungslos.

»Leute, ich glaube, ihr habt da nur eine falsche Vorstellung davon, wie das menschliche Gehirn auf solch fundamentale Erkenntnisse reagiert«, meinte Nuno. »Mit jeder einzelnen Erkenntnis über die Gesetzmäßigkeiten eurer Innenwelt, die ihr euch durch den Kopf zieht, kriegen eure 20 000 täglichen Entscheidungen automatisch eine höhere Qualität. Daher chillt einfach und freut euch darüber, dass euer Leben immer geiler wird! Ihr müsst eure Innenwelt nicht sofort komplett kapieren. Wir leben alle im grünen Bereich – und der ist auch für die Menschen hellgrün, die gar keine Ahnung davon haben, dass es überhaupt eine Innenwelt gibt. Das wird also alles nicht so heiß gegessen, wie es gekocht wird. Eure Entscheidungen sind schon längst um ein Vielfaches besser als die der meisten Menschen auf diesem Planeten. Allein schon, weil ihr die vier großen Irrtümer kennt. Ihr checkt das vielleicht noch nicht bewusst, weil eben 19 990 der 20 000 täglichen Entscheidungen komplett auf unbewusster Ebene ablaufen, doch es ist trotzdem so. Diese 19 990 Entscheidungen sind jetzt schon alle qualitativ hochwertiger als noch vor einer Woche. Es gibt daher keinen Grund, sich überfordert zu fühlen, denn ihr müsst jetzt überhaupt nichts tun, um euch besser zu orientieren. Das macht euer unbewusstes System ganz von allein. Ihr macht mit jedem Tag neue Erfahrungen, die euer Verständnis eurer Innenwelt immer mehr verbessern werden. Euer Bewusstsein über eure Innenwelt entwickelt sich also durch eure Erfahrungen ganz von selbst. Und mit jeder neuen Erkenntnis verbessern sich dann die täglichen 20 000 Entscheidungen. Und das führt ganz automatisch zu einem immer gesünderen, glücklicheren und erfolgreicheren Leben. Es gibt da also nichts groß zu tun. Ihr könnt euch einfach zurücklehnen und beobachten, wie sich euer Leben jetzt von Tag zu Tag ganz von selbst verbessert. Das ist doch absolut geiler Scheiß, oder nicht?! Einfach nur die Gesetzmäßigkeiten der Innenwelt besser kapieren, und der Rest läuft ganz chillig von allein.«

»Wenn das wirklich so ist, dann will ich meine Innenwelt bis ins kleinste Detail verstehen«, sagte Ava motiviert. »Das ist ja dann alles, was tatsächlich zu tun ist, wenn ich das richtig verstanden habe. Einfach nur verstehen! Richtig?«

»Ja, das ist richtig«, bestätigte ich. »Einfach nur verstehen. Und da hat das Wissen, wie Glück in der Innenwelt und in der Außenwelt tatsächlich funktioniert, eine ganz entscheidende Bedeutung. Glück in der Außenwelt kannst du erreichen, wenn du gute Lebensumstände anstrebst und schlechte vermeidest. Glück in der Innenwelt erreichst du hingegen nicht, wenn du gute Gefühle anstrebst und schlechte vermeidest. Dann passiert nämlich genau das Gegenteil. Das ist vom Gefühl her nur schwer zu begreifen, weil es sich intuitiv komplett falsch anfühlt. Doch das intuitive Verständnis passt eben nur für die Außenwelt. In der Innenwelt gelten ganz andere Regeln.«

»Und wie funktioniert es wirklich in der Innenwelt?«, wollte Ava wissen.

»Tatsächlich erreichst du in deiner Innenwelt das Glück ebenfalls, indem du in deiner Außenwelt gute Lebensumstände anstrebst und schlechte vermeidest. Doch was hier tatsächlich gut und schlecht ist, das bestimmen das Reptiliengehirn und das soziale Gehirn. Dein Großhirn kann sich zwar hier alles Mögliche ausdenken, doch glückliche Gefühle erzeugen die anderen beiden Gehirne trotzdem nur, wenn ihre eigenen Ziele erfüllt werden. Natürlich musst du deine Lebensumstände dann noch korrekt beurteilen, sonst nützen dir die besten Lebensumstände nichts!«, betonte ich. »Denn deine Beurteilungen erzeugen deine Gefühle ja erst. Doch die korrekte Beurteilung folgt ganz automatisch, sobald du das korrekte Ziel hinter einem Gefühlsziel erkannt hast.«

»Können wir das vielleicht noch einmal anhand eines Beispiels durchspielen?«, bat Ava.

»Sehr gerne«, sagte ich. »Hast du ein Beispiel, wo du ein Gefühlsziel verfolgst? Wo du also entweder gute Gefühle anstrebst oder schlechte vermeiden willst?«

»Wie du weißt, habe ich immer starkes Lampenfieber, wenn ich auf die Bühne muss. Können wir das nehmen?«

»Ich denke schon«, antwortete ich. »Du hast mir erzählt, dass du deine Angstgefühle auf der Bühne vermeiden willst. Wenn du Angstgefühle hast, ist das ein untrügliches Zeichen dafür, dass dein Reptiliengehirn oder dein soziales Gehirn glauben, es gäbe eine Gefahr, die du vermeiden musst. Die gibt es in Wirklichkeit zwar nicht, doch wenn du dein Gefühlsziel verfolgst, dann korrigiert dein Großhirn diese falsche Beurteilung nicht. Daher geht das Gefühl nicht mehr weg. Worin besteht denn die vermeintliche Gefahr vom Gefühl her? Wovor hast du eigentlich Angst?«

»Dass ich versage«, antwortete sie. »Ich habe Angst, dass mich dann alle kacke finden und ich keine Jobs mehr kriege.«

»Was ist dir auf der Bühne wichtiger? Dass du keine Angstgefühle kriegst oder dass dich nicht alle Menschen kacke finden?«

»Natürlich ist es wichtiger, dass mich nicht alle kacke finden«, sagte sie.

»Wichtiger als das schlechte Gefühl?«, hakte ich noch einmal nach.

»Ja, auf jeden Fall!«, bestätigte sie überzeugt.

»Okay, dann war's das schon!«, sagte ich. »Den Rest müssten deine drei Gehirne jetzt allein machen, wenn es nur an deinem Gefühlsziel gelegen hat.«

»Wie meinst du das?«, hakte sie irritiert nach. »Was machen meine drei Gehirne jetzt allein?«

»Na, dein Lampenfieberproblem löst sich jetzt ganz von selbst auf«, sagte ich. »Du musst da nichts weiter tun. Es ist erledigt. Wir haben den Schalter bereits umgelegt.«

»Es ist erledigt?!«, hakte sie ungläubig nach. »Du weißt schon, dass Lampenfieber eines der größten Probleme in unserer Branche überhaupt ist.«

»Ja, aber nur, weil die Menschen versuchen, ihre Innenwelt auf die gleiche Weise zu managen wie die Außenwelt. Sie verfangen sich mit ihren Gefühlszielen in emotionalen Teufelskreisen. Doch du hast dich jetzt dazu entschieden, dich darum zu kümmern, dass dich nicht alle kacke finden, anstatt deine Gefühle zu bekämpfen. Daher kannst du jetzt deinen drei Gehirnen dabei zuschauen, wie sie ohne dein weiteres Zutun das Problem lösen«, sagte ich. »Musst du aber nicht. Es würde auch komplett unbewusst passieren.«

»Ich würde gerne zuschauen«, sagte sie. »Wie kann ich das machen?«

»Du kannst dir anschauen, wie sich deine Einstellungen und deine Gefühle zu dem Thema verändern. Ich kann dir Fragen dazu stellen, wenn du möchtest«, bot ich an.

»Sehr gerne«, stimmte sie zu.

»Wie relevant ist es denn tatsächlich für deinen Rang im Rudel, ob du auf der Bühne gut bist oder nicht?«

»Für meinen Rang im Rudel?«, hakte Ava irritiert nach.

»Ja, deinem sozialen Gehirn geht es letztendlich immer entweder um die Liebe oder um deinen Rang«, antwortete ich. »Und wenn du Angst hast, dass dich alle kacke finden könnten, dann dürfte sich diese Angst auf deinen Rang im Rudel beziehen. Die Liebe ergibt hier nicht so viel Sinn.«

»Ja, aber sind die Zuschauer denn überhaupt mein Rudel?«, fragte Ava verwundert. »Eigentlich doch nicht«, beantwortete sie sich selbst ihre Frage. »Ich glaube, darüber habe ich mir noch nie Gedanken gemacht. Es kann gut sein, dass ich die Zuschauer bisher automatisch als mein Rudel angesehen habe.«

»Und sind sie das?«, hakte ich nach.

»In Wirklichkeit natürlich nicht!«, meinte sie. »Sie sind allenfalls ein Teil meines Rudels. Aber kein Teil, mit dem ich jeden Tag zu tun habe. Es hat auf mein Lebensglück eigentlich keine große Auswirkung, ob fremde Menschen mir einen hohen Rang geben oder nicht. Klar, ganz unwichtig ist es mir natürlich nicht, denn ich liebe meinen Beruf. Die Schauspielerei macht mir schon sehr viel Spaß. Aber es geht eben nur um Spaß!«, stellte sie erstaunt fest und hielt nachdenklich inne.

»So ist es. Es geht nur um Spaß!«, bestätigte ich ihre Erkenntnis. »Es geht nicht um dein Überleben.«

»Ich kann das kaum glauben«, sagte Ava fassungslos.

»Aber ich glaube tatsächlich, dass Lampenfieber für mich ab heute kein großes Problem mehr sein wird.«

Die Gruppe am Tisch fing plötzlich an zu applaudieren und laut zu jubeln.

»Geht das auch mit Einsamkeit?«, fragte Greg, als sich die Gruppe wieder etwas beruhigt hatte.

»Ich denke schon«, antwortete ich. »Sobald die vier großen Irrtümer durchschaut sind, sollte das eigentlich ebenfalls recht mühelos gelingen. Da es meistens an den Gefühlszielen liegt, schlage ich vor, dass wir da auch einfach einmal einen Versuch starten. Sollte das nicht gelingen, schauen wir uns die anderen drei großen Irrtümer an.«

»Was genau muss ich jetzt tun?«, wollte Greg motiviert wissen.

»Du musst dich eigentlich nur entscheiden, was dir wichtiger ist«, sagte ich. »Ist es dir wichtiger, dich nicht einsam zu *fühlen*, oder tatsächlich nicht einsam zu *sein?*«

»Ehrlich gesagt weiß ich auch dabei nicht so genau, wo da der Unterschied sein soll«, antwortete er. »Ich dachte, Einsamkeit wäre ein Gefühl.«

»Wann immer das Reptiliengehirn oder das soziale Gehirn ein Gefühl erzeugen, sehen sie einen Grund in deinen Lebensumständen dafür«, erklärte ich. »Einsamkeit ist daher ein Lebensumstand, der das soziale Gehirn dazu veranlasst, Einsamkeitsgefühle zu erzeugen.«

»Und unter welchen Umständen erzeugt das soziale Gehirn diese Einsamkeitsgefühle?«, wollte Dylan wissen. »Sorry, wenn ich dazwischengrätsche. Aber das ist auch genau mein Thema.«

»Häh?!«, sagte Greg überrascht. »Du fühlst dich einsam? Du, Alter?!«, fragte er ungläubig.

»Ehrlich gesagt fühle ich mich ganz oft einsam. Fast immer sogar«, sagte Dylan. »Hier mit euch ist es das erste Mal in meinem Leben anders.«

Dylan sah emotional aus in diesem Moment. Ich sah, wie sein Kinn leicht zitterte, als er sprach, als müsse er gleich weinen. Auch wurden seine Augen merklich feuchter, und auch seine Stimme hörte sich eingeschnürt an.

»Einsamkeit ist für sehr viele Menschen ein Problem«, meinte Nuno. »Es gibt einen eigenen Forschungszweig für das Thema Einsamkeit. Wobei der Begriff Einsamkeit von den Forschern tatsächlich auch mit dem Einsamkeitsgefühl gleichgesetzt wird.«

»Das Einsamkeitsgefühl ist ein Vermeidungsgefühl«, erklärte ich. »Das soziale Gehirn erzeugt dieses Gefühl, um zu vermeiden, dass man allein ohne soziale Bindungen dasteht, denn das wäre echte Einsamkeit. Der Mensch ist in seinem Ursprung ein Rudeltier. Ohne eine Gemeinschaft allein auf sich gestellt waren seine Überlebenschancen in der Wildnis sehr schlecht. Einen Lebenspartner zu haben, war ein großer Überlebensvorteil. Eine ganze Gemeinschaft zu haben, die einem beisteht und Rückhalt gibt, jedoch noch sehr viel mehr.

In der modernen Zivilisation ist eigentlich niemand mehr auf sich allein gestellt. Die gesamte zivilisierte

Welt ist eine Gemeinschaft. Wir sind daher in Wirklichkeit immer gemeinsam und niemals einsam. Doch das kann unser soziales Gehirn ohne die Hilfe des Großhirns nicht erkennen. Es beurteilt unsere sozialen Umstände nur anhand der sozialen Interaktionen, die wir erleben. Und wenn wir gerade nicht so viele soziale Interaktionen mit anderen Menschen haben, dann bekommt unser soziales Gehirn schnell Angst, dass wir einsam sein könnten.«

»Kann das auch passieren, wenn man sich bewusst zurückzieht, weil man mal eine Weile seine Ruhe haben will?«, fragte Brian. »Ich habe mal Urlaub auf einer winzigen Insel gemacht, wo ich fast für mich allein war. Zu Anfang fand ich das sehr schön. Doch nach wenigen Tagen wurde mir grottenlangweilig. Und ich glaube, ich habe mich da zum ersten Mal in meinem Leben tatsächlich einsam gefühlt.«

»Ja, das kann sehr gut sein«, antwortete ich. »Wenn du dort nur sehr wenige soziale Kontakte hattest, dann hat dein soziales Gehirn sicherlich nach einigen Tagen bei deinem Großhirn nachgefragt, ob mit deiner Zugehörigkeit zum Rudel auch wirklich alles in Ordnung ist. Und diese Frage stellte es in Form eines Einsamkeitsgefühls. Hätte dein Großhirn ihm geantwortet, dass du noch immer mitten in einer großen Gemeinschaft lebst und du jederzeit sozialen Rückhalt und Unterstützung bekommst, solltest du sie brauchen, dann hätte dein soziales Gehirn die Einsamkeitsgefühle sofort wieder abgestellt. Doch wenn dein Großhirn echte Einsamkeit mit Einsamkeitsgefühlen verwechselt hat, dann hat es deinem sozialen Gehirn die falsche Antwort auf seine Anfrage gegeben. Du hast dich dann fälschlicherweise als einsam beurteilt, weil du dich ja einsam gefühlt hast. Und damit bestätigte dein Großhirn die Befürchtung deines sozialen Gehirns, dass du einsame Lebensumstände hast. Das soziale Gehirn erzeugt nach solch einer Bestätigung dann deutlich stärkere Einsamkeitsgefühle, die das Großhirn dann abermals fälschlicherweise bestätigen kann. Auf diese Weise kann es schnell passieren, dass man sich chronisch einsam fühlt, obwohl man in Wirklichkeit gar keine einsamen Lebensumstände hat.«

»Kann man sich auch einsam fühlen, obwohl man eigentlich umgeben ist von lieben Freunden?«, fragte Greg.

»Ja, das geht ganz leicht«, antwortete ich. »Du musst zum Beispiel nur auf die Idee kommen, dass dir deine Freunde alle nichts nützen. Wenn du dich zum Beispiel glücklich fühlen möchtest, das Zusammensein mit deinen Freunden die glücklichen Gefühle aber gar nicht in der gewünschten Intensität auslöst, dann kann es schnell passieren, dass du die Beurteilung triffst, dass du niemanden hast, mit dem du dich wirklich glücklich fühlst. Dein soziales Gehirn versteht zwar den Grund nicht, warum dein Großhirn sagt, dass du niemanden hast, aber es versteht die Kern-Botschaft. Und die heißt eben, dass du niemanden hast. Und das bedeutet für das soziale Gehirn, du bist allein auf dich gestellt und damit einsam. Diese Beurteilung deines Großhirns könnte dein soziales Gehirn sogar dazu veranlassen, Einsamkeitsgefühle zu erzeugen, obwohl du von Menschen umgeben bist, die dich über alles lieben.«

»Na, dann wundert mich ja gar nichts mehr«, sagte Greg fassungslos. »Und wie bringe ich diese Scheiße wieder in Ordnung?«

»Ganz einfach, indem du dich entscheidest, was dir wichtiger ist«, antwortete ich. »Willst du keine echten einsamen Lebensumstände oder willst du keine Einsamkeitsgefühle?«

»Keine einsamen Lebensumstände«, antwortete er etwas zurückhaltend.

»Bist du dir sicher?«, hakte ich daher noch einmal nach, um seine Entscheidung zu festigen.

»Auf jeden!«, bestätigte er jetzt deutlich entschlossener.

»Dann sollte sich das Problem jetzt nach und nach von selbst auflösen«, sagte ich.

»Mit euch habe ich mich hier übrigens noch nie einsam gefühlt«, sagte Greg in die Runde. »Ich find euch total klasse. Jeden von euch! Am liebsten würde ich für immer hierbleiben.«

»Ich hab dich auch lieb«, sagte Ava berührt und stand auf, um Greg zu umarmen, denn dem quollen sofort die Tränen unter der Sonnenbrille hervor, als Ava das sagte.

»Gruppenkuscheln!«, rief Dylan, woraufhin alle aufstanden, um als Gruppe Greg zu umarmen. »Für mich bist du eine ganz große Bereicherung, Alter«, sagte Dylan zu Greg, während wir ihn umrundeten.

»Für mich ebenfalls«, meinte Brian.

»Und für mich auch«, sagte Nuno.

»Und für mich sowieso«, stimmte ich zu.

»Ich traue mich jetzt einfach auch, das zu fragen, auch wenn es echt megapeinlich ist«, meinte Dylan. »Aber seht ihr mich wirklich auch als eine echte Bereicherung an?«

»Auf jeden Fall, du Blödkopf!«, sagte Greg sofort und lachte.

Wir alle lachten mit und bestätigten ebenfalls, dass wir auch Dylan als große persönliche Bereicherung ansahen.

»Bin ich für euch auch eine Bereicherung?«, fragte Ava danach unsicher, als sei es ihr tatsächlich total peinlich, das zu fragen.

Daraufhin bestätigten wir uns alle gegenseitig, dass wir uns als echte persönliche Bereicherung ansahen. Das zu sagen, schien irgendwie keine Selbstverständlichkeit zu sein, was mich wunderte, denn es schien ja offenbar sehr wichtig zu sein. Kurz darauf setzten wir uns wieder an den Tisch, um unser Gespräch fortzuführen.

»Das Gegenteil von Einsamkeit ist also Gemeinsamkeit«, meinte Brian, um wieder auf unser Thema zurückzukommen.

»Ganz genau«, stimmte ich zu. »Und das wäre auch eigentlich ganz leicht zu gewährleisten, denn wir leben ja in den USA in einer riesigen Gemeinschaft, zu der 331,4 Millionen Menschen gehören. Wir gehen daher in Wirklichkeit alle gemeinsam durchs Leben. Und viele dieser Menschen stellen für uns eine persönliche Bereicherung dar. Die einen mehr, die anderen weniger, doch eine Bereicherung sind im Grunde genommen so gut wie alle in dieser riesigen Kooperation, der wir unseren Lebensstandard zu verdanken haben. Wir können beispielsweise nur deshalb in den Supermarkt gehen und Essen einkaufen, weil sich zuvor unzählige Menschen darum gekümmert haben, dass die Nahrung erzeugt und dorthin gebracht wird. Das ist eine Kooperationsleistung der gesamten Gemeinschaft, in der wir leben.

Wären wir tatsächlich auf uns allein gestellt, dann müssten wir zum Beispiel auch unser Brot selbst backen. Und natürlich müssten wir den Ofen dazu selbst bauen, mit dem wir das Brot dann backen. Genauso wie das Mehl, das wir selbst mahlen müssten. Und das Korn, das wir selbst anpflanzen und ernten müssten. Weiterhin müssten wir Hefe und Salz besorgen, um aus diesem Korn ein Brot zu backen. Für das Salz müssten wir vermutlich zum Meer laufen. Und das natürlich zu Fuß. Und für die Hefe müssten wir eine entsprechende Hefekultur anlegen. Den richtigen Pilz dafür zu finden, wäre natürlich alles andere als eine einfache Sache. Vermutlich würde die Herstellung eines einfachen Brotes viele Monate, wenn nicht sogar Jahre Arbeit erfordern, wären wir tatsächlich allein auf uns gestellt. Das Gleiche gilt für Abertausende von Gütern oder Dienstleistungen, die wir in unserer Zivilisation nutzen. Wir leben definitiv in einer sehr wertvollen Gemeinschaft, ohne die das Leben für uns sehr, sehr hart wäre.

Doch das Großhirn kann das schnell übersehen, wenn es nur nach seinen Gefühlszielen strebt. Dann sieht es nur, dass es vielleicht niemanden hat, der die eigenen Gefühlsziele gut genug erfüllt. Und diese Beurteilung wird dann vom sozialen Gehirn völlig missverstanden. Es hört eben nur, dass man niemanden hat. Und das würde aus der Sicht des sozialen Gehirns Einsamkeit bedeuten.«

»Was genau kann ich jetzt tun, um das in Ordnung zu bringen?«, wollte Dylan wissen. »Ich habe genau das Problem, von dem du eben gesprochen hast.«

»Indem du das reale Ziel hinter deinem Gefühlsziel erkennst«, sagte ich. »Deinem sozialen Gehirn geht es nicht darum, Menschen zu finden, mit denen du dich gut *fühlst*. Es geht darum, in einer Gemeinschaft zu leben, in der du die realen Ziele deines Reptiliengehirns und deines sozialen Gehirns gut erfüllen kannst. Und das tust du natürlich in Wirklichkeit. Wenn dein Großhirn diese realen Ziele als relevant ansieht, dann beurteilt es auch deine Gemeinschaft anhand dieser realen Ziele. Und dann ist sofort klar, dass du sehr viele Menschen hast, die deine realen Ziele erfüllen. Die Beurteilung, dass du niemanden hast, kommt dann gar nicht mehr zustande. Daher erzeugt dein soziales Gehirn dann auch keine Einsamkeitsgefühle mehr.«

»Dann sind es also nur wieder meine Gefühlsziele, die dafür sorgen, dass ich mich einsam fühle«, erkannte Dylan. »So langsam fangen die Dinger echt an, mir auf die Nerven zu gehen.«

»Die Gefühlsziele werden jedoch nicht verschwinden, wenn du sie ablehnst«, gab ich zu bedenken. »Es sind ja deine eigenen Ziele. Also etwas, was du *willst*. Dieses Wollen kannst nur du verändern, indem du anfängst, das Richtige zu wollen – eben die realen Ziele, die hinter den Gefühlszielen stecken. Wenn es nur an deinen Gefühlszielen liegt, dass dir andere Menschen nicht gut genug sind, weil sie die glücklichen Gefühle nicht in der gewünschten Intensität in dir auslösen, dann musst du dich nur entscheiden, was dir wichtiger ist. Dass die Menschen gute Gefühle in dir auslösen oder dass sie tatsächlich gut für die Erfüllung deiner realen Ziele sind.«

»Dass sie die guten Gefühle in mir auslösen natürlich«, antwortete er. »Nein, Spaß!«, lachte er dann. »Die realen Ziele sind natürlich wichtiger.«

»Mit dieser Entscheidung sollten die Gefühlsziele nicht mehr im Weg stehen. Wenn es also nur das war, warum du dich einsam gefühlt hast, dann kannst du jetzt ebenfalls deinen drei Gehirnen zuschauen, wie sich das Problem auflöst«, sagte ich. »Was geht dir dabei als Erstes durch den Kopf?«

»Dass es zwar toll ist, wenn ich meinerseits andere Menschen als Bereicherung für mein Leben ansehen kann, dass ich aber irgendwie noch nicht so richtig glauben kann, dass die anderen mich dann ebenfalls als eine Bereicherung ansehen«, antwortete er.

»Tun sie aber, du Dumpfbacke!«, beschimpfte ihn Greg erneut.

»Ja, das glaube ich ja theoretisch schon, aber ich kann es irgendwie noch nicht so richtig glauben«, meinte Dylan.

»Du meinst, du kannst es noch nicht fühlen?«, hakte Nuno nach.

»Ja, genau«, bestätigte Dylan. »Vom Kopf her glaube ich euch das schon, aber im Gefühl ist das längst noch nicht bei mir angekommen.«

»Und dann fühlt es sich noch nicht wahr an, stimmt's?«, meinte Nuno. »Das ist eine der bekannten kognitiven Verzerrungen. Das Großhirn neigt dazu, nur etwas als wahr anzusehen, was sich auch wahr anfühlt. Es verwendet das Gefühl als Bestätigung für die Wahrheit. Offensichtlich macht es auch hier die Beurteilung vom Gefühl abhängig, obwohl es in Wirklichkeit genau umgekehrt sein sollte.«

»Ja, und was macht man dann?«, fragte Dylan schulterzuckend.

»Du machst dir einfach bewusst, dass eine gefühlte Wahrheit keine echte Wahrheit sein muss«, sagte ich. »Gefühlte Wahrheiten sind nur abgespeicherte frühere Annahmen. In diesem Fall wohl die Annahme, dass du keine Bereicherung bist. Als du diese Annahme getroffen und in deinem unbewussten System abgespeichert hast, warst du vermutlich noch ein Kind. Ich denke, dass du diese kindliche Annahme jetzt noch einmal auf den Prüfstein stellen solltest. Denn heute als Erwachsener kannst du das sicherlich besser beurteilen als damals.«

»Klingt vermutlich arrogant, wenn ich das sage«, meinte Dylan dann, »aber in Wirklichkeit glaube ich schon, dass ich auch für andere Menschen eine Bereicherung bin.«

»Und was sagt dein Gefühl dazu?«, hakte Nuno nach. »Wie sehr empfindest du dich als Bereicherung für uns?«

»Noch nicht so richtig«, sagte Dylan. »Aber vielleicht schon ein kleines bisschen mehr als davor«, meinte er grinsend.

»Mach das einfach noch einmal!«, schlug Nuno vor. »Wie sicher bist du dir, dass deine Annahme damals als Kind korrekt war?«

»Gar nicht sicher«, antwortete Dylan. »Das kann wirklich totaler Quatsch gewesen sein.«

»Und wie wahrscheinlich ist es, dass du es heute realistischer beurteilen kannst?«, hakte Nuno nach.

»Klar kann ich das heute besser beurteilen«, meinte Dylan. »Ich war ja damals noch ein Kind.«

»Und was sagt dein Gefühl jetzt?«, wollte Nuno wissen. »Bist du für uns eine Bereicherung?«

»Vielleicht ein bisschen!?«, sagte Dylan unsicher.

»Und wie ist es in Wirklichkeit?«, hakte Nuno nach.

»In Wirklichkeit glaube ich schon, dass ich das bin. Ich habe nur das Gefühl, dass es verdammt arrogant klingt, wenn ich das sage.«

»Na, dann sag's halt nicht, Alter!«, meinte Nuno und lachte, als hätte er den Scherz des Jahrhunderts gemacht. Die ganze Truppe lachte herzhaft mit. »Okay, nächste Runde«, sagte Nuno, nachdem alle gelacht hatten. »Wie sieht es jetzt in deinem Gefühl aus? Kannst du eine Bereicherung für andere Menschen sein?«

»Natürlich kann ich das«, sagte Dylan, als sei es das Selbstverständlichste auf der Welt.

»Und wie ist es in Wirklichkeit?«, fragte Nuno weiter.

»Na, ganz genauso«, antwortete Dylan.

»Damit hat sich deine gefühlte Wahrheit von damals mit der Realität von heute abgeglichen«, erklärte Nuno. »Das Thema Einsamkeit sollte dir dann keine großen Sorgen mehr bereiten, denn wenn du eine Bereicherung für andere bist und du sie deinerseits ebenfalls als Bereicherung ansehen kannst, dann wirst du niemals einsame Lebensumstände erleben müssen. Denn du lebst in der modernen Zivilisation in einer riesigen Gemeinschaft. Du bist also in Wirklichkeit immer gemeinsam und niemals einsam. Du musst nur aufpassen, dass du dir nicht wieder irgendwelche Gefühlsziele durch den Kopf ziehst, wegen denen dann dein Großhirn behauptet, du hättest zu wenige Menschen, mit denen du dich gut genug fühlst. Dann sollte Einsamkeit echt kein Thema mehr sein. Du darfst deinem sozialen Gehirn also nur keinen Scheiß mehr erzählen. Solange du bei der Wahrheit bleibst, ist alles in Ordnung.«

»Ich glaube, ich habe jetzt tatsächlich keine Angst mehr vor Einsamkeit«, meinte Dylan verwundert.

»Ich habe das eben einfach mal mitgemacht«, sagte Greg sichtlich begeistert. »Das ist echt unnormal, aber irgendwie habe ich jetzt auch keine Angst mehr vor Einsamkeit. Und das war immer meine allergrößte Angst überhaupt. Ich glaube, das waren auch bei mir nur diese blöden Gefühlsziele.«

In diesem Moment vibrierte mein Smartphone, und der Sender erklärte meine Mission als erfüllt, was ich meinen Lieblingsmenschen auch gleich mitteilte.

»Das war dein erster Workshop!«, sagte Brian begeistert. »Und den hast du grandios gemeistert«, meinte er anerkennend, woraufhin alle am Tisch laut jubelten und mir applaudierten.

»Was ich bei der ganzen Sache ja echt unnormal krass finde …«, meinte Nuno nach dem Applaus. »Es gibt wissenschaftliche Studien, die eindeutig belegen, dass Menschen umso unglücklicher sind, je mehr sie Gefühlsziele verfolgen. Dieses Wissen ist also durchaus bereits vorhanden in der wissenschaftlichen Welt. Dennoch gibt es unzählige psychologische und spirituelle Konzepte, bei denen den Menschen empfohlen wird, gute Gefühle anzustreben und schlechte zu vermeiden. Viele Konzepte kümmern sich direkt um das Reduzieren negativer Gefühle und das Vermehren von positiven, andere versuchen, ihre Beurteilungen, Sichtweisen und Glaubenssätze zu optimieren, um dadurch indirekt die Gefühle zu verbessern. Wieder andere wollen das Großhirn am liebsten ganz davon abbringen, überhaupt etwas zu beurteilen, um so schlechte Gefühle zu vermeiden. Immer mehr Menschen versuchen auch derzeit, die Trigger für schlechte Gefühle zu vermeiden. Manche bekämpfen auch ihre negativen Gefühle, weil sie diese ihrem Ego zuschreiben – und das Ego sehen sie als etwas sehr Schädliches an.

Oder man versucht, bestimmte mentale Zustände wie Gleichmut, Präsenz, Akzeptanz, Ruhe, inneren Frieden, Dankbarkeit, Wertschätzung, Urvertrauen, Verbundenheit oder Selbstliebe zu erreichen. Diese Zustände sind in vielen Lebenssituationen äußerst nützlich. Doch wenn man Ziele daraus macht, dann entstehen die gleichen schädlichen Teufelskreise wie bei den Gefühlszielen. Sowohl die Gefühle als auch die mentalen Zustände gehören ja zur Innenwelt. Und die Naturgesetze der Außenwelt funktionieren eben in der Innenwelt nicht.

Es gibt sicherlich Hunderte von psychologischen und spirituellen Konzepten, bei denen man versucht, die Gesetzmäßigkeiten der Außenwelt auf die Innenwelt zu übertragen. Diese Konzepte sind auf der ganzen Welt noch immer sehr beliebt und haben viele Millionen Anhänger. Vermutlich, weil sie ja auch auf eine gewisse Weise funktionieren. Man kann damit ja durchaus einen positiven Einfluss auf bestimmte Gefühle ausüben. Jedoch immer nur mit unerwünschten langfristigen Nebenwirkungen. Man befreit sich von einem unangenehmen Gefühl und handelt sich dabei, ohne es zu merken tausend andere unangenehme Gefühle ein.«

»Ich glaube, Richard, damit hast du den vierten großen Irrtum gerade voll auf den Kopf getroffen!«, sagte ich begeistert zu Nuno. »Gerade, weil man ja erfolgreich etwas für einzelne gute Gefühle und gute mentale Zustände tun kann, kommt das menschliche Großhirn automatisch auf die fatale Idee, dass man auf diese Weise auch sein Glück finden müsste. Wie schädlich die Gefühlsziele langfristig tatsächlich sind, hat wohl noch niemand so richtig erkannt. Daher sieht der Kosten-Nutzen-Vergleich dann erst einmal positiv aus. Doch wenn man genau hinschaut, erkennt man, dass die Menschen fast nur noch deshalb leidvolle und schmerzliche Gefühle haben, weil sie ständig irgendwelche Gefühlsziele verfolgen. Die Regulation von Gefühlen ist sicherlich in bestimmten Lebenssituationen überlebensrelevant. Doch das ist nur eine Notmaßnahme und kein Weg zu einem glücklichen Leben. Ich denke, das verwechseln einfach sehr viele Menschen. Sie denken, sie müssten sich nur intensiv genug um das Erreichen von positiven und das Vermeiden von negativen Gefühlen bemühen. Das klingt für das Großhirn sicherlich völlig logisch.«

»Nur hat das Großhirn bei dieser intuitiven Logik nicht bedacht, dass in der Innenwelt ganz andere Naturgesetze gelten«, sagte Nuno. »Wenn man das nicht weiß, dann schlägt man eine sehr schädliche Richtung ein.«

»Dann entwickelt man emotionale und mentale Zielsetzungen, die unweigerlich in Teufelskreisen münden müssen«, stimmte ich zu. »Je mehr die Menschen das Ziel verfolgen, für bessere Gefühle oder bessere mentale Zustände zu sorgen, desto unglücklicher werden sie unweigerlich mit der Zeit. Zu Anfang sieht es aber sicherlich immer erst einmal so aus, als würden ihre unglücklichen Gefühle weniger und die glücklichen mehr, wenn sie eine neue Methode oder ein neues Konzept erlernt haben. Denn wie gesagt, als Notmaßnahme zur Gefühlsregulation funktionieren diese Methoden ja auch und sind natürlich sehr wichtig. Doch die Gefühlsregulation ist eben kein funktionierender Weg für ein glückliches und erfülltes Leben. Da bewirken die gleichen Maßnahmen langfristig genau das Gegenteil.«

»Und dann suchen die betroffenen Menschen vermutlich wieder nach einer neuen Methode, weil ihre bisherige nicht mehr das gewünschte Ergebnis bringt«, meinte Nuno. »Sie zweifeln dann an der alten Methode, nicht aber an der Grundsatzidee, dass man auf diese Weise zu einem glücklicheren Leben kommen kann.«

Kapitel 17

Bereicherung

Wenig später kamen unsere sechs Mitstreiter völlig verdreckt von ihrer Mission zurück. Sie hatten alle langärmlige blaue Overalls an und sahen aus, als würden sie einen großen Sieg feiern.

»Was habt ihr gemacht?«, wollte Dylan sofort neugierig wissen.

»Das war so krass!«, antwortete ihm Mia, während sich alle zu uns an den Tisch setzten. »Der Sender hat uns mit dem Bus zu einem Ort außerhalb der Villa gebracht. Dort war auf einer Wiese ein großes, drei Meter tiefes Loch mit senkrechten Wänden gegraben worden. Sie hatten eine Leiter in dieses Loch gestellt. Wir sollten dann alle runtersteigen. Dann zogen sie die Leiter hoch und sagten, unsere Mission würde darin bestehen, ohne Hilfe wieder aus diesem Loch herauszukommen.«

»Aus einem drei Meter tiefen Erdloch mit senkrechten Wänden?!«, meinte Ava fassungslos. »Wie seid ihr da wieder rausgekommen?«

»Klettern ging nicht«, sagte Jerry. »Die Wände waren total matschig. Man ist sofort wieder abgerutscht.«

»Ja, und wie dann?«, wollte Greg wissen.

»Wir mussten zusammenarbeiten«, antwortete Liam. »Allein wäre da keiner von uns wieder rausgekommen.«

Daraufhin gaben sich alle sechs noch einmal lachend High five und jubelten siegreich.

»Wir haben einige Anläufe gebraucht, bis wir die Lösung gefunden hatten«, sagte Mia.

»Liam und ich haben eine menschliche Treppe gebildet«, erklärte William. »Ich habe mich gebückt, damit die anderen auf meinen Rücken klettern konnten. Und von dort an ging es auf die Schultern von Liam. Als Erstes ging Lucas hoch, denn wir brauchten oben jemanden, der genug Kraft hat, um die anderen hochzuziehen.«

»Das war eine wacklige Angelegenheit«, meinte Lucas. »Aber meine Team-Kollegen haben mich super gestützt, damit ich auf Liams Schultern kam. Der Typ ist echt ein Tier«, sagte er und schaute Liam anerkennend an. »Der hat dann meine Füße genommen, als ich auf seinen Schultern stand und mich dann einfach hochgeschoben.«

»Danach gingen Mia und ich«, sagte Jill. »Jerry hat uns die Hand gegeben, denn es war gar nicht so einfach, an unseren zwei starken Männern hochzuklettern, ohne runterzufallen.«

»Ja, das kann man laut sagen«, meinte Jerry. »Ich bin auch nicht hochgekommen, da keiner mehr da war, der mich hätte stützen können.«

»Ja, und wie bist du dann hochgekommen?«, wollte

Ava wissen. »Und wie sind die anderen beiden überhaupt rausgekommen?«, fragte sie ahnungslos.

»Wir haben wieder mehrere Anläufe gebraucht«, antwortete Liam. »Am Ende hat sich Jerry dann auf meine Schultern gesetzt. Nur hat das nicht gereicht, damit die anderen von oben ziehen konnten. Es war zu hoch.«

»Ja, und mich auf seine Schultern zu stellen, habe ich nicht geschafft«, sagte Jerry.

»Ja, aber wie bist du denn hochgekommen?«, fragte Ava erneut.

»Tja, das habe ich der genialen Idee von Jill zu verdanken«, sagte Jerry und gab Jill High five.

»Ich habe meinen Overall ausgezogen und ihn zu Jerry runtergelassen«, meinte Jill. »Ich hatte ja Badekleidung drunter. Dann haben wir ihn zu dritt daran hochgezogen. Liam hat von unten geschoben, und wir drei haben von oben gezogen. Das ging gut.«

»Das Gleiche haben wir auch mit William gemacht«, sagte Mia. »Vier haben von oben gezogen, und Liam hat ihn von unten hochgeschoben.«

»Ja, und Liam?«, wollte Ava wissen.

»Ich habe ebenfalls meinen Overall ausgezogen«, sagte Mia. »Jills allein war nicht stabil genug, damit es für Liam gereicht hätte. Der Kerl ist ein ganz schöner Brocken. Wir haben deshalb beide Overalls zu ihm runtergelassen und es zu fünft dann gerade so geschafft, ihn hochzuziehen.«

»Das war eine obergeile Mission!«, rief Mia begeistert,

woraufhin sich wieder alle sechs High five gaben und laut jubelten.

»Da sieht man mal, was man alles schaffen kann, wenn man zusammenhält«, erkannte ich beeindruckt.

Die sechs standen auf, um duschen zu gehen. Greg wollte sich noch einmal hinlegen, denn ihm ging es wohl gesundheitlich an diesem Morgen nicht so gut. Dylan versuchte Brian dazu zu überreden, mit ihm in den Fitnessbereich zu gehen. Als der nicht wollte, versuchte er es bei Nuno, doch der wollte auch nicht. Also ging Dylan allein.

Ava fragte Nuno dann, ob er kurz Zeit für sie hätte. Die beiden gingen dann zu den Sonnenliegen. Und so blieben Brian und ich allein zurück. Wir beschlossen daraufhin, wieder gemeinsam zur Chillout-Lounge zu gehen.

Dort angekommen kuschelte ich mich wieder in seinen Arm und streichelte seine Brust. Und er streichelte wieder meinen Rücken. Ich fühlte mich erneut bei ihm zu Hause. So hätte ich den Rest meines menschlichen Lebens mit ihm verbringen können. Das war einfach nur schön.

Wir lagen bestimmt eine halbe Stunde einfach nur da, ohne zu reden, und genossen uns gegenseitig. Doch nach und nach hatte ich immer mehr den Eindruck, dass Brian etwas auf dem Herzen lag. Er wirkte irgendwie abwesend.

»Empfindest du mich eigentlich wirklich als echte Bereicherung?«, fragte er dann.

»Absolut«, antwortete ich. »Du bist die größte Bereicherung, die es für einen Menschen überhaupt geben kann. Empfindest du mich denn nicht als Bereicherung?«, fragte ich besorgt wegen des Gegenseitigkeitsprinzips.

»Doch, natürlich. Du bist das Beste, was mir je passiert ist«, antwortete er sehr emotional und küsste mich zärtlich auf die Stirn. »Ich mache mir nur gerade ein wenig Gedanken wegen der Gefühlsziele. Ich befürchte, dass ich sehr viel mehr davon habe, als mir bewusst ist.«

»Warum machst du dir diese Sorgen?«, wollte ich wissen.

»Weil mir immer nur eine Antwort einfällt, warum du eine Bereicherung für mich bist. Weil es sich extrem gut anfühlt, wenn ich mit dir zusammen bin. Und wenn ich mich frage, warum ich die anderen als Bereicherung ansehe, dann kriege ich genau die gleiche Antwort. Weil es sich gut anfühlt. Es geht mir offensichtlich immer nur ums Gefühl«, sagte er besorgt.

»Das sieht für dein Großhirn nur so aus«, antwortete ich. »Das Großhirn interessiert sich eben nur für die Gefühle. Es will möglichst viele positive und möglichst wenige negative Gefühle erleben. Das ist ganz normal. So ist es genetisch programmiert. Entscheidend ist nur, welchen Weg das Großhirn einschlägt, um möglichst viele positive und möglichst wenige negative Gefühle zu kriegen. Hier den richtigen Weg zu wählen, erfordert Weisheit und Weitblick.

Das Großhirn muss erkennen, dass es in der Summe

sehr viel mehr positive und sehr viel weniger negative Gefühle erzeugt, wenn es die realen Ziele der anderen beiden Gehirne verfolgt anstatt irgendwelcher kurzsichtigen Gefühlsziele. Das Reptiliengehirn und das soziale Gehirn erzeugen nur dann glückliche Gefühle, wenn ihre Ziele auch erfüllt werden. Und sie erzeugen auch nur dann unglückliche Gefühle, wenn es hierbei Probleme gibt.

Oder eben, wenn das Großhirn ihnen fälschlicherweise sagt, es gäbe Probleme, nur weil irgendwelche Gefühlsziele nicht erfüllt sind. Dann erzeugen das Reptiliengehirn und das soziale Gehirn natürlich trotzdem negative Gefühle, denn sie glauben dem Großhirn. Sie wissen nichts davon, dass das Großhirn über Gefühle redet und nicht über den eigentlichen Job, für den die Evolution es geschaffen hat.

Echte überlebensrelevante soziale und existenzielle Probleme sind selten geworden in der modernen Zivilisation. In 99 Prozent aller gefühlten Probleme geht es letztendlich immer nur um Gefühlsziele. Das ist ganz normal. Die hartnäckigsten Gefühlsziele entstehen sicherlich durch richtig schmerzliche Erfahrungen. So wie bei deinem Schmerz, als dich deine damalige Partnerin hintergangen hat. Jede schmerzliche und jede leidvolle emotionale Erfahrung kann zu der Motivation führen, diese Gefühle zukünftig vermeiden zu wollen. Und schon hat man emotionale Vermeidungsziele und emotionale Müssens. Und jede positive emotionale Erfahrung kann die Motivation auslösen, die schönen Gefühle erneut erleben zu wollen. Und schon wieder entstehen Gefühlsziele. Diese Entwicklung fängt im Kleinkindalter an und zieht sich dann wie ein roter Faden durch das gesamte Leben hindurch. Es sei denn, man erfährt, dass diese Gefühlsziele tatsächlich allesamt schädlich sind. Dann fängt das Großhirn an, die realen Ziele hinter den Gefühlszielen zu erkennen. Doch das dauert natürlich seine Zeit, weil es so viele sind.

Und zu Anfang fehlt da sicherlich auch noch die Routine, weil das ja etwas völlig Neues ist. Doch wenn man oft genug die realen Ziele hinter den Gefühlszielen bewusst erkannt hat, dann entsteht daraus ein Automatismus. Dann macht das unbewusste System das im Alltag ganz automatisch, wenn ein Gefühlsziel aktiviert wird. Es braucht daher nur ein wenig Übung, so wie immer im Leben. Aber so schwierig ist das ja nicht. Genauso schnell wie die Gefühlsziele entstehen können, genauso schnell können sie sich dann auch wieder verabschieden. Es braucht ja jedes Mal nur eine simple Entscheidung, was einem wichtiger ist. Das Gefühlsziel oder das reale Ziel.«

»Und was ist, wenn ich dich nur wegen meiner Gefühlsziele als Bereicherung ansehe?«, hakte er besorgt nach. »Wie kann ich das ausschließen?«

»Du hast Angst, dass du mich nicht mehr lieben könntest, wenn du die realen Ziele hinter deinen Gefühlszielen erkennst?«, fragte ich verwundert.

»Ja, irgendwie schon«, bestätigte er.

»Da kann ich dich beruhigen. Wenn du mich als Bereicherung empfindest, dann kommt dieses Gefühl aus deinem sozialen Gehirn. Dein Großhirn kann dieses Gefühl gar nicht erzeugen. Das kann nur das soziale Gehirn. Dein Großhirn weiß vermutlich nur nicht, warum dein soziales Gehirn mich als Bereicherung ansieht. Aber dein soziales Gehirn weiß es.«

»Bist du dir da ganz sicher?«, hakte er besorgt nach.

»Absolut sicher!«, antwortete ich.

»Weißt du denn genauer, warum dein soziales Gehirn mich und die anderen als Bereicherung ansieht?«, wollte er wissen.

»Da gibt es sehr viele Gründe«, sagte ich. »Für mein soziales Gehirn gibt es ganz grundsätzlich keine größere Bereicherung im Leben, als gute soziale Bindungen zu haben. Das ist evolutionär bedingt. Wenn Menschen zusammenhalten, können sie Dinge tun, die ein Einzelner nie hinkriegen würde. Noch nicht einmal Liam wäre allein aus dem Loch wieder rausgekommen, obwohl er sicherlich allen anderen aus seiner Gruppe körperlich weit überlegen ist. Die gesamte Zivilisation ist voll von existenziellen und sozialen Errungenschaften, die ein Einzelner niemals hätte bewerkstelligen können. Darüber hinaus gibt es natürlich auch ganz viele Aufgaben, bei denen wir kooperieren, um uns gegenseitig das Leben leichter zu machen. Möglicherweise würden wir diese Dinge auch allein schaffen, doch zusammen geht es sehr viel leichter und besser.«

»Du bist aus meiner Sicht ebenfalls so eine Art Liam«, meinte er. »Du bist in Sachen Intelligenz allen so unfassbar überlegen, dass ich mich schon frage, wo ich da überhaupt für dich eine Bereicherung sein kann.«

»Intelligenz ist ja nur eine von vielen wertvollen Fähigkeiten. Du verfügst ebenfalls über Fähigkeiten, bei denen ich nicht mithalten kann. Das ist ja das Gute in einer Kooperation. Da ergänzen sich die Fähigkeiten Einzelner zum Wohl aller. Es geht jedoch bei der Bereicherung nicht nur um Fähigkeiten. Du bereicherst mich auch, weil ich mit dir über alles reden kann, weil ich bei dir so sein kann, wie ich bin, weil ich mit dir tanzen, kuscheln und vielleicht irgendwann sogar Sex haben kann. Weil du mich motivierst, mich inspirierst, mich auf Gedanken bringst, die ich ohne dich niemals gehabt hätte. Du bereicherst mich, weil du deine Erfahrungen mit mir teilst, weil du mich unterstützt und bestärkst, weil du es immer gut mit mir meinst, weil du für mich da wärst, wenn ich Hilfe bräuchte, weil du es mir ermöglichst, mich emotional zu entwickeln. Du bereicherst mich mit deinen Wünschen, Bedürfnissen und Interessen, deinen Meinungen und Sichtweisen, deinen Eigenheiten, Eigenschaften, Fähigkeiten und Talenten. Du bereicherst mich sogar mit deinen Problemen und Ängsten, weil ich dann in diesen Punkten auch für dich eine Bereicherung sein kann. Mit dir kann ich ein gegenseitig bereicherndes Miteinander leben. Und das ist das größte soziale Glück, das es für einen Menschen überhaupt gibt. Und damit meine ich nicht das Gefühl, sondern echtes, reales Lebensglück.«

»Es ist wunderschön, was du sagst. Es macht mir jedoch auch ein wenig Angst. In einer Beziehung läuft nicht immer alles reibungslos. Zusammen zu leben, ist nicht immer nur schön. Es wird auch mal Probleme geben. Ich hoffe, das ist dir bewusst.«

»Ja, das ist es auf jeden Fall«, bestätigte ich. »Und auch diese Probleme sehe ich als Bereicherung an, denn sie bringen uns positive und negative Erfahrungen, die es uns ermöglichen, uns zum Positiven zu entwickeln. Wir werden diese Schwierigkeiten gemeinsam meistern. Darauf freue ich mich jetzt schon, auch wenn es sicherlich das eine oder andere schmerzliche Gefühl geben wird. Das ist mir egal. Das gehört zum Menschsein dazu. Ich will alle Gefühle erleben, die positiven wie die negativen. Für mich sind alle Gefühle eine Bereicherung. Ich möchte das ganze Leben mit dir teilen. Gemeinsam einkaufen, kochen, den Haushalt führen, Freunde einladen und solche Dinge. Ich bin mir sicher, dass du bei sehr vielen der 20 000 alltäglichen kleineren und größeren Entscheidungen eine Bereicherung für mich darstellst.«

»Du für mich auch«, sagte er emotional berührt und küsste mich zärtlich auf die Stirn. »Du bist immer in meinen Gedanken. Ein Leben ohne dich kann ich mir gar nicht mehr vorstellen.«

Ich hatte das Gefühl, dass er sich nach diesem Gespräch sehr erleichtert fühlte. Er nahm mich ganz fest in den Arm, als wolle er mich nie wieder loslassen, und küsste mich ständig zärtlich auf dir Stirn. Mir war klar, dass er mich viel lieber auf den Mund geküsst hätte, genau wie ich ihn, doch es war auch so wunderschön. Ich fühlte mich auch immer zuversichtlicher, dass wir den

Unsinn mit meiner überlegenen Intelligenz irgendwann komplett zu den Akten legen könnten und es dann endgültig kein Thema mehr wäre. Die Liebe war ja kein Wettbewerb darüber, wer nun der Intelligentere ist.

Wenig später vibrierten dann plötzlich unsere Smartphones: »Kommt bitte jetzt alle zum Pool. Dort erhaltet ihr weitere Anweisungen.«

Wir waren wieder die Letzten, als wir bei der Gruppe ankamen. Greg war mittlerweile wieder als Beauty-Queen unterwegs, wie ich mit Freude zur Kenntnis nahm, denn sie sah schon wieder viel gesünder aus. Möglicherweise war das jedoch auch nur der Farbe zu verdanken, mit der sie ihr Gesicht angemalt hatte. Das konnte ich nicht so genau erkennen.

Vor uns standen sechs Schubkarren, und auf dem Boden war mit weißer Farbe eine Linie auf den Rasen gesprüht worden. Was das genau zu bedeuten hatte, wussten wir noch nicht, bis das Smartphone von Mia vibrierte. Sie las die Nachricht laut vor.

»Zunächst suchen sich die fünf Frauen einen Spielpartner aus, mit dem sie diese Challenge gemeinsam bestreiten wollen. Die beiden verbleibenden Männer bilden dann automatisch das sechste Team. Die zu bewältigende Strecke führt von hier bis zum Ende des Gartens, wo ihr ebenfalls eine weiße Linie auf dem Boden vorfinden werdet, die ihr beide komplett überqueren müsst. Danach geht es wieder hierher zurück. Das Team, das als Erstes die Ziellinie überfährt, gewinnt Immunität für eine Mission seiner Wahl.«

Mia fragte sofort Liam, ob er mit ihr spielen würde. Der willigte ein und fing schon einmal an, Dehnungsübungen zu machen. Jill entschied sich für Lucas, ich wählte natürlich meinen Brian, BeautyQueen wollte die Challenge mit Dylan bestreiten, und Ava nahm Nuno. William und Jerry bildeten damit automatisch das letzte Zweierteam.

Erneut vibrierte das Smartphone von Mia. Sie kommentierte die Nachricht mit den Worten: »Die Schweine!« Daraufhin las sie uns die Nachricht lachend vor.

»Die Männer setzen sich jetzt in eine Schubkarre. Die Frauen schieben also. Bei William und Jerry möchten wir aus gesundheitlichen Gründen darum bitten, dass sich Jerry in die Schubkarre setzt. Die Männer, inklusive Jerry, müssen während der gesamten Challenge in ihren Schubkarren bleiben. Solltet ihr aus eurer Schubkarre herausfallen, müsst ihr wieder zurück zur Startlinie und das Rennen neu beginnen. Schafft ihr es, die zweite Linie am Ende des Gartens zu überqueren, müsst ihr nur noch bis dorthin zurück, falls ihr herausfallt. Die Mission gilt als erfüllt, wenn ihr beide Linien mit eurer Schubkarre vollständig überquert habt. Ihr könnt diese Mission jederzeit abbrechen und stattdessen Wahrheit wählen. Begebt euch jetzt hinter die Startlinie. Das Rennen beginnt, sobald ihr das Startsignal hört.«

»So ne Scheiße!«, sagte BeautyQueen sofort. »Ausgerechnet heute. Warum musste ich blöde Kuh auch gestern so viel saufen?! Selbst schuld, du Mistviech!«

»Tut mir sehr leid«, sagte Liam zu Mia und hob entschuldigend die Schultern. »120 Kilo!«

»Ich werde es trotzdem schaffen«, versprach sie. »So leicht lasse ich mich nicht unterkriegen.«

»Bei mir sind es nur 80«, sagte Dylan zu BeautyQueen motiviert. »Das schaffst du. Wir holen uns den Sieg!«

»Du hast wohl nicht mehr alle Latten am Christbaum«, meinte sie sichtlich ungehalten. »Ich kann kaum aufrecht stehen. Ich werde mir ganz sicher nicht die Blöße geben und hier vor der Kamera auf die Wiese kotzen, nur weil du nicht verlieren kannst.«

»Dann lass uns diese Mission doch einfach ablehnen, wenn es dir so schlecht geht«, schlug Dylan vor.

»Und ich bin dann schuld, dass sie dich an den Lügendetektor zitieren«, sagte sie in einem aggressiven Tonfall. »Nur weil ich blöde Kuh nicht weiß, wo meine Grenzen sind. Ganz sicher nicht! Ich zieh das jetzt durch, und wenn es drei Stunden dauert. Aber gewinnen werden wir beide heute ganz sicher nicht. Das kannst du dir schon mal abschminken.«

»Alles, was du willst, Schatz«, sagte Dylan. »Nur Frieden.«

»Du bist genau wie ich auf dem Land groß geworden«, sagte Brian zu mir. »Da hast du das ja bestimmt schon oft gemacht. Ich würde sagen, dass wir bei dieser Challenge super Karten haben, die Immunität zu gewinnen. Außer uns beiden weiß vermutlich keiner hier, wie man eine Schubkarre richtig schiebt.«

Ich wusste nicht so recht, wie ich darauf reagieren

sollte, um meine Tarnidentität nicht zu gefährden. Aber ich hatte natürlich noch nie eine Schubkarre bedient. Doch mir war klar, dass ich jetzt schnellstmöglich herausfinden musste, wie das ging. Nur konnte ich Brian ja nicht einfach danach fragen.

»Andere Menschen habe ich leider noch nie in der Schubkarre befördert«, sagte ich. »Nur Heu und andere leichte Sachen.«

»Echt?«, fragte Brian verwundert. »Okay, kein Problem«, meinte er dann. »Du musst einfach immer die Arme durchgestreckt lassen und richtig dagegenhalten, wenn die Karre zu kippen droht. Am besten schon gleich im Ansatz, bevor wir zu viel Schieflage haben. Sonst packst du es nicht mehr, die Karre wieder aufzurichten.«

»Alles klar, das sollte ich hinkriegen«, sagte ich.

Wir standen alle hinter der Startlinie und warteten auf das Startsignal. »Auf die Plätze …«, hörten wir dann eine männliche Stimme aus den Lautsprecherboxen, woraufhin Mia schon einmal ihre Schubkarre anhob. Wir anderen machten es ihr nach. Dann ertönte ein lautes Hupen als Startsignal, und wir liefen los. Liam kippte in seiner Schubkarre schon um, bevor Mia den ersten Meter geschoben hatte. Die beiden lachten sich kaputt, bemühten sich aber, das Rennen so schnell wie möglich fortzusetzen. William war nach dem Startschuss sofort losgeprescht, doch seine Schubkarre kippte nach wenigen Metern ebenfalls um, und Jerry kugelte sich auf der Wiese vor Lachen.

Die meisten hatten viel Spaß bei dieser Challenge, nur BeautyQueen offensichtlich nicht. Sie schimpfte lautstark und maßregelte Dylan ständig, dass er ruhig sitzen sollte, obwohl er sich überhaupt nicht bewegte.

Ava machte kleine Schritte und bewegte sich sehr vorsichtig voran mit ihrem Nuno im Gepäck, der fürwahr auch kein Leichtgewicht war. Ich selbst hatte dank der guten Tipps von Brian keine großen Probleme mit der Schubkarre. Wir hatten wirklich gute Chancen, diese Challenge und damit Immunität zu gewinnen. Jill und Lucas waren die Einzigen, die Brian und mir den Sieg eventuell streitig machen konnten. Sie waren nur ein kleines Stück hinter uns.

Während unser Vorsprung zum Rest der Gruppe immer größer wurde, hörte ich von hinten fast nur noch BeautyQueens Stimme. Sie hatte aufgehört, Dylan zu beschimpfen, dafür verfluchte sie jetzt lautstark und aggressiv den Sender. Warum sie das tat, verstand ich nicht.

Jill und ich überquerten dann kurz nacheinander die erste Ziellinie am Ende des Gartens. Ich wendete schnell meine Schubkarre, wobei sie mir dann doch umkippte und Brian auf die Wiese fiel. Glücklicherweise kippte Lucas in seiner Schubkarre ebenfalls um, als Jill sie wenden wollte. Wir waren also wieder gleichauf.

»Das gefällt mir nicht«, sagte Brian zu mir, als er aufstand und sah, wie BeautyQueen sich verhielt.

Sie war mittlerweile dazu übergegangen, sich selbst lautstark und zunehmend aggressiver zu verurteilen. Wofür das gut sein sollte, war mir ein Rätsel. Beauty-

Queen sah völlig fertig aus. Ihr Gesicht war von Tränen überströmt. Das konnte nicht nur wegen der Anstrengung sein.

»Da müssen wir was machen«, sagte Brian besorgt. »Lass uns die Mission abbrechen und den beiden helfen! In der Nachricht vom Sender hat ja nichts davon gestanden, dass wir das nicht dürfen.«

»Dazu müssen wir eigentlich nicht abbrechen«, erkannte ich. »Es genügt, wenn ich ihnen helfe. Du bleibst einfach hier in deiner Schubkarre sitzen. Dann können wir alle die Mission erfüllen und keiner muss an den Lügendetektor. Wir müssen ja nur alle die Ziellinie überqueren, um diese Mission zu erfüllen.«

Ich ließ also Brian in seiner Schubkarre stehen und lief zu BeautyQueen und Dylan. Als Jill das sah, ließ sie ihre Schubkarre ebenfalls sofort stehen und schloss sich mir an. Auch Ava kam schnell zu uns. Und kurz darauf gesellten sich auch William und Mia dazu.

BeautyQueen wollte unsere Hilfe zunächst nicht annehmen und fing an zu diskutieren, dass sie ja selbst schuld sei. Doch William nahm sie kurzerhand auf den Arm und beförderte sie sanft, aber bestimmt zu Dylan in die Schubkarre. »Und da bleibst du jetzt!«, sagte er.

Daraufhin schoben wir die beiden über die erste weiße Linie am Ende des Gartens und wieder die ganze Strecke zurück zur Ziellinie. BeautyQueen fand das alles megapeinlich, blieb aber brav in ihrer Schubkarre. Gemeinsam überquerten wir dann die Ziellinie.

Danach halfen wir auch Mia, die mit Liam eine echt schwere Aufgabe hatte. Und anschließend auch Ava, die sich mit Nuno ebenfalls sehr schwertat. William, Jill und ich gingen dann anschließend zu unseren eigenen Schubkarren und schoben sie ohne Eile ins Ziel. Damit hatten wir alle die Mission erfolgreich gemeistert.

Dylan war gespannt, ob der Sender ihm und BeautyQueen jetzt tatsächlich Immunität für eine Mission ihrer Wahl gewähren würde. Doch wir alle waren der Meinung, dass wir keinen Regelbruch begangen hatten und der Sender somit keinen Grund haben dürfte, den beiden ihren Gewinn zu verweigern.

Kurz darauf vibrierte wieder das Smartphone von Mia. Sie las die Nachricht erneut laut vor: »Das war eine interessante Mission mit unerwartetem Ausgang. Nach längerer Diskussion sind wir zu der Auffassung gelangt, dass keine Regel gebrochen wurde. Wir erklären daher BeautyQueen und Dylan zu den Gewinnern dieser Challenge. Ihr erhaltet hiermit Immunität für eine zukünftige Mission eurer Wahl.«

»Ich feiere das unnormal für dich«, meinte BeautyQueen daraufhin zu Dylan. »Aber ich habe diesen Sieg ganz sicher nicht verdient. Ich will meinen Gewinn abgeben!«, rief sie dann laut gegen den Himmel gerichtet, als würde der Sender irgendwo da oben sitzen. Es kam aber keine Antwort. Unsere Smartphones hielten sich bedeckt.

»Ich werde diese Immunität nicht verwenden«, versprach sie, als wolle sie uns damit einen Gefallen tun. Wie sie auf diese seltsame Annahme kam, war mir ein Rätsel.

Die Gruppe war gerade im Begriff, sich aufzulösen. Einige wollten an die Bar. Ich beschloss, bei BeautyQueen zu bleiben, um mehr über ihr seltsames Verhalten herauszufinden.

»Hast du vielleicht Lust, mit mir zur Chillout-Lounge zu kommen?«, fragte ich sie deshalb.

»Können wir gerne machen«, antwortete sie.

»Geht ihr ruhig mal allein«, meinte Brian.

Wir gingen also rüber zur Lounge. Gerade als wir uns auf die Polsterauflage legten, sagte BeautyQueen kopfschüttelnd und mit Verachtung in der Stimme: »Wie blöd muss man eigentlich sein, sich in einer Fernsehshow so dermaßen zuzusaufen?!«

»Verachtest du dich selbst?«, hakte ich irritiert nach.

»Natürlich verachte ich mich selbst«, erwiderte sie. »Ich bin ja die Einzige hier, die so bescheuert ist.«

»Das bist du eigentlich nicht«, widersprach ich. »Ich habe gestern ebenfalls viel zu viel Alkohol getrunken.«

»Du hast zu viel gesoffen?«, hakte sie ungläubig nach.

»Ja, Brian hat mich ins Bett gebracht und die halbe Nacht auf mich aufgepasst, weil es mir echt schlecht ging. Meinst du, ich sollte mich jetzt auch besser dafür verurteilen?«, fragte ich besorgt.

»Willst du mich jetzt verarschen?«, fragte sie misstrauisch.

»Nein, auf keinen Fall«, versicherte ich ihr. »Ich kenne

mich mit so etwas leider nicht aus. Ich war gestern das erste Mal betrunken. Ich möchte da nichts falsch machen. Wofür genau ist es denn gut, dass man sich selbst verurteilt?«

»Mach das ja nicht, Mädchen!«, ermahnte sie mich kopfschüttelnd. »Das ist für gar nichts gut. Das darfst du dir nicht antun, hörst du?! Versprich mir das!«, forderte sie. »Versprich mir, dass du so etwas niemals tun wirst!«

»Okay, ich verspreche es«, erwiderte ich irritiert. »Aber warum machst du es denn, wenn das so schlecht ist?«

»Das weiß ich nicht«, sagte sie. »Aber ich weiß aus Erfahrung, dass es einen komplett kaputt macht.«

»Ja, aber warum hörst du dann nicht einfach damit auf?«, fragte ich verwundert.

»Weil ich nicht kann«, antwortete sie frustriert. »Es passiert einfach. Meine Therapeutin hat jahrelang versucht, dieses Problem mit mir zu lösen. Mit dem Ergebnis, dass ich irgendwann so getan habe, als würde ich es nicht mehr tun. Es war mir ultrapeinlich, dass ich das einfach nicht geschafft habe. Ja, und seitdem verurteile ich mich nur noch mehr. Nach zehn Jahren Therapie sollte man das ja auch mal so langsam in den Griff gekriegt haben.«

»Kann es sein, dass du dich sogar dafür verurteilst, dass du dich immer noch selbst verurteilst?«, fragte ich.

»Genau das tue ich blöde Kuh tatsächlich«, bestätigte sie. »Ich weiß echt nicht, was das soll. Das ist wie ein Zwang, gegen den ich nicht ankomme.«

»Das sieht nach einem Gefühlsziel aus, das einen emotionalen Teufelskreis erzeugt«, sagte ich nachdenklich. »Wollen wir uns das vielleicht einmal gemeinsam anschauen?«

»Mädel, wenn du dieses Problem bei mir lösen kannst, dann schlage ich dich für den Nobelpreis vor«, sagte BeautyQueen. »Ich will dir da aber keine großen Hoffnungen machen. Ich habe schon alles versucht.«

»Wir können ja einfach einmal schauen«, schlug ich vor.

»Was muss ich machen?«, fragte sie und signalisierte damit ihr Einverständnis.

»Am interessantesten finde ich den Punkt, dass du dich verurteilst, weil du dich selbst verurteilst. Dahinter muss ein Motiv stecken. Du musst irgendwie glauben, dass das einen Nutzen bringt. Hast du eine Idee, worin dieser Nutzen bestehen könnte?«

»Es hört sich für mich selbst bescheuert an, wenn ich das sage, aber ich vermute, dass ich mir die Selbstverurteilung einfach selbst verbieten will. Man darf sich nicht selbst verurteilen. Das macht einen echt fertig.«

»Deshalb wolltest du mich eben auch davon abhalten, dass ich das ebenfalls mache«, stellte ich fest. »Das würde deine Vermutung bestätigen. Da hast also eine Maßnahme aus der Außenwelt, wo man anderen Menschen tatsächlich gewisse Handlungen verbieten kann, auf deine Innenwelt übertragen. Doch in deiner Innenwelt funktioniert diese Maßnahme natürlich nicht. Daher würde ich sagen, dass wir den Grund vermutlich bereits gefunden haben, warum du unbewusst glaubst, dass es einen Nutzen hat, wenn du dich selbst verurteilst.«

»Aber was mache ich mit dem Gefühl, dass ich irgendetwas Schlechtes in mir habe? Vielleicht sogar, dass mein innerer Kern irgendwie grundsätzlich schlecht ist. Ich denke, das trifft es ziemlich genau. Ich habe ehrlich gesagt das Gefühl, dass ich von Grund auf schlecht bin. Und ich bemühe mich mit aller Kraft, das Schlechte in mir im Zaum zu halten. Auch versuche ich zu vermeiden, dass andere merken, wie schlecht ich in Wirklichkeit bin, wenn ich ehrlich bin. Aber offensichtlich gelingt mir das nicht sehr gut, wie ich heute wieder unter Beweis gestellt habe«, sagte sie erneut mit Selbstverachtung in der Stimme.

»Wenn du sagst, dass du das Gefühl hast, von Grund auf schlecht zu sein, dann ist dieses Gefühl nichts anderes als eine negative Annahme, die einen starken Selbstbestätigungseffekt hat«, erklärte ich. »Wir haben über diese Art von Annahmen ja bereits gesprochen. Ich denke, dass genau hier das Versuchskaninchen im Pfeffer liegt. Das ist eine Annahme, die automatisch instinktive Vermeidungsmechanismen startet. Genauer gesagt scheinst du den Kampfmodus in deinem Reptiliengehirn zu aktivieren. Du bekämpfst also das Schlechte in dir. Auch hier versuchst du wieder etwas in deiner Innenwelt so zu regeln, wie man das in der Außenwelt tun würde. Doch in der Innenwelt funktioniert es dann eben nicht. In deiner Außenwelt könntest du einem schlechten Menschen mit Ablehnung begegnen, ihm Vorwürfe machen oder ihn ignorieren, damit er sich ändert. Oder du könntest ihn verurteilen, bestrafen und ausgrenzen, wenn er sich nicht ändert. Doch in deiner Innenwelt funktioniert das alles nicht. Deine unerwünschten Gedanken, Gefühle, Verhaltensmuster, Schwächen und Unzulänglichkeiten gehen nicht einfach weg, weil sie sich von dir abgelehnt und verachtet fühlen.«

»Das mache ich tatsächlich«, stellte BeautyQueen fassungslos fest. »Ich bestrafe mich selbst. Mit allem Möglichen. Ich verweigere mir manchmal sogar selbst das Essen oder verbiete mir über Stunden das Handy. Manchmal schicke ich mich auch ohne Abendessen vorzeitig ins Bett. Das haben meine Eltern auch immer getan, wenn ich als Kind böse war.«

»Du machst also jetzt in deiner Innenwelt mit dir selbst das Gleiche, was deine Eltern mit dir in der Außenwelt getan haben. Ja, das ergibt Sinn. Nicht, dass es funktionieren würde, aber es ist klar, wie es dazu gekommen ist, dass du dich selbst verurteilst und bestrafst.«

»Ich mache das einfach nach. Ohne Sinn und Verstand. Wie bescheuert ist das denn?!«, meinte sie kopfschüttelnd.

»Du hast eben nicht gewusst, dass die Innenwelt ganz anders funktioniert als die Außenwelt«, sagte ich. »Da kann man schnell auf diese Idee kommen.«

»Ich glaube sogar, dass ich mich manchmal lieber selbst bestrafe, bevor es andere tun«, sagte sie nachdenklich. »Bei meinen Eltern hat das auch funktioniert. Die waren dann nicht mehr ganz so streng, wenn ich mich selbst sehr heftig verurteilt habe.«

»Das würde dein Verhalten erklären, als du uns vorhin versprochen hast, deine Immunität nicht zu nutzen«, erkannte ich. »Du hattest Angst, dass wir dich verurteilen oder sogar bestrafen, wenn du deine Immunität nutzt, weil du sie ja nicht wirklich verdient hast. Kann das sein?«

»Ganz sicher sogar«, bestätigte sie. »Mir ist das verdammt peinlich, was wir hier alles ausgraben«, sagte sie kopfschüttelnd. »Ich bin echt der letzte Loser.«

»Das bist du ganz sicher nicht«, widersprach ich. »Du hattest nur das Pech, dass deine Eltern bei der großen Täuschung so stark mit Verurteilung und Bestrafung gearbeitet haben. Das hätte jedem von uns passieren können. Da kannst du überhaupt nichts dafür. Da warst du als Kind chancenlos. Und dass du nicht wusstest, dass die Innenwelt ganz anders funktioniert als die Außenwelt, ist ebenfalls kein Armutszeugnis. Offensichtlich ist das der gesamten Menschheit noch nicht klar. Du bist daher ganz normal und kein Loser.«

»Du bist echt durch und durch lieb«, sagte sie emotional.

»Wir sollten jetzt herausfinden, wie du zu der Annahme gelangt bist, dass du von Grund auf schlecht bist«, schlug ich vor. »Von dieser negativen Annahme scheint ja alles auszugehen. Ich vermute, dass du schon sehr früh zu dieser Auffassung gekommen bist.«

»Vom Gefühl her würde ich sagen, dass ich so zwischen drei und vier Jahre alt war«, meinte sie.

»Und hast du eine Idee, was damals passiert sein könnte?«

»Meine Eltern hatten sehr engstirnige Vorstellungen darüber, wie ein Kind zu sein hat. Ich wollte als Kind immer schon lieber Mädchenkleider anziehen und mit Puppen spielen. Das fanden sie völlig daneben und schenkten mir einen Bagger nach dem nächsten. Ich sollte wie ein echter Bub aufwachsen. Und wenn ich damit nicht spielen wollte, wurde ich beschimpft und verurteilt. Und wenn ich heimlich die Kleider meiner Schwester angezogen habe und sie es gemerkt haben, dann musste ich ohne Abendessen ins Bett. Meine Eltern haben sich für mich geschämt, weil ich anders war als andere Jungs. Als sich in der Pubertät dann herausstellte, dass ich schwul bin, wurde alles noch viel schlimmer.«

»Die Annahme, dass du schlecht bist, muss sich jedoch schon vor deiner Pubertät in dir entwickelt haben«, sagte ich. »Was könnte denn im Alter von drei bis vier Jahren passiert sein?«

»Ich denke nicht, dass damals irgendetwas Schlimmes passiert ist«, antwortete sie nachdenklich. »Aber ziemlich sicher haben sie mir damals schon klargemacht, wann man gut genug und wann man nicht gut genug oder sogar schlecht ist.«

»Und was waren das für Dinge?«, wollte ich wissen.

»Alles Mögliche. Ich durfte zum Beispiel nicht wütend, sauer, beleidigt oder neidisch sein. Diese Gefühle haben nämlich nur böse Kinder. Ich sollte auch nicht schlecht über andere denken. Auch war ich böse, weil ich mit Puppen spielen und Mädchenkleider anziehen wollte. Vor allem, weil es meiner Mama ja deswegen so schlecht ging. Sowohl mein Papa als auch meine Oma haben mir deswegen ständig Vorhaltungen gemacht und mich als maßlos egoistisch und rücksichtslos verurteilt. Und egoistisch sein ist natürlich böse.«

»Du hast also gelernt, dass bestimmte Gefühle, Gedanken und Bedürfnisse böse sind?«

»Ja, darüber waren sich scheinbar alle einig. Was ich fühlte, dachte und wollte, fügte meinen Eltern erheblichen Schaden zu. Sie behandelten mich auch wie einen Schädling. Meine Mutter verurteilte mich für alle Gefühle und Gedanken, die ich nicht haben durfte. Meine Oma genauso. Und mein Vater behandelte mich oftmals sogar grundlos schlecht. Ich habe das damals dann so gedeutet, dass ich es ja auch nicht besser verdient habe, so schlecht wie ich bin.«

»Die drei haben dir also allesamt bestätigt, dass diese Gefühle, Gedanken und Bedürfnisse schlecht sind«, stellte ich fest.

»Ganz genau, darüber waren sie sich einig«, meinte sie. »Und auch darüber, dass man als Mensch nur dann gut genug ist, wenn man im Leben alles perfekt hinkriegt. Wenn man ein Macher ist, der alles kann und dem keine Mühe zu viel ist. Ein Gewinner und Held, der keine Herausforderung scheut, vor nichts Angst hat und der immer zum Erfolg kommt. Und natürlich muss man auch stets einfühlsam und verständnisvoll sein, darf weder Fehler machen noch Fehler haben. Außerdem muss man immer seine Gefühle unter Kontrolle haben und darf niemals ausrasten. Ich glaube, da könnte ich tausend Dinge aufzählen, die ich alle haben, sein oder schaffen muss, damit ich gut genug und keinesfalls schlecht oder böse bin.«

»Dann warst du als Kind wirklich absolut chancenlos«, stellte ich erneut fest und spürte sehr viel Mitgefühl für den kleinen Greg von damals. »Wie hättest du auch erkennen sollen, dass deine Eltern und deine Oma falschliegen? Du warst noch ein kleines Kind. Was du erlebt hast, sind die Folgen der großen Täuschung, die mir in diesem Ausmaß bislang nicht bewusst waren. Aber ich bin sicher, du bist nicht die Einzige, die von diesem Problem betroffen ist. Alle Menschen haben von ihren Eltern bereits als Kleinkind unzählige schädliche Kriterien gelernt, die letztendlich zu der Schlussfolgerung führen müssen, dass man minderwertig, nicht gut genug, schlecht oder sogar böse ist. Ein Kleinkind kann einfach nicht ahnen, dass sein gesamtes soziales Umfeld ihm einen völligen Unfug darüber beibringt. Du warst in Bezug auf das Erkennen der Wahrheit absolut chancenlos!«, betonte ich noch einmal.

Ich sah, wie BeautyQueen feuchte Augen bekam, als ich das sagte. Sie sah sehr betroffen aus.

»Kann man das irgendwie wieder geradebiegen?«, fragte sie dann.

»Ja, auf jeden Fall«, bestätigte ich. »Wir müssen nur deine Annahme ändern.«

»Die Annahme, dass ich schlecht bin?«

»Erst einmal die Annahme, dass deine Eltern und deine Oma damals besser wussten als du heute, wann ein Mensch gut genug, schlecht oder sogar böse ist. Die Annahme, dass du nicht gut genug bist, ist eine Schlussfolgerung daraus. Die lässt sich erst ändern, wenn wir die Ursprungs-Annahme korrigiert haben. Sonst sieht es für dein unbewusstes System immer so aus, als sei deine Annahme begründet, dass du schlecht bist.«

»Ich habe aber auch tatsächlich schlechte Dinge getan«, wendete BeautyQueen ein.

»Hast du Menschen getötet?«, fragte ich.

»Nein, natürlich nicht.«

»Was hast du denn Schlimmes getan?«, wollte ich wissen.

»Mehrere Dinge. In der Schule habe ich schon einmal mitgemacht, als ein Klassenkamerad gemobbt wurde. Ich weiß auch nicht, warum ich das getan habe. Bis jetzt dachte ich zumindest immer, dass ich es getan habe, weil ich etwas Schlechtes in mir habe.«

»Du warst noch ein Kind und musstest Lernerfahrungen sammeln. Das ist ganz normal. Schlecht wärst du nur, wenn du Spaß daran gefunden und danach damit weitergemacht hättest. Hast du das denn?«

»Nein, auf keinen Fall. Ich wurde ja dann selbst gemobbt und weiß, wie schlimm das ist. Das würde ich niemals jemandem antun.«

»Dann bist du nicht schlecht, sondern hast nur erlebt, dass menschliche Instinkte manchmal reguliert werden müssen«, schlussfolgerte ich. »Das Motiv, andere zu mobben, kommt aus dem Überlegenheits-Instinkt. Dabei geht es um Rangordnung. Und wenn du nur mitgemacht hast, dann hast du vermutlich instinktiv Angst davor gehabt, dass du selbst gemobbt wirst, wenn du dich auf die Seite des Opfers stellst.«

»Ja, das war auf jeden Fall so«, bestätigte sie.

»Das ist wie gesagt ganz normal. So entscheidet jeder Mensch erst einmal instinktiv. Erst dann kann er feststellen, dass diese Entscheidung nicht gut ist und er seine Instinkte zukünftig besser regulieren sollte. Ohne diese Lernerfahrung geht es aber nicht. Menschen müssen lernen, ihre Instinkte zu regulieren. Und das geht nur mit positiven und negativen Erfahrungen.«

»Dann habe ich auch schon oft meine Beziehungspartner schlecht behandelt«, sagte sie.

»Du hast sie verurteilt und bestraft, richtig?«

»Ganz genau«, bestätigte sie. »Ich war manchmal ein Biest und echt gemein.«

»Wenn man als Kind gelernt hat, dass bestimmte Gedanken, Gefühle, Bedürfnisse oder Verhaltensweisen schlecht oder sogar böse sind und verurteilt und bestraft werden müssen, dann kannst du nicht erwarten, dass dein System das nicht tut. Das ist völlig normal. Da starten unbewusste Automatismen, die du gar nicht alle mit deinem Bewusstsein kontrollieren kannst. Dazu ist kein Mensch in der Lage. Du warst daher nicht böse, sondern nur schlecht programmiert. Man hat dir als Kind einfach eine Menge Unsinn beigebracht.«

»Und wenn ich jetzt eine gewisse Genugtuung empfinde, wenn ich daran denke, dass jetzt endlich einmal öffentlich klargestellt wird, dass meine Eltern etwas Schlechtes getan haben und nicht ich, ist das dann auch nicht böse?«, fragte sie unsicher.

»Genugtuung ist ein Gefühl aus dem sozialen Gehirn, das es immer dann erzeugt, wenn dir Unrecht angetan wurde und es dann eine ausgleichende Gerechtigkeit gibt. Alle Gefühle entstammen entweder dem Reptiliengehirn oder dem sozialen Gehirn. Und alle Menschen haben die gleichen Gefühle. Niemand ist ein schlechter Mensch, weil er ein Mensch ist, der menschliche Gefühle hat.«

»Klingt logisch«, meinte BeautyQueen nachdenklich.

»Das Gefühl der Genugtuung ändert sich übrigens sofort, wenn du darüber dachdenkst, dass deine Eltern von ihren Eltern ebenfalls falsch programmiert wurden. Sie haben genau wie du bereits als kleines Kind von ihren Eltern gelernt, dass bestimmte Gedanken, Gefühle, Bedürfnisse oder Verhaltensweisen schlecht oder sogar böse sind und verurteilt und bestraft werden müssen. Und auch, dass man ein Macher und Held sein muss, der alles perfekt meistert, um als Mensch gut genug zu sein, damit andere einen haben wollen. Auch deine Eltern und deine Oma haben unter diesen fatalen Müssens gelitten.«

»Du hast recht«, stimmte sie nachdenklich zu. »Die haben sich diesen Dünnpfiff ja auch nicht selbst ausgedacht. Und sie haben auch sicherlich nicht darum gebeten, dass ihre Eltern ihnen so einen Mist beibringen. Die wiederum haben es ja sicherlich auch von ihren Eltern gelernt und so weiter und so weiter. Wie lange reicht denn dieser Unfug überhaupt zurück?«, fragte sie fassungslos.

»Vermutlich bis zu der Zeit, als sich das menschliche Bewusstsein entwickelt hat und das Großhirn angefangen hat, über Gut und Böse nachzudenken.«

»Dann reicht das also bis zum Sündenfall zurück«, schlussfolgerte sie.

»Ja, so könnte man es tatsächlich sehen«, stimmte ich zu. »Der Mensch hat sich mit seinen Annahmen, wann man ein guter und wann ein schlechter Mensch ist, quasi selbst aus dem Paradies vertrieben. Wobei ich es eher so sehen würde, dass er noch immer im Paradies lebt, es aufgrund seiner vielen schädlichen Müssens jedoch nicht erkennt.«

»Wir haben also tatsächlich nur diese rote Brille auf, und das Paradies sieht dadurch kackbraun aus, obwohl in Wirklichkeit fast alles hellgrün ist.«

»Genauso scheint es zu sein«, stimmte ich zu »Was meinst du also? Wer weiß besser, wann ein Mensch gut oder schlecht oder sogar böse ist? Du oder deine Oma und deine Eltern?«

»Ganz klar ich«, bestätigte sie nachdenklich. »Aber ich fühle mich immer noch schlecht.«

»Dann sollten wir uns als Nächstes einmal das reale Ziel hinter deinem Gefühlsziel anschauen«, schlug ich vor. »Was ist denn grundsätzlich wichtiger? Sich nicht wie ein schlechter Mensch zu *fühlen* oder kein schlechter Mensch zu *sein*?«

»Ich will natürlich kein schlechter Mensch *sein*!«, erklärte sie bestimmt.

»Ist es wichtiger, sich nicht wie ein böser Mensch zu *fühlen*, oder ist es wichtiger, tatsächlich kein böser Mensch zu *sein*?«, fragte ich weiter.

»Natürlich kein böser Mensch zu *sein*!«

»Ist es wichtiger, das *Gefühl* zu haben, als Mensch gut genug zu sein, oder ist es wichtiger, als Mensch *tatsächlich* gut genug zu sein?«

»Als Mensch gut genug zu *sein*, ist wichtiger!«

»Damit sollte dein Gehirn jetzt wieder alles automatisch regeln«, sagte ich.

»Ich fühle mich aber immer noch schlecht«, meinte sie zerknirscht.

»Vielleicht liegt das wieder an dieser kognitiven Verzerrung, die Richard uns heute erklärt hat. Vom Kopf her bist du sicher, dass du es besser weißt als deine Eltern und deine Oma, wann ein Mensch gut oder schlecht ist. Aber wie sieht es da im Moment noch in deinem Gefühl aus? Fühlt es sich tatsächlich schon wahr an, dass du es besser weißt?«

»Nein, im Gefühl haben immer noch meine Eltern und meine Oma recht«, erkannte BeautyQueen frustriert.

»Das ist kein Problem. Das korrigieren wir gleich. Du

kannst die Wahrheit nur nicht als wahr ansehen, weil es sich noch anders anfühlt. Und im Gefühl hast du eben noch die alte Annahme. Lass dich davon nicht irritieren. Das Gefühl ist ja nicht die Wahrheit. Es ist einfach nur eine falsch abgespeicherte Annahme.«

»Okay, was muss ich machen?«, fragte sie entschlossen.

»Beantworte einfach folgende Frage: Wie sicher kannst du dir tatsächlich sein, dass dein Gefühl richtig ist und deine Eltern und deine Oma besser wissen als du, wann ein Mensch gut oder schlecht ist?«

»Da kann ich gar nicht sicher sein«, meinte sie.

»Aber du hast doch das Gefühl!«, wendete ich ein.

»Ja, aber Gefühle sind keine Wahrheiten«, erwiderte BeautyQueen. »Und dieses Gefühl ist ganz sicher keine.«

»Wie ist es also in Wirklichkeit? Wer glaubst du weiß es besser?«

»Vom Kopf her auf jeden Fall ich«, antwortete sie.

»Dann schauen wir uns einmal an, ob sich in deinem Gefühl schon etwas geändert hat«, schlug ich vor. »Spür bitte nochmals nach! Wie sicher bist du dir vom Gefühl her noch, dass deine Eltern und deine Oma damals recht hatten?«

»Auf jeden Fall weniger als eben. Ich bin mir da gar nicht mehr sicher«, sagte sie sichtlich irritiert. »Ich spüre eine totale Verwirrung in meinem Gefühl. Keine Ahnung …«

»Verwirrung im Gefühl ist gut«, bestätigte ich ihr. »Das ist ein Zeichen dafür, dass die alte falsche Wahrheit bröckelt. Wie ist es also in Wirklichkeit? Wer weiß es besser?«

»Ich weiß es definitiv besser«, sagte sie bestimmt.

»Was macht dein Gefühl?«, wollte ich wissen.

»Besser«, sagte sie.

»Und wie wahr fühlt es sich noch an, dass deine Eltern und deine Oma es besser wissen?«

»Gar nicht mehr. Das ist völliger Quatsch. Meine Oma weiß es ganz sicher nicht besser mit ihren Moralvorstellungen aus dem letzten Jahrtausend. Und meine Eltern auch nicht.«

»Ist das jetzt dein Gefühl oder dein Verstand?«, wollte ich wissen.

»Keine Ahnung. Beides, glaube ich.«

»Bist du dir ganz sicher, dass du schlecht oder sogar böse bist, weil du diese Gedanken, Gefühle und Bedürfnisse hast, die deine Eltern und deine Oma als schlecht oder böse angesehen haben?«, fragte ich direkt.

»Nein, auf keinen Fall«, sagte sie überzeugt. »Kein Mensch ist böse, nur weil er ganz normale menschliche Gedanken, Bedürfnisse und Gefühle hat.«

»Bist du wegen dieser Gedanken, Gefühle und Bedürfnisse eine echte Belastung für andere?«, hakte ich weiter nach.

»Da bin ich noch nicht so ganz überzeugt«, sagte sie unsicher. »Vielleicht schon.«

»Weil andere Menschen wegen dir schlechte Gefühle kriegen könnten, oder?«, hakte ich nach.

»Ich glaube schon«, sagte BeautyQueen nachdenklich.

»Fügst du ihnen tatsächlich einen existenziellen oder sozialen Schaden zu, wenn du der Mensch bist, der du wirklich bist, oder erfüllst du nur nicht die Gefühlsziele der anderen? Warum also kriegen sie deiner Meinung nach negative Gefühle, wenn du bist, wie du bist?«

»Weil ich ihre Gefühlsziele nicht erfülle. Sie sehen mich dann als Belastung oder sogar als schädlich an.«

»Und was ist dir wichtiger? Welche Gefühle du in anderen Menschen antriggerst oder wie es in Wirklichkeit tatsächlich ist? Willst du also lieber vermeiden, dass du von anderen fälschlicherweise als Belastung *empfunden* wirst, oder willst du lieber tatsächlich keine Belastung *sein?*«

»Ich will keine Belastung *sein*. Wenn sie mich wegen ihrer falschen Sollvorstellungen und Müssens dennoch als schädlich ansehen, dann kann ich daran nichts ändern. Aber sie haben ja auch nicht darum gebeten, dass man ihnen als Kind so einen Blödsinn beibringt. Wenn es so ist, dann passt es halt einfach nicht.«

»Und wie siehst du dich jetzt selbst?«, wollte ich wissen. »Bist du eine Belastung oder eine Bereicherung?«

»Für die richtigen Leute bin ich eine Bereicherung, Babe!«, sagte sie und umarmte mich lachend. »Ich bin wirklich eine Bereicherung! Ich bin dir so dankbar. Ich kann dir gar nicht sagen, wie dankbar ich dir bin!«

»Und wie sieht es jetzt mit deiner Selbstverurteilung aus, wenn du nicht den Sollvorstellungen anderer entsprichst?«, wollte ich wissen.

»Ich kann ja nichts für deren Sollvorstellungen«, antwortete sie. »Meine falschen Sollvorstellungen erfüllen sie ja auch nicht. Wir haben da sicherlich alle jede Menge Schwachsinn gelernt während dieser großen Täuschung.«

»Wie meinst du wirst du zukünftig mit dir umgehen?«, wollte ich wissen. »Wirst du dich weiterhin selbst verurteilen, wenn du etwas falsch machst, etwas nicht hinkriegst oder irgendwelche Gedanken, Gefühle oder Bedürfnisse hast?«

»Ich kann mir nicht vorstellen, dass ich das jemals wieder tue«, sagte sie fassungslos. »Ich kann dir gar nicht sagen, was mir das bedeutet. Ich danke dir mehr, als ich das in Worten ausdrücken kann. Und ich danke Gott, dass ich dir begegnen durfte. Du bist wirklich ein Engel.«

Wir gingen nach diesem Gespräch wieder zurück zu den anderen. Brian stand mit Dylan und Lucas an der Bar. Die drei tranken Espresso. Ich war jetzt nicht sicher, ob Dylan tatsächlich beweisen wollte, dass er mehr Espresso trinken konnte als Lucas, hielt das aber für eher unwahrscheinlich. Ava saß noch immer mit Nuno bei den Sonnenliegen. Wo der Rest der Truppe war, konnte ich nicht sehen. Was mir jedoch auffiel, war die 3,6 Meter durchmessende runde Plastikfolie auf der Wiese neben dem Pool, auf der 96 farbige Punkte aufgemalt waren – 24 rote, 24 gelbe, 24, grüne und 24 blaue. Alle Punkte waren bunt gemischt und ohne erkennbares Muster auf der Scheibe aufgebracht.

»Wisst ihr, wofür diese Schreibe gut sein soll?«, fragte

ich die drei Männer, als BeautyQueen und ich bei ihnen ankamen.

»Keine Ahnung«, antwortete Brian. »Vermutlich hat sich der Sender wieder irgendeine Mission ausgedacht.«

Wir mussten nicht lange auf die Auflösung dieses Rätsels warten. Noch bevor BeautyQueen und ich den Espresso trinken konnten, den wir uns bestellt hatten, vibrierten alle unsere Smartphones gleichzeitig. »Kommt bitte alle zu der bunten Scheibe neben dem Pool!«

Wir gingen also dorthin und warteten, bis die Letzten eingetroffen waren. Daraufhin klingelte das Smartphone von Dylan. Er las die Nachricht laut vor.

»Ihr seht vor euch eine runde Fläche mit bunten Punkten. Stellt euch bitte jetzt an den Rand dieser Scheibe. Ihr werdet gleich Anweisungen aus den Lautsprechern erhalten. Die Regeln dieser Mission sind ganz einfach. Wenn ihr beispielsweise gebeten werdet, mit der rechten Hand einen gelben Punkt zu berühren, dann müsst ihr eure Hand so lange auf diesem Punkt belassen, bis ihr eine neue Anweisung für eure rechte Hand erhaltet. Erst dann dürft ihr sie von diesem Punkt wieder wegnehmen. Während eure rechte Hand auf diesem Punkt verbleibt, kann es sein, dass eure nächste Anweisung beispielsweise lautet, euren linken Fuß auf einem blauen Punkt abzustellen. Auch für den Fuß gilt dann, dass ihr ihn erst dann von diesem blauen Punkt wieder wegnehmen dürft, wenn ihr die entsprechende Anweisung dafür erhaltet. Wer vorzeitig einen Punkt loslässt oder auf den Boden fällt, scheidet aus. Am Ende kann nur einer der Gewinner sein. Er erhält tausend Heldenpunkte. Ihr könnt diese Mission wie immer ablehnen und Wahrheit wählen. Trefft eure Entscheidung jetzt!« Wir alle klickten offenbar *Mission* an, denn keiner verließ seinen Posten.

»Was hat es mit diesen Heldenpunkten auf sich?«, fragte ich Brian ahnungslos, der direkt neben mir im Kreis stand.

»Das ist nur ein Scherz«, meinte er. »Es geht einfach nur darum, wer in diesem Spiel der Beste ist. Wer bis zum Ende übrig bleibt, ist quasi unser Held. Wirklich zu gewinnen gibt es da aber nichts.«

»Das ist genau das Gleiche wie bei Twister«, sagte Dylan, der auf der anderen Seite neben mir stand. »Nur, dass die Farben hier bunt gemischt sind und dieses Feld rund und nicht eckig ist.«

»Was ist Twister?«, fragte ich ahnungslos.

»Ein ähnliches Spiel«, antwortete Brian. »Nur spielt man das normalerweise nicht mit zwölf Leuten gleichzeitig.«

Dann kam die erste Durchsage über die Lautsprecherboxen: »Legt jetzt eure linke Hand auf einen roten Punkt eurer Wahl!«, lautete die Anweisung.

»Egal welchen?«, fragte ich Brian.

»Ja, nimm irgendeinen«, antwortete er. »Das geht jetzt immer so weiter, bis wir beide Hände und beide Füße auf irgendwelchen Punkten haben. Dann wird es immer schwieriger, wenn wir die Punkte wechseln müssen.«

Ich wählte also den nächstgelegenen roten Punkt und legte meine linke Hand darauf.

»Das andere links«, sagte Mia grinsend zu Dylan, der offenbar die falsche Hand genommen hatte.

Nachdem wir diese Aufgabe bewältigt hatten, folgte die nächste Durchsage: »Rechter Fuß auf gelb.«

Direkt neben meiner linken Hand wäre ein gelber Punkt gewesen, aber ich vermutete, dass es zu eng werden könnte, wenn ich jetzt meinen rechten Fuß direkt neben meine linke Hand abstellen würde. Daher wählte ich einen gelben Punkt, der einen knappen Meter entfernt von meiner linken Hand in Richtung Zentrum der Scheibe lag. Brian ging ähnlich vor bei seiner Auswahl. Dylan nahm für seinen rechten Fuß den gelben Punkt direkt neben meinem.

Nachdem alle zwölf auch diese Aufgabe bewältigt hatten, kam die nächste Durchsage über die Lautsprecherboxen: »Linker Fuß auf blau.«

Auch diese Aufgabe war kein großes Problem, wobei einige der zwölf sich gegenseitig ein wenig ins Gehege kamen. Aber es klappte. Alle schafften dicht an dicht gedrängt auch diesen Punkt.

»Rechte Hand auf rot«, war die nächste Durchsage.

Nun wurde es schwierig. Die Hälfte der roten Punkte war bereits belegt von unseren linken Händen. Es waren daher nur noch 12 rote Punkte für 12 Personen übrig. Doch nicht alle konnten einen mit ihrer rechten Hand erreichen. Außerdem standen wir uns alle gegenseitig mehr oder weniger im Weg. Ich hatte Glück und schaffte es gerade so, indem ich mich über Dylan beugte und so einen roten Punkt neben ihm mit meiner rechten Hand berühren konnte. Er duckte sich extra für mich, damit ich drankam.

Während dieser Aufgabe brach lautes Gelächter aus. Nuno und William mussten aufgeben. Sie hatten keine Chance, einen roten Punkt in ihrer Nähe zu erreichen. Liam versuchte es dann mit aller Macht und streckte sich unter Jill hindurch, um einen roten Punkt auf der anderen Seite zu erreichen. Kurz sah es so aus, als würde er es schaffen, doch dann verlor er das Gleichgewicht und krachte laut lachend zu Boden. Jill wäre vor Lachen fast mit runtergefallen.

Nuno, William und Liam verließen daraufhin amüsiert das Spielfeld und stellten sich an den Rand, um zuzuschauen.

»Wir müssen uns weiter in die Mitte vorarbeiten«, meinte Dylan. »Da haben wir mehr Wahlmöglichkeiten rundum.«

»Alles klar!«, bestätigte Brian.

Dann kam die nächste Durchsage: »Linker Fuß auf gelb.«

Erneut lachten alle, denn auch gelbe Punkte gab es nicht mehr viele. Wir hatten ja bereits unseren rechten Fuß auf einem gelben Punkt. Durch das Ausscheiden von Nuno, William und Liam gab es jetzt zwar sechs zusätzliche gelbe Punkte, doch auch die waren für einige unerreichbar. Mia und Jerry mussten nach dieser Runde ausscheiden. Jill hatte Glück, bei ihr lag ein freier gelber

Punkt direkt neben ihrem linken Fuß. Lucas schaffte es gerade so, indem er sich ganz weit streckte. Lange würde er diese Position sicher nicht halten können. Brian, Dylan und ich fanden einen gelben Punkt weiter innen vom Spielfeld, wie es Dylan empfohlen hatte. Ich musste mich ganz vorsichtig mit Dylan simultan bewegen, weil ich jetzt quasi auf ihm draufliegen musste, um an meinen Punkt zu kommen. Wir waren aber nicht die Einzigen, die so eng übereinanderlagen. Ava und BeautyQueen ging es ganz ähnlich. Ava hatte BeautyQueens Po im Gesicht, um ihren Punkt zu erreichen, was sie irgendwie besonders lustig zu finden schien.

»Rechte Hand auf gelb«, war die nächste Durchsage.

»Gelb scheint seine Lieblingsfarbe zu sein«, meinte Dylan lachend und suchte nach einem Punkt, den er erreichen konnte.

Es gab aber nur noch einen einzigen in unserer Nähe. Wir hatten ja bereits beide Füße auf einem gelben Punkt. Die gelben Punkte waren daher Mangelware.

»Ladys first«, sagte Dylan dann zu mir. »Nimm du ihn!«

»Danke für deine Großzügigkeit«, sagte ich. »Aber ich glaube, das hat wenig Sinn. Ich kann mich nicht mehr halten, wenn ich mich nicht mehr auf dir abstützen kann. Nimm du ihn deshalb besser. Von uns beiden bist du der Held.«

»Bist du sicher?«, wollte er wissen.

»Ja, bin ich«, bestätigte ich und richtete mich auf, um das Spielfeld zu verlassen.

Die anderen hatten es alle geschafft – bis die nächste Durchsage kam: »Linke Hand auf gelb.«

Ein amüsierter Protest ertönte sofort von der ganzen Gruppe. Es waren noch sechs Spieler auf dem Feld, und es gab insgesamt nur 24 gelbe Punkte. 18 davon waren aber bereits belegt und die restlichen sechs gelben Punkte für alle weit entfernt. Jill streckte sich in fast unmenschlichem Ausmaß, um mit der linken Hand auf einen gelben Punkt zu kommen, musste dann aber einsehen, dass sie keine Chance hatte. Lachend krachte sie zu Boden und gesellte sich anschießend zu uns an den Spielfeldrand. Brian und Dylan hatten zwar beide einen gelben Punkt erreicht, sahen aber so aus, als würden sie jeden Augenblick zusammenbrechen, was auch wenige Augenblicke später geschah. Genau wie BeautyQueen, die ihre Position auch nicht lange genug halten konnte. Übrig waren nur noch Ava und Lucas, wobei Lucas in einer denkbar ungünstigen Position hing, die er nicht lange würde halten können. Sein gesamter Körper zitterte bereits vor Anstrengung. Ava dagegen hatte Glück. Sie stand mit beiden Füßen auf zwei gelben Punkten und erreichte auch mit ihren beiden Händen recht entspannt zwei gelbe Punkte.

»Los komm schon!«, sagte Lucas offensichtlich an den Sender gerichtet. »Nächster Punkt.«

Doch es kam keine Durchsage mehr. Lucas' Körper zitterte immer heftiger, bis er die Position schließlich nicht mehr halten konnte und zu Boden fiel. Ava hatte das Spiel damit gewonnen, was sie im ersten Moment jedoch nicht zu realisieren schien. Sie wartete immer noch auf die nächste Durchsage, während der Rest von uns laut applaudierte.

»Du hast gewonnen, Ava!«, rief Dylan ihr zu, da sie immer noch in ihrer Position verharrte und die gelben Punkte festhielt.

»Ich habe gewonnen?«, fragte sie irritiert. »Ich habe noch nie bei einem Wettbewerb gewonnen!«, meinte sie in einem ungläubigen Tonfall als könne das unmöglich wahr sein.

»Dieses Mal schon«, sagte Dylan lachend und reichte ihr die Hand zum Aufstehen. »Du bist heute unsere Heldin.«

»Ich habe echt gewonnen?«, fragte sie fassungslos.

»Du bist heute die Heldin«, bestätigte ich. »Du hast eintausend Heldenpunkte gewonnen.«

Kapitel 18

Liebe

Ich hatte mich nach dieser Mission zurückgezogen, um auf die Toilette zu gehen. Genauer gesagt wollte ich zu Ella, um nachzuhören, ob mit der NSA alles nach Plan lief. Ich wusste nicht, ob ich sie dieses Mal im Klassensaal antreffen würde, da sie ja bei der Hintergrundüberprüfung meine Lehrerin spielen würde. Doch sie war zu meiner Freude dort.

»Hat die NSA schon mit den Interviews begonnen?«, fragte ich sie, nachdem ich sie begrüßt hatte.

»Ja, das haben sie. Sie sprechen heute jedoch erst einmal nur mit deiner Familie. Serafina, Lenyo, Bodo, Angelo, Lina, Malaika und Yensaya sind bereits seit heute früh vor Ort und spielen deine Eltern und Geschwister. Die echte Familie Lehmann schläft wie geplant. Alle träumen davon, ihre tägliche Arbeit zu verrichten. Bis jetzt läuft alles nach Plan. Daher würde ich vorschlagen, dass wir uns einmal deine aktuellen Erkenntnisse anschauen, die du in der Villa gewonnen hast.«

»Sehr gerne«, antwortete ich. »Die wichtigste Erkenntnis war sicherlich, dass die Menschen nicht wissen, warum sie als Seelen überhaupt im Paradies inkarniert haben. Ich gehe davon aus, dass Nuno dir bereits davon berichtet hat.«

»Bisher noch nicht«, erwiderte Ella. »Ihr habt ihnen den Sinn und Zweck ihrer Daseinsform verraten?«, fragte sie verwundert.

»Ja, ich bin davon ausgegangen, dass Nuno das mit dir abgesprochen hat«, antwortete ich ebenfalls verwundert.

»Eigentlich nicht«, meinte sie nachdenklich. »Und wie haben sie darauf reagiert?«, wollte sie wissen.

»Sie dachten, ich würde Scherze machen, als ich ihnen sagte, sie seien alle im Paradies, um sich für das Positive zu entscheiden. Dennoch bin ich davon ausgegangen, dass sie den Wahrheitsgehalt wenigstens intuitiv spüren. Doch da bin ich mir nicht mehr so sicher. Gleich nach diesem Gespräch hatten wir eine Mission, bei der deutlich wurde, dass es in 99 von 100 Fällen besser ist, eine positive Annahme zu treffen, anstatt leichtfertig vom Negativen auszugehen. Meine Lieblingsmenschen haben das zwar mental verstanden, aber es nicht in Verbindung mit dem Sinn und Zweck ihrer Daseinsform gebracht. Sie haben aber erkannt, dass sich ihr unbewusstes System automatisch jedes Mal zum Negativen entscheidet, wenn sie eine falsche negative Annahme treffen. Ihr System glaubt ja dann sofort, sich vor dem Negativen schützen zu müssen. Und mit diesen Schutzmaßnahmen greifen sie dann das vermeintlich Negative an und handeln damit in Wirklichkeit grundlos negativ. Und damit zwingen sie dann andere dazu, sich gegen ihre unnötige Negativität zu verteidigen. Am Anfang jeder unnötigen Entscheidung zum Negativen steht ja immer eine falsche negative Annahme. Doch der Zusammenhang mit dem Sinn ihrer Daseinsform ist meinen Lieblingsmenschen nicht bewusst geworden.

Dann hatte ich noch ein Gespräch mit BeautyQueen, in dem es darum ging, dass sie sich zu einer positiven Sichtweise über sich selbst entscheiden sollte. Sie hat diese Entscheidung dann auch getroffen, doch auch sie hat nicht realisiert, was diese Entscheidung für sie als Seele tatsächlich bedeutet. Sie hat es zwar gefühlt, aber sie hat nicht erkannt, dass dieses Gefühl tief aus ihrer Seele kommt. Das zu erkennen, scheint für die Menschen wirklich sehr schwer zu sein.«

»Worum ging es denn genau bei BeautyQueens Sichtweise?«, wollte Ella wissen.

»Es ging um die große Täuschung. Die Menschen lernen bereits in den ersten Lebensjahren unzählige falsche Kriterien darüber, wann ein Mensch gut oder gut genug und wann er schlecht oder sogar böse ist. Viele Gefühle, Gedanken, Bedürfnisse, Eigenschaften und Schwächen werden von den Eltern aus Unwissenheit als negativ deklariert.«

»Ja, das startet die Erfahrungsprozesse, welche die menschlichen Seelen brauchen, um sich dann irgendwann für das Positive entscheiden zu können«, sagte Ella. »Die Menschen müssen im Laufe ihres Lebens herausfinden, was diesbezüglich wirklich positiv und was negativ ist. Denn so einfach, wie die Eltern ihnen das vermittelt haben, ist es in Wirklichkeit natürlich nicht. Die Welt ist nicht nur schwarz oder weiß.«

»Dieser Erkenntnisprozess ist wirklich alles andere als einfach für die Menschen«, sagte ich. »Sobald sich das Bewusstsein über das eigene Selbst beim Kind entwickelt, gelangt es nämlich zu der Einsicht, dass es viele dieser Kriterien nicht erfüllt. Und das führt erst einmal zu der Schlussfolgerung, dass das Kind nicht gut genug ist, um geliebt zu werden, und später dann auch, dass es nicht gut genug ist, um einen guten Rang im Rudel zu erhalten. Möglicherweise hält sich das Kind dann sogar für schlecht oder böse. So war es auch bei BeautyQueen. Sie hat sich selbst für ihre Schlechtigkeit verurteilt in der Hoffnung, dass sie sich das Schlechte und Böse einfach selbst verbieten kann.«

»Dieses Phänomen ist mir bekannt«, sagte Ella. »Die Menschen sind diesbezüglich alle mehr oder weniger verunsichert. Aus der Sicht des sozialen Gehirns stellt die Schlussfolgerung, dass man offensichtlich nicht gut genug, schlecht oder sogar böse ist, die schlimmste soziale Katastrophe dar, die man sich als Mensch überhaupt vorstellen kann. Schlechte oder böse Menschen will niemand im Rudel haben. Auch will sie niemand lieben. In der Steinzeit hätte es den Ausschluss aus dem Rudel bedeutet, wenn man als schlecht oder böse angesehen worden wäre. Deshalb ist es für Menschen auch so schlimm, wenn sie bloßgestellt werden. Von diesem

Phänomen sind alle Menschen gleichermaßen betroffen, doch sie gehen ganz unterschiedlich damit um. Die einen verurteilen sich selbst, so wie BeautyQueen es getan hat, andere verdrängen die Schlussfolgerung einfach und reden sich unentwegt selbst ein, dass sie ganz toll und in Ordnung sind, oder sie wollen von anderen Menschen ständig Bestätigung dafür haben. Wieder andere haben akzeptiert, dass sie schlecht sind, wollen aber dann mit aller Macht vermeiden, dass andere das merken.

Einige verleugnen die scheinbare Wahrheit auch einfach vor sich selbst und suchen dann immer nach einem Schuldigen, wenn irgendetwas in ihrem Leben nicht so läuft, wie es das sollte. Diese Menschen sind in Partnerbeziehungen sehr problematisch, weil sie ständig ihren Partner kritisieren und ihn oftmals auch für sein vermeintlich schuldhaftes Verhalten bestrafen wollen.

Viele versuchen sich auch selbst zu optimieren, weil sie tief in ihrem Inneren glauben, dass sie so, wie sie sind, noch nicht gut genug sind. Sie wollen besser werden. Manche streben auch nach Perfektion. Und sehr viele Menschen versuchen sich übermäßig an ihr Umfeld anzupassen, es allen recht zu machen und zu gefallen. Auch hier brauchen die Menschen viele Erfahrungen, damit sie den Weg zum Positiven finden können. Viele brauchen mehrere Leben dafür.«

»Mir war klar, dass nicht nur BeautyQueen von dieser fatalen Schlussfolgerung betroffen ist«, sagte ich. »Aber mir war nicht klar, dass es so viele verschiedene Arten und Weisen gibt, mit diesem Problem umzugehen. Die genannten Wege sind ja letztendlich allesamt problematisch. Aber das ist aus menschlicher Sicht sehr schwer zu durchschauen. Die menschliche Seele hat sich da wirklich eine sehr schwierige Aufgabe vorgenommen. Klar, diese Lösungen verursachen allesamt sehr viel Leid, weshalb man irgendwann auf die Idee kommen muss, dass diese Wege falsch sind. Doch leicht ist das nicht, denn die Menschen bauen erst einmal ihre gesamte Persönlichkeit auf ihre schädlichen Lösungen auf!«

»Ja, das ist richtig. Einfach ist das nicht für die Menschen. Aber sie schaffen es. Sie brauchen dazu nur eine Weile. Irgendwann erkennen sie, dass es keine sinnvolle Lösung für ihr Problem gibt außer dem Erkennen der Wahrheit. Nämlich, dass sie so, wie sie sind, von Geburt an richtig und gut sind. Sie sind weder schlecht noch böse, noch nicht gut genug, nur weil sie die vielen unerfüllbaren Kriterien nicht erfüllen, die sie in ihrer Kindheit von ihrem sozialen Umfeld gelernt haben. Wenn die Menschen das erkennen, dann lösen sich alle ihre unerfüllbaren Sollvorstellungen auf, die sie fälschlicherweise glauben erfüllen zu müssen, um beliebt zu sein, geliebt zu werden oder einen guten Rang im Rudel zu kriegen.

Weiterhin hören sie dann auch auf, andere Menschen ändern oder nacherziehen zu wollen, denn die sind ja auch in Ordnung, wie sie sind. Sie fangen also an, sich selbst und andere so zu akzeptieren und zu lieben, wie sie von Natur aus sind. Das ist der allerwichtigste Schritt zum Positiven für jede menschliche Seele.

Damit dieser Schritt gelingt, sollten sie erkennen, dass ihnen die eigenen Eltern und das gesamte soziale Umfeld von damals jede Menge unerfüllbare Kriterien beigebracht haben, und dass die negativen Schlussfolgerungen, die sie daraus gezogen haben, nicht mehr sind als bloße negative Annahmen, die einen starken Selbstbestätigungseffekt aufweisen. Diesbezüglich sollten sie genauer verstehen, was in ihren drei Gehirnen durch diese negativen Annahmen tatsächlich passiert, sodass sie den Selbstbestätigungseffekt durchschauen und diese negativen Annahmen leichter als falsch verwerfen können.

Wichtig ist, die gesamte Tragweite dieser negativen Annahme zu verstehen. Kein einziger Mensch auf dieser Welt kann diese falschen Kriterien tatsächlich erfüllen. Auch nicht die eigenen Eltern! Und das ist für das soziale Gehirn eines Kindes der größte Schock, den man sich überhaupt vorstellen kann.«

»Es muss feststellen, dass sogar seine eigenen Eltern nicht gut genug oder sogar schlechte Menschen sind«, erkannte ich.

»Ganz genau. Später im Leben stellt das Kind dann fest, dass es tatsächlich niemanden auf der ganzen Welt gibt, der nichts Schlechtes oder Böses in sich trägt. Und dass nach den erlernten Kriterien kein einziger Mensch gut genug zu sein scheint. Die meisten Menschen verdrängen diese Schlussfolgerung dann so gut es geht, denn ihr soziales Gehirn ist darauf programmiert, schlechte und böse Menschen zu meiden und keinesfalls eine Bindung mit einem Menschen einzugehen, der nicht gut genug ist. Doch wenn alle Menschen schlecht, böse oder nicht gut genug sind, dann kann man natürlich mit niemandem eine echte Liebesbeziehung eingehen. Weder mit den eigenen Eltern, noch mit einem Lebenspartner.

Die meisten Menschen verdrängen deshalb wie gesagt diese scheinbare Tatsache, die sich aus ihren frühkindlich erlernten falschen Kriterien ergibt, so gut es geht. Doch unterschwellig bleibt natürlich immer eine gewisse Unsicherheit. Anderen Menschen zu vertrauen, fällt vielen daher schwer. Manche treffen auch eine Autonomie-Entscheidung. Sie wollen sich von niemandem abhängig machen, alles allein schaffen und niemanden brauchen. Ihre Freiheit ist ihr höchstes Gut. Doch das ist für Lebewesen äußerst problematisch, deren natürliche Lebensweise die soziale Gemeinschaft ist. Autonomie bedeutet natürlich gleichzeitig auch Einsamkeit. Und damit haben diese Menschen ihr gesamtes Leben lang zu kämpfen.«

»Der Große Geist hat den Menschen die Entscheidung zum Positiven wirklich nicht gerade leicht gemacht«, sagte ich.

»Ja, das ist wohl so«, stimmte mir Ella zu. »Die menschlichen Seelen brauchen sehr viele positive und negative Erfahrungen, damit sie ihren Weg finden und aufsteigen können.«

»Ich werde diese Thematik mit den falschen Kriterien für gute und schlechte Menschen noch heute mit meinen Lieblingsmenschen besprechen«, sagte ich. »Ich glaube, dass ich ihnen ihren Entwicklungsprozess damit deutlich erleichtern kann. Ich denke, durch die Korrektur ihrer falschen Kriterien können sie erkennen, warum sie in Wirklichkeit eine Bereicherung für andere darstellen.

Wir hatten heute einige Missionen in der Villa, die mir diesbezüglich auch noch einmal ein wenig mehr Klarheit gebracht haben. Die größte Bereicherung sind Menschen füreinander, wenn sie ein gegenseitig bereicherndes Miteinander leben. Die Entscheidung zum Miteinander macht ihnen das Leben sehr viel leichter. Sechs Teilnehmer hatten die Mission, aus einem drei Meter tiefen Erdloch wieder herauszukommen. Das haben sie nur geschafft, indem sie alle zusammengearbeitet haben. Das war also ein echtes Miteinander.

In der nächsten Mission ging es um einen sportlichen Wettkampf in Zweier-Teams. Wir sollten unseren Team-Partner mit einer Schubkarre transportieren. Beauty-Queen war jedoch gesundheitlich angeschlagen heute, weshalb sie von dieser Aufgabe körperlich massiv überfordert war. Sie hatte aber das Gefühl, diese Mission bewältigen zu müssen, und fühlte sich, als sei sie in einer echten Notsituation. Wir waren dann für sie da in ihrer vermeintlichen Not, was ich ebenfalls in die Kategorie der Bereicherung einordnen würde. Es war aber kein Miteinander, sondern eher so etwas wie ein Füreinander.

Aber ich denke, es gehört ebenfalls zu den Vorteilen einer guten sozialen Bindung, dass man füreinander da ist, wenn man Hilfe benötigt.

Und als Letztes hatten wir noch eine echte Konkurrenz-Mission, bei der es nur einen Gewinner geben konnte. Das war also ein Gegeneinander. Aber auch das empfand ich als Bereicherung.«

»Miteinander, füreinander und gegeneinander«, wiederholte Ella meine Worte. »Das ist eine interessante Gliederung, die auch für unsere Love-Angels nützlich sein könnte.«

»Inwiefern könnte das nützlich sein?«, fragte ich interessiert.

»Es bringt die Schwierigkeiten bei der Entscheidung zum Positiven sehr gut auf den Punkt, die Liebende in Partnerbeziehungen oftmals miteinander haben.«

»Kannst du mir das genauer erklären?«, bat ich. »Ich habe ja jetzt ebenfalls eine Liebesbeziehung und möchte, dass die glücklich verläuft. Ach ja, das hätte ich fast vergessen. Wir haben in der Villa auch über das Thema Glück gesprochen. Viele Menschen verwechseln reales Glück mit glücklichen Gefühlen. Wie viele das genau sind, kann ich nicht sagen. Bei meinen Lieblingsmenschen waren es jedenfalls alle. Auch wissen die Menschen offensichtlich noch nicht, dass ihre Innenwelt nach ganz anderen Gesetzmäßigkeiten funktioniert als ihre Außenwelt.«

»Darüber hat mich Nuno bereits unterrichtet. Das dürfte die meisten Menschen in der heutigen Zeit betreffen. Auch beim Thema Glück sind vermutlich die meisten Menschen betroffen. Mitte des letzten Jahrhunderts war das noch anders. Da wurde Glück so definiert, dass man eine eigene Familie gründet, ein Haus baut, einen sicheren Arbeitsplatz und ein gutes Einkommen hat sowie in einer sozial gut gestellten Wohngegend lebt. Ende der sechziger Jahre galten diese materiellen Werte jedoch zunehmend als spießig. Die Menschen fingen an, emotionale Werte anzustreben wie beispielsweise, dass man Spaß bei der Arbeit haben sollte, oder dass man Erfüllung in seinem Beruf findet und dass man einen Partner hat, mit dem man sich glücklich fühlt. Grundsätzlich ging es immer mehr um die Gefühle. Schließlich gab es in den letzten Jahrzehnten dann einen weltweiten Glücksboom, bei dem es fast ausschließlich nur noch darum ging, das Glück in sich selbst zu finden. Als glücklich gilt man im Moment im Paradies nur, wenn man sich auch glücklich fühlt und das auch augenscheinlich für andere ausstrahlt. Viele Menschen machen mittlerweile sogar den Rang im Rudel davon abhängig, wer der Glücklichere zu sein scheint.

Doch wie Nuno in der Villa bereits erwähnt hat, gibt es immer mehr psychologische Studien, die aufzeigen, dass die Menschen deutlich unglücklicher sind, je mehr sie sich darum bemühen, glückliche Gefühle zu erreichen oder unglückliche zu vermeiden. Diese Strategie bringt unendlich viele Gefühlsziele hervor, die dann auch schnell in emotionalen Teufelskreisen enden können. Und dann bemühen sich die Menschen noch mehr um bessere Gefühle und alles wird immer schlimmer.

In der Regel dauert es nach solchen Studien bei den Menschen drei bis fünf Jahrzehnte, bis die neuen Erkenntnisse zum Allgemeinwissen geworden sind. Doch durch dich haben wir jetzt die Möglichkeit, einen Turbo für die menschliche Bewusstseinsentwicklung einzuschalten. Du erreichst jetzt einige hundert Millionen Menschen mit deinen Erkenntnissen. Nach der Show müssen wir eine Möglichkeit finden, wie wir dich wieder aus der NSA rauskriegen, damit du deine Mission fortsetzen kannst.«

»Und was wird dann genau meine Mission sein?«, wollte ich wissen.

»Du wirst den Menschen helfen, ihre Innenwelt besser zu verstehen, damit sie erkennen können, dass sie in Wirklichkeit gar nicht so viele Probleme haben, wie sie immer glauben. Die Menschen wissen einfach noch viel zu wenig über die Naturgesetze ihrer Innenwelt. Sie zu erkennen, ist auch kein leichtes Unterfangen. Auch wir Love-Angels tun uns schwer damit, obwohl wir das menschliche Verhalten jetzt schon seit Jahrtausenden erforschen. Wie du das so mühelos bewältigen kannst, ist uns allen noch ein großes Rätsel. Offenbar musst du diesbezüglich über besondere Fähigkeiten verfügen.«

»Ich weiß leider auch nicht, wie ich das mache. Ich habe mehrfach erlebt, dass ich einfach über Wissen verfügen konnte, das ich nie erworben habe. Ich habe keine

Ahnung, wo dieses Wissen herkommt. Es ist manchmal einfach da.«

»Wir warten noch auf die Ergebnisse vom Check-up deines Avatars. Vielleicht kriegen wir dadurch ein paar Antworten. Klar ist im Moment nur, dass du für die Menschen eine sehr große Rolle spielst. Du hilfst ihnen, ihre Innenwelt besser zu verstehen. Allein dadurch können sich 99 Prozent ihrer Probleme auflösen.«

»Ja das kann ich aus Erfahrung bestätigen«, sagte ich. »Sie müssen das alles tatsächlich nur besser verstehen, dann passiert der Rest ganz von selbst. Oftmals sogar innerhalb weniger Sekunden.«

»Es kann auch mal einige Tage oder sogar mehrere Monate benötigen. Die theoretische Erkenntnis allein genügt oftmals nicht. Sie brauchen dann auch die realen Erfahrungen, die ihre theoretische Erkenntnis bestätigen, bevor sie eine Entscheidung endgültig treffen können.«

»Das ist gut zu wissen«, sagte ich. »Bisher dachte ich immer, dass die Erkenntnis allein genügt.«

»Das ist immer nur dann der Fall, wenn die Menschen auf bereits vorhandene Erfahrungen zurückgreifen können und gar keine neuen benötigen. Das wird relativ häufig der Fall sein, aber nicht immer.«

»Dann werde ich mein Bestes geben, um ihnen auch die Erfahrungen zu ermöglichen, die sie dazu noch benötigen«, sagte ich.

»Und wir alle werden dich dabei mit Rat und Tat unterstützen«, versprach Ella. »Dann würde ich vorschlagen, dass wir uns jetzt wieder deiner Frage zuwenden, wie sich deine neuen Erkenntnisse in Bezug auf miteinander, füreinander und gegeneinander auf die Liebe ausüben.«

»Ja, sehr gerne«, stimmte ich zu. »Das würde mich sehr interessieren.«

»Ein Gegeneinander wirkt sich, wie du dir sicherlich denken kannst, nur selten positiv auf eine Partnerbeziehung aus. In den meisten Fällen wertet das soziale Gehirn es als negativ, wenn sich jemand gegen einen wendet. Und das Reptiliengehirn wertet es zusätzlich oft sogar als Angriff. Menschen versuchen daher, das Gegeneinander so weit wie möglich einzudämmen, was jedoch vielen sehr schwerfällt.«

»Und worin liegt dieser hohe Schwierigkeitsgrad begründet?«, wollte ich wissen.

»In allen vier großen Irrtümern. Oftmals streiten die Paare ums Prinzip, wie du weißt. Sie verhalten sich eher wie ein Homo principius und nicht wie ein Homo sapiens. Dann ist natürlich die Rangordnung immer ein großes Thema. Die große Täuschung lässt sie ebenfalls oftmals gegeneinander angehen, weil sie gelernt haben, andere abzulehnen oder zu verurteilen, wenn diese den erlernten Kriterien nicht entsprechen. Doch am häufigsten sind es wieder die Gefühlsziele, die für Streit und damit für ein Gegeneinander sorgen. Die Menschen wollen einfach nicht, dass ihr Partner ihnen schlechte Gefühle macht.«

»So wie Ava mit ihrem Mann«, stimmte ich zu.

»So gut wie alle Menschen machen ihren Partner dafür verantwortlich, wenn aufgrund seines Verhaltens, seiner Charaktereigenschaften, seiner Unzulänglichkeiten, seiner negativen Gedanken, Gefühle oder Verhaltensweisen ein Vermeidungsgefühl in ihnen aufkommt. Diese unangenehmen Gefühle wollen sie einfach nicht haben, also versuchen sie das bei ihrem Partner abzustellen.«

»Sie wenden sich also gegen ihn.«

»Ganz genau. Doch sobald sie verinnerlicht haben, dass sowohl sie selbst als auch ihr Partner in Wirklichkeit völlig in Ordnung sind und keinesfalls schlecht, böse oder nicht gut genug, gibt es nur noch dann Streit, wenn es um reale Probleme geht.«

»Gegeneinander ist also in der Regel schädlich für die Liebe«, fasste ich zusammen. »Wie sieht es beim Miteinander und Füreinander aus?«

»Das Miteinander ist fast immer sinnvoll für die Liebe, das Füreinander nur manchmal«, antwortete Ella.

»Und warum ist das Füreinander nur manchmal sinnvoll?«, wollte ich wissen.

»Die natürliche Lebensweise in einem Menschenrudel ist das Miteinander. Die Aufgaben des täglichen Lebens werden gemeinsam als Team bewältigt. Man hält zusammen und agiert als geschlossene Einheit. Jeder hat seinen Platz im Team, und alle ziehen am gleichen Strang. Diese Lebensweise spart allen Kraft und Energie. Auch kann das Team Aufgaben bewältigen, die ein Einzelner gar nicht schaffen könnte. Bei einem Füreinander tritt das gemeinsame Bewältigen von Aufgaben in den Hintergrund. Hier benötigt jemand die Unterstützung der anderen, weil er beispielsweise krank, schwach oder überfordert ist. Die Menschen helfen dann instinktiv gerne, denn in einer sozialen Bindung füreinander da zu sein, hat entscheidende Überlebensvorteile. Dennoch kostet es die Helfenden natürlich Kraft und Energie, wenn sie für andere da sind. Daher ist das Füreinander nur für Ausnahmesituationen gedacht, wo jemand tatsächlich Hilfe benötigt.«

»Verstehe. Das gegenseitig bereichernde Miteinander ist quasi die Standardlebensweise für den Alltag, die allen Beteiligten das Leben leichter und schöner macht. Und das Füreinander ist die Art und Weise, wie man mit Ausnahmesituationen umgeht, wenn jemand aus dem Rudel ein Problem hat, bei dem er Hilfe benötigt.«

»Ganz genau«, stimmte Ella zu. »Und das muss in einem gesunden Verhältnis stehen. Durch die vielen Gefühlsziele passiert es jedoch sehr schnell, dass Menschen viel zu häufig glauben, Unterstützung, Rücksicht, Bestärkung oder irgendeine andere Art von Hilfe zu benötigen. In Wirklichkeit haben sie natürlich nur emotionale Probleme, die sie ohne ihre Gefühlsziele gar nicht hätten. Doch das wissen sie nicht. Sie fühlen sich in echter Not. Und dann fordert der menschliche Instinkt von anderen, dass diese ihnen in ihrer Not beistehen. Alles andere wird als unterlassene Hilfeleistung gewertet und verurteilt.«

»Die Gefühlsziele bringen also das Verhältnis zwischen Miteinander und Füreinander schnell aus dem Gleichgewicht, weil die Menschen hundertmal mehr Probleme zu haben glauben, als sie tatsächlich haben. Das ist nachvollziehbar.«

»Richtig. Erschwerend kommt hinzu, dass das Großhirn vieler Menschen insbesondere in Partnerbeziehungen im Füreinander eine Möglichkeit sieht, wie man sich gegenseitig seine Gefühlsziele erfüllen kann. So wie Ava, die von ihrem Mann erwartet hat, dass er ihr das Gefühl gibt, geliebt zu sein. Wie wir wissen, kann das sehr schädliche Auswirkungen haben. Doch wenn die Menschen das nicht erkennen, dann fangen sie an, sich gegenseitig ändern oder manipulieren zu wollen, damit der jeweils andere die eigenen Gefühlsziele besser erfüllt. Aus dem Füreinander wird dann ganz schnell ein Gegeneinander.«

»Passiert so etwas häufig?«, wollte ich wissen.

»Ja, das ist gewissermaßen Standard bei den Menschen. Die meisten versuchen ständig, sich gegenseitig ihre Gefühlsziele zu erfüllen. Und dabei kommt dann das gegenseitig bereichernde Miteinander zu kurz. Man ist immer nur darauf bedacht, dem anderen zu geben, was er für die Erfüllung seiner Gefühlsziele braucht, um dann im Gegenzug auch von ihm zu bekommen, was man selbst für die Erfüllung der eigenen Gefühlsziele benötigt. Das gegenseitige Füreinander wird daher für viele Menschen zum alternativen Beziehungskonzept.«

»Doch dieses Beziehungskonzept kann nicht funktionieren, weil die gegenseitige Erfüllung der Gefühlsziele ja nicht der Sinn und Zweck einer Partnerschaft ist. Das soziale Gehirn wertet diese Lebensweise sicherlich als ein gegenseitiges Benutzen und nicht als echte Liebe. Erneut sind es also die Gefühlsziele, die hier die Probleme verursachen.«

»Ja so ist es«, stimmte mir Ella zu. »Und diese Erkenntnis wird für alle Love-Angels von großer Bedeutung sein. Reales Liebesglück benötigt ein ausgewogenes Verhältnis zwischen Miteinander, Füreinander und Gegeneinander.«

»Ist das Gegeneinander auch sinnvoll für die Liebe?«, fragte ich verwundert.

»Ohne gelegentliches Gegeneinander ist eine menschliche Beziehung kaum möglich. Die Menschen müssen sich aneinander anpassen, um miteinander im Team oder als Paar gut funktionieren zu können. Und dieser Anpassungsprozess erzeugt unweigerlich auch mal Reibung, wenn die Menschen unterschiedlicher Meinung sind. Doch letztendlich führt diese Reibung dazu, dass die Menschen immer besser miteinander harmonieren und am gleichen Strang ziehen können. Das Gegeneinander darf nur nicht zu häufig passieren, was leider bei den Menschen durch die vielen Gefühlsziele sehr häufig der Fall ist.«

»Das Miteinander, das Füreinander und das Gegeneinander gehören also allesamt zur Lebensweise der Liebe«, fasste ich für mich noch einmal zusammen. »Und gäbe es die vielen Gefühlsziele nicht, wären diese drei Komponenten der Liebe bei den meisten Menschen auch in einer viel besseren Balance. Vielen herzlichen Dank, dass du mir das alles so genau erklärt hast. Ich denke, dass ich das mit Brian gut hinkriegen werde. Vor allem wird es mir die Akzeptanz erleichtern, wenn er oder andere Menschen sich aufgrund ihrer Gefühlsziele auch mal gegen mich wenden. Das ist ja aufgrund der aktuellen Sachlage absolut verständlich.«

Nachdem ich mich von Ella verabschiedet hatte, materialisierte ich mich wieder auf meinem Zimmer in der Villa. Ich freute mich sehr darauf, das Miteinander, das Füreinander und auch das Gegeneinander mit meinem Brian gemeinsam zu erleben. Das würde ein tolles Abenteuer werden. Voller enthusiastischer Gefühle verließ ich mein Zimmer, um nach ihm zu suchen.

Auf der Treppe kam mir Ava entgegen. »Komm mal mit!«, sagte sie bestimmt zu mir und zeigte mit einer Kopfbewegung die Treppe hoch. »Ich muss mit dir reden.«

Ich lief verwundet hinter ihr her bis zu ihrem Zimmer. Sie schloss die Tür auf und bat mich herein. Drinnen legte sie ihren Finger auf die Lippen und deutete auf ihre Mikrofonkette. Sie zog sie stumm aus, schaltete sie ab und gab mir mit einer Geste zu verstehen, dass ich das ebenfalls tun sollte.

»Sprich bitte sehr leise!«, flüsterte sie. »Denn es kann sein, dass die Mikrofone da draußen aufnehmen, was wir hier drinnen sagen.«

Ich tat, worum sie mich gebeten hatte, und schaute sie schulterzuckend an.

»Hast du wirklich eine klare Vorstellung davon, wie sehr dieser Mensch dich tatsächlich liebt?«, fragte sie mich flüsternd.

»Falls du Brian meinst, dann glaube ich das schon«, bestätigte ich ihre Frage flüsternd.

»Ich habe ihn eben darauf angesprochen, ob es wirklich kein Problem für ihn ist, dass du vielleicht niemals leidenschaftliche Gefühle für ihn entwickeln kannst. Er sagte, das könne er sich nicht vorstellen. Aber selbst wenn es so wäre, würde er lieber sein Leben mit dir verbringen als mit jeder anderen Frau in diesem Universum. Selbst wenn er wählen müsste, ob er noch einen einzigen Tag mit dir verbringen darf oder ein ganzes Leben mit einer anderen Frau, so würde er sich ohne zu zögern für dich entscheiden. Ich will nicht, dass du ihm das Herz brichst! Deshalb frage ich dich hier und jetzt, ob du ihn wirklich aufrichtig liebst und ob du tatsächlich vorhast, auch nach der Show hierzubleiben?«

»Ich hatte eigentlich nicht vor, auf Hawaii zu bleiben«, antwortete ich verwundert von ihrer Frage. »Ich glaube Brian ebenfalls nicht. Aber ich kann dir versichern, dass ich ihn genauso sehr liebe wie er mich. Ich würde ebenfalls alles für ihn aufgeben, wenn ich es müsste.«

»Ich meinte natürlich nicht auf Hawaii«, flüsterte sie zurück. »Ich meinte, hier«, sagte sie und breitete die Arme aus. »Hier auf der Erde.«

Ein Schrecken fuhr mir in die Glieder, als sie das sagte, was Ava offensichtlich nicht verborgen blieb.

»Keine Angst, mein kleiner Schleimpilz«, flüsterte sie. »Dieses Geheimnis werde ich mit ins Grab nehmen.«

»Woher weißt du ...?«, fragte ich geschockt.

»Ich bin vielleicht nicht so schlau wie du, aber ganz blöd bin ich auch nicht«, antwortete sie weiterhin flüsternd. »Ich habe heute mit Richard gesprochen, weil ich wissen wollte, wie er das einschätzt mit dir und Brian. Ich wollte wissen, ob er sich vorstellen kann, dass du irgendwann zu einer echten Liebesbeziehung fähig bist. Er drückte sich so seltsam aus, dass ich weiter nachbohrte. Lange Rede, gar kein Sinn: Letztendlich hat er sich verplappert. Aber glücklicherweise nicht so, dass es sonst außer mir irgendjemand hätte verstehen können. Den Zuschauern fehlt die Information, dass du auf mein Zimmer kommen und meinen Vibrator wegräumen konntest. Das war völlig unmöglich! Zumindest für einen Menschen. Ich weiß zwar nicht, wie du das genau angestellt hast, aber dadurch haben sich bei mir alle Mosaiksteinchen zu einem vollständigen Bild zusammengefügt. Dein intuitives Gespür dafür, wann die Zeit für einen Menschen tatsächlich gekommen ist. Das zusammen mit deinen vielen unfassbaren Fähigkeiten, deiner reinen Seele und deiner Geschichte über den Großen Geist und den Sinn des Lebens ... Alles passt einfach perfekt zusammen. Und ich glaube, du bist nicht der einzige Schleimpilz hier. Richard ist ebenfalls einer von euch. Habe ich recht?«

»Ja, das ist er tatsächlich«, gab ich zu. »Eigentlich heißt er Nuno, aber bitte sage das niemandem!«

»Du hast was gut bei mir, mein Engel«, sagte sie daraufhin emotional und nahm meine Hände in ihre. »Das habe ich dir doch gesagt. Für immer beste Freundinnen. Ich würde niemals etwas tun, was dir schaden könnte. Sowieso würde ich niemals etwas tun, was einem Engel Schaden zufügen würde. Wann immer du oder ihr mich brauchen solltet, für was auch immer, ich werde für euch da sein. Koste es, was es wolle. Du kannst immer auf mich zählen.«

»Du auf mich auch«, versprach ich.

»Bist du wirklich ein Schutzengel?«, wollte sie dann wissen.

»Das war ich, doch jetzt habe ich eine andere Aufgabe. Aber es ist dafür gesorgt, dass du und dein Mann für immer von einem Guardian-Angel beschützt werdet.«

»Das ist ein wundervolles Gefühl«, flüsterte sie sichtlich ergriffen. »Ich glaube, so sicher habe ich mich in meinem ganzen Leben noch nicht gefühlt wie jetzt gerade. Ich hoffe nur, dass der mich nicht Tag und Nacht beobachtet, wenn du weißt, was ich meine?!«, sagte sie mit einem Augenzwinkern und lachte. »So ein bisschen Privatsphäre hätte ich dann schon gerne ab und an mit meinem Mann.«

»Keine Sorge, für Sex und andere Intimitäten interessieren sich die Guardian-Angels überhaupt nicht«, erklärte ich. »Sie sind auch nicht rund um die Uhr bei euch, sondern immer nur, wenn sie gebraucht werden. Sie erhalten direkt vom Großen Geist eine genaue Order, wann und wo sie jemanden beschützen sollen. Den Rest der Zeit bleibt ihr also unbeobachtet. Sie sind immer nur da, wenn sie tatsächlich gebraucht werden.«

»Wobei wir gerade beim Thema sind …«, sagte sie. »Meinst du, du kannst irgendwann leidenschaftliche Gefühle für Brian empfinden?«

»Die habe ich schon längst. Ich darf sie nur nicht ausleben, um meine Tarnidentität als Savant nicht zu gefährden. Diese Gefühle zu unterdrücken, ist ganz schön schwer, das kann ich dir sagen. Ich muss all meine Kraft dafür aufwenden.«

»Tut mir sehr leid, dass ich dir das mit dem Savant-Syndrom eingebrockt habe«, flüsterte sie schuldbewusst.

»Nein, nein, das war eine geniale Idee! Die beste überhaupt. Nur deshalb hören mir jetzt so unglaublich viele Menschen zu, wenn ich etwas über die menschliche Psyche erkläre. Das hat mir meine Mission extrem leichter gemacht. Ich muss jetzt mit Brian und meinen leidenschaftlichen Gefühlen nur geduldig sein. Aber meine Zeit wird kommen, und dann kann es gut sein, dass ich mich diesbezüglich noch einmal an dich wenden werde, wenn ich darf. Denn ich habe ehrlich gesagt keinen blassen Schlauch davon, wie Sex funktioniert. Bis jetzt kann ich kuscheln, Löffelchen liegen und küssen. Wobei das Küssen mich noch überfordert. Wenn ich Brian küsse, kann ich meine leidenschaftlichen Gefühle nicht mehr kontrollieren. Aber zum Glück versucht er es auch nicht mehr. Er zeigt sehr viel Verständnis und Geduld, wofür ich ihm überaus dankbar bin.«

»Ich freue mich so sehr, dass du das sagst. Ich mag Brian ja auch unheimlich gerne. Aber dann muss ich mir ja jetzt keine Sorgen mehr machen. Alles wird gut.«

»Ja, alles wird gut«, bestätigte ich ihr.

»Dann würde ich vorschlagen, dass wir jetzt wieder zu den anderen nach draußen gehen, bevor jemandem auffällt, dass wir so lange weg sind. Schalten wir also die Dinger wieder ein!«, flüsterte sie und legte sich ihre Mikrofonkette wieder an.

Als wir Hand in Hand zurück in den Garten kamen – wie beste Freundinnen das nun einmal so tun –, schien mir die Welt irgendwie noch heller und farbenfroher geworden zu sein. Jetzt wusste ein richtiger Mensch davon, wer ich in Wirklichkeit war, und liebte mich trotzdem noch. Das gab mir die Zuversicht, dass ich auch Brian irgendwann die Wahrheit sagen könnte. Momentan traute ich mich das noch nicht, aber der Tag würde kommen, da war ich mir ganz sicher. Und das löste ein unbeschreiblich schönes Glücksgefühl in mir aus.

Ava führte mich zu den Sonnenliegen, wo Brian, Dylan, BeautyQueen und Nuno lagen und im Sonnenlicht badeten. Dass Nuno dabei immer noch sein Feenkostüm trug, amüsierte mich ungemein. Bisher war mir das nie groß aufgefallen, aber mein menschliches Gehirn schien diesen Umstand plötzlich sehr lustig zu finden. Offenbar entwickelte sich der menschliche Humor in meinem

Gehirn deutlich langsamer als meine sonstigen Fähigkeiten. Möglicherweise hatte ich ja tatsächlich so ein Savant-Gehirn, wie Ava es beschrieben hatte. Besondere Fähigkeiten auf der einen Seite, aber dafür auch Defizite in anderen Bereichen. Und der Humor war bislang das einzige echte Defizit, das ich zu bemängeln hatte. Und nun entwickelte sich diese Fähigkeit offenbar doch noch ganz von allein. Das war sehr schön und zauberte ein Lächeln auf mein Gesicht. Und noch mehr, als mich Ava dann zu Brian führte und ihm schließlich meine Hand übergab. Das fühlte sich an, als würde sie damit zum Ausdruck bringen, dass wir füreinander bestimmt waren. Und genau so fühlte es sich für mich auch an.

Ich floss in diesem Moment über vor Liebe, wusste aber gleichzeitig, dass Liebe viel mehr war als einfach nur ein Gefühl. Es war eine ganze Lebensweise. Miteinander, Füreinander, ja sogar das Gegeneinander ... All das und noch viel mehr gehörte zur Liebe.

»BeautyQueen hat uns von eurem Gespräch erzählt«, sagte Brian zu mir, als ich mich zu ihm auf die Sonnenliege setzte. »Das hat uns alle sehr berührt.«

»Das war voll unnormal!«, sagte BeautyQueen ergriffen. »Ich bin dir so unfassbar dankbar dafür.«

»Es war mir ein großes Vergnügen«, sagte ich gerührt von ihrer Dankbarkeit und überlegte, dass ich bei dieser Gelegenheit gleich das Thema ansprechen sollte, dass so gut wie jeder Mensch gleichermaßen von diesen unerfüllbaren Kriterien betroffen war. Sie hatten nur unterschiedliche Wege eingeschlagen, um mit diesem

Problem umzugehen. »Kein Mensch sollte jemals so mit sich umgehen müssen«, begann ich zu erklären. »Das hat wirklich niemand verdicnt. Mensch zu sein, ist wirklich sehr hart. Und manche von uns trifft es noch härter. Und du gehörst leider dazu, mein Schatz«, sagte ich zu BeautyQueen. »Du musstest eine Menge durchmachen mit dem ganzen Mist, den man dir als Kind darüber beigebracht hat, wann ein Mensch gut genug ist. Genau wie du«, sagte ich zu Dylan. »Was du erlebt hast, muss für einen Jugendlichen unfassbar schlimm gewesen sein. Jeder von uns hat als Kleinkind Sollvorstellungen gelernt, die man gar nicht erfüllen kann. Und das kann einem das Leben ganz schön schwer machen. Aus meiner Sicht sind deshalb alle Menschen Helden. Alle haben tausend Heldenpunkte verdient.«

»Ja, das Leben als Mensch ist echt kein Ponyschlecken!«, meinte Nuno.

»Nein, wirklich nicht!«, stimmte Ava zu.

»Wir sind alle in Ordnung!«, betonte ich. »Wir sind Menschen. An keinem von uns ist irgendetwas verkehrt. Wir sind so, wie die Natur uns über die Jahrmillionen geformt hat. Es gibt keinen Grund, irgendetwas an uns zu bemängeln. Und wir sind als Spezies definitiv auf dem Weg zum Positiven. In uns steckt sehr viel Liebe. Wir alle haben das Potenzial, aus Liebe zum Leben zu handeln. Es braucht vermutlich noch eine Weile, bis das in der Praxis tatsächlich der Fall ist, aber ich glaube an die Menschheit. Ich glaube an das Gute im Menschen, denn es ist sehr stark.«

»Ich glaube ebenfalls an das Gute im Menschen«, stimmte mir Ava gerührt zu.

»Es ist nicht immer ganz leicht, mit anzusehen, was wir alle gemeinsam der Natur und uns gegenseitig und offensichtlich sogar manchmal uns selbst antun«, meinte Brian. »Aber letztendlich glaube ich ebenfalls, dass das Gute in uns irgendwann gewinnen wird.«

»Wir sind eben alle nur Menschen«, sagte Ava und zwinkerte mir zu. »Und Menschen machen Fehler. So ist das nun einmal. Wir sind nicht perfekt, aber wir sind auch nicht schlecht oder gar böse.«

»Nein, das sind wir wirklich nicht«, stimmte Beauty-Queen ihr zu. »Niemand sollte dafür verurteilt werden, dass er nicht perfekt oder anders ist. Und niemand, wirklich niemand«, betonte sie, »sollte sich dafür selbst an den Pranger stellen.«

»Wir haben alle unser Päckchen zu tragen«, meinte Dylan. »Keiner von uns hatte es wirklich leicht im Leben. Doch ich glaube, dass wir es uns jetzt durch dich immer leichter machen können. Du hast mein Leben verändert«, sagte er direkt an mich gerichtet. »Ich sehe die Welt nicht mehr so kackbraun, wie ich sie vor einer Woche noch gesehen habe. Du hast mir echt die Augen geöffnet. Gleichzeitig spüre ich aber auch, dass es da noch einige Baustellen bei mir gibt, wo ich deine Unterstützung sehr gut gebrauchen könnte. Vor allem in Bezug auf dieses Bereicherungsthema. Da habe ich glaube ich noch einige Unklarheiten.«

»Die gibt es bei mir ebenfalls«, meinte Ava.

»Wir haben ja noch ein paar Tage, bis die Show zu Ende ist«, sagte ich. »Ich denke, dass es hauptsächlich an diesen unerfüllbaren Kriterien liegt, dass wir so große Schwierigkeiten damit haben, uns als Bereicherung anzusehen. Wir sollten diesbezüglich gemeinsam Klarheit schaffen.«

»Wenn wir alle zusammenhalten, dann schaffen wir das«, meinte BeautyQueen motiviert. »Wir sind schließlich alle eine gegenseitige Bereicherung. Wir sollten daher dafür sorgen, dass wir uns nicht wieder nach der Show aus den Augen verlieren.«

»Die Liebe hat uns hier zusammengeschweißt und wird uns auch weiterhin zusammenhalten«, sagte ich.

»Und was genau ist die Liebe«, fragte Brian. »Auch da fehlt mir noch ein wenig die Klarheit. Ehrlich gesagt habe ich die Liebe bisher immer für ein Gefühl gehalten. Doch wenn das soziale Gehirn nur dieses Gefühl wollte, dann könnte es davon ja einfach so viel erzeugen, wie es haben will. Auch hinter diesem Gefühl muss es im sozialen Gehirn eine reale Zielsetzung geben. Aber was ist das? Was ist Liebe aus der Sicht des sozialen Gehirns?«

»Damit werden wir uns in den nächsten Tagen noch ausführlich befassen«, versprach ich, denn ich wollte zuerst das Thema mit den nicht erfüllbaren Kriterien besprechen. »Vorab kann ich schon einmal sagen, dass die Liebe kein Gefühl ist, sondern eine Lebensweise.«

»Eine Lebensweise?!«, hakte Ava verwundert nach.

»Ja, es ist die Lebensweise, die sich im Laufe von hunderten Millionen Jahren Evolution als die erfolgreichste herauskristallisiert hat. Es ist die Art, wie Menschen, Tiere und Pflanzen miteinander kooperieren. Es ist das Miteinander, mit dem wir uns gegenseitig jeden Tag bereichern. Es ist das Füreinander, wenn es einem von uns einmal schlecht geht. Und es ist sogar das Gegeneinander, wenn wir uns zusammenraufen müssen, um schließlich einen für alle Seiten akzeptablen Kompromiss zu finden. Das alles gehört zur Liebe. Wir haben ein ganzes Gehirn für diese Lebensweise bekommen.«

»Das soziale Gehirn«, erkannte Ava beeindruckt.

»Ganz genau«, stimmte ich zu. »Alles, was dieses Gehirn tut, dient der Liebe. Jedes Belohnungsgefühl, jedes Lockgefühl und auch jedes Vermeidungsgefühl, das es erzeugt.«

»Du hast recht, die Liebe ist weit mehr als nur ein Gefühl«, meinte Ava begeistert. »Es ist eine ganze Lebensweise!«

»Und die schließt auch den Umgang mit uns selbst ein«, sagte ich, den Blick auf BeautyQueen gerichtet, um wieder auf unser Thema zurückzukommen. »Wir sollten nicht nur anderen Menschen mit Verständnis und Mitgefühl begegnen, sondern vor allem auch uns selbst. Wir sollten eine Liebesbeziehung mit unseren drei Gehirnen und unserem Körper eingehen. Dabei sollten wir Verständnis dafür aufbringen, dass sie alle jeden Tag ihr Bestes geben, auch wenn das manchmal nicht auszureichen scheint. Mensch zu sein ist wie gesagt alles andere als leicht.«

»Aber wir geben jeden Tag unser Bestes«, stimmte Dylan zu. »Genauso ist es!«

»Ich schlage vor, dass wir mit unseren drei Gehirnen und unserem Körper so umgehen wie mit unseren allerbesten Freunden«, sagte ich. »Denn genau das sind sie ja auch. Es gibt niemanden, der es noch besser mit uns meint und niemanden, der noch mehr Zeit mit uns verbringt. Wir sind immer zusammen. Tag und Nacht.«

»Wenn das keine Liebe ist, dann weiß ich nicht, was Liebe sein soll«, stimmte Ava ergriffen zu. »Das ist ein schönes Gefühl, die Liebe so zu sehen. Und es fühlt sich irgendwie richtig an.«

»Und was ist euch jetzt letztendlich wichtiger?«, fragte Nuno in die Runde. »Das Gefühl der Liebe, oder die Lebensweise der Liebe?«

»Die echte, reale Liebe!«, antwortete Ava.

»Was ist euch wichtiger?«, setzte Nuno nach. »Aus Liebe zum Leben zu handeln oder sich um das Gefühl der Liebe zu bemühen?«

»Aus Liebe zum Leben!«, antwortete Ava.

»Bitte steht alle mal kurz auf und bildet einen Kreis!«, sagte Dylan ungewöhnlich bestimmt.

Wir folgten seiner Anweisung, ohne zu wissen, worauf er hinauswollte. Dann streckte er seine Hand in die Mitte des Kreises, woraufhin alle anderen ihre Hand auf seine legten. Offenbar kannten sie das schon.

»Auf drei, *aus Liebe zum Leben*«, sagte er. »Eins, zwei, drei.«

»Aus Liebe zum Leben!«, riefen wir in diesem Moment alle laut aus und warfen unsere Hand dabei nach oben. Das fühlte sich irgendwie gut an. So, als hätten wir soeben einen Pakt geschlossen.

»Leute, das mit uns darf nach dieser Show einfach nicht zu Ende sein«, sagte Dylan, als wir noch im Kreis standen. »Wir müssen irgendwie in engem Kontakt bleiben.«

»Am liebsten würde ich für den Rest meines Lebens hierbleiben«, meinte BeautyQueen. »Ich habe hier die mit Abstand schönsten Tage meines ganzen Lebens verbracht. Und ich möchte nicht, dass es für alle Zeiten die schönsten bleiben. Ich möchte weitere schöne Tage mit euch erleben. Lasst uns doch einfach hierbleiben!«

»Au ja, lasst uns hierbleiben«, stimmte Ava sofort zu. »Aber meinen Mann will ich dann schon auch hier haben.«

»Marys Wissen muss irgendwie in die Welt«, erwiderte Brian. »Sonst wäre ich auch dafür, dass wir uns einfach alle hier ein Haus suchen und für immer zusammenbleiben.«

»Das könnte ich mir sowieso nicht leisten«, meinte dann BeautyQueen. »Hawaii ist irre teuer. Als DragQueen verdient man leider nicht so üppig, auch wenn ich natürlich die Beste von allen bin«, sagte sie gespielt arrogant.

»Ich denke, dass wir da realistischere Pläne machen sollten«, meinte Dylan ernst. »Mir würde es schon genügen, wenn wir alle vier Wochen für einen Monat irgendwo gemeinsam Urlaub machen würden«, scherzte er laut lachend.

»Also unseren Urlaub könnten wir doch auf jeden Fall regelmäßig gemeinsam irgendwo verbringen«, meinte Ava. »Die Idee ist doch super. Wir mieten uns einfach irgendwo eine Villa und schicken uns selbst über das Smartphone Missionen, die wir dann bewältigen müssen«, scherzte sie. »Urlaub allein ist dagegen doch langweilig. Ich hatte in meinem ganzen Leben nicht so viel Spaß wie hier mit euch und diesen ganzen bekloppten Missionen. Das würde ich jederzeit wieder machen.«

»Eigentlich könnten wir doch tatsächlich so etwas machen«, meinte Brian zu mir. »Wir errichten auf der ganzen Welt Urlaub-Camps, wo Menschen ein paar Wochen lang ein gegenseitig bereicherndes Miteinander erleben und dabei nebenbei sogar noch lernen, die vier großen Irrtümer besser zu verstehen. Das wär doch was! Was meinst du?«

»Das hört sich super an«, stimmte ich begeistert zu. »Und diese Camps nennen wir dann Ella-Camps«, sagte ich, bevor mir klar wurde, dass keiner der Anwesenden außer Nuno verstehen konnte, warum ich die Camps so nennen wollte.

»Warum Ella-Camp?«, fragte Brian auch prompt verwundert und schaute dabei in mein ratloses Gesicht.

»Ella steht logischerweise für *ein leichteres Leben anfangen*«, sagte Nuno grinsend und rettete mich aus dieser Verlegenheit.

»Ein – Leichteres – Leben – Anfangen«, betonte Brian jedes Wort einzeln. »ELLA! Klar warum nicht?! Das passt doch ganz gut. Je besser man die vier großen Irrtümer durchschaut, desto leichter macht man sich das Leben. Und wenn man in solch ein Camp kommt, dann fängt man damit natürlich ein leichteres Leben an. Das ergibt Sinn«, meinte er begeistert.

»Und ich komme vorbei und mache allen klar, dass ich besser bin als sie«, scherzte Dylan. »Darin bin ich echt gut, stimmt's Mary?«

»Absolut, du bist der Beste«, bestätigte ich amüsiert.

»Und ich zeige den Frauen dort, wie man sich richtig schminkt und das Beste aus sich rausholt«, sagte BeautyQueen. »Obwohl, eigentlich könnte ich das den Männern auch zeigen«, meinte sie gespielt nachdenklich.

»Und ich helfe Mary dabei, spaßige Missionen zu entwerfen, bei denen die Teilnehmer genau die Erfahrungen machen können, die sie für ihre persönliche Entwicklung brauchen«, meinte Nuno begeistert.

»Ja, das wäre toll«, sagte ich und dachte an mein letztes Gespräch mit Ella, wo sie mir sagte, dass Veränderungsprozesse bei den Menschen auch schon einmal ein paar Wochen oder sogar Monate benötigen können, weil sie Erfahrungen in der Praxis erfordern, welche die Theorie bestätigen. Diese praktischen Erfahrungen könnten wir unseren Teilnehmern mit guten Missionen im Camp sicherlich sehr viel schneller und kompakter ermöglichen.

»Dann musst du aber auch immer dieses Kostüm tragen«, sagte BeautyQueen zu Nuno. »Du hast es damit fürwahr geschafft, das Allerbeste aus dir rauszuholen. Besser kann man es echt nicht machen«, sagte sie anerkennend.

»Das stimmt!«, pflichtete ihr Dylan bei. »Das kann man wirklich nicht besser machen. Du siehst einfach toll aus. Und das habe ich tatsächlich jedes Mal gedacht, wenn ich dich gesehen habe.«

»Ich ebenfalls«, stimmte Ava amüsiert zu. »Du hast wirklich das Beste aus dir rausgeholt. Wirklich großartig!«

Ich überlegte erneut, wie wir wieder auf das Thema mit den unerfüllbaren Kriterien zurückkommen könnten, als ich plötzlich die Anwesenheit von Guardian-Angels spürte. Es waren mindestens zehn oder mehr. Nuno spürte sie auch, das konnte ich ihm ansehen. Doch was hatte das zu bedeuten?

Wenige Augenblicke später flog ein großer Militärhubschrauber mit lautem Getöse in weniger als 30 Metern Höhe direkt über uns drüber, und schwer bewaffnete Soldaten kamen aus allen Richtungen durch den Garten auf uns zugelaufen. Noch bevor wir realisieren konnten, dass sie tatsächlich wegen uns da waren, sprach uns der Leiter der Einsatztruppe an. »Homeland Security. Es ist alles in Ordnung. Wir sind zu Ihrem Schutz hier«, sagte er in einem beruhigenden Tonfall.

»Was ist hier los?«, wollte Brian wissen.

»Uns liegen Hinweise vor, dass Sie von einer paramilitärischen Spezialeinheit entführt und außer Landes geschafft werden sollen. Bitte folgen Sie uns! Wir bringen Sie zum nahe gelegenen NSA-Stützpunkt auf O'ahu. Dort sind Sie in Sicherheit.«

Epilog

»Wir vermuten, dass Mary Soul eine menschliche Seele war, bevor sie zum Engel wurde«, erklärte der Vorsitzende des Sachverständigenrats, der vor ein paar Tagen den Check-up meines Avatars vorgenommen hatte.

»Eine menschliche Seele, die dann zum Engel wurde?!«, fragte Ella verwundert. »Mir ist nicht bekannt, dass es so etwas bisher schon einmal gegeben hat.«

»Wir können das nicht beweisen, doch es ist die einzige Erklärung, wieso sie in der Lage sein kann, soziale Emotionen zu empfinden und Dinge zu wissen, die sie eigentlich nicht wissen kann. Wir haben das soziale Gehirn ihres Avatars sehr genau untersucht. Da gibt es unzählige neuronale Verknüpfungen, die wir so nicht programmiert haben. Wir wären noch nicht einmal auf die Idee gekommen, dass man das überhaupt so machen kann. Wir haben so etwas im menschlichen Gehirn zuvor noch nie gesehen. Es ist daher ein Mysterium, wie Mary Soul zu dieser Programmierung gekommen sein kann. Wir sehen dafür nur zwei Möglichkeiten: Entweder hat der Große Geist persönlich für diese neuronale Vernetzung gesorgt, was sehr unwahrscheinlich ist, oder aber sie war zuvor eine menschliche Seele. Und zwar eine sehr alte und weise Seele, die ihren Weg zum Positiven gefunden hatte.

Wir gehen derzeit in unserer Arbeitshypothese davon aus, dass sich Mary Souls Lebenserfahrungen aus Tausenden von Inkarnationen als Mensch in ihrer Seelenstruktur verfestigt haben. Und diese Seelenstruktur wurde dann nach und nach immer mehr auf ihren physischen Avatar übertragen. Mary Soul ist daher unserer Meinung nach immer schon etwas anderes gewesen als ein normaler Engel. Und schon gar nicht ist sie ein junger Engel, wie wir bisher glaubten. Mary Soul könnte in Wirklichkeit älter sein als wir alle zusammen. Sie könnte zu den ersten menschlichen Seelen gehören, die jemals im Paradies wandelten.«

»Dann könnte es theoretisch auch noch andere menschliche Seelen unter uns geben?«, fragte Ella.

»Davon gehen wir aus«, antwortete der Vorsitzende. »Theoretisch könnten wir alle zuvor menschliche Seelen gewesen sein. Wir haben auch Hinweise darauf gefunden, dass es über uns hinaus viele Engel geben könnte, die als Mensch im Paradies geboren wurden, ohne das selbst zu wissen. Wir vermuten, dass der Große Geist mit alledem einen weitaus umfassenderen Plan verfolgt, als uns das bislang bekannt ist.«

Fortsetzung folgt

Wie es weitergeht mit der NSA, Mary und ihren Lieblingsmenschen und wie sie die große Täuschung letztendlich überwinden, das erfährst du im zweiten Band dieser Secret-Angel-Reihe. Das Buch trägt den Titel ***Secret-Angel Mary – Aus Liebe zum Miteinandern*** und den Untertitel *Band 2: Brauchens*

Über den Autor

Mein beruflicher Werdegang als Forscher und Mental-Trainer begann bereits als Jugendlicher Ende der 70iger Jahre. Zunächst erlernte ich einige Coaching- und Therapie-Formate wie Hypnose, NLP und einige weitere psychologische und spirituelle Konzepte. Anfang der 90iger wurde mir dann klar, dass ich mehr wollte, als Menschen dabei zu helfen, ihre Probleme zu lösen. Ich wollte sie glücklich machen.

1995 schrieb ich dann meine ersten Bücher zum Thema Lebensglück – damals noch unter dem Autoren-Pseudonym *Ella Kensington*. Einige davon wurden Spiegel Online Bestseller, was mir einen großen Erfolg bei meinen Seminar-Veranstaltungen ermöglichte. Ich verkaufte seither über eine Million Bücher und durfte mehr als 40.000 Menschen in meinen Seminar-Veranstaltungen als Teilnehmer begrüßen. Damit gehöre ich zu den erfolgreichsten Persönlichkeits-Trainern im deutschsprachigen Raum.

Im Jahr 2000 realisierte ich das ELLA-Camp nach dem Vorbild meines Erfolgsromans *Mary, die unbändige, göttliche Lebenslust*. Einige Jahre später gründete ich den Glückstrainer-Beruf und bildete Trainer aus.

Damals arbeitete ich bereits vorwiegend mit eigenen Methoden und Konzepten, die ich aufgrund der reichhaltigen Erfahrungen mit meinen vielen Teilnehmern ständig weiterentwickeln konnte. Ich habe nie aufgehört zu forschen. Ich betrachtete mich immer zur Hälfte als Trainer und zur anderen Hälfte als Forscher. Im Laufe der Zeit wurden meine Methoden und Konzepte dann immer effektiver und bekannter. Bis ich dann 2011 den Sprachcode entschlüsseln konnte, mit dem unsere drei Gehirne intern miteinander kommunizieren. Dieser Sprachcode war konkurrenzlos effektiv. Andere Methoden und Konzepte waren als Ergänzung nicht mehr erforderlich.

Ich dachte damals, dass meine Forschungsreise damit beendet wäre, doch in Wirklichkeit fing es da erst richtig an. Ich konnte mit Hilfe dieses Sprachcodes und den Erfahrungen von vielen Tausend Menschen, die meine Coaching-Methode anwendeten, in Verständnistiefen unserer Psyche vordringen, die bis dahin in der psychologischen und spirituellen Fachwelt völlig unbekannt waren.

Die neuen Möglichkeiten führten dazu, dass ich mich jetzt acht Jahre lang zurückzog, um meine Ressourcen vollständig auf die Forschung zu konzentrieren. Nun ist meine Forschungsreise abgeschlossen, weshalb ich mich darauf freue, das neue Wissen gemeinsam mit vielen anderen Menschen aus der Secret-Angel-Bewegung in die Welt zu tragen.

Die Secret-Angels im Internet:
Homepage: bodo-deletz.de
YouTube: youtube.com/@bodo-deletz